KB068935

CONTEMPORARY BUSINESS

현대 경영의 이해

...

김재명

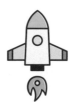

박영사

머리말

전통적으로 경영/경제 서적들은 3가지 생산요소인 토지, 노동, 자본만을 강조하였다. 그러나 경영에서 가장 중요한 요소는 현재에도 미래에도 항상 기업가정신과 지식이다.

러시아는 방대한 국토와 풍부한 천연자원을 가지고 있지만 아직은 부유한 국가로 분류되지 않는다. 더 이상 토지는 부의 창출을 위한 핵심적 요소는 아니라고 볼 수 있다. 멕시코와 같은 대부분의 개도국은 많은 노동력을 보유하고 있지만 부유한 국가로 볼 수 없기에 부의 핵심요소라고 할 수 없다. 이러한 노동력은 국경에 상관없이 이용할 수 있기에 생산적일 수 없다. 기계나 시설 같은 자본 역시 국경을 넘나들면서 활용할 수 있기에 핵심요소라고 볼 수 없다.

이를 종합해 보면, 21세기 부유한 국가와 지속가능한 기업을 만드는 것은 기업가정신과 지식의 효율적인 사용이라는 두 요소의 결합이라고 할 수 있다. 기업가들은 자신이 습득한 지식을 기업을 성장시키고 부를 향상시키기 위해 사용한다. 한편 기업들이 직면하는 중요한 이슈는 모든 이해관계자들의 요구를 인지하고 대응하는 일일 것이다. 이익을 창출해야 하는 주주들의 요구는 충분한 임금을 받으려는 종업원들의 요구뿐만 아니라 고객, 미디어, 지역사회, 환경주의자들의 요구와 균형을 이루어야 한다. 한편, 아웃소싱(outsourcing)뿐만 아니라 인소싱(insourcing)을 통한 새로운 일자리도 많이 만들어야 할 것이다. 기업경영자들은 이처럼 모든 요소들을 바탕으로 의사결정을 해야 한다. "변하지 않으면 죽는다"라는 태도를 가지고 경영에 임하는 것이 현대경영의 최근 동향이다.

이 책에는 현대경영에 대한 기본적인 이해와 원칙을 반영하기 위하여 신경영환경과 경제이론의 이해, CSR 이해, 기업가정신의 이해, 마케팅이해, 회계이해, 재무이해, 금융과 주식의 이해 등으로 구분하여 중점을 두었다.

구체적으로, 현대경영이 다루어야 할 핵심과제들을 11장으로 나누었으며, 이것을 다시 과제의 특성에 따라 크게 4부로 나누었다. 제1부는 현대기업의 경영환경, 제2부는 기업가정신과 전략경영, 제3부는 마케팅과 e-비즈니스 전략, 제4부는 회계 및 재무의 이해 등으로 구분하였다.

본서는 현대적 경영원리와 경영기법, 다양한 이슈를 포괄적으로 다루는 데 초점을 맞추었다. 현대경영의 이해는 기업의 현대경영 일반을 처음 대면하는 독자를 위한 경영지침서이다. 급격하게 변하는 경영환경 하에서 사업하는 기업인들에게 실질적인 도움을 주고자 노력하였다. 성공한 기업가에게 성공요인이 무엇인가라고 물어보면 재무관리나 회계관리를 엄격하게 준수하였거나 사회적 책임을 증가시켰다거나 하는 등의 다양한 답변을 들을 수 있을 것이다.

그러나 무엇보다도 공통적으로 말하는 두 가지는 기업가정신과 지식이다. 본서에서는 고객만족, 기술발전, 자금조달을 중요한 모토로 삼았고, 보다 더 고객만족과 기술발전의 새롭고 혁신적인 현대경영을 포함하는 것에 집중하였다.

'신세대들에게 친근하게 다가갈 수 있도록 재미있고 풍부하게 만들자'라는 자세로 책을 만들었건만 판단은 독자들의 몫일 것이다. 이 정도의 책으로나마 나오게 된 데 대하여 도움을 준 사람들에게 깊은 감사의 뜻을 표하고 싶다. 박사논문 지도교수이셨던 미국 위스콘신대학(University of Wisconsin-Madison)의 Harmatuck 교수님은 항상 든든한 스승으로 남아있다. 적극 후원해 주신 박영사의 안종만 회장님, 편집과 디자인에 심혈을 기울여주신 조보나, 김한유 선생님에게 깊은 감사를 표하고 싶다. 교정을 도와준 경영학과 모연경에게 고마운 마음을 전한다. 끝으로 가족들에게 이 책이 자그마한 기쁨이 되었으면 한다.

2020년 2월

김 재 명

차 례

chapter 5 현대기업의 기업가정신 이해 ▶ 155

chapter 8 글로벌 e-비즈니스의 이해 ▶ 257

chapter 11 화폐 및 금융시스템의 이해 ▸ 351

01

현대기업의
경영환경 이해

도입사례

10년간, 기술기업 시가총액 변화는? … 애플·MS 꾸준히 강세

새로운 기술의 등장과 새로운 기업의 탄생에 따라 기술 산업 분야에서는 기업 지형에 많은 변화가 일어난다. 10년 전으로 돌아가 보면, 업무용 소프트웨어 관련 기업이 기술 산업을 주도했다. 당시, 구글, 아마존, 페이스북 등은 성장 초기 단계의 존재감이 미약한 햇병아리에 불과했다. 그러나 지금 그들은 세계 산업을 주도하는 공룡 기업이 되어 있다.

10년 사이에 기술 업계의 지형은 어떻게 바뀌었을까. 경제전문 매체 비즈니스인사이더는 투자분석 플랫폼인 모닝스타 다이렉트(Morningstar Direct)의 데이터를 근거로 기술 업계 상위에 포진해 있는 상장기업 10곳의 시가총액 변화를 살펴보았다. 시가총액은 2009년 12월 31일과 2019년 11월 30일 시점을 기준으로 한다.

마이크로소프트(Microsoft)는 2010년 시점에서 이미 대기업이었다. 하지만 애플이 내놓은 스마트폰 '아이폰(iPhone)'의 인기가 상승하면서 그늘이 보이기 시작했다. 그래도 사티아 나델라 CEO의 지휘 속에서 클라우드 컴퓨팅에 주력한 덕에 활력을 되찾았다.

- 2010년 시가총액: 2,686억 달러(약 295조 원)
- 2019년 시가총액: 1조 1,500억 달러(약 1,256조 원)

애플(Apple)은 2007년에 아이폰을 발표해, 컴퓨팅 환경에 혁신의 바람을 일으켰다. 이후 새로운 버전을 내놓을 때마다 판매량이 증가했다. 10년이 지난 현재도 아이폰이 성공을 거듭한 덕에, 애플은 업계 최고의 위상을 유지하고 있다.

- 2010년 시가총액: 1,901억 달러(약 210조 원)
- 2019년 시가총액: 1조 1,900억 달러(약 1,310조 원)

2010년 당시, IBM은 대기업이었다. 그러다 지난 10년 동안 마이크로소프트, 아마존, 구글 등이 클라우드 컴퓨팅을 주도하며, IBM의 성장은 정체되어 있다.

- 2010년 시가총액: 1,701억 달러(약 190조 원)
- 2019년 시가총액: 1,191억 달러(약 135조 원)

최근 10년간, 클라우드 컴퓨팅의 발전으로 시스코(Cisco)도 큰 타격을 받았다. 기업이 클라우드로 이행하며, 시스코가 제공해 왔던 네트워킹 관련 제품의 수요가 감소했기 때문이다. 그래도 회사는 이 거센 파도에 잘 견뎌왔다.

- 2010년 시가총액: 1,377억 달러(약 155조 원)
- 2019년 시가총액: 1,922억 달러(약 220조 원)

2010년 당시, 오라클(Oracle)은 데이터베이스를 비롯한 기업용 소프트웨어를 제공하며 업계를 주도해 왔다. 하지만 클라우드 컴퓨팅으로의 진출이 늦어져, 세일즈포스, 아마존, 마이크로소프트 등과 같은 경쟁사에 다소 뒤처지게 됐다.
- 2010년 시가총액: 1,229억 달러(약 140조 원)
- 2019년 시가총액: 1,843억 달러(약 210조 원)

휴렛팩커드(Hewlett-Packard)에게 있어, 지난 10년은 사내 갈등과 전략적 혼란을 어떻게 극복하는가의 시기였다. 결과적으로는 휴렛팩커드와 휴렛팩커드엔터프라이즈라는 두 개의 회사로 분할됐다.
- 2010년 시가총액: 1,218억 달러(약 135조 원)
- 2019년 시가총액: 298억 달러(약 35조 원)

인텔(Intel)은 PC나 서버에 탑재되는 프로세서의 선도적인 제조업체로서 오랫동안 군림해왔다. 하지만 스마트폰의 발전은 이 회사의 발전에 걸림돌이 되고, 대응이 늦어져 퀄컴 등 모바일 프로세서 제조업체를 상승시키는 결과를 만들었다. 현재 이 회사는 인공지능(AI)에 주력하고 있다.
- 2010년 시가총액: 1,127억 달러(약 135조 원)
- 2019년 시가총액: 2,525억 달러(약 296조 원)

퀄컴(Qualcomm)은 강력한 모바일 프로세서의 생산과 그 라이센스료의 수입으로 번창해 왔다.
- 2010년 시가총액: 774억 달러(약 90조 원)
- 2019년 시가총액: 954억 달러(약 110조 원)

미국 최대 신용회사 비자(Visa)는 전자상거래와 스마트폰 기반 쇼핑의 증가로 큰 이익을 챙기며 성장해 왔다.
- 2010년 시가총액: 609억 달러(약 70조 원)
- 2019년 시가총액: 4,100억 달러(약 455조 원)

SAP는 주력인 데이터베이스 제품이나 업무용 소프트웨어를 앞세워 엔터프라이즈 IT 업계에서 지배적인 지위를 구축했다. 최근에는 아마존이나 마이크로소프트 등의 기업과 제휴해 클라우드 컴퓨팅으로의 이행을 추진하고 있다.
- 2010년 시가총액: 562억 달러(약 65조 원)
- 2019년 시가총액: 1,670억 달러(약 190조 원)

강토소국기술대국 … 25년만에 매출 1150배 '글로벌 LG'로

'전자·화학 강국의 기틀 마련' '그룹 매출 1150배 성장' '연구개발(R&D) 확산' '럭키금성을 글로벌 LG로'…. 14일 별세한 고 구자경 명예회장의 경영성과·철학, 한국 산업에 대한 의미·기여 등을 집약해 주는 표현이다. 1950년 락희화학공업사(현 LG화학)에 입사하며 '평생 LG맨'의 길에 들어선 구 회장은 1970년부터 25년간 회장으로 재임하며 기업의 비약적 발전을 이끌었고 이것이 경제성장 밑거름이 됐다. 구 명예회장이 그룹을 이끄는 25년간 LG 매출은 260억 원에서 30조 원대로 1150배 커졌고, 2만여 명이던 직원은 10만여 명으로 늘었다. 그가 온 힘을 쏟았던 전자·화학 계열사는 이제 한국을 대표하는 기업이 됐고, 그가 세운 연구소 70여 개를 바탕으로 LG의 R&D 능력은 세계적 수준으로 올라섰다.

구 명예회장이 세웠던 해외공장과 50여 개 해외법인은 '럭키금성'이라는 한국식 사명을 가졌던 회사를 세계 어디에서나 통하는 '글로벌 LG'로 성장시켰다. 그는 명예회장으로 퇴임하기 한 달 전인 1995년 1월 사명을 '럭키금성'에서 'LG'로 바꿨다.

강토소국 기술대국(疆土小國 技術大國·국토는 작지만 기술경쟁력이 뛰어난 나라). 구 명예회장의 경영철학으로, 그가 가장 애정을 쏟았던 분야 중 하나가 R&D였다. '연구개발과 기술우위가 기업 성장의 요체' '기술이 뒷받침되지 않으면 공염불에 그친다' 등 그의 어록에서 볼 수 있듯이 기술에 대한 확고한 믿음을 갖고 있었다. 기술에 대한 신념은 아직 국내에서 R&D 투자에 대한 의미가 크게 부각되지 못했던 1970년대부터 빛을 발하기 시작한다. 구 명예회장의 회장 재임 기간에 만들어진 LG 연구소가 70여 개에 달한다. 1970년대 중반 럭키 울산·여천 공장이 가동되기 전부터 연구실을 만들었을 정도로 기술개발에 대한 의지가 강했다. 그중에서는 '국내 최초' 타이틀을 달고 있는 것도 적지 않다. 1976년에는 금성사(현 LG전자)의 공장별로 운영되던 소규모 공장으로는 종합적 기술개발에 한계가 있다고 판단하고 민간기업 최초로 전사적 중앙연구소를 설립했다. 1979년에는 대덕연구단지 내 첫 민간연구소인 럭키중앙연구소를 출범하고 고분자·정밀화학 분야를 연구토록 했다. 1985년에는 국내 최초로 제품시험연구소를 개설하고 제품 테스트를 통해 금성사의 품질을 끌어올렸다. 이런 열정은 퇴임 때까지 이어져, 그는 은퇴를 석 달 앞둔 1994년 11월 전국에 위치한 LG연구소 19곳을 둘러보기도 했다. 이런 R&D 전통은 아들인 고 구본무 회장, 손자인 구광모 회장으로 이어졌고 서울 강서구에 조성된 LG그룹 초대형 연구단지 'LG 사이언스파크'로 결실을 맺는다.

구 명예회장의 R&D 사랑은 전자·화학 등을 LG그룹뿐 아니라 한국의 주력으로 키우는 원동력이 됐다. 구 명예회장이 전력을 투구한 R&D 덕분에 금성사는 19인치 컬러 TV, 공랭식 중앙집중 에어컨, 전자식 VCR, 프로젝션 TV, CD플레이어 등 수많은 '국내 최초' 제품을 만들어내며 가전 강자의 모습을 갖췄다. R&D를 상품화·생산으로 연결 짓는 기업가정신과 선제적 결단도 그의 면모를 보여준다. 구 명예회장은 이 밖에도 냉장고·세탁기 등을 생산하는 창원공장을 세우는 등 LG 주요 생산거점의 기초를 닦았다.

구 명예회장은 LG와 한국 기업 영토를 세계로 확장시켰다. 그는 회장으로 그룹을 이끌면서 50여 개 해외법인을 설립했다. 특히 1982년 미국 앨라배마주 헌츠빌에 컬러 TV 생산공장을 세웠는데, 이곳은 국내기업이 해외에 설립한 첫 생산기지였다. 당시 뉴욕타임스는 "한국 기업이 미국 사회에서 성공적으로 뿌리를 내리는 계기가 됐다"고 평가했고 하버드비즈니스스쿨에서는 성공적 해외 진출 사례로 연구하기도 했다.

고객중심과 만난 기술혁신 … 세탁기-냉장고, 국민 삶을 바꾸다

1926년 19세 소년 구인회는 서울 유학 후 고향인 경남 진주시 지수면 승산마을에 돌아왔다. 서울 중앙고 독서클럽에 가입해 서양 책도 섭렵한 그는 새로운 세상에 눈을 뜬 후였다. 고향에서 일본 상인에 대항해 마을 협동조합을 조직한 그는 값싸게 생필품을 팔아봤다. 동아일보 진주지국장을 맡아 매일 신문을 읽으며 더 큰 세상을 꿈꿨다.

"뭐라고? 유교 집안의 장손이 장사를 한다고?"

시내로 나가 장사를 해보겠다고 하자 집안 어른들은 일제히 반대했다. 하지만 조부는 고심 끝에 손자를 믿어주기로 했다. 부친도 모아놓은 돈 2,000원을 내놓고 "네 생각대로 잘 해 보거라. 남과 화목하게 지내며 신용을 얻는 사람이 돼야 한다"고 당부했다.

1931년 부친이 준 2,000원에 동생 철회가 조달한 1,800원을 얹어 진주시에 포목점인 '구인회상점'을 열었다. 유가의 청년이 사업가로 변신하는 순간이었다. 포목점은 훗날 LG그룹 창업의 기반이 됐다.

"남이 손대지 않은 것을 해라"

LG그룹 창업주인 구인회 회장이 포목점에서 배운 것은 고객의 마음을 읽어야 한다는 것, 하나를 팔아도 더 좋은 제품을 팔아야 한다는 점이었다. 그저 옷감을 떼다 팔던 그는 어느 날 이런 아이디어를 떠올렸다. '손님이 좋아할 만한 수를 놓고 염색을 해보면 어떨까?' 포목점은 대박이 났다. 기술을 혁신하고 고객 중심으로 생각하는 문화가 LG그룹에 뿌리박히게 된 것도 이때의 경험 덕분이다.

1947년 구 회장은 부산에 락희화학공업(LG화학)을 세우고 럭키크림을 만들었다. 구 회장과 동생들은 일제, 미제 화장품을 넘겠다는 각오로 어렵사리 고급 향료를 구하고, 화장품 기술자를 영입했다. 럭키크림은 인기 만점이었지만 화장품 통이 문제였다. 자꾸 깨져 불량이 났다. 수소문 끝에 플라스틱 관련 서적 6권을 얻어 연구한 구 회장은 1952년 전쟁통에 플라스틱 사업 진출을 선언했다.

"전쟁의 소용돌이 속에서 국민의 생활용품을 차질 없게 만들어 내는 일도 애국하는 길이다. 기업하는 사람으로서 남들이 미처 생각하지 못한 사업을 성공시킨다는 것이 얼마나 보람 있는 일인가." 락희화학공업이 만든 플라스틱 빗이 인기를 얻자 주력 품목은 화장품보다 플라스틱, 합성수지가 됐다.

다음은 전자제품이었다. "화학이나 잘하라"는 주변 사람들의 조언에도 불구하고 구 회장은 다시 모험을 감행했다. 1958년 설립한 금성사(현 LG전자)는 1959년 한국 최초의 라디오(금성 A-501)를 만들었다. 부품 국산화율이 60%에 이르는 의미 있는 진전이었다. 이어 한국 최초의 '눈표 냉장고', '백조 세탁기', '금성 TV' 등을 줄줄이 내놓았다. 1967년 동아일보 보도에 따르면 19인치 금성 TV를 타깃으로 한 전문 털이범이 등장할 정도였다. 세탁기, 냉장고, TV가 있는 '현대식 가정'도 속속 늘어갔다.

인화와 만난 기술혁신주의

"어깨가 무겁습니다. 집안 어른들의 기대에 부응해 열심히 노력하겠습니다."

1995년 2월 구본무 당시 LG그룹 회장이 동아일보 기자로부터 '그룹 총수가 된 소감을 말해 달라'는 질문을 받고 한 대답이다. 당시 재계는 LG의 행보를 주시하고 있었다. 구자경 명예회장이 정정한데도 70세가 되자 아들에게 회장직을 물려줬기 때문이다. 회사명도 '럭키금성'에서 'LG'로 바꾸며 글로벌 지향점을 더 분명히 했다.

구본무 회장은 당시 인터뷰에서 초우량기업으로 발돋움하겠다는 포부를 밝히면서도 "어른들의 뜻에 따라"라는 표현을 자주 썼다. 집무실에는 '경청(傾聽)'이라고 쓰인 액자가 걸려 있었다. 공격적인 사업 확장에 나서면서도 '인화'가 우선이라는 점을 늘 새기고 있었던 셈이다. '인화'는 창업 이후 꾸준히 내려온 모토다. 1945년부터 허씨 집안과 함께 경영을 하면서 더 필요한 덕목이었을 것이다. 2005년 GS와 계열 분리를 할 때도, 2018년 4세대인 구광모 ㈜LG 대표가 그룹의 새로운 총수가 되었을 때에도 잡음 하나 없었다.

이건희 이화여대 명예교수 등이 쓴 '연암 구인회 연구'에 따르면 LG는 창업 초기부터 구씨와 허씨 집안이 함께 1인 3억씩 해가며 사업에 뛰어들어 모두가 창업자라는 마인드가 강했다고 한다. 6·25 전쟁 당시 흩어졌던 구씨, 허씨 가족들까지 부산으로 모여들면서 LG의 부산 공장은 가족이 경영자이고 직원이었다.

LG의 전직 고위 임원은 "집안 어른의 집단의사결정 체계 속에 '리더'에게 힘을 실어주는 분위기였다"며 "때로는 보수적으로 보이다가도 투자해야 할 곳이 있으면 과감하게 연구개발(R&D)에 투자해 성장 기반을 닦아 왔다"고 말했다.

창업주의 기술혁신주의는 지금도 이어지고 있다. LG화학의 자동차 배터리 사업은 1992년 구본무 회장이 R&D를 독려하며 시작됐다. LG디스플레이가 내놓은 세계 최초 대형 유기발광다이오드(OLED), 지난해 세계 최대 가전전시회 'CES 2018'을 뒤흔든 돌돌 말리는 롤러블 TV도 혁신의 결과물이었다. 구광모 대표는 총수가 된 직후 첫 공식 행선지로 서울 강서구 LG사이언스파크를 택해 기술혁신주의를 이어갈 것을 선언했다.

* 도입사례에 대한 자세한 내용은 QR코드를 참고하세요.

CHAPTER

01

현대기업의 경영환경 이해

학습목표

1. 현대기업의 환경의 요소들을 설명할 수 있는가?
2. 기업의 수익, 이익 및 손실을 설명할 수 있는가?
3. 10개의 비즈니스 이해관계자들을 설명할 수 있는가?
4. 기업가 성공과 타 조직에서 성공하는 차이점을 설명할 수 있는가?
5. 5가지 생산요소를 식별하고 설명할 수 있는가?
6. 경제적, 법적, 기술적, 경쟁적, 사회적 환경의 이슈들을 설명할 수 있는가?
7. 글로벌환경을 설명할 수 있는가?
8. 환율, 유가 및 달러의 움직임에 따른 영향을 설명할 수 있는가?

|1절| 현대기업

1. 현대기업의 출현: 우리도 한번 잘 살아보세!

현대기업 탄생의 출발점은 인간의 욕구(needs)이다. 사람들은 누구나 의, 식, 주를 포함하여 생활에 필요한 제품이나 서비스에 대한 욕구를 가진다. 기업(business)은 이처럼 소비자의 욕구를 만족시키는 제품과 서비스를 제공하면서 이익을 창출하는 데 노력하는 경영의 조직체라고 말할 수 있다.

서양의 기업은 1770년을 전후하여 상업자본주의에서 산업자본주의, 독점자본주의로 그리고 1930년대 대공황으로 수정자본주의를 배경으로 발전해 왔지만,

우리나라는 6·25전쟁 후 현대적 의미의 기업들이 탄생하였다. 우리나라 기업들은 미국의 경제원조를 바탕으로, 즉 UNKRA(국제연합한국재건단)의 한국유리, 충주비료 및 쌍용양회(문경시멘트)와 같은 산업재를 생산하는 기업이 생겨났다. 아울러 경공업을 중심으로 민간기업으로 급성장한 경성방직, 화신, 삼양사 등이 있었다. 이 시대의 현대기업은 경공업, 특히 의류 및 식료품 등의 가공업적인 특징을 볼 수 있다. 이러한 기업들은 전쟁 후 의, 식, 주에 대한 필요성을 파악하고 소비재제품 및 서비스를 제공하면서 개인 소비자의 욕구를 만족시켜 줄 수 있었다.

이러한 경공업 부문의 기업은 1962년부터 수행된 경제개발 5개년 계획을 계기로 새로운 해외차관기업이 형성되면서 수입대체산업으로 빠르게 변화하였다. 이는 오늘날 재벌의 기초가 되는 계기가 되었다. 이들 기업들은 무역은 물론, 은행, 보험, 증권에 이르기까지 경영의 다각화로 나가게 되었다. 삼성그룹이 대표적인 예가 될 것이다.

해외차관에 이어 합작투자형태의 국제 경영이 외국의 다국적기업과 제휴함으로써 외국기업의 경영이 도입되었다. 예를 들면 대한석유공사, 영남화학, 진해화학 등이다. 한편, 베트남 전쟁의 특수경기를 바탕으로 한진그룹과 경남기업이 성공하였으며, 수출촉진정책의 영향으로 종합무역상사가 나타나기 시작하였는데 대우실업 주식회사가 그 대표적인 케이스가 될 것이다. 한국, 홍콩, 싱가포르, 대만은 신흥공업국으로 무역주도 경제성장을 하여 '아시아의 4마리 용'이라는 별명을 얻었다.

1973년부터 시작된 국제유가파동은 중동의 건설 붐이 생겨났으며, 이에 편승하여 우리의 건설기업들이 중동지역에 진출하기 시작하여 기업성공을 가져왔다. 현대건설과 대림건설 등이 대표적인 케이스가 될 것이다. 그 이후에는 전자공업, 조선공업, 기계공업, 화학공업 등이 필요로 하는 중화학 산업들로 변신하였으며, 이를 계기로 포항종합제철, LG화학, 현대자동차 등이 성공한 기업으로 대두되었다. 1980년 이후의 현대기업들은 질적향상과 더불어 서비스 산업의 발전을 가져왔다. 우리 속담에 '아홉고비'라는 말이 있다. 아홉을 넘어가는 고비마다 중대한 변화를 겪는다는 말일 것이다. 우리의 성공한 기업들은 1979년의 서울의 봄, 1989년의 동구권의 붕괴, 소련의 해체, 1999년의 IMF시대,

2009년의 세계금융위기, 2019년의 미국과 중국의 무역마찰 등 현대기업들의 여러 배경과 짧은 경영역사 속에서도 외적성장과 질적향상을 가져왔다.

이처럼 성공한 기업들은 근본적으로 우리 사회가 필요로 하는 제품 및 서비스를 효과적이고 효율적으로 생산하여 공급해야 한다. 효과성(effectiveness)이란 바라던 결과를 생산해내는 것(doing the right thing)을 의미하고, 효율성(efficiency)은 최소한의 자원을 투입하여 재화나 서비스를 올바르게 생산해내는 것(doing things right)을 의미한다. 효과성은 목적 효율성은 수단의 특성을 갖고 있다는 의미로 볼 수 있다.

생산성(효과성 + 효율성, productivity)이란 주어진 생산요소를 투입하여 생산해낸 결과물의 양을 의미한다(예를 들어, 시간당 작업량). 여러분이 특정 시간 내에 더 많은 생산을 해낼수록 기업에서 여러분의 가치는 더욱 높아질 것이다. 미국 근로자들은 평균적으로 63,885달러만큼 GDP에 공헌하는데, 이는 세계 최고 수준의 생산성이다. 여기서 제품(goods)이란 휘발유, 컴퓨터, 음식, 의류, 자동차, 설비 등과 같이 유형의 제품(tangible products)과 무형의 서비스(intangible services)가 포함된다. 서비스(services)는 교육, 의료, 보험, 여가, 관광 등 눈에 보이지 않는 서비스를 말한다. 제품의 종류는 유형의 제품과 무형의 서비스뿐만 아니라 보다 넓은 의미에서 사람, 장소, 조직, 아이디어 등도 포함될 수 있다. 성공한 현대기업은 자원을 효율적으로 이용하여 사회에 필요한 가치 내지 효용을 창출하는 생산기능을 담당하며, 그 결과로 획득한 이익을 기업의 경제적 목표로 하고 있는 조직을 말한다.

2. 기업가(entrepreneur): 자기 희생 없이는 아무것도 얻을 수 없다

기업가(entrepreneur)는 비즈니스를 시작하고 이를 지속해 나가기 위해 시간과 자본에 대한 리스크를 항상 감당하는 사람이다. 기업가를 살펴볼 때 비즈니스에는 창업을 하는 것 이상의 여러 가지 요소들이 관련되어 있다는 것을 알고 있다. 아마존, 공룡이라 불리는 이 기업은 전 세계 최대의 기업이다. 하지만 우리는 이 기업이 언제 성공했는지, 왜 성공했는지 잘 모른다. 아마존의 3C원칙은 Customer obsession, Culture 및 Curiorsity이다. 여기서 Culture는 실패를 두려워하지 않는 문화, 실패할 수 있는 문화이다. 매주 팀이 모여 무엇에 실패했고 이를 통하여 무엇을 배웠는지 공유하는 시간을 갖는다. '아마존'처럼 안정보다는 성장을 추구하는 기업가는 성과를 평가하는 다음과 같은 기본개념을 이해하는 것이 중요하다.

(1) 수익, 이익 및 손실

수익(revenue)은 일정기간 동안 제품과 서비스를 판매함으로써 비즈니스가 얻게 되는 화폐의 총량을 의미한다. 이익(profit)은 하나의 비즈니스가 사용한 비용들 이상으로 벌어들인 돈을 의미한다. 손실(loss)은 비즈니스에서 발생하는 비용이 수익보다 많을 때 발생한다. 만약 시간이 흐를수록 손실이 증가한다면, 곧 비즈니스를 중단하거나 종업원을 해고해야만 할 것이다. 실제로 한국에서는 폐업하는 자영업이 90%에 이르고 있다. 자영업자 10명이 가게를 여는 동안 9명 가까이가 문을 닫는다는 이야기다. 특히 2018~2019년의 경기침체기에는 더욱 많은 수의 자영업자들이 폐업하였다.

2018 및 2019년처럼 비즈니스 환경은 끊임없이 변화하고 있다. 기존에는 큰 기회라 여겼던 사업들(예를 들어 온라인 식료품점 및 SUV차량 등)이 경제 환경이 변화함에 따라 막대한 손실을 가져올 수도 있을 것이다. 이와 같이 비즈니스를 시작한다는 것은 큰 위험을 동반할 수도 있다. 하지만 이러한 커다란 위험이 막대한 이익을 가져오는 경우도 많다.

(2) 리스크와 이익

리스크(risk)는 수익성이 확실하지 않은 비즈니스에서 발생하는 시간과 돈의 상실을 기업가가 감당하게 될 가능성을 말한다. 이익은 하나의 비즈니스가 임금이나 다른 비용들 이상으로 벌어들인 돈의 양이라는 점을 기억했으면 한다. 여러분과 다른 종업원에 대한 임금, 제조 원가, 렌트비나 영업사원 임금 등의 판매비와 관리비, 이자 등의 영업외비용, 그리고 마지막으로 세금 등을 모두 지불하고 난 후에 남게 되는 돈이 바로 이익이 되는 것이다.

기업이 벌어들이는 이익은 제각기 다르다. 일반적으로 가장 많은 위험을 부담하는 기업이 가장 많은 이익을 벌어들일 가능성이 크다. 예를 들어, 새로운 종류의 자동차를 개발하는 것에는 큰 위험이 수반된다. 또한 교외와 비교해 시내에서 비즈니스를 하는 것은 높은 보험료와 임대료 때문에 일반적으로 더 큰 위험이 수반된다. 하지만 이러한 높은 진입장벽 때문에 다른 기업들의 진입을 막을 수 있으며, 이로 인해 이익을 얻을 기회는 더 커질 수도 있다. 성공한 기업가인 대우그룹의 김우중은 지구상에서 가장 가난하고 위험한 나라들을 개척하여 한때는 재계 2위까지 올라설 수 있었다. 이처럼 큰 위험이 있는 곳에 큰 이익이 있는 것이다.

3. 생활수준과 삶의 질: 우리나라의 생활수준과 삶의 질은 얼마일까?

마이크로소프트의 빌 게이츠와 같은 기업가들은 성공적인 비즈니스로 자신들만 부유해진 것이 아니라, 다른 사람들을 위한 일자리도 만들어냈다. 삼성전자는 사기업으로서 현재 한국에서 가장 큰 고용주이다. 회사와 종업원들은 정부나 지역사회가 병원, 학교, 도서관, 운동장 및 다른 시설들을 설립하는 데 사용할 수 있는 세금을 납부한다. 또한 세금은 주변 환경을 깨끗하게 유지시키고 어려운 사람들을 도와주며, 경찰서와 소방서를 유지하는 데 사용되기도 한다. 그러므로 비즈니스가 만들어내는 부와 납부하는 세금은 그들의 지역사회에 속한 모든 사람들에게 혜택을 줄 수 있다. 한 국가 내의 비즈니스들은 그 국가(나아가 세계)에 속한 모두의 생활수준과 삶의 질 향상에 기여하는 경제시스템의 일부분이 된다. 최근의 세계적 경제침체가 여러분이 속한 나라의 생활수준과 삶의 질에 어떠한 영향을 미쳤는지 생각해보기 바란다.

생활수준(standard of living)이라는 용어는 사람들이 자신이 보유한 돈을 가지고 살 수 있는 제품과 서비스의 양을 의미한다. 예를 들어, 독일이나 일본과 같은 일부 국가들의 종업원들이 시간당 임금을 더 많이 받는다 하더라도, 미국은 전 세계에서 가장 높은 생활수준을 가진 국가 중 하나이다. 어떻게 그럴 수 있을까? 독일과 일본의 물가가 미국에 비해서 더 높기 때문에 같은 돈을 가지고 살 수 있는 제품과 서비스의 양은 미국이 더 많다. 예를 들어, 맥주 한 병의 가격이 일본에는 7달러이지만 미국에서는 3달러인 경우도 있다.

한 국가의 상품 가격이 다른 국가에 비해 비싼 것은 높은 세금과 정부의 엄격한 규제 때문인 경우가 많다. 그러므로 적절한 수준의 세금과 규제를 통해 나라를 부유하게 만들 수 있다. 한 국가가 영위하는 삶의 질은 비즈니스가 창출하는 부와 밀접한 관련성이 있다. 삶의 질(quality of life)은 수명, 정치적 자유, 쾌적한 자연환경, 교육, 의료서비스, 안전 등과 같이 즐거움과 만족을 가져다줄 수 있는 모든 것에서 나타나는 사회의 일반적인 행복수준을 의미한다. 이는 물건을 소유하는 것 이상의 즐거운 삶을 말한다. 높은 삶의 질을 유지하기 위해서는 기업, 비영리단체, 정부기관이 함께 노력해야 한다. 비즈니스가 더 많은 부를 창출할수록 모든 사람을 위한 삶의 질이 향상될 가능성도 높아지게 된다. 잊지 말아야 할 중요한 것이 한 가지 있다. 높은 생활수준을 위해 일하는 것이 때로는 가족과 함께 하는 시간을 줄이고 더 많은 스트레스를 갖게 함으로써 삶의 질을 떨어뜨리게 될 수도 있다는 점이다.

4. 비즈니스 이해관계자들에 대한 대응: 팔방미인이 되어야 한다!

표 1-1 10가지 수준의 비즈니스 이해관계자

은행	주주	고객	지역사회	환경주의자
소매상	종업원	정부관계자	공급자	미디어

기업의 행위결과는 크게 기업, 고객 그리고 사회의 세 부분에 영향을 미친다. 이를 자세히 살펴보면, 이해관계자(stakeholders)는 기업의 활동에 의해서 이익 또는 손실을 입게 되는 모든 사람들로서 고객, 종업원, 주주, 공급자, 거래자(소매업자), 은행, 지역사회, 미디어, 환경주의자, 정부관계자들이 여기에 포함된다. 21세기 기업들이 직면하게 될 가장 중요한 문제는 모든 이해관계자들의 요구를 인지하고 대응하는 일일 것이다. 이익을 창출해야 하는 기업의 요구는 충분한 임금을 받으려는 종업원들의 요구 또는 환경을 보호하려는 요구와 균형을 이루어야 한다. 한편 미디어를 무시한다면 각종 미디어 매체들은 매출에 영향을 미치는 부정적인 기사를 통해 여러분의 비즈니스를 공격할 것이다. 또한, 지역사회의 이익과 일치하지 않는다면 여러분의 비즈니스 확장에 있어 어

려움을 겪게 될 것이다.

5. 비영리기업가: 경영의 차별화로 승부를 건다

이해관계자들을 만족시키고자 하는 노력에도 불구하고 비즈니스는 지역사회가 필요로 하는 모든 것을 제공할 수는 없다. 공립학교, 시민단체, 자선단체(구세군 등) 등과 같은 비영리단체(nonprofit organization) 역시 사회적 번영을 위해 많은 기여를 하고 있다. 비영리단체는 소유주나 조직구성원들이 사적인 목적으로 이익을 창출하지 않는 조직을 말한다. 비영리단체들도 때로는 재무적 이익을 얻기 위해 노력하지만, 그러한 이익은 사적인 목적보다 정해진 사회적 또는 교육적 목적을 위해 사용된다.

사회적 기업가(social entrepreneur)들은 공적인 목적의 조직을 만들어서 관리하고 사회적 문제를 해결하는 데 도움을 주기 위해 경영원리들을 적용하는 사람들이다. 노벨상 수상자인 무하마드 유누스(Muhammad Yunus) 또한 사회적 기업가의 한 사람으로서 빈곤층을 돕기 위한 소액대출은행인 그라민뱅크(Grameen Bank)를 설립하였다. 무하마드는 이익을 목적으로 하지 않는 30가지 사회적 비즈니스를 시작하였는데, 그중 한 가지가 매우 저렴한 비용에 백내장 수술을 제공하는 것이었다.

비영리단체라 하더라도 경영은 반드시 필요하다. 비영리단체를 시작하거나 경영하기 위해서는 정보 시스템관리, 리더십, 마케팅, 재무관리와 같은 경영학을 배워야 할 필요가 있다. 앞으로 배우게 될 지식이나 기술들은 비영리단체를 포함한 어떤 조직에도 매우 유용할 것이다.

기업가정신(Entrepreneurship)

1. 아웃소싱과 인소싱: 시장이 완전경쟁이면 모든 것이 OK

경쟁력을 유지하기 위해 기업은 아웃소싱이 필요할 수 있다. 아웃소싱(outsourcing)은 기업의 일부 혹은 모든 기능을(많은 경우 다른 나라에 소재한) 다른 기업이 담당하도록 계약을 체결하는 것을 의미한다. 최근 한국은 아웃소싱으로 많은 일자리가 해외의 경쟁업체에게 넘어가 어려움에 처해 있다.

아웃소싱의 반대는 인소싱(insourcing)이라고 할 수 있다. 많은 기업들이 디자인과 생산 시설을 한국에 설립하고 있다. 예를 들어, 미국에 본사를 둔 GM자동차는 다자인과 엔지니어링 작업을 디트로이트(Detroit)에서 하고, 한국에서 자동차 생산을 하고 있다. 이러한 인소싱은 새로운 일자리를 많이 만들어내고 있고, 아웃소싱을 통해 사라지는 일자리의 수를 상쇄하고 있다.

미국에 본사를 둔 애플사의 아이폰은 중국 내 대만사의 폭스콘사가 제조하고, 카메라센서, 메모리 반도체 등 중간재 제품은 한국의 전자기업들이 공급한다. 삼선전자와 SK하이닉스 양사는 전 세계 D램 및 낸드플래시 시장에서 73%, 45%의 점유율을 기록하고 있다.

무역을 통하여 상품을 교환한 후 소비하는 made-here-sold-there 경제구조가 made-everywhere-sold-there 즉, 상품을 전 세계가 생산하고 전 세계가 소비하는 형태로 진화했다. 오늘날 세계 무역의 목적은 글로벌 생산공유를 목적으로 중간재 부품을 조달하는 것이다. 이처럼 많은 제조업 상품들이 브랜드만 선진국일 뿐 실상은 글로벌 생산 공유인 것이다. 이제 한 국가가 제품의 모든 것을 생산하는 시대는 끝났다. 따라서 트럼프 대통령이 애플 상품을 중국 대신 미국 내에서 만들어라 하면서 대중국 수입품 전부에 관세를 부과하겠다는 무역정책은 애플 상품이 피해를 볼 수밖에 없음을 드러나게 될 것이다. 오늘날의 글로벌 경제구조는 과거와는 차원이 다른 복잡한 양상이다.

미국은 2017년 기준 중국으로부터 약 6,000억 달러를 수입하고 중국으로 약 2,000억 달러를 수출하기 때문에 4,000억 달러수준의 대중국 무역적자를 기록했다. 총수출입으로 측정한 무역수지 균형(gross balance)은 타당하지 않다. 부가가치 교역으로 측정한 균형으로는 더 적게 측정될 수 있다. 일본-한국-중국-미국의 글로벌 공급망을 생각하면 당연한 것이다. 중국이 미국에 수출하는 품목 안에는 한국과 일본이 창출한 부가가치가 포함되어 있기 때문이다.

2. 창업과 경력: 종로로 갈까요, 명동으로 갈까요?

비즈니스에서 성공하는 데는 두 가지 방법이 있다. 첫 번째 방법은 대기업에서 한 단계씩 경력을 쌓으면서 올라가는 것이다. 이미 만들어진 타인의 조직에서 일하는 장점은 다른 사람이 기업가로서의 리스크를 떠맡는 대신 여러분은 유급휴가나 의료보험과 같은 혜택을 받는다는 것이다. 대부분의 사람들이 이 방법을 선택한다.

리스크가 큰 다른 방법은 본인 스스로 창업하여 자유로운 기업가가 되는 것이다. 자유롭다는 것에는 자신만의 비즈니스를 시작하고 이로부터 이익을 얻는 자유도 포함된다. 그러나 성공의 자유 이면에는 실패의 자유도 있으며, 매년 수많은 작은 기업들이 실패를 경험하고 있다. 그러므로 사업을 시작하기 위해서는 성공한 기업가처럼 용기가 필요하다. 더욱이 기업가로서 유급휴가나 보육, 회사 차량 이용, 의료보험과 같은 혜택을 받지 못하기 때문에 이를 스스로 해결해야 한다. 그렇지만 의사결정의 자유, 기회 및 부의 창출 등은 기업가로서 얻을 수 있는 장점이다. 기업가로서의 도전을 하기에 앞서서 아마존의 제프 베조스(Jeff Bezos)처럼 이미 성공한 사람들에 대해 분석하면서 그 성공과정을 배울 필요가 있다.

3. 여성 기업가: 어렵다고 포기하지 말고 쉬운 것부터 천천히

전 세계 수백만 명의 사람들이 기업가로서 도전을 하고 성공을 하고 있다. 현재 미국의 여성들은 전체 기업의 3분의 1정도를 소유하고 있으며, 오프라 윈프리(Oprah Winfrey), 도나 캐런(Donna Karan), 릴리안 버넌(Lillian Vernon) 등의 이름은 아마 익숙한 이름일 것이다. 안드레아 정(Andrea Jung)은 에이번 프로덕트(Avon Products)의 최고경영자이다. 세계에서 가장 영향력 있는 여성들로는 싱가포르 테마색 홀딩스(Temasek Holdinga)의 최고경영자인 호칭(Ho Ching), 미국 펩시코(Pepsico)의 최고경영자인 인드라 누이(Indra Nooyi), 영국 앵글로 아메리칸(Anglo American)의 최고경영자인 신시아 캐롤(Cynthia Carroll) 등이 있다.

4. 부의 창출을 위한 기업가정신과 지식: 너와 나의 만남이 하나가 될 때

여러분은 왜 국가마다 부의 차이가 발생하는지 궁금해한 적이 있는가? 경제학자들은 오랜 시간 동안 부의 창출이라는 주제에 대해 연구해 왔다. 그들은 부에 영향을 미치는 것처럼 보이는 다음과 같은 5가지 생산요소(factors of production)를 밝히는 것으로 연구를 시작하였다.

표 1-2 5가지 생산요소

토지	집, 자동차, 다른 상품을 생산하기 위해 사용되는 땅이나 천연자원
노동	생산에 있어 가장 중요한 자원. 현재는 기술로 대체하는 경향이 있음
자본	기계, 도구, 건물과 같은 다른 생산수단
기업가정신	기업가들의 도전 정신이 없다면 자원들은 아무런 가치를 지니지 못함
지식	정보 기술은 기업에 혁신. 고객의 요구에 맞는 제품과 서비스 생산 가능

전통적으로 경영/경제 서적들은 4가지 생산요소인 토지, 노동, 자본, 기업가정신만을 강조하였다. 그러나 경영학의 석학인 피터 드러커(Peter Drucker)는 경영에서 가장 중요한 생산요소는 현재에도 미래에도 항상 지식이라고 말했다.

가난한 국가와 부유한 국가의 생산요소를 비교한다면 어떠한 차이점을 발견할 수 있을까? 몇몇 가난한 국가들은 광대한 토지와 풍부한 천연자원을 가지고 있다. 예를 들어 러시아는 방대한 영토와 목재, 석유 등 풍부한 천연자원을 가지고 있지만 (아직은) 부유한 국가로 분류되지 않는다. 비록 러시아의 억만장자 수가 32명으로 미국의 359명에 이어 세계에서 두 번째로 많지만, 러시아의 일인당 국내총생산(GDP, 한 나라에서 생산된 모든 재화와 용역의 가치를 그 나라의 인구 수로 나눈 수치)은 14,700달러에 불과하다. 반대로 한국과 일본의 경우에는 영토가 넓지 않고 천연자원도 부족하지만 국내총생산이 30,000달러 및 33,600달러로서 상대적으로 부유한 국가에 속한다. 그러므로 토지는 부의 창출을 위한 핵심적 요소는 아니라고 할 수 있다.

멕시코와 같은 대부분의 개도국은 많은 노동력을 보유하고 있으므로, 노동 역시 부의 핵심 요소는 아니다. 노동자들은 사회에 기여하기 위해서 일을 찾아야 하기 때문에, 자신들에게 일자리를 제공해줄 기업가가 필요하다. 또한 기계나 도구와 같은 자본은 점점 국경에 관계없이 이용할 수 있게 되어 부의 창출에 중요한 요소가 될 수 없다. 특히, 자본을 사용하는 기업가 없이는 생산적일 수 없다.

이를 종합해볼 때 오늘날 부유한 국가를 만드는 것은 기업가정신과 지식의 효율적인 사용이라는 두 요소의 결합이라고 할 수 있다. 기업가들은 자신이 습득한 것(지식)으로 자신의 비즈니스를 성장시키고 부를 증진시키기 위해 사용한다. 이를 위해서는 경제 및 정치의 자유 또한 중요할 것이다.

비즈니스 환경들은 기업가정신을 촉진하거나 방해하는데, 이러한 점이 국가(states) 간 또는 도시(cities) 간 부의 격차를 설명하는 데 도움을 줄 수 있을 것이다. 무엇이 비즈니스 환경을 이루고, 어떻게 성장과 일자리 창출을 촉진하는 비즈니스 환경을 만들어낼 수 있을까 살펴보자.

3절   기업환경분석

1. 기업환경요소 분석: 부와 직업창출은 좋은 환경에서 성장한다

기업환경(business environment)은 비즈니스의 발전을 도와주거나 방해하는 환경적 요소들로 구성된다. 아래 〈표 1-3〉은 기업환경의 4가지 요소(+글로벌 비즈니스 환경)들을 보여주고 있다.

§ 표 1-3 기업환경의 구성

경제적/법적 환경	기술적 환경	경쟁적 환경	사회적 환경
사적 소유의 자유	정보 기술	고객서비스	다양성
부정부패의 제거	데이터베이스	종업원 서비스	인구변화
최소한의 세금 규제	인터넷	환경 관심	가족 변화

부와 직업을 창출하는 기업은 좋은 환경에서 성장한다. 따라서 바람직한 비즈니스 환경을 만드는 것이 좋은 학교, 깨끗한 물과 공기, 좋은 의료서비스, 낮은 범죄율을 포함하는 모든 종류의 사회적 이익에 기초가 된다. 비즈니스는 통상적으로 환경을 통제하지는 못하지만, 환경을 주의 깊게 통찰하고 환경의 변화에 적응할 수 있도록 준비할 필요가 있다.

1) 경제적/법적 환경

사람들은 자신이 잃게 되는 리스크가 지나치게 크지 않다면, 기꺼이 비즈니스를 시작하려고 할 것이다. 경제 시스템과 비즈니스에 대해 정부가 얼마나 긍정적이고 부정적인 역할을 하는가는 이러한 리스크 수준에 큰 영향을 미친다. 예를 들어, 정부는 지출을 최소화하고 세금과 규제를 최소한의 수준으로 유지하며 기업에 우호적인 정책들을 유지할 수 있다. 최근 대통령 선거에서 가장 큰 논점은 증세 여부 및 정부의 지출감소 방안이다. 각국의 대통령들은 경제 활성화를 위해 정부지출을 늘리고 있는데, 이러한 경기 활성화 방안에 동의하고 있는 경제학자들이 있는 반면, 동의하지 않는 학자들도 많이 있다.

정부가 기업가정신을 조성할 수 있는 또 하나의 능동적인 방법은 기업의 사적 소유를 허락하는 것이다. 일부 국가들은 정부가 대부분의 기업들을 소유하고 있어 개인들이 열심히 일하고 이익창출에 기여하게 하는 인센티브가 거의 없다. 그러나 이런 정부들조차도 최근에는 더 많은 부를 창출하기 위해서 소유한 기업들을 개인들에게 팔고 있다. 이미 발전하고 있는 국가의 정부가 할 수 있는 최선의 행동 중 하나는 시장에 대한 간섭을 최소화하는 것이다.

정부는 기업가들이 계약을 체결할 수 있도록 하는 법을 통과시킴으로써 기업가정신에 대한 리스크를 줄일 수 있다. 예를 들어, 미국의 '통일상법전(the

Uniform Commercial Code)'은 기업 간 상호신뢰를 위한 계약과 보증에 대한 사항들을 담고 있다. 아직까지 이러한 법을 갖추지 못한 국가에서 비즈니스를 시작하면 리스크는 훨씬 더 크다.

또한 정부는 세계 시장에서 거래 가능한 화폐를 발행할 수 있다. 즉, 여러분은 다른 나라의 화폐와 교환 가능한 이러한 화폐를 사용하여 세계 어디에서나 제품과 서비스를 사고팔 수 있다. 예를 들어, 중국의 위안화가 미국의 달러와 교환 가능하기 때문에 코카콜라나 디즈니가 중국에서 사업을 할 수 있는 것이다.

한편, 정부는 비즈니스 환경과 정부 내 조직에서의 부패를 최소화하여 도움을 줄 수 있다. 많은 가난한 나라의 경우 정부가 너무 부패했기 때문에 비즈니스를 하기가 매우 어렵다. 이러한 나라에서는 공장을 짓거나 상점을 열기 위해 허가를 받는 일이 매우 어려우며, 관료들에게 뇌물을 주어야 허가가 떨어지는 경우도 허다하다. 또한 사업가들의 부패도 만연하여, 부도덕한 사업가들은 경쟁자를 위협하여 불법적으로 경쟁을 줄이는 경우도 있다.

각국은 부정부패를 금지하기 위한 많은 법들이 마련되어 있다. 그러나 여전히 일부 기업들의 부패와 불법적인 행동들은 비즈니스 커뮤니티와 경제 전체에 악영향을 미치고 있다. 언론은 기업과 관련된 스캔들을 열심히 보도하고 있다. 윤리는 기업의 성공과 경제 전체에 매우 중요하다.

자본주의 시스템은 정직과 성실, 높은 도덕적 기준에 크게 의존하고 있기 때문에, 이러한 기본적 요소들의 부재는 경제 전체의 시스템을 약화시킬 수 있다. 2008~2009년의 세계경제위기는 상당 부분 그러한 이유에서 비롯된 것이다. 예를 들어, 은행 등 담보대출자들이 비우량차입자의 신용도를 파악하는 데 실패했기 때문에 경제위기가 시작되었고, 많은 비우량 주택담보대출자가 자신들의 차입금을 몰수당했다. 이러한 비우량 주택담보대출(subprime mortgage)의 여파로 많은 사람들이 집을 잃었고, 나라 전반에 걸쳐 주택가격이 하락하였으며, 기업들의 차입에도 어려움을 가져왔다. 이와 같은 경제위기의 책임 중 일부는 자신들의 소득수준에 대해 거짓을 말하고 대출자들을 속인 비도덕적인 차입자들에게 있다고 할 수 있다.

일부 기업가들의 비도덕적인 행동에 의한 피해 정도를 아는 것은 쉽지만, 여러분과 같은 일반적인 소비자들의 비윤리적인 행동에 의해 발생하는 피해를 알기는 쉽지가 않다.

2) 기술적 환경

선사시대부터 인간은 자신의 일을 더 쉽게 하기 위한 도구를 만들고자 하는 욕구가 있었다. 하지만 지금까지 컴퓨터와 네트워크, 휴대폰, 특히 인터넷과 같은 정보기술(IT)만큼 광범위하고 지속적으로 경영에 영향을 준 기술적 변화는 없었다.

아이팟, 아이폰, 블랙베리 및 기타 디지털 기기와 페이스북(Facebook), 트위터(Twitter)와 같은 소셜 네트워크는 사람들이 의사소통하는 방식을 완전히 변화시켰다.

광고업자들과 사업가들은 이러한 새로운 의사소통 도구들을 이용해 공급자와 소비자들에게 다가가는 방법을 고안하였다. 정치가들 또한 이러한 인터넷과 소셜 네트워크의 힘을 이용해왔다. 트럼프 대통령은 2020년을 기준으로 수백만 명이 넘는 페이스북 계정을 가지고 있는데 그 숫자는 매일 증가하고 있다. 이와 같이 IT는 오늘날 비즈니스를 이끄는 주요한 원동력이 되고 있기 때문에 지속적으로 그 영향에 대해 언급할 것이다.

기술은 어떻게 종업원과 여러분에게 이익을 주는가? 기업에서 일하는 장점 중의 하나는 일을 더 생산적으로 할 수 있는 도구와 기술을 기업이 제공한다는 점이다. 기술(technology)은 전화기나 복사기에서부터 컴퓨터, 영상의학장비, PDA뿐 아니라, 비즈니스 과정을 보다 효과적이고 효율적이며 생산적으로 만들어주는 다양한 소프트웨어까지 모든 것을 의미한다.

기술은 모든 산업에 종사하는 사람들에게 영향을 미친다. 예를 들어, 앨라배마(Alabama) 주의 농부인 돈 글렌(Don Glenn)은 자신의 PC를 통해 어떤 작물이 잘 자랐는지를 보여주는 적외선 위성사진을 확인하면서 올해와 지난해의 수확량 데이터를 비교한다. 그는 DTN이라고 불리는 컴퓨터 단말기를 통해 곡물가격을 확인하고, 웹기반의 게시판인 애그토크(AgTalk)를 통해 전 세계의 농부들과 대화한다. 그는 또한 온라인 농작물 거래소인 액스에스애그닷컴(XSAg.com)을 통해 화학비료를 주문한다. 하이테크 장비는 글렌에게 어떻게 그리고 어디에 비료를 뿌리고 씨앗을 심을지를 알려주며, 면적별 수확량을 체크하고 높은 이익을 유지할 수 있도록 도와준다.

전자상거래(e-commerce)는 인터넷을 통해 물건을 사고파는 것을 말한다. 전자상거래에는 두 가지 주요한 형태가 있다. 하나는 기업과 소비자 간의 거래(business-to-consumer: B2C)이고, 다른 하나는 기업 간 거래(business-to-business: B2B)이다. 개인 소비자들 시장에서 아마존(Amazon)과 같은 소매업자들에게 인터넷이 중요해진 것처럼, IBM이 지역 은행에 컨설팅 서비스를 제공해주는 것과 같이 기업 간에 서비스나 제품을 거래하는 시장에서 인터넷은 더욱 중요해졌다.

전통적인 사업 영역의 기업들과 B2B나 B2C 분야의 경쟁기업들은 상호 경쟁을 해 나가야만 한다. 예를 들어, 최근 부모들은 아기용품점에서 상품을 직접 구입하기보다 인터넷의 중고 거래 사이트에 등록된 물품을 구입하는 것을 더 선호하기도 한다. 온라인 장터인 eBay에서 사업을 시작하는 것은 그 어느 때보다 손쉬워졌다. 2020년을 기준으로 중국에서는 8억 명 이상이 인터넷을 사용하고 있다. 구글(Google)이 생기기 이전 사람들의 생활을 지금과 비교해보았는가? 이렇듯 전자상거래는 최근 매우 중요해졌으며 지속적으로 논의될 것이다.

이 책의 주요 주제 중 하나인 고객들에 효과적으로 반응하기 위한 기술의 활용과 관련해서는 고객의 요구와 필요에 가장 잘 대응하는 기업이 성공한다는 것이다. 이를 위해 전통적인 소매업자들도 인터넷 기술을 이용할 수 있다. 예를 들어, 소매상들은 제품의 바코드를 통해 고객이 무엇을 사는지, 어떤 크기와 색상, 가격을 선택하는지를 파악할 수 있다. 체크아웃 카운터의 스캐너를 통해 가격뿐만 아니라 이 같은 정보를 파악할 수 있으며, 이를 전자 보관 파일인 데이터베이스(database)에 저장하게 된다.

데이터베이스는 소매상들이 지역주민들이 원하는 제품만을 골라 보유할 수 있도록 해준다. 기업들은 주기적으로 데이터베이스 정보를 교환하기 때문에 많은 소매상들은 여러분이 어디서 무엇을 사는지를 알고 있다. 따라서 기업들은 여러분의 과거 구입 내역에 대한 정보를 토대로 여러분이 원할 수도 있는 상품 정보가 담긴 카탈로그나 DM(Direct Mail) 광고를 보낼 수 있다. 이외에도 기업들이 고객의 요구에 대응하기 위해 정보기술을 사용하는 다양한 방법들이 있는데, 이에 대해서는 이 책에서 지속적으로 논의될 것이다.

하지만 불행하게도 고객들에 대한 개인정보의 수집은 개인정보 도용이라는 문제를 불러올 수 있다. 개인정보 도용(identity theft)은 주민등록번호나 신용카드 정보 등과 같은 개인의 사적인 정보를 불법적으로 수집하는 것을 말한다. 연방거래위원회(Federal Trade Commission)는 한 해 동안 수백만 명의 미국인이 개인정보 도용의 피해를 입는 것으로 추정하고 있다. 이러한 사례를 통해 명심해야 할 것은 여러분의 개인정보를 제공할 대상을 선정할 때 특히 주의해야 한다는 것이다. 또한 여러분의 컴퓨터에 바이러스백신, 방화벽(firewall), 안티스파이웨어 소프트웨어를 설치할 필요가 있으며, 여러분의 신용보고서를 주기적으로 검토할 필요도 있다.

3) 경쟁적 환경

표 1-4 전통적 기업과 글로벌 기업의 특성

전통적 비즈니스	글로벌 비즈니스
고객 만족	고객을 즐겁게 하는 것
고객 지향	고객 및 이해관계자 지향
이익 지향	이익 및 사회 지향
반응적 윤리	선행적 윤리
제품 지향	품질 및 서비스 지향
경영자에 대한 초점	고객에 대한 초점

기업 간 경쟁이 오늘날처럼 치열했던 적은 없었다. 몇몇 기업들은 품질에 초점을 맞춰 경쟁우위를 확보했다. 많은 기업들의 목표는 무결점(zero defects, 제품 생산의 완벽함)을 실현하는 것이다. 하지만 단순히 고품질의 제품을 만드는 것만으로는 글로벌시장에서의 경쟁력을 확보하는 데 충분하지 않다. 오늘날 기업들은 경쟁력 있는 가격에 고품질의 제품과 뛰어난 서비스를 함께 제공해야만 한다. 위 〈표 1-4〉는 새로운 글로벌 환경에서 기업경쟁이 어떻게 달라졌는지를 보여준다.

높은 고객 기대에 따른 경쟁으로 오늘날 고객들은 낮은 가격에 좋은 품질의 제품을 원할 뿐만 아니라, 훌륭한 서비스도 함께 제공받기를 원한다. 세계의 모든 제조 및 서비스 조직들은 종업원들에게 고객이 왕이라는 점을 강조하고 있다. 비즈니스는 과거의 관리 지향에서 고객 지향으로 변하고 있다. 따라서 성공적인 조직이 되기 위해서는 고객의 욕구(wants) 및 요구(needs)를 더욱 유의해서 듣고, 기업의 제품, 정책 및 실무를 이에 맞추어 변화시켜야 할 것이다.

구조조정과 권한부여를 통한 경쟁 기업이 고객의 요구를 파악하기 위해서는 고객과의 접점에서 활동하는 종업원들(점원, 호텔의 접수처 종업원, 판매원 등)에게 고객의 요구에 신속하게 대응할 수 있고, 기본적으로 좋은 서비스와 제품을 제공할 수 있는 결정을 스스로 내릴 수 있도록 책임감, 권한, 자유, 교육, 설비 등을 제공해 주어야 한다. 이것은 권한부여(empowerment)라고 하는 것으로, 이에 대해서는 지속적으로 다룰 것이다.

많은 기업에서 관리자들이 권위를 기꺼이 양보하고 종업원들이 더 많은 책임감을 갖도록 하기 위해 하는 구조조정은 때때로 몇 년의 시간이 걸린다.

4) 사회적 환경

인구통계학(demography)은 인구의 수, 밀도, 연령, 인종, 성별, 소득 등의 특징 등에 관한 통계적 연구 분야를 말한다. 이 책에서 우리는 비즈니스와 직업 선택에 가장 큰 영향을 미치는 특정 인구통계학적 흐름에 주목할 것이다. 인구의 변화는 향후 사람들의 생활, 주거, 소비, 여가 등에 큰 영향을 미칠 것이다. 더욱이 엄청난 인구 이동은 몇몇 기업에는 새로운 기회가 되겠지만, 어떤 기업에는 매우 불리한 환경이 될 것이다. 예를 들어, 과거보다 현저히 많은 노인층 수는 모든 종류의 상품과 서비스에 새로운 시장을 창출하게 만들 것이다.

① 다양성 관리: 다양성은 사회적 약자들과 여성들을 채용하고 유지하는 것 이상의 의미를 가지게 되었다. 다양성을 확보하기 위한 노력에는 노인, 장애인, 동성애자, 무신론자, 외향적인 사람, 내향적인 사람, 기혼자, 독신자, 독실한 신자들에 대한 사항이 포함되어 있다. 또한 전 세계의 근로자들과 문화에 대한 신중한 접근이 필요하다.

합법적·불법적 이민자의 수는 많은 도시에 큰 영향을 미치고 있다. 학교와 병원이 특히 많은 영향을 받고 있다. 한국 정부는 외국인들이 늘어남에 따라 표지, 책자, 서류 형식 등을 다양한 언어로 제공하고 있다. 여러분이 살고 있는 도시는 이미 그러한 변화를 겪고 있는가? 그런 변화에 대하여 어떠한 효과가 나타났는가?

② 고령인구의 증가: 65세에서 74세 사이의 사람들은 현재 한국 사회에서 가장 증가하는 집단이다. 그들은 외식, 운송, 엔터테인먼트, 교육, 숙박 등과 같은 분야에서 수익성 높은 시장을 만들어내고 있다. 2020년 1월 기준 전체 인구의 22% 이상인 60세 이상 인구가 2040년경에는 약 40%가 될 것으로 예상된다. 이러한 인구통계학적인 변화가 여러분과 기업에는 어떤 의미가 있는가? 중년층과 고령층이 필요로 하는 제품과 서비스(의약품, 재택간호, 생명보조기구, 재택의료, 레크리에이션 등)를 생각해 본다면, 21세기에 여러분은 그러한 분야에서 성공적인 비즈니스 기회를 발견할 수 있을 것이다.

컴퓨터 및 콘솔게임, 인터넷 서비스 또한 21세기의 중요한 비즈니스 기회이다. 이와 같이 향후 고령 인구의 요구에 부합하는 비즈니스는 매우 뛰어난 성장을 보일 것이다.

반면에 퇴직한 사람들은 경제적인 부를 감소시킬 것이다. 이는 오늘날 사회보장 문제를 주요한 쟁점이 되게 하였다. 오늘날 공무원 4명이 1명의 퇴직자를 부양하고 있으며 그 숫자는 점점 줄어들고 있다. 또한 정부는 사회보장계정에 돈을 적립하는 대신, 누적된 사회보장 자금을 지속적으로 사용해왔다. 사회보장에 들어오는 돈보다 나가는 돈이 더 많아질 것이다. 정부는 이러한 부족분을 보충하기 위한 대책을 강구해야 할 것이다. 즉, 세금을 올리거나 연금수령 나이를 올림으로써 사회보장 혜택을 줄이거나, 그 밖에 복지나 의료와 같은 기타 사회보장 지출을 줄이고 전 세계 시장에서 돈을 빌리는 등의 방안이 필요할 것이다.

다시 말해, 미래에 고령인구에게 연금을 지급하기 위해서는 현재 노동인구로부터 막대한 돈을 끌어와야 하는 것이다. 오늘날 언론에서 사회보장과 관련하여 무엇을 해야 하는지에 대한 많은 논의가 있는 것도 바로 이 때문이다.

③ 편부모 가정의 증가: 편부모일 경우 풀타임으로 근무하면서 가정을 꾸려나가기는 매우 어렵다. 따라서 편부모 가정의 빠른 증가 역시 비즈니스에 많은 영향을 미치고 있다.

복지법(Welfare rules)은 편부모가 가족과 함께 시간을 보낼 수 있도록 일정의 수혜 기간 후에 업무에 복귀하도록 의무화하고 있다. 편부모의 존재는 기업들이 육아간호 휴가와 근무시간 자유 선택제와 같은 프로그램을 만들도록 영향을 미친다.

5) 글로벌 환경

모든 환경에 영향을 미치는 글로벌 비즈니스 환경은 매우 중요하다. 최근 들어 전 세계적으로 경쟁이 점차 심화되고 있고, 국가들 사이의 자유무역 협정이 증가하고 있는, 두 가지 중요한 환경변화가 나타나고 있다.

국가 간 거래 또는 세계화(globalization)가 활성화될 수 있었던 요인은 효율적인 유통 시스템과 인터넷과 같은 커뮤니케이션 도구의 발전이다. 세계화는 전 세계에 걸쳐 삶의 기준을 향상시켰다. 중국과 인도는 주요한 경쟁자로 성장하였으며, 중국 기업인 레노버(Lenovo)는 IBM의 PC사업부를 인수하기도 했다. 장난감 매장이나 많은 소매상에서 볼 수 있는 수많은 '중국산(Made in China)' 상표의 수에 놀라지 않을 수 없을 것이다.

2. 부동산 투기가 기업에 미치는 악영향: 선거하는 해에는 아파트를 사야 한다

2020년 새해부터 기업이나 국민들에게 요즘 화두는 부동산 투기 열풍이라고 해도 과언이 아닐 것이다. 정부에서 좌고우면없이 부동산 투기 열풍을 잡아 보겠다고 나름대로 강력한 대책들을 내어 놓긴 했지만 국민들을 만족시키기에는 많이 부족해 보인다. 그렇다면 정부와 국민들에게 지탄의 대상이 되고 있는 부동산 투기라는 것이 경제에 어떠한 악영향을 끼치고 있나를 알아본다.

부동산은 토지 및 그 정착물(fixture)을 말한다. 우리가 일반적으로 알고 있는 땅과 땅 위에 지어진 건물 등을 통틀어 부동산이라 할 수 있다. 기본적으로 땅이 없으면 건물을 지을 수 없기 때문이다.

문제는 이 땅이라는 것은 공급이 한정되어 있다는 것이다. 공급량이 일정하다 보니 땅에 대한 수요가 늘어나면 날수록 땅값은 오를 수 밖에 없는 구조를 가지고 있다. 따라서 지속적인 투기 가능한 조건을 가지고 있는 것이다.

땅 투기는 경제에 악영향을 한꺼번에 끼칠 수 있다. (1) 생산적인 부문에 투자되어야 할 돈이 땅에 투자됨으로써 기업체들의 생산활동에 필요한 돈은 그만큼 줄어들게 된다. (2) 아울러 투자를 목적으로 산 땅은 보통 땅값이 오를 때까지 썩혀 두기 때문에 그 땅을 이용해서 공장이나 주택을 짓고자 하는 실수요자들에게 생산활동 기회를 박탈해 버린다.

땅에 투자되는 돈이 점점 많아지게 되면 투기열풍이 일어나게 되는데, 이는 자금이 부족한 중소기업들은 생산활동에 필요한 자금을 못 구해서 무더기로 도산할 수 있다.

땅에 돈을 투자하게 되면 그 돈을 통해 아무런 상품도 생산되지 않기 때문에 국가 경제에 아무런 도움을 주지 않는다. 기업은 비싸진 땅값을 지불하고 공장용지를 확보해야 되므로 그만큼 이 회사가 생산하는 상품의 원가 상승요인이 되고 소비자들은 좀 더 비싼 가격으로 상품을 살 수밖에 없게 되는 것이다. 따라서 물가도 자연적으로 상승하게 되는 것이다.

한편 건설업자가 부동산 투기로 인해 비싸진 땅값을 지불하고 아파트를 짓는다면 그 아파트의 분양원가의 주요한 상승요인이 될 것이다. 결국에는 무주택자들에게 파급효과가 미치는 것이다.

국가에서는 도로나 항만 등의 여러 가지 공공시설을 짓게 된다. 이러한 공공시설을 건설할 때에도 부동산 투기로 인해 비싸진 땅값을 지불해서 땅을 매입하게 되므로 국민들에게 세금 부담을 가중시키는 결과까지 초래하게 된다.

결국 부동산 투기로 인해 불로소득을 챙기는 사람들이 많아지게 되면 일반 노동근로자들이나 직장인들은 일할 의욕을 상실하게 되고 사회에 대한 불만이 쌓이게 됨으로써 사회 자체가 건강해지지 못하게 된다.

부동산 거품이 꺼지기 시작하면 그 충격은 더욱 크다. 거품 상태의 부동산 가격을 기준으로 대출해 줬던 돈들이 거품이 꺼지면서 한 순간에 사라지게 되고 수많은 부실채권들을 양산하게 됨으로써 금융 또한 덩달아 부실해지게 되고 경제는 위축될 수밖에 없게 된다. 따라서 부동산 투기는 한 국가의 경제를 병들게 하는 암적인 존재인 것이다.

주택가격은 소득, 금리, 공급량과 합리적인 관계를 맺고 있다. 경제학자들은 2000년대 중반 서울 강남을 중심으로 발생했던 주택가격 폭등이 규제로 인한 공급부족 때문이었다고 주장해 왔다.

규제로 인한 공급부족을 해소하기 위하여 홍콩처럼 도심에서의 아파트 용적률을 대폭 상승시켜 공급을 늘리는 정책도 고려대상이 될 수 있다. 1980년 대 말 일본의 거품붕괴의 시발점이 금리상승이 아니고, 주택가격에 큰 거품이 끼어있었기 때문이라는 것을 각인시키고 싶다.

미국 뉴욕과 일본 도쿄에서는 아파트 구입이 평균 5년이 걸리지만 한국의 서울에서는 14년이 걸린다는 보고서가 나와 있다. 9년만큼의 거품이 끼어 있을 여지가 있다고 본다. 서울의 주택가격이 소득, 금리, 공급량과 불합리한 관계를 맺고 있음을 말하는 것이다. 주택가격의 폭등을 방치해서는 안 된다.

3. 전쟁과 테러

세계 각국은 이란, 이라크와 아프가니스탄에서 전쟁을 수행하는 데 엄청난 달러를 지출하고 있다. 이로 인해 몇몇 기업들(총알, 탱크, 군복을 생산하는 기업들)은 막대한 이익을 거두고 있다. 하지만 다른 기업들은 전쟁으로 인해 성장률이 감소하는 피해를 입고 있다. 또 다른 전쟁과 테러에 대한 위협은 더욱 많은 금액을 군사 분야에 지출하게 하고, 그러한 지출은 세계의 경제가 침체됨에 따라 많은 논쟁을 불러일으킨다.

테러에 대한 위협은 보험료를 포함한 조직의 비용을 크게 증가시킨다. 특히 몇몇 기업들은 테러 공격의 위험에 대비한 보험에 가입하는 데 어려움을 겪고 있다. 보안 문제 또한 기업의 비용을 증가시킨다. 일반 시민들과 마찬가지로 기업가들도 평화로운 세계에서 많은 이익을 얻을 수 있다. 세계적으로 긴장을 완화하는 한 가지 방법은 앞서 이야기한 것처럼 영리기관과 비영리기관 모두를 함께 활용하여 전 세계적인 경제성장을 이루어나가는 것이다.

비즈니스의 무대가 전 세계로 확대되면서, 제조 및 서비스업 모든 분야에서 새로운 일자리가 창출될 것이다. 국제교역은 국제경쟁을 의미한다. 급속한 변화는 끊임없는 학습을 필요로 한다. 만약 유비무환 정신으로 기업 스스로 준비를 잘해 나간다면 미래에 원하는 지속적인 발전을 할 수 있다는 낙관적인 견해를 가질 충분한 이유가 있다.

최근 접근법

1. 관계경영: 20:80rule

최근 들어 기업이 주력하는 것 중 하나로 관계경영 분야가 있다. 관계경영 (relationship management)이란 기업이 고객은 물론 모든 이해관계자들과 장기적인 우호관계를 형성하여 고객만족도와 매출, 이익 등을 제고하려는 경영전략이다. 다시 말해 한 번 고객을 영원한 고객으로 붙들어두고, 우리 회사와 거래하는 다른 회사와도 서로 이익을 볼 수 있는 관계를 형성하자는 것이다. 장기고객은 신규고객보다 훨씬 중요하다. 즉 장기고객은 더 이상의 유치비용이 필요 없다는 장점이 있다. 다른 회사로 넘어가는 고객이 많으면 그만큼 매출이 줄어들고, 신규고객 유치에도 비용이 많이 든다. 이런 이유로 항공서비스업이나 통신서비스업과 같이 특히 장기고객이 중요한 업종에서는 고객이탈을 막고 고객충성도를 높이려는 노력을 다각적으로 기울이고 있다. 여기서 20:80 Rule을 적용할 수 있는데 20% 고객이 80% 매출을 올려준다는 이야기다. 관계경영의 한 예로 항공사를 보자. 대한항공은 회원 고객을 탑승거리에 따라 스카이패스(skypass), 모닝캄(morning calm), 밀리언마일러(million miler) 등으로 구분하여 차별적 혜택을 준다. 탑승거리가 일정 마일리지에 달하면 국내외 항공권 무료제공이나 좌석 업그레이드, 제휴호텔 할인, 제휴렌트카 할인 등과 같은 여러 혜택을 받을 수 있다.

관계경영은 우리 회사에 납품하는 공급자(supplier)도 대상이 된다. 우리 회사가 상품이나 서비스를 원활하게 생산하려면 공급자도 우리의 주문사양이나 생산계획, 운영원칙에 맞추어 원자재나 반제품, 서비스 등을 차질 없이 제공해야 한다. 이에는 무엇보다도 상호 신뢰가 중요하며, 신뢰야말로 양사가 공동으로 발전하는 밑거름이 된다.

2. 학습조직이론: 조직원의 능력을 최대한 발휘토록 하라!

경영이론은 계속 발전하고 있으며 현대경영은 학습조직 접근법(learning organ-ization approach)을 중요시한다. 학습조직이란 스스로 배우는 기업을 말한다. 조직의 환경변화를 예측하고 기업경영에 새로운 정보와 지식을 습득하고, 이전할 뿐만 아니라 새로운 지식에 맞게 행동을 수정하는 조직을 말한다. 학습조직은 체계적인 문제해결, 새로운 아이디어의 시도, 경험과 과거 역사로부터의 배움, 지식의 조직 전체로의 전달을 강조한다. 학습조직의 본질적인 아이디어는 문제해결이다. 이는 효율을 강조하는 전통적인 조직과 대립된다. 전통적 조직에서는 변화에 대한 태도가 문제가 없으면 무변화로 대응하는데 학습조직에서는 "변하지 않으면 죽는다"라는 태도를 가지고 경영에 임하는 것이 특징이다.

3. 달러와 석유: 달러가 약세면 유가는 오른다!

현대경제에서 수요와 공급, 거시와 미시경제 같은 이론과 경제정책, 통화정책 등의 정책을 결정하는 데 있어 가장 영향을 많이 주고받는 통화와 상품은 달러와 석유이다.

달러는 미국의 통화이며 전 세계 통화 중 기축통화역할을 하는 화폐 중 가장 높은 지위를 가진 통화이다. 미국 연방준비제도에 의해 발권되며 가히 세계를 움직이는 돈이라고 말할 수 있는 화폐이다. 기축통화란 국제거래에서 기준이 되는 화폐이며 국가 간의 결제 혹은 금융거래에 통용되는 화폐로서 한국의 경우 원화와 달러를 기준으로 삼각 계산법을 통해 타국의 통화를 확정한다.

석유는 자연적으로 만들어져 지층에 매몰되어 있는 액체 탄화수소로 현대인류가 활용하는 핵심적인 천연자원이다.

석유는 현대문명의 기반이자 상징이라고 할 수 있는데 우리가 사용하는 플라스틱, 입고있는 옷의 섬유, 감기약인 아스피린의 주요 성분 페놀마저 석유에서 추출되며 국제유가의 가격에 따라 한 나라의 국가 경제를 흔들기도 하는 상품이다.

그림 1-1 석유화학 수요 산업의 생산계통도

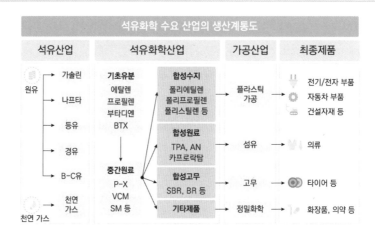

그림 1-2 달러가 약세면 유가는 오른다

출처: Bloomberg, 이베스트투자증원 리서치센터

이런 석유와 달러는 특이한 관계를 가지고 있다. 달러의 가치가 상승하면 국제유가는 내려가며 달러의 가치가 하락하면 국제유가가 내려가는 음의 상관관계를 가지고 있다. 이러한 이유로는 석유의 결제는 오직 달러로만 결제하도록 하는 페트로달러 체제와 미국의 금리변동 등의 여러 요인들이 존재한다.

이는 미국이 세계 경제를 흔들 수 있는 수단이며 중국이 석유를 위안화로 결제방식을 시도하는 요인이 된다.

02

현대기업의
경제학 이해

도입사례
국제유가, 환율, 주식관계 이용 성공사례

에쓰오일, 유가상승에 1분기 영업이익 2,704억 '흑자전환'

에쓰오일이 올해 1분기 정제마진 약세에도 불구하고 유가 상승 영향으로 흑자전환에 성공했다.

에쓰오일은 지난 1분기 연결기준 영업이익이 2,704억 원으로 전년 동기 대비 6.2% 증가했다고 24일 공시했다.

에쓰오일 관계자는 "지난해 연말부터 이어진 국제유가 상승에 따른 재고 관련 이익과 파라자일렌 (PX) 등 고부가가치 석유화학제품의 견조한 스프레드에 힘입어 지난해 4분기 적자에서 흑자로 전환했다"고 설명했다.

매출액은 5조 4,262억 원으로 전년 동기 대비 0.3% 상승했지만 제품 평균판매단가 하락과 설비 정기보수로 인한 판매량 감소로 전분기 대비해서는 20.9% 감소했다.

주력 사업인 정유 부문은 글로벌 정유사들의 높은 가동률로 인한 정제마진 약세에도 불구하고 유가 상승에 따른 재고 관련 이익으로 957억 원의 영업이익을 기록했다.

석유화학 부문은 정기보수로 인한 가동률 감소에도 불구하고 양호한 파라자일렌 스프레드를 바탕으로 14.9%의 높은 영업이익을 거뒀다.

아로마틱 계열의 경우 파라자일렌 스프레드는 다운스트림 수요 둔화와 중국 내 신규 파라자일렌 설비 가동으로 인한 역내 공급 증가 우려로 전분기 대비 소폭 하락했지만 견조한 수준을 유지했다. 올레핀 계열은 미·중 무역분쟁과 중국 경제 둔화로 인한 다운스트림 수요 약세로 폴리프로필렌(PP), 프로필렌옥사이드(PO) 스프레드가 감소했다.

윤활기유 부문은 수요 둔화와 역내 신규 설비 가동으로 인한 공급 증가로 제품 스프레드가 소폭 하락했다.

에쓰오일은 2분기 난방시즌 종료에 따른 수요 감소 전망에도 불구하고 정제설비 대규모 정기보수에 따른 공급 감소와 휘발유 성수기 진입으로 정제마진이 회복될 것으로 전망했다.

석유화학 부문은 아로마틱 계열의 경우 파라자일렌 스프레드는 다운스트림 부문 계절적 수요 증가와 역내 주요 설비 정기보수와 가동중단으로 인해 양호한 수준에서 유지될 전망이다. 올레핀 계열은 PP와 PO 스프레드가 미·중 무역분쟁 완화와 더불어 중국 정부의 적극적인 경기부양 정책 시행으로 회복될 것으로 전망했다.

윤활기유 부문은 역내 주요 경쟁사 설비 정기보수와 계절적인 수요 증가로 제품 스프레드가 회복될 것으로 예상했다.

주식부자 버핏의 크리스마스 선물은? ··· '클라스'가 다르다

세계적인 갑부 워런 버핏의 크리스마스 선물은 뭘까.

빌 게이츠 마이크로소프트(MS) 창업자와 제프 베이조스 아마존 창업자에 이어 세계 3위의 부자인 그는 가족들에게 어떤 선물로 사랑을 표현할까.

성공, 돈, 경력관리 등에 대한 기사를 제공하는 CNBC make it이 버핏의 며느리였던 메리의 말을 인용해 보도한 내용에 따르면 세계 최고의 주식 투자자답게 버핏의 크리스마스 선물은 주식이다.

그런데 규모가 일반인이 생각하는 수준을 넘어선다. 게다가 세계 최고의 주식 전문가가 고른 주식이니 향후 가치 상승도 '따놓은 당상'이다.

버핏의 아들 피터 버핏과 1980년부터 1993년까지 결혼생활을 유지한 메리는 버핏이 가족과 가까운 친지 각자에게 크리스마스 선물로 "언제나 100달러 지폐로 1만달러(약 1,160만 원)를 줬다"가 어느 해부턴가 1만달러 가치의 주식으로 선물을 바꿨다고 말했다.

메리는 지난 10월 ThinkAdvisor와 인터뷰에서 한 해는 버핏이 "편지가 든 봉투를 줬는데 현금이 아니라 그가 최근에 매수한 코카콜라 주식 1만달러 상당이 들어 있었다"고 소개했다.

주식과 함께 봉투에 들어 있었던 편지에서 버핏은 주식을 현금화해도 되고 주식으로 보유해도 된다고 말했다.

메리는 "나는 '주식이 1만달러 이상의 가치가 있을 것'이라고 생각해 그대로 보유했고 주가는 계속 올라갔다"며 "그 뒤로 그는 매년 주식을 줬고 나는 그 주식의 가격이 오를 것을 알았기 때문에 선물로 받은 그 주식을 더 사곤 했다"고 밝혔다.

버핏은 친구들과 가족들에게 시즈캔디(See's Candies)도 자주 선물하는 것으로 알려졌다. 버핏은 시즈캔디를 매우 좋아해 1972년에 시즈캔디를 인수했다.

그렇다면 버핏이 받고 싶어 하는 선물은 뭘까. 이에 대해 메리는 "내가 피터와 결혼한 첫 해에 그가 너무 부자기 때문에 아무 것도 원하지 않는다는 것을 깨달았다"고 말했다. 메리는 피터와 세운 음악회사가 이익을 내고 있다는 것을 보여주기 위해 선물로 그 회사의 재무제표를 모아 버핏에게 보여주기도 했다고 설명했다.

맥도날드 햄버거와 코카콜라, 시즈캔디를 좋아하고 집이나 옷에는 관심도 없으며 오로지 관심은 주식인 버핏은 크리스마스 때 어떤 선물을 가장 좋아할까. 그와 같은 부자들이 받고 기뻐하는 선물은 뭘까. 아마도 명품 같이 단순히 비싼 것은 아닐 것이다.

현대車, 신차·환율 덕에 깜짝실적 … 7분기만에 '1조클럽' 재가입

2분기 영업이익 1조 2,377억 원 작년 동기보다 30.2%나 늘어 "체질개선·수익성 확보에 집중"

현대자동차가 7분기 만에 영업이익 '1조 원 클럽' 재입성과 영업이익률 4%대 회복에 성공했다.

올해 2분기(4~6월) 차량 판매가 7.3% 감소했지만, 팰리세이드 등 신차 효과와 우호적이었던 환율 덕분에 '깜짝 실적' 달성에 성공했다.

상반기로 따져 봐도 해외 판매 감소에 판매량이 5.1% 빠졌지만, 영업이익은 되레 26.4%나 증가했다. 다만 남은 하반기 환율 등락을 장담할 수 없는 만큼 신차를 활용한 판매 감소세를 완화와 수익성 개선이 최우선 과제로 꼽힌다. 현대차 역시 더는 덩치를 키우는 데 집중하기보다 수익성에 총력전을 펼칠 계획임을 밝혔다.

'환율에 웃었다' 현대차, 7분기 만에 영업익 1조 클럽 재입성

현대자동차는 22일 서울 양재동 본사에서 올해 2분기 경영실적 컨퍼런스콜을 갖고 2분기 영업이익 1조 2,377억 원, 매출 26조 9,664억 원을 기록한 것으로 집계됐다고 밝혔다. 영업이익은 작년과 같은 기간보다 30.2%, 매출은 9.1% 늘어난 것이다. 올해 2분기 순이익은 작년 같은 기간보다 23.3% 증가한 9,993억 원이다.

현대차 분기 영업이익이 1조 원대를 기록한 것은 작년 3분기(1조 2,042억 원) 이후 7분기 만이다. 영업이익이 대폭 증가하면서 영업이익률도 7분기 만에 4%대를 회복하는 데 성공했다.

현대차는 올해 2분기 작년 같은 기간보다 차량을 못 팔고도 개선한 경영실적을 내놓았다.

올해 2분기 세계 시장에서 작년 같은 기간보다 7.3% 감소한 차량 110만 4,916대(도매 기준)를 판매하는 데 그쳤다. 국내 판매가 작년 같은 기간보다 8.1% 증가한 20만 156대를 기록했지만, 해외 판매가 10.1% 감소한 90만 4,760대를 기록한 게 뼈아팠다. 이에 따라 2분기 전체 판매에서 내수가 차지하는 비중은 작년 같은 기간보다 2%P(포인트) 이상 상승한 18.1%를 기록한 반면, 해외시장은 내수 비중 증가분 만큼 빠져 81.9%로 집계됐다.

실적 개선 일등 공신은 팰리세이드 등 SUV(스포츠유틸리티차) 판매 증가에 신차 효과가 판매 증가에 신차 효과가 꼽힌다.

'환율 효과'도 한몫했다. 한국투자증권에 따르면 올해 2분기 평균환율은 작년 같은 기간보다 8.2%나 뛰었다. 분기 말부터 주춤하기는 했지만, 지난 5월 17일 원·달러 환율은 1195.50원까지 치솟기도 했다. 작년 12월 4일 1106.50원까지 주저앉았던 점을 고려하면 급등한 것이다. 업계에 따르면 원·달러 환율이 10원 떨어질 때마다 현대차 매출은 1,200억 원, 기아차는 800억 원이 감소한다. 반대로

10원이 오르면 그만큼 매출이 오른다는 의미다. 현대차 관계자는 "환율 개선으로 2,644억 원의 영업이익을 실현했다"고 설명했다.

'덩치에 집착하지 않겠다' … 공장 닫고 수익성 확보 '총력전' … 美·中 체질개선

현대차가 2분기 실적개선을 이뤄냈지만, 낮은 영업이익률은 개선해야할 점으로 꼽힌다. 현대차의 상반기 영업이익 역시 환율에 힘입어 작년 같은 기간보다 26.4% 증가한 2조 626억 원을 기록했다. 같은 기간 매출은 8.1% 증가한 50조 9,534억 원, 순이익은 26.6% 늘어난 1조 9,531억 원이다. 이에 따른 영업이익률은 4.05%다. 1분기 3.44%로 저조했지만, 2분기 4.59%로 1%P 이상 증가하며 4%대에 겨우 턱걸이했다. 차량 판매가 5.1% 줄어든 212만 6293대에 그친 점을 고려하면 선방한 것으로 평가된다.

하지만 세계 주요 완성차 업체와 비교하면 저조한 편이다. 2분기만 놓고 봐도 일본 도요타의 절반 수준에 그치며, 독일 폭스바겐, 다임러, 미국 GM(제너럴모터스)이 6% 안팎을 기록한 것으로 관측되는 점을 고려하면 저조한 수준이다.

현대차는 미국과 중국 등 세계 최대 시장으로 불리는 'G2'에서 체질개선으로 올해를 수익성 개선의 원년으로 삼는다는 계획이다. 과거처럼 외형성장에 집착하지 않겠다는 것으로 풀이된다. 이날 콘퍼런스콜에서 현대차는 "미국에서 단순 외형성장 지양하고 모델 믹스 개선과 SUV 판매 비중을 2023년 67%까지 늘려나갈 예정"이라고 밝혔다. 아울러 "중국에서 무분별한 인센티브, 무리한 판매목표보다는 판매 재도약을 우선순위로 하고 노후화한 1공장 생산중단, 딜러망 체질 개선, 수익성 확보에 집중할 계획"이라고 덧붙였다.

* 도입사례에 대한 자세한 내용은 QR코드를 참고하세요.

● CHAPTER

02

현대기업의 경제학 이해

 학습목표

1. 미시경제학과 거시경제학을 구별할 수 있는가?
2. 공급과 수요를 촉진하는 요인을 설명할 수 있는가?
3. 민간기업 시스템에서 시장구조의 네 가지 유형을 설명할 수 있는가?
4. 경제 시스템의 세 가지 주요 유형을 비교할 수 있는가?
5. 경기순환의 네 단계를 식별하고 설명할 수 있는가?
6. 국가 경제의 안정에 영향을 미치는 요인을 설명할 수 있는가?
7. 통화정책과 재정정책이 경제성과를 위해 어떻게 사용할 수 있는가?
8. 21세기의 주요 세계 경제 과제를 설명할 수 있는가?

|절 경제학의 기초적 이해: 세상만사가 경제활동이다!

18세기 중엽 산업혁명이 영국에서 먼저 일어난 이유는 해상권의 장악으로 민간기업이 형성되어 있었고, 섬유사업이 발달되어 있었으며, 기계생산에 필요한 철과 석탄이 풍부하였기 때문이었다. 1776년 국부론에서, 일찍이 아담 스미스(Adam Smith)는 희소한 자원을 어떻게 분배하는가를 고민하는 것이 아니라 더 많은 자원을 생산해서 모든 사람이 더 부유해 질 수 있는 방법에 대하여 관심을 가졌다. 아담 스미스는 개인들이 자기 자신의 이익을 추구하면 '보이지 않는 손(invisible hand)'의 작용으로 필요한 상품 및 서비스를 생산하여 고용창출 등 경제성장을 가져온다는 주장을 하였다. 실제로 아담 스미스가 주장한 국가가 간섭하지 않아야 한다는 자유방임주의와 자유시장 원리를 바탕으로 미국, 유럽을 비롯하여 일본, 캐나다 등 많은 국가의 기업가들이 이전보다 훨씬 뛰어난 경제적 부를 창출하기 시작하였다. 기업가들은 사회에서 가장 부유한 자들이 되었다. '공급은 수요를 창조한다'는 세이(Say)의 법칙에 따라 과잉생산을 불러일으켜 실업, 빈부격차, 독점자본주의, 소득분배 등의 문제를 가져왔다.

경제학은 부족한 자원을 배분할 때 소비자와 정부가 선택하는 것을 분석하기 때문에 기업에게 영향을 미친다. 우리 모두는 상품과 서비스를 생산하거나, 분배하거나, 지출하는 데 관여하기 때문에 우리의 삶은 매일 경제활동의 연속이다.

소비자의 선택은 종종 그 범위에서 국제적일 수 있다. 만약 한 소비자가 새 차를 구입하기 위해 시장에 있다면, 자동차 회사인 현대, 기아, 포드, 토요타, BMW, 벤츠 등 여러 회사의 딜러들과 이야기하게 될 것이다. 딜러가 잘 설명하여 자동차 가치를 높이는 활동을 한다면 이를 생산이라고 할 수 있다. 인간의 세상살이 중 생산활동, 만든 것을 나누는 분배활동, 만든 것을 쓰는 지출활동을 모두 합해 경제활동이라 한다.

경제학자들은 가계나 기업 등 개별적 경제주체의 경제행위를 다루는 것을 미시경제학이라고 부른다. 더 넓은 수준에서, 국가 경제의 운영에 대한 정부의 결정은 개개인의 직업과 재정적인 미래에 영향을 미친다. 경제 전체, 즉 전체 국민, 전체 기업, 혹은 전체 생산물을 집합적인 하나의 대상으로 놓고 연구하는 것을 거시경제학이라고 부른다. 거시경제학은 한 국가의 경제가 어떻게 자원을 사용하는지, 정부 정책이 사람들의 생활에 어떠한 영향을 미치는지와 같은 문제들을 다룬다. 거시경제학은 개별 국가의 경제 정책뿐만 아니라 이러한 정책이 세계 경제 전반에 영향을 미치는 방식을 검토한다. 전 세계적으로 많은 사업이 진행되기 때문에 한 나라에서 제정된 법은 다른 나라에서 일어나는 거래에 쉽게 영향을 줄 수 있다. 거시경제학의 범위는 넓지만 개인 및 기업의 결정을 구체화하는 데 도움이 된다.

2절 미시경제학의 기초: 수요와 공급에 의한 가격결정

1. 수요의 경제적 개념: 광고에 열을 올릴 수 밖에

자유시장경제에서 가격은 판매자가 결정하지 않는다. 가격은 시장에서 판매자와 구매자의 협상에 의하여 결정된다. 판매자와 구매자를 만족시키는 가격은 어떻게 결정될까? 정답은 미시경제학에서 언급하는 수요와 공급의 법칙에 있다. 이처럼 시장가격(market price)은 수요와 공급에 의해 결정된다고 볼 수 있다. 즉, 시장은 가격에 의해 결정된다고 볼 수 있다. 국제유가가 배럴당 50달러가 넘어가면 대체원료의 생산이 증가하는 것도 수요, 공급의 원리에 따라 공급을 증가시켜 국제유가의 값을 내리고자 하기 때문이다.

구매자의 선택에 대한 정보는 기업들에게 필수적이다. 왜냐하면 기업의 생존과 성장은 생산 비용을 충당하고 이익을 얻을 수 있을 만큼 높은 가격의 제품을 판매하는 것에 달려 있기 때문이다. 이러한 것은 가격과 그들이 필요로 하는 재화와 서비스의 가용성에 근거하여 구매 결정을 내려야 하는 소비자들에게 중요하다. 모든 사업의 핵심은 구매자와 판매자 사이의 교환이다. 구매자는 음식을 사 먹는 것처럼 특정 재화나 서비스가 필요할 때 판매자에게 기꺼이 돈을 지불할 것이다. 판매자는 이익을 얻고 사업을 유지하기 위해 교환을 요구한다. 그래서 교환 과정은 수요와 공급 모두를 포함한다. 수요는 특정 가격 하에서 소비자가 사려고 하는 제품이나 서비스의 양(가격)을 말한다. 교환 과정의 다른 측면은 공급, 특정 가격 하에서 생산자가 시장에 내는 제품이나 서비스의 양(가격)을 말한다. 수요와 공급을 결정하는 요소와 두 가지 요소가 상호작용하는 방법을 이해하면 개인, 기업 및 정부의 행동과 결정을 이해하는 데 도움이 될 수 있다.

2. 수요촉진 요인: 세일기간이면 몸살 앓는 백화점

대부분 개개인에게 경제학은 우리가 원하는 것과 우리가 감당할 수 있는 것 사이의 균형을 말한다. 이런 딜레마 때문에 개인은 저축과 지출을 자신의 상황에 맞게 선택해야 한다. 개인은 또한 사람들의 관심을 끌기 위해 경쟁하는 모든 상품과 서비스 중에서 가장 마음에 드는 것을 결정해야 한다. 카메라를 구입하려 할 때, 그 사람은 다양한 브랜드와 모델 중 선호하는 것을 선택해야 할 것이다. 살펴본 후, 다른 것을 사거나 사지 않겠다고 결정해 돈을 절약할 수도 있다.

수요는 가격을 포함해서 사람들이 그들의 돈을 쓰기로 결정하는 방법에 영향을 미치는 많은 요인에 의해 주도된다. 그것은 외부 환경이나 더 큰 경제 사건에 의해 추진될 수 있고, 소비자 선호에 의해 주도될 수도 있다. 최근 맥도날드는 보다 건강에 좋은 식사 선택에 대한 소비자들의 요구에 부응하여 새로운 과일과 샐러드를 도입하기로 결정했다.

당연히 맥도날드는 사람들이 새로운 샐러드를 구입하길 바란다. 하지만 한국의 사과 재배자들도 마찬가지다. 만약 과일과 월넛 샐러드가 인기를 끈다면 맥도날드는 재배자들에게 더 많은 사과를 주문할 것이다. "분명히, 이것은 큰 이득입니다."라고 한국의 사과 생산협회에서는 말할 것이다. "만약 우리가 다른 패스트푸드 체인점들도 함께 참여한다면, 이는 확실히 업계의 중요한 요소로 바뀔 것이다."

휘발유의 수요곡선을 예시로 들면, 각 가격 구간에서 발생하는 수요량의 변화는 단순히 수요곡선을 따라 움직인다. 반면 전체 수요의 변화는 수요곡선을 이동시켜서 새로운 수요곡선을 형성하게 된다.

일반적으로, 상품이나 서비스의 가격이 올라갈수록 소비자들의 소비는 감소한다. 다시 말해, 가격이 오를수록 소비가 줄어드는 과잉 공급 현상이 발생한다. 소비자들은 낮은 가격으로 더 많은 상품을 사려고 한다. 수요곡선은 구매자들이 다른 가격으로 구매할 상품의 양을 그래프로 나타낸 것이다. 수요곡선은 일반적으로 우하향 하는데, 이는 낮은 가격이 더 큰 수요를 불러일으킨다는 것을 보여준다.

그림 2-1 휘발유의 수요곡선

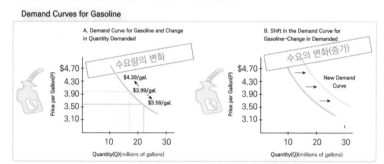

휘발유의 수요곡선

- 각 가격 구간에서 발생하는 수요량의 변화는 단순히 수요곡선을 따라 움직인다.
- 전체 수요의 변화는 수요곡선을 이동시켜서 새로운 수요곡선을 형성한다.

Demand Curves for Gasoline

A. 가솔린 수요곡선 및 수요량변동   B. 가솔린 수요곡선의 변동. 수요의 변화.

3. 수요의 힘: 왜 수요곡선은 오른쪽으로 내려갈까?

가솔린은 수요곡선이 어떻게 작용하는지를 보여주는 전형적인 예를 제공한다. 〈그림 2-1〉를 보면 왼쪽은 사람들이 다른 가격으로 구입할 총 가솔린의 수요곡선을 보여준다. 휘발유 가격이 갤런당 3.59달러로 책정되면 운전자들은 일주일에 1~2번 기름을 가득 채우려고 할 수 있다. 갤런당 4.39달러라면, 그들 중 대부분은 기름을 덜 넣기 시작할 것이다. 따라서 갤런당 4.39달러일 때 사람들은 갤런당 3.59달러일 때보다 기름을 적게 넣으려 하는 경향이 있다. 대부분의 사람들이 자가용을 이용하기 때문에 더 많은 휘발유가 갤런당 3달러 99센트에 팔린다. 그러나 위에서 언급한 바와 같이, 다른 요인들로 인해 소비자들이 어쩔 수 없이 높은 가격을 받아들이게 될 수도 있다. 미리 휴가 계획을 세워서 취소할 수 없거나 아니면 매일 운전해서 출근해야 하는 상황이 발생할 수도 있기 때문이다.

경제학자들은 다양한 가격에서의 수량 수요의 변화와 전반적인 수요의 변화를 명확히 구분한다. 휘발유 가격에서 일어나는 변화처럼 요구되는 수량의 변화는 단순히 수요곡선을 따라 움직이는 것이다. 반면에, 전반적인 수요의 변화는 완전히 새로운 수요곡선을 만든다. 기업들은 끊임없이 두 종류의 수요에 대한 예측을 하고 있고, 잘못된 예측은 문제를 일으킬 수 있다. 미국과 마찬가지로 한국 또한 가계소득이 늘거나 줄고 생활양식이 바뀌면서 많은 소비자들이 연비에 대한 관심이 늘어 연비가 좋은 차량을 선택하는 경향이 증가하고 있다. 이러한 변화들은 휘발유에 대한 수요와 가격을 증가시켰다. 가솔린 그래프의 우측은 휘발유 수요의 변화가 어떻게 새로운 수요곡선을 만들어냈는지를 보여준다. 새로운 수요곡선은 이전의 수요곡선을 오른쪽으로 이동시키고, 가격마다 전반적인 수요가 증가했음을 나타낸다.

가격은 수요곡선을 움직이게 하는 근본적인 원인이지만, 많은 요소들이 결합하여 제품의 전반적인 수요, 즉 수요곡선의 모양과 위치를 결정할 수 있다. 이러한 영향에는 고객선호도, 수입, 대체품 및 보완 품목의 가격, 시장에서 구매자의 수, 미래가치 등이 포함된다.

표 2-1 수요를 이끄는 요인과 수요곡선의 이동

요인	수요곡선 오른쪽 이동	수요곡선 왼쪽 이동
소비자 선호도	↑ (증가)	↓ (감소)
소비자 수	↑	↓
소비자 소득	↑	↓
대체재 가격	↑	↓
보완재 가격	↓	↑
미래가치	↑	↓

이러한 요인으로 인한 변화는 새로운 수요곡선을 만들어낸다. 한국과 일본의 관계 악화로, 한국 사람들로 넘쳤던 대마도는 2019년과 2020년에는, 아무도 다니지 않는 썰렁한 골목으로 변하게 되었고 대마도로 가는 배들도 줄어들었다. 그리고 일본산 맥주들의 수요도 줄어 편의점에선 더 이상 일본산 맥주를 들이지 않거나, 1+1 같이 행사 상품으로 팔고 있는 것을 알 수 있다. 하지만 인기 여행지의 항공편은 공급보다 수요가 너무 많아 소비자들은 다른 목적지로 여행을 가거나 다음 휴가로 여행을 미룰 수밖에 없다. 분명히, 가격 이외의

요소들, 즉 가격만이 수요를 주도하는 것이 아니라는 것을 이러한 상황에서 알 수 있다.

또한 가계 소득의 변화도 수요를 변화시킨다. 소비자들은 소비할 돈이 많을 때 기업들은 높은 가격에 더 많은 제품을 판매할 수 있다. 수요곡선이 오른쪽으로 이동했다는 뜻이다. 관련 상품과 서비스의 가격도 수요에 영향을 미칠 수 있다.

최근 석유의 유한성, 그리고 대기오염으로 인한 대체에너지 개발로 많은 자동차 회사들이 전기차나 하이브리드차, 그리고 수소차까지 개발해 판매하고 있다. 기업이 성공하기 위해서는 가격을 책정할 때 경영진이 매각하고자 하는 재화와 용역에 대한 수요에 영향을 미칠 수 있는 요인을 주의 깊게 관찰해야 한다.

코카콜라 회사는 날씨와 같은 변수에 맞춰 가격을 조정하면서 스마트 자동판매기를 실험했다. 만약 바깥의 온도가 더우면, 기계들은 자동적으로 가격을 올릴 수 있을 것이다. 편의점에서 재고가 너무 많이 남으면 1 + 1으로 묶어 판매할 수 있다. 기업은 또한 광고, 샘플 및 판매 전화, 제품 개선 및 기타 마케팅 기법을 통해 전반적인 수요에 영향을 미칠 수 있다.

4. 공급촉진 요인: 마스크값이 뛰고 있다. 더 많이 만들어라!

중요한 경제적 요인은 공급, 기업이 다른 가격으로 상품과 서비스를 제공하려는 의지와 능력에도 영향을 미친다. 소비자가 돈을 어떻게 사용할지 결정하는 것처럼, 기업은 판매할 제품과 방법을 결정해야 한다. 판매자는 제품을 조금이라도 더 높은 가격에 판매하는 것을 선호한다. 공급곡선은 수요에 관계없이 다른 가격과 판매자가 판매할 수량과의 관계를 보여준다. 공급곡선을 따라 이동하는 것은 수요곡선을 따라 이동하는 것과 반대이다. 따라서 가격이 상승함에 따라 판매자가 공급하고자 하는 수량도 증가한다. 가격이 점진적으로 낮아지면 공급 수량이 줄어든다. 아래 그래프에서, 휘발유의 공급곡선은 휘발유 가격이 상승하면 공급이 시장에 공급될 것임을 보여준다.

그림. 2-2 휘발유의 공급곡선

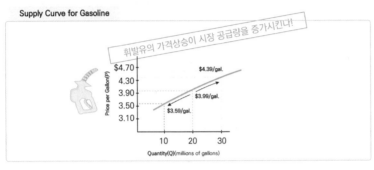

휘발유의 공급곡선

- 휘발유의 가격이 오르면 판매자가 공급하는 상품의 양도 증가하게 된다.
- 가격이 지속적으로 감소하게 되면 공급량 또한 이에 따라 감소한다.

표 2-2 공급을 이끄는 요인과 공급곡선의 이동

요인	공급곡선 오른쪽 이동	공급곡선 왼쪽 이동
생산비용	↓	↑
기술비용	↓	↑
세금	↓	↑
공급자 수	↑	↓

　　기업은 생산량을 효과적으로 생산하기 위해 특정한 투입 변수를 필요로 한다. 이러한 요인은 천연자원, 자본, 인적자원, 기업가정신을 포함한다. 천연 자원은 토지, 건축 부지, 숲, 광물 퇴적물을 포함한다. 자본이란 기술, 도구, 정보, 물리적 시설, 금융 능력 등의 자원을 말한다. 인적자원에는 직원들이 기 여한 육체노동과 지적 투입이 포함된다. 기업가정신은 사업을 창출하고 운영 하기 위해 위험을 감수하려는 의지다. 생산 요인은 상품과 서비스의 전반적인 공급을 결정하는 데 중심적인 역할을 한다.

　　이러한 투입 변수의 비용이나 가용성의 변화는 모든 가격에서 사용 가능 한 양을 증가시키거나 감소시키면서 전체 공급곡선을 이동시킬 수 있다. 기업 이 더 효율적인 제조공장을 건설하려 할 때, 땅값이 상승하면 부지를 매입하지 못할 수 있으며, 이는 생산량을 낮추어 공급곡선을 왼쪽으로 이동시킨다. 그러나 생산에 속도를 낼 수 있는 방법을 찾아내어, 노동력이 적은 제품을 더 많이 생산할 수 있게 되면, 그 변화는 완제품의 전체 비용을 감소시켜, 공급곡선이 오른쪽으로 이동하게 된다. 위 표는 다양한 요인의 변화가 공급곡선에 어떻게 영향을 미칠 수 있는지를 요약한다.

때때로 자연의 힘은 공급곡선에 영향을 줄 수 있다. 예를 들어 한국은 심한 태풍으로 농작물이 해를 입어 채소나 과일의 값이 금값이 되었다는 뉴스를 여름에 많이 접할 수 있다. 농업은 공급곡선의 변화를 자주 경험해 왔다. 심각한 가뭄으로 농작물이 말라죽거나 태풍으로 인해 과일들이나 채소가 상하게 되면 공급은 줄고 수요는 그대로이기 때문에 가격은 상승하게 된다.

5. 수요와 공급의 균형가격 결정: 수요와 공급은 영원한 줄다리기 모습

◦ 그림 2-3 수요와 공급의 법칙

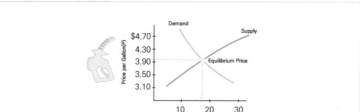

수요와 공급의 법칙

■ 수요곡선과 공급곡선이 만나는 지점은 균형가격(Equilibrium Price)을 형성하는데, 이것은 소비자가 물건을 구매하도록 만드는 시장가격을 의미한다.
■ 실제 시장가격이 균형가격과 다르면, 소비자와 판매자는 경제적 선택을 통해 가격을 균형수준(Equilibrium Level) 까지 회복시키려는 경향이 있다.

출처: Bloomberg, 이베스트투자증원 리서치센터

현실 세계에서 변화는 수요와 공급에 대체적으로 영향을 미치지 않는다. 몇 가지 요인들이 동시에 변하는 경우가 많고, 그것들은 계속 변한다. 때때로 여러 요인의 그러한 변화는 가격과 양에 모순되는 압력을 야기한다. 다른 경우, 가격과 수량의 최종 방향은 가장 많이 변한 요소를 반영한다.

위 그래프는 가솔린의 공급과 수요곡선의 상호작용을 보여준다. 두 곡선이 P에서 교차하게 되는데 수요곡선과 공급곡선이 만나는 지점을 균형점, 균형가격이라고 부른다. 수급의 법칙에 따르면 물가는 수요와 공급곡선의 교차점에 의해 결정된다. 두 곡선이 만나는 지점은 물건을 살 수 있는 일반적인 시장 가격인 평형가격을 나타낸다. 실제 시세가 평형가격과 다를 경우 구매자와 매도자는 평형수준을 회복하는 경제적 선택을 하는 경향이 있다.

다른 상황에서 공급자들은 가격을 낮추어 시장 지배력에 반응한다. LG는 판매 부진을 막고 수요를 늘리기 위해 직원 할인을 제공해 직원의 지인들이 직원을 통해 싸게 제품을 구입하도록 유도했다. 이러한 방법은 국내뿐만 아니라 다른 해외기업들도 사용하는 가격 책정 프로그램이다. 앞서 지적했듯이 수요와 공급의 힘은 다양한 요인에 의해 영향을 받을 수 있다. 한 가지 중요한 변수는 더 큰 경제 환경이다.

3절 경제체제와 기업전략

1. 자본주의: 쨍하고 해뜰날 돌아온단다

현대 글로벌 경제체제의 특징은 범세계적인 자본주의의 확산으로 요약할 수 있다. 동독이 서독에 흡수 통일되고 소비에트연방이 와해되는 등 과거 공산권 국가들이 대거 자본주의로 이행했다. 통일 독일의 예에서 보듯이 공산주의 국가의 자본주의화는 막대한 사회적 진통을 수반하지만 그 진통이 자본주의로 이행하는 속도를 늦추지는 못했고 독일은 현재 선진국이 되었다. 하지만 러시아는 급속한 시장 개방으로 자본주의 물결이 넘쳐 흐르는 것처럼 보이지만 정부가 다시 민간경제에 강력하게 개입하는 혼미한 양상을 보이고 있기도 하다.

자본주의 혹은 민간경제체제는 시장경쟁과 생산요소의 사유화라는 두 가지 특징으로 요약된다. 즉, 개인과 기업 누구나 시장에서 자유롭게 사고팔 수 있는 체제이다. 이상적인 자본주의 하에서는 모든 생산요소를 민간이 소유하고 정부는 어떤 개입도 하지 않는다. 그러나 실제로는 자본주의 체제를 도입한 여러 나라들은 경제질서 유지, 물가 안정, 경제성장 등을 위해 정부가 다소간 개입하고 있다.

자본주의 체제는 개인의 사유재산권, 이익추구권, 직업선택권, 자유경쟁 등을 법과 제도로 보장한다. 사유재산권과 이익추구권은 제품과 서비스 생산의 동인이며 경제성장의 토대이다. 누구나 이익을 추구할 권리가 있기 때문에 기업가정신이 미덕으로 통한다.

또한 직업선택의 자유가 보장되어 누구나 능력이 닿는 대로 기업가도 될 수 있고 피고용인이 될 수 있다. 정부가 직장을 마련해주지도 않고 누가 무슨 일을 해야 하는지 정해주지도 않는다.

자본주의 체제하의 시장경쟁은 기업이나 소비자에 모두 이익이 된다. 이익 추구의 결과로 제품과 서비스가 다양해지고 질도 좋아진다. 이 체제에서는 생산자는 가급적 낮은 원가에 생산하여 높은 가격으로 판매하려 한다. 그러나 이익 규모가 커지면 시장 참여자가 늘어나고 그 결과로 경쟁이 치열해져 가격경쟁이 심화된다. 이익을 남기고 시장에서 생존하려면 생산자는 보다 효율적으로 기업을 운영하는 방안을 찾아야 한다.

대부분의 선진국들은 자본주의나 시장경제라고도 알려진 민간기업 체제에 기반을 둔 경제를 운영한다. 민간기업체 시스템은 소비자들의 요구와 요구를 충족시켜 준 기업체에게 보상을 한다. 정부는 사업 소유권, 이익, 자원 배분을 통제하는 데 있어 손쉬운 태도를 선호하는 경향이 있다. 대신에, 경쟁은 경제생활을 규제하여 사업가들이 성공하기 위해 다루어야 할 기회와 도전을 만들어낸다.

2. 시장구조와 기업전략: 산꼭대기 콜라가 비싸기만 하다

특정 산업의 상대적 경쟁력은 그 산업 내에서 사업을 하는 것의 용이성과 비용을 결정하기 때문에 모든 기업에게 중요한 고려사항이다. 완전경쟁, 독점

경쟁, 과점, 독과점 등 4가지 경쟁의 기본도가 민간기업 체제에서 형성된다. 〈표 2-3〉은 이러한 경기 유형 간의 주요 차이점을 강조한다. 완전경쟁은 소규모 농업이나 어업과 같은 시장구조로, 많은 수의 구매자와 판매자가 동질 제품을 교환하고, 단 한 명의 참가자도 큰 영향을 미치지 않는다.

• 표 2-3 경쟁의 종류

경쟁의 종류 특성	완전경쟁	독점적 경쟁	과점	독점
경쟁자 수	많음	보통	적음	직접적 경쟁 없음
산업진출 용이성	쉬움	조금 어려움	어려움	정부에 의해 규제
경쟁사와의 유사성	높음	다름	같거나 다름	직접 경쟁 제품 없음
개인기업에 의한 가격통제	없음	적음	적음	순수독점: 많음 규제독점: 없음
예시	한국의 쌀시장과 농산물시장	S-OIL, GS, SK 등의 주유소	SKT, KT, LG U+	한국전력, 한국가스공사, 코레일

가격은 수요와 공급의 힘이 상호작용함에 따라 시장 자체에 의해 결정된다. 개인이나 기업은 쉽게 진입하거나 나갈 수 있다. 한 회사가 지배하지 않기 때문에 순수경쟁에서 구매자들은 경쟁자들이 제공하는 상품과 서비스 사이에 거의 차이가 없다고 본다.

어업과 농업은 순수한 경쟁의 좋은 예다. 전국 여러 시장에서 판매되는 해산물은 특정 해산물을 제외하면 사실상 동일하다. 강우량과 기온이 농작물 성장에 영향을 미치기 때문에, 이 상품의 가격은 수요와 공급의 법칙에 따라 오르거나 떨어진다. 조개를 채집하는 어업에도 같은 개념이 적용된다. 계절 해산물 음식은 가격이 상승하긴 하지만 모든 개인이나 기업들이 가격을 올리기 때문에 가격경쟁은 심하지 않다.

독점적 경쟁은 소매업과 같이 많은 수의 구매자와 판매자가 비교적 잘 구분된(이질적인) 제품을 교환하여 각 경쟁자가 가격을 어느 정도 통제하는 시장구조다. 판매자는 가격, 품질 또는 기타 특징에 기초하여 경쟁 제품들을 차별화할 수 있다. 독점적 경쟁을 특징으로 하는 산업에서는 기업이 재화나 용역의 판매를 시작하거나 중단하는 것이 비교적 쉽다.

한 판매자의 성공은 종종 그러한 시장에 새로운 경쟁자들을 끌어들인다. 개별 기업들은 또한 그들의 상품과 서비스의 가격이 어떻게 매겨지는지에 대해 어느 정도 통제권을 가지고 있다.

독점적 경쟁의 한 예가 애완동물 사료 시장이다. 소비자들은 가방, 박스, 캔에 들어 있는 개인 라벨(스토어 브랜드)과 브랜드 명품을 선택할 수 있다. 애완동물 사료의 생산자와 그것을 파는 가게들은 가격을 책정하는 데 있어서 가지각색이다. 소비자들은 가장 낮은 가격의 사료를 구매하거나 좋은 품질의 사료를 구입할 수도 있다. 값비싼 사료나 제품은 더 나은 영양 공급, 더 많은 편의성, 더 많은 정보 또는 다른 혜택을 제공하기 때문에 더 가치가 있다고 보인다.

과점이란 상대적으로 적은 수의 판매자들이 경쟁하는 시장 상황이며, 원가 상승이 새로운 경쟁자들을 막기 위한 장벽을 형성하는 것과 같은 높은 출발 세계주의 산업이다. 공급자가 몇 되지 않기 때문에 한 기업의 행동이 다른 기업에 커다란 영향을 미친다. 따라서 기업들은 신기술 도입, 신제품 개발, 판촉 활동, 가격, 생산, 연구개발 등 모든 부문에 걸쳐 서로의 행동을 예의주시한다. 때로는 물량과 가격을 담합하는 불법을 저지르기도 한다.

항공기나 자동차 같은 회사들은 다른 모델과 다른 특징을 가진 제품을 판다. 과점 시장에 진입하기 위해 필요한 막대한 투자는 새로운 경쟁자를 떨쳐내는 경향을 보인다. 판매자의 수가 한정되어 있기 때문에 이들 회사가 가격에 대해 행사하는 통제력도 강화된다. 과점경쟁 제품은 대개 비슷한 가격에 판매된다. 왜냐하면 실질적인 가격경쟁은 이익을 감소시킬 것이기 때문이다.

그러나 가격은 국가마다 차이가 있고 마찬가지로 시장마다 다를 수 있다. 같은 제품이라도 한국의 기아와 현대 자동차는 수출용 차와 국내산 차의 가격대의 차이를 두고 있다는 것을 보면 알 수 있다. 석유는 과점성이 존재하는 또 다른 제품이다. 현재까지 적은 수의 나라가 석유를 공급/수출하고 있고 많은 돈을 벌어들였다.

하지만 시장 구조의 최종 유형은 독점인데, 단일 판매자가 구매자가 가까운 대체품을 찾을 수 없는 재화나 용역을 지배한다. 한국의 경우 철도회사 코레일을 예로 들 수 있다. 코레일은 한국 유일 철도회사이고 지하철, 기차 등 모든 것을 지배하고 있다. 몇 주 전 코레일의 임금 인상 시위로 파업이 되었고 다른 대체재가 없었기 때문에 시민들은 큰 불편을 겪을 수밖에 없었다.

미국을 예로 들면 몇 년 전 인터넷 브라우저 시장에서 인터넷 익스플로러의 독점이 꽤 오랫동안 있었다. 최근, 인터넷 익스플로러의 보고된 보안 결함으로 소비자들이 불안해하자 모든 운영체제에 대한 미국 전체 시장의 점유율은 90% 이하로 떨어졌었다. 시장점유율 감소의 또 다른 이유는 모질라 재단이 개발한 오픈소스 브라우저인 파이어폭스와의 경쟁이 증가했기 때문이다.

독과점 시장은 시장에 공급자가 많고 공급자마다 서로 약간씩 다른 대체재를 시장에 공급한다. 그렇기 때문에 시장에 진출하기가 비교적 쉽다. 독점적 경쟁 시장의 공급자들은 제품차별화로 경쟁한다. 의류, 식품 시장이 좋은 예이다. 제품의 차이가 있고 서로 대체재 관계에 있기 때문에 기업은 상당한 가격결정권을 갖는다. 가격결정권을 행사하기 위해서 자기 제품이 다른 제품과 어떻게 다른지를 확실히 설명할 수 있어야 한다. 같은 제품이라도 조금씩 차이가 있기에 광고들도 셀 수 없이 쏟아져 나오는 것이다.

경쟁의 이익이 부족하기 때문에 정부는 독점을 규제한다. 정부는 특허권 발행 외에도 여러 독점금지법을 통해 대부분의 순수 독점을 금지하고 있다. 미국 정부는 마이크로소프트의 독점 행위에 대해, 그리고 일부 산업에서 제안된 대기업의 합병을 허용하지 않음으로써 이러한 법을 적용했다. 다른 경우, 정부는 그들의 활동을 규제하는 대가로 특정한 독점권을 허용한다.

한국은 국무총리 산하 공정거래위원회에서 독점 및 과점을 방지하고 부당한 공동행위(담합)와 불공정거래를 규제하여 소비자를 보호하고 공정하고 자유로운 경쟁의 촉진을 도모하고 있다. 공정위는 독자적으로 과징금을 부과할 수 있기 때문에 준사법기관으로 분류되고 '경제 대통령'으로 불릴 정도로 권한이 막강하다.

한국에서 민간기업이 특정 관련 시장에서 너무 커진 경우, 우선 관련 시장을 획정(구분)하는데, 예컨대 자동차 시장은 승용차, 버스, 트럭 등 3개의 시장으로 획정하고, 그 다음에 그 획정 시장에서 시장지배 지위를 갖는 독과점 사업자(품목)를 지정한다. 그 이후 독과점적인 지위를 남용하는 행위에 대해서 판단하고 처벌한다. 공정거래위원회에서는 기업 간 거래나 공공 입찰 과정에서 발생할 수 있는 가격 담합에 대해서 상시 감시하고 있다.

1999년 현대자동차(주)와 기아자동차(주)가 시장지배적 사업자로 지정되었다. 그 이후 현대자동차(주)는 1999년 1월 20일 마이티 등 3종의 차량 가격을 3%에서 4.4%까지 인상하였고, 기아자동차(주)는 같은 해 1월 25일 다우너 등 5종의 차량 가격을 3.1%에서 11.3%까지 인상하였다. 이에 대해 공정거래위원회는 가격 인상 행위를 시장지배적 지위의 남용 행위로서 평가하였는데 그 근거로서, 다른 사업자와 경쟁이 유지되고 있는 승용차 시장에서는 가격 인상을 하지 않은 반면에, 다른 사업자와 경쟁이 되지 않고 있는 트럭과 버스 시장에서만 가격을 인상한 점, 수출시장에서는 동종의 자동차의 가격 인상이 거의 없거나 오히려 하락한 점, 가격 변동 폭이 비용 변동 폭과 일반적 생산자물가지수 보다 큰 점 등을 지적하였다.

2016년 4월 공정거래위원회는 대형 국책사업인 액화천연가스(LNG) 저장탱크 건설공사 입찰 과정에서 3조 2천억 원대 담합을 한 19개 건설 업체들을 적발했다고 발표했는데, 현대건설·대우건설, 대림산업, GS건설 등 대형 건설사들이 모두 포함됐다. 공정위는 한국가스공사가 2005~2012년 발주한 통영·평택·삼척 LNG 저장탱크 입찰 과정에서 담합한 13개 건설사에 과징금 3천516억 원을 부과하고, 검찰에 고발하기로 했다.

2018년 9월 공정거래위원회는 2000년 7월경부터 2014년 1월 기간 중 일본 국적의 9개 콘덴서 제조·판매사들이 한국 삼성전자, LG전자를 비롯한 여러 나라에 공급하는 알루미늄·탄탈 콘덴서의 공급가격을 공동으로 인상·유지하기로 합의한 행위(담합행위)를 적발해 시정명령과 과징금 총 36,095백만 원을 부과하고, 그중 4개 법인과 소속 임직원 1명을 검찰에 고발하였다.

2019년 8월에는, 공정거래위원회가 10년 넘게 담합 행위를 지속한 일본 자동차 부품회사 미쓰비시전기, 히타치 등 4곳을 적발해 총 92억 원의 과징금을 부과했다. 공정위는 담합을 주도하고 가장 큰 이득을 본 미쓰비시전기에 80억 9300만 원의 과징금을 부과하고 히타치와 덴소에는 각각 4억 1500만 원, 4억 2900만 원을 부과했으며 다이아몬드 전기에는 2억 6800만 원의 과징금을 매기고 미쓰비시전기와 히타치는 검찰에 고발했다. 2019년 7월, 공정거래위원회는 고무배 합류를 납품하는 과정에서 견적가격을 사전에 합의한 미창석유공업과 브리토 인터내셔널에 과징금을 부과했다. 공정위는 금호석유화학에 제출할 TDAE 오일(합성고무 및 타이어 등의 제조에 사용되는 고무배 합류)의 견적가격을 합의한 미창석유공업과 브리토 인터내셔널에 시정명령과 함께 각각 34억 5천만 원, 16억 6천만 원의 과징금을 부과하기로 했다. 이렇게 한국에서는 공정거래위원회를 통해 경쟁질서를 유지하고 있다.

3. 계획경제: 공산주의와 사회주의

계획경제에서, 정부의 통제는 개별 기업이 정한 것이 아니라 정부의 목표를 달성하기 위해 사업 소유권, 이익, 자원 배분을 결정한다. 계획경제의 두 가지 형태는 공산주의와 사회주의다.

1800년대 중반 칼 마르크스의 저술이 공산주의 이론의 근간을 이루었다. 마르크스는 개인 기업 경제가 불공정한 환경을 조성하고 노동자의 착취로 이어진다고 믿었다. 왜냐하면 사업주들은 사회의 자원을 대부분 통제하고 대부분의 경제적 보상을 벌어들였기 때문이다. 대신 그는 강력한 중앙정부의 지시에 따라 모든 재산을 공동체의 사람들에게 똑같이 나눠주는 공산주의라는 경제체제를 제시했다. 마르크스는 개인의 소유권을 없애야 모두가 평등한 사회를 만들 수 있다고 믿었다.

기업들은 모두에게 이익이 되는 계급 없는 사회의 출현을 보장할 것이다. 각 개인은 국가의 전반적인 경제적 성공에 기여할 것이며, 자원은 각 개인의 필요에 따라 분배될 것이다. 공산주의 체제에서는 중앙정부가 생산 수단을 소유하고 있으며, 국민은 국영기업을 위해 일한다. 정부는 사람들이 무엇을 살 수 있는지 결정한다. 왜냐하면 그것은 국가의 공장과 농장에서 생산되는 것을 지시하기 때문이다.

많은 나라들이 20세기 초 공산주의 경제 체제를 도입했는데, 이는 그들이 그들의 이전 체제에서 존재한다고 믿었던 폐습을 바로잡기 위한 노력이었다. 그러나 실제로 공산주의 정부는 사람들에게 일자리, 구매 또는 투자를 선택할 수 있는 선택의 자유를 거의 또는 전혀 주지 않는 경우가 많다. 공산주의 정부들은 종종 증가하는 세계 시장에서 경쟁하기 위한 최상의 자원 사용을 계획하는 데 실수를 한다. 정부 소유의 독점은 종종 비효율성을 겪는다.

대규모 정부 관료들이 일상생활의 거의 모든 측면을 통제했던 옛 소련을 생각해 보자. 생산자들이 고객을 만족시킬 동기가 거의 없거나 전혀 없었기 때문에, 부족은 만성적인 것이 되었다.

상품과 서비스의 질도 같은 이유로 타격을 입었다. 미하일 고르바초프가 죽어가는 소비에트 연방의 마지막 대통령이 되었을 때, 그는 소련제 제품의 질을 향상시키려고 노력했다. 사실상 세계 시장에서의 거래를 차단하고, 미국과의 자금 부족 경쟁에서 뒤처진 소련은 심각한 재정 문제에 직면했다. 결국 이러한 경제 위기는 소련 공산주의의 붕괴와 소련 자체의 붕괴로 이어졌다.

오늘날 공산주의는 중화인민공화국, 쿠바, 북한과 같은 몇 개국에만 존재한다. 이들 국가들조차도 그들의 경제적 과제에 대한 가능한 해결책으로서 민간기업의 이익 중 일부에 대해 개방성이 증가하는 조짐을 보이고 있다. 1978년 이후 중국은 시장지향적인 경제로 옮겨가고 있다. 국가 정부는 지방 정부와 개별 공장 관리자들에게 사업 결정에 대해 더 많은 발언권을 주고 일부 민간사업체를 허용했다. 공산주의와 함께 도입된 집단농장과는 대조적으로, 가계는 이제 농업에 대한 더 많은 지배권을 가지고 있다. 게다가 맥도날드 같은 식당이나 코카콜라 청량음료 같은 서양 제품들은 이제 중국 소비자의 삶의 일부가 되었다.

두 번째 형태의 계획경제인 사회주의는 정부 소유와 의료, 통신 등 주요 산업의 운영이 특징이다. 사회주의자 주요 산업은 사회에 너무 중요하기 때문에 민간기업보다 정부 소유의 기업이 대중의 이익을 더 잘 제공할 수 있다. 그러나 사회주의는 소매점, 식당, 특정 유형의 제조업 시설과 같이 사회복지에 덜 중요한 것으로 여겨지는 산업에서의 사적 소유도 허용한다. 스웨덴이나 핀란드와 같은 스칸디나비아 국가들은 그들의 사회에서 사회주의적 특성을 가지고 있다. 많은 아프리카 국가들과 인도들도 그렇다.

4. 혼합 시장경제

혼합 시장경제란 한 국가가 두 가지 이상의 경제 운용 방식을 혼용하는 경우로 구체적으로는 자본주의와 사회주의 체제가 결합된 것이라고 할 수 있다. 민간기업 시스템과 계획경제는 기본적으로 운영 경제에 반대되는 접근 방식을 채택한다. 실제로는 많은 나라들이 혼합된 시장경제, 즉 두 경제 체제에서 다른 수준으로 운영한다. 일반적으로 민간기업 경제를 가진 것으로 여겨지는 국가에서는 정부 소유의 기업들이 민간기업들과 함께 자주 운영된다.

프랑스는 수백 년 동안 사회주의와 자유 기업 정책을 혼합해 왔다. 국가의 에너지 생산, 대중교통, 방위 산업은 정부가 통제하는 국유화된 산업으로 운영된다. 한편, 시장경제는 다른 산업에서 번창한다. 지난 20년 동안 프랑스 정부는 공기업에 대한 고삐를 늦추면서 경쟁과 민간 투자를 모두 정부의 독점 산업으로 끌어들였다.

표 2-4   경제 시스템 비교

경제체제 특성	자유시장	공산주의	사회주의	혼합경제
기업의 소유권	사업체는 개인 소유지만, 많은 사람들이 소유하고 있음	정부는 거의 예외 없이 작은 토지와 같은 생산 수단을 소유하고 있음	정부는 기초적인 사업을 소유하고 있지만, 개인 소유들은 소기업을 운영함	강력한 민간기업이 공기업과 경쟁
기업 경영	기업은 정부의 간섭을 최소화하면서 소유주에 의해 관리	중앙집중 경영은 3~5년 계획에 따라 모든 국영기업을 통제함	국영기업은 정부 관료들에 의해 직접 관리됨	민간부문의 경영은 자본주의와 비슷함 전문직종사자들은 국영기업 경영 가능
이윤에 대한 권리	기업가들과 투자자들은 그들의 회사가 버는 모든 이익을 받을 권리가 있음	공산주의에서는 이익이 허용되지 않음	사회주의 경제의 민간부분만이 이익을 창출함	기업가들과 투자자들은 종종 높은 세금을 내야하지만 민간부문의 이익을 누릴 자격 있음
종업원에 대한 권리	직업선택권과 노조 가입권은 이미 오래 전부터 인정되어 왔음	고용인의 권리는 실업에 대한 약속된 보호의 대가로 제한	직장인들은 직업을 선택하고 노동조합에 가입할 수도 있지만, 정부는 많은 사람들의 직업결정에 영향을 미침	근로자들은 직업과 노동조합 선택 가능
장려책	상당한 보상은 사람들이 가장 높은 수준에서 일을 수행하도록 동기 부여	공산주의 국가에서 보상이 나옴	보상은 주로 국영기업에서는 제한적이지만 민간부문에서는 근로자에게 동기 부여	보상은 민간부문에서 운영 더 제한된 보상은 공공 부문 활동에 영향을 미침

5. 경제성과 평가

바람직한 경제 체제는 시민들에게 안정된 사업 환경과 지속적인 성장이라는 두 가지 중요한 이점을 제공해야 한다.

안정적인 비즈니스 환경에서 필요한 재화와 서비스의 전반적인 공급은 이러한 재화의 전반적인 수요와 일치한다. 소비자와 기업은 저렴한 가격에 원하는 제품의 충분한 공급에 접근할 수 있을 뿐만 아니라 그들이 요구하는 물품을 살 돈도 있다. 성장은 또 하나의 중요한 경제적 목표다. 이상적인 경제는 국가의 자원으로부터 생산된 상품과 서비스의 양을 지속적으로 확대하는 방향으로 지속적인 변화를 통합한다. 성장은 일자리 확대, 임금 개선, 생활수준 향상으로 이어진다.

4절 거시경제학의 기초와 경제성장

1. 경기순환과 경제성장: 십년이면 강산이 변하는데

한 나라의 경제는 호황, 후퇴, 불황, 그리고 회복의 단계로 순환하는 경향이 있다. 1930년대 이후 미국에서 진정한 경제 침체는 일어나지 않았으며, 한국 또한 마찬가지로 1990년대 심각한 경제 불황 이후 회복되고 호황기가 오는 등 모든 나라에 적용된다. 대부분의 경제학자들은 사회가 효과적인 경제 정책을 통해 미래의 경제 침체를 막을 수 있다고 믿는다. 결과적으로, 그들은 경기 후퇴가 오면 경기 회복도 오게 된다고 예상할 수 있다. 따라서 기업은 이러한 경제주기에 따라서 사업을 계획하고 목표를 수립할 때, 소비자 구매 패턴이 사업주기 단계마다 다르다는 것을 반영해야 할 것이다. 경제적 번영의 시기에는 실업률이 여전히 낮고, 미래에 대한 소비자의 신뢰는 더 많은 구매로 이어지며, 기업은 새로운 기회를 이용하기 위해 더 많은 직원을 고용하고, 새로운 기술에 투자하고, 비슷한 구매를 함으로써 사업을 확장한다.

불황기에는 6개월 이상 지속되는 주기적인 경기 위축으로 소비자들은 종
종 주요 구매를 연기하고 낮은 가격을 수반하는 기본적인 기능성 상품으로 구
매 패턴을 전환한다. 기업들은 생산 지연, 확장 계획 연기, 재고 감소, 그리고
종종 그들의 노동력 규모를 줄임으로써 시장의 이러한 변화를 반영한다. 과거
불황기에는 정리해고에 직면한 사람들이 생계를 위해 자동차, 보석, 주식을
팔았다.

그림 2-4 **4단계 비즈니스 주기**

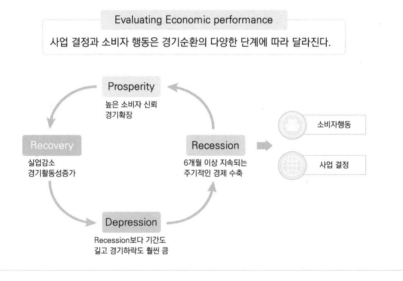

경기순환의 회복 단계에서는 경기가 불황에서 벗어나고 소비지출이 활기를
띠게 된다. 회복 초기에는 기업들이 파트타임과 다른 임시직 근로자들에게 계
속 의존하고 있지만, 기업 활동이 가속화되고 기업들이 증가하는 생산 수요를
충족시키기 위해 추가 근로자들을 찾으면서 실업률은 감소하기 시작한다. 점
차 불황의 우려가 사라지기 시작하고, 소비자들은 식당에서 외식을 하고, 휴
가를 예약하고, 새 차를 구입하기 시작한다.

사업적 결정과 소비자 행동은 다양한 사업주기 단계의 특성은 다음과 같다.

1) 호황기

높은 소비자 신뢰도, 사업 확장, 경제활동이 활발하게 이루어져 생산, 소비, 고용, 투자가 확대되고 재고와 실업 감소, 이윤 증가, 물가·임금 등이 상승한다.

2) 후퇴기

6개월 이상 지속되는 주기적 경제 위축, 경제활동이 활기를 잃고 생산활동도 축소, 기업 이윤이 감소한다.

3) 불황기

장기 불황, 경기 후퇴가 심화되는 국면으로 기업 이윤 격감, 기업 도산이 증가하기 시작한다.

4) 회복기

실업률 감소, 사업 활동 증가, 낮은 이자율이 투자 및 소비 수요를 유발하고, 생산활동이 상승하기 시작하여 물가·임금 등도 완만히 오름세를 탄다.

> **그림 2-5** 경기순환 사이클

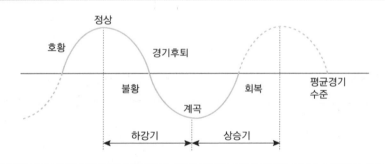

2. 물가와 물가지수: 돈으로 받을까, 쌀로 받을까?

경제의 안정을 보여주는 또 다른 중요한 지표는 전반적인 물가 수준이다. 20세기 대부분 동안, 경제 의사결정자들은 인플레이션, 과잉 수요로 인한 가격 상승, 원자재 부품, 인적자원 및 기타 생산 요인의 증가와 관련된 부분들을 걱정했다. 핵심 물가 상승률은 에너지와 식료품 가격이 제거된 후의 경제의 물가 상승률이다. 이 조치는 소비자, 기업, 기타 기관이 가까운 장래에 경험할 것으로 예상할 수 있는 인플레이션율을 정확하게 예측하는 경우가 많다.

미국뿐 아니라 한국은 도시 지역의 일반 소비자가 일상생활을 유지하기 위해 통상적으로 구매하는 여러 생필품의 평균적인 가격 수준을 나타내는 지수인 소비자 물가지수(CPI)를 통해 가격 수준의 변화를 추적한다.

가격 변화 측정(Measuring Price Level Changes)은 재화 또는 서비스의 가격에 대한 매월 평균 가격이 변동되고 대다수의 상품들은 'CPI Market Basket' 안에 포함되어 있는 데이터들을 엮어 가격이 결정되는 것을 의미한다.

◦ 그림 2-6 **Measuring Price Level Changes**

- 가격 변화는 CPI에 의해 측정된다

CPI
- 소비자 물가지수
- 상품과 서비스 가격의 매달 평균 변화
- 다수의 상품들은 "CPI Market Basket" 안에 포함되어 있는 데이터를 엮어서 가격이 결정됨.
- Bureau of Labor Statistics가 매달 경제 지표를 통해 CPI를 측정한다.

한국의 '통계청'은 도시 소비자들이 가장 많이 구매하는 상품과 서비스를 편집한 "시장 바스켓"의 가격을 기준으로 매월 CPI를 계산한다.

소비자물가수준을 100으로 한 지수 형태로 작성한다. 예를 들어 물건 가격 평균이 2010년에 100이었고 2019년에 105였다면 5% 물가 상승이 발생한 것이다. 한국의 통계청은 실생활에 많이 쓰이는 대표 품목을 선정해 소비자물가지수를 산출한다. 시대 변화를 고려해 5년마다 조사품목과 가중치를 위 사진처럼 조정한다.

전국 도시별로 2~11개의 대표적인 시장에서 7,900여 개 소매점포 및 서비스 업체를 대상으로 재화 및 서비스의 가격 조사, 그리고 약 3,300여 개 임대 가구를 대상으로 집세 조사를 실시한다. 가격 변동이 심한 농축수산물은 월 3회, 공산품 및 서비스 품목은 월 1회 가격 조사를 실시하고, 그 결과로 소비자물가지수를 작성한다. CPI는 화폐의 구매력을 측정할 수 있는 수단, 상품의 수급동향을 파악하는 경제정책지표와 경기판단지표 등 각종 경제지표의 디플레이터로 이용되기도 한다. 따라서 CPI는 소비자 가격의 변동을 지속적으로 측정한다.

1) 인플레이션

인플레이션은 과도한 소비자 수요와 원자재 가격 상승이 복합적으로 작용하여 발생하는 물가 상승으로 '너무 많은 화폐가 너무 적은 상품을 쫓는 현상'이다. 특성은 다음과 같다.

① 코어 인플레이션: 소비자물가지수에서 식료품과 에너지 가격을 차감하여 산출하는 물가지수이다. 식료품과 에너지 가격은 급격히 상승해 왔기 때문에 코어인플레이션 지수는 일반적으로 소비자물가지수보다 낮다.

② 수요견인 인플레이션: 과도한 소비자 수요로, 총수요 증가가 주요한 원인이 되어 발생하는 인플레이션을 이야기한다. 이는 소비와 투자 증가, 순수출 증가, 확장적인 재정, 통화정책이 원인일 수 있다.

③ 비용상승 인플레이션: 생산요소의 비용 증가로, 총공급 감소가 주요한 원인이 되어 발생하는 인플레이션을 이야기한다. 이는 원자재 가격과 임금 상승, 곡물 가격 상승이 원인일 수 있다.

④ 하이퍼 인플레이션: 치솟는 소비자 물가로 통제 상황을 벗어나 1년에 수백 % 이상으로 물가 상승이 일어나는 경우를 지칭한다. 이는 일반적으로 정부나 중앙은행이 과도하게 통화량을 증대시키는 정책으로 발생할 수 있다. 하이퍼 인플레이션의 발생은 물가 상승으로 인한 거래 비용을 급격하게 증가시켜 실물경제에 타격을 미칠 수 있다.

20세기 후반 미국의 가장 심각한 인플레이션 시기는 일반적 물가 수준이 최고조에 달했던 1980년이었다. 1년 동안 거의 14%나 뛰어올랐다.

극단적인 경우, 경제는 물가 폭등이 특징인 초인플레이션(hyper inflation)을 겪을 수 있다. 이러한 상황은 여러 나라에서 발생했었고 최근엔 베네수엘라에서도 발생했다.

인플레이션은 지속적인 가격 상승으로 사람들이 일정 금액의 돈으로 살 수 있는 상품과 서비스의 양이 줄어들기 때문에 돈을 평가절하한다.

이는 소득이 인플레이션을 따라가지 못하거나 고정금리를 지불하는 투자에 대부분의 부를 갖고 있는 사람들에게 나쁜 소식이다. 인플레이션은 소득이 증가하고 있는 사람들에게 좋은 소식이 될 수 있다.

지난 10년 동안, 인플레이션은 주식시장의 강세가 백만장자의 수를 끌어올리는 데 도움이 되었다. 그러나 인플레이션 때문에 백만장자가 절대적인 부자를 의미하진 못했다.

생산성 향상이 가격을 안정시킬 때, 그것은 경제에 큰 긍정적인 영향을 미칠 수 있다. 저인플레이션 환경에서는 갑작스러운 인플레이션 충격에 대한 끊임없는 우려 없이 기업이 장기적인 계획을 세울 수 있다. 저금리는 기업들이 연구 개발 및 자본 개선에 투자하도록 장려하는데, 이 두 가지 모두 생산성 이득을 창출할 가능성이 있다. 소비자들은 같은 금액의 돈으로 증가하는 상품과 서비스의 주식을 살 수 있고, 저금리는 새로운 주택과 자동차와 같은 주요 인수를 장려한다.

거의 모든 제품을 생산하는 데 사용되는 기름값의 상승은 계속되는 우려다. 기업은 비용을 충당하기 위해 가격을 인상할 필요가 있다. 또 중소기업은 폐업했거나 대기업과 합병해 경쟁률을 낮추고 대기업의 구매력을 키웠다. 그러나 다른 요인들은 인플레이션이 놀라운 비율에 이르지 않을 것임을 나타낸다.

2) 디플레이션

인플레이션과는 반대로 물가가 감소하는 경우 '너무 적은 화폐가 너무 많은 상품을 쫓는 현상'으로, 사람들이 소비할 수 있는 수준 이상으로 상품이 생산되는 경우가 원인일 수 있다. 가격이 계속 하락할 때 그 반대 상황인 디플레이션은 발생한다. 수년간 디플레이션이 현실화되어온 일본에서 쇼핑객들은 빅맥에서 아파트까지 다양한 상품에 대한 요금을 덜 냈다. 이런 상황은 소비자들에게 이상적으로 들릴지 모르지만, 그것은 경제를 약화시킬 수 있다.

3. 생산성 및 GDP(국내총생산): 우리나라는 얼마나 부자인가?

모든 경제의 중요한 관심사는 생산성, 한 국가에서 매년 생산되는 재화와 용역 간의 관계, 그리고 그것들을 생산하는 데 필요한 투입물이다. 일반적으로 생산성이 증가함에 따라 경제의 성장과 시민의 부도 증가한다. 불황기에는 생산성이 떨어진다. 생산성은 생산 단위 수와 생산에 필요한 인적 및 기타 생산 입력 수 사이의 관계를 설명한다. 그래서 생산성은 생산량과 투입량의 비율이다. 입력량이 일정하게 증가하면 생산성이 증가한다. 생산성은 특정한 양의 산출물을 생산하는데 필요한 모든 투입물을 고려한다.

방정식 형태로 표기하면 아래와 같이 표기할 수 있다.

$$총생산량 = \frac{생산량(생산된\ 상품\ 서비스)}{투입(노동력,\ 자원,\ 자본)}$$

많은 생산성 비율은 노동생산성 또는 노동시간당 생산량 중 한 가지에만 초점을 맞춘다. 노동생산성의 증가는 동일한 양의 노동이 이전보다 더 많은 재화와 서비스를 생산한다는 것을 의미한다. 높은 생산성 상승은 기술발전에도 기여하고 있다. 일부 분석가들은 이러한 증가의 혜택을 가장 많이 본 업종이 건강관리라고 믿고 있다.

생산성은 회사의 효율을 측정하는 널리 인정되는 척도다. 결국, 한 나라의 기업의 총 생산성은 그 나라의 경제력과 생활수준의 척도가 되었다.

경제학자들은 이 조치를 한 나라의 국내총생산(GDP), 즉 그 경계 내에서 생산된 모든 재화와 용역의 합이라고 부른다. GDP는 한 국가의 자본당 생산량, 즉 총 국가 생산량을 시민의 수로 나눈 값에 기초한다. 아래의 그림을 보면 미국과 중국이 압도적인 GDP(당해 년 기준)를 기록하고 있는 것을 알 수 있다.

그림 2-7 국가별 국내총생산(GDP)

1	미국	20조 4,940억 9,984만 5,390.2	6	프랑스	2조 7,775억 3,523만 9,278
2	중국	13조 6,081억 5,186만 4,637.8	7	인도	2조 7,263억 2,261만 6,821.3
3	일본	4조 9,709억 1,555만 6,638.9	8	이탈리아	2조 739억 198만 8,878.2
4	독일	3조 9,967억 5,929만 1,057.8	9	브라질	1조 8,686억 2,608만 7,908.5
5	영국	2조 8,252억 794만 7,502.9	10	한국	1조 7,208억 9천만

출처: 네이버

생산성을 더 정확히 판단하기 위해 실질 및 명목 GDP를 사용한다. 실질 GDP는 한 국가 안에서 생산된 재회 및 서비스의 모든 부가가치를 특정 기준 연도의 시장가격으로 계산한 것이다. 물가 상승분 파악은 어렵지만 물가의 영향을 제외했기 때문에 국가의 실질적인 생산성 변화를 파악하는 데 유용해 경제성장과 경제변동을 파악하기 쉽다. 아래는 실질 GDP를 구하는 공식이다. 가격은 정해진 기준 연도로 계산한다.

$$생산량 \times 기준(불변)가격$$

명목 GDP는 한 국가 안에서 생산된 재화 및 서비스의 모든 부가가치를 생산된 기간의 시장가격으로 계산한 것이다. 생산성의 변화 파악은 어렵지만 물가 상승분을 국가 경제 규모와 구조를 파악하는 데 있어 유용하다. 아래는 명목 GDP를 구하는 공식이다.

$$생산량 \times 당해연도(경상)가격$$

그래프를 보면 한국은 OECD 회원국 중 평균보다 낮은 명목 GDP 성장률을 기록했다. 저조한 물가 상승률이 주된 원인이라고 전문가들은 말하고 있다.

IMF 사태 이듬해인 1998년 -1.1% 이후 3%를 하회한 적이 없었지만 2017년 5.4%, 2년 만의 5분의 1수준 기록해 매우 저조한 성장률을 보이고 있다.

국가 전반의 물가 상태를 보여주는 GDP 디플레이터 상승률은 올 상반기 -0.6%, 3분기 -1.6%로 OECD 국가 중 하위권을 기록했다. 해외 주요국들의 근원물가(식료품 및 에너지 제외 지수) 상승률은 1~2%대를 유지하고 있지만, 한국은 서서히 낮아지더니 2019년 올해 0.6%을 기록했다.

OECD는 한국의 2019년 실질 성장률을 2.0%로 전망했다. 이는 낮은 수준으로 보이지만 OECD 중위권에 속한다.

그림 2-8 **OECD 주요국 2019년 명목 GDP 성장률 전망**

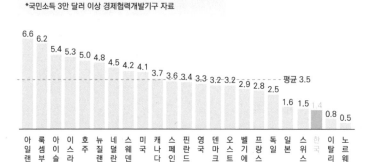

4. 실업과 국민소득: 유비의 비육지탄

한 나라 전체가 재화와 용역을 공급할 수 있는 양은 자연히 고용량에 달려있다. 고용량이 증가하면 총공급이 늘어나, 국민소득이 증가하게 된다. 따라서 정부에서는 실업의 문제를 해결하고자 노력한다. 이러한 노력은 총수요의 확대정책으로 나타난다. 즉, 총수요를 확대하기 위해서는 정부지출을 늘리고 조세를 줄이는 재정정책을 사용하거나 화폐의 공급을 늘리는 금융정책을 사용하게 된다. 거시경제학에서 흔히 두 마리 토끼로 비유되는 문제가 실업과 인플레이션이다. 즉 실업률을 낮추려고 하면, 물가가 상승하고, 반대로 물가를 잡으려 하면 실업의 문제가 커서, 두 마리의 토끼를 동시에 잡으려는 것처럼 보인다.

실업률은 대개 적극적으로 일자리를 구하고 있지만 현재 실업 상태인 전체 노동력의 백분율로 표현된다. 총 노동력에는 현재 일자리를 가지고 있거나 일자리를 찾고 있는 중이거나, 시장 임금에 따라 일할 의향이 있고, 일할 수 있는 모든 사람들이 포함된다. 실업률에는 일을 하고 싶지만 다양한 이유로 일자리를 찾는 것을 포기한 실업자도 포함시키고 있다.

표 2-5 실업의 4가지 유형

마찰적 실업	노동의 유동성 상실로 인한 일시적 실업, 직업을 찾고 있는 상태
계절적 실업	몇 달 동안 일을 하지 않음, 직업을 찾고 있지 않은 상태
주기적 실업	경제 문화 기간에 일자리를 잃는 경우, 직업을 찾고 있는 상태
구조적 실업	기술에 대한 수요가 없어서 일을 하지 않는 현상, 새로운 기술을 재교육받기도 함

실업은 위 표에 나타낸 4가지 범주, 즉 마찰, 계절, 주기, 구조로 분류할 수 있다.

마찰적 실업은 일시적으로 일을 하지 않지만 일자리를 찾고 있는 노동력 구성원에게 적용된다. 이 실업은 경제에 영향을 주지도, 받지도 않는다. 이 잠재적 인력에는 어떤 이유로든 직장을 떠나 다른 일자리를 찾고 있는 사람, 그리고 노동력으로 복귀하기로 결정한 전직 노동자들이 포함된다.

계절적 실업은 계절적 산업에 종사하는 노동자들의 실업률이다. 건설노동자, 농장노동자, 어업노동자, 토지 관련 직원들은 계절 조건 때문에 일을 할 수 없을 때 계절적 실직과 싸울 수 있다. 한국에선 대관령 배추농장의 근로자가 수확기가 지나 다른 직업을 찾아야 하는 상황을 예로 들 수 있다.

주기적 실업은 경제의 주기적 위축으로 인해 실직하는 사람들을 포함한다. 경제 팽창기에는 전반적인 고용이 증가할 가능성이 높지만 성장이 둔화되고 불황이 시작되면서 실업률이 일반적으로 높아진다. 그럴 때, 좋은 직업 기술을 가진 노동자라도 일시적인 실업에 직면할 수 있다. 첨단 기술 산업, 항공 여행, 제조업 종사자들은 모두 경제 위축 기간 동안 실업에 직면해 있다.

한국은 주기적 실업으로 인한 경기 침체를 줄이기 위해 여러 정책을 사용한다. 추경예산안을 편성해 필요한 곳에 예산을 사용한다. 그리고 금리를 인하해 사람들의 대출을 유도해서 부동산 경기를 활성화시킨다. 마지막으로는 세제 3종 세트(기업소득 환류 세제, 배당소득 증대 세제, 근로소득 증대 세제)를 시행해 기업의 배당 확대 및 근로소득 확대를 통한 내수활성화를 꾀하고 있다.

구조적 실업은 오랜 기간 동안 실업자로 남아 있는 사람들에게 적용되는데, 새로운 일자리를 찾을 희망이 거의 없다. 근로자들이 이용할 수 있는 일자리에 필요한 기술이 부족하거나 그들이 가진 기술이 더 이상 수요가 없기 때문에 발생할 수 있다. 예를 들어, 기술 발전은 컴퓨터 관련 기술을 가진 사람들의 수요를 증가시켰지만 많은 유형의 육체노동자들 사이에서 구조적인 실업률을 만들어냈다. 또한 저출산으로 인해 학생이 줄어 교사의 일자리가 줄어드는 것을 예로 들 수 있다.

5절 금융통화정책과 재정정책

1. 통화정책: 돈 좀 살살 풉시다

통화정책이란 정부가 금리와 통화량 중에 유통되는 화폐의 양을 의도적으로 조정하는 정책을 말한다. 통화량이 늘거나 줄면 경기와 인플레이션율이 변동한다. 우리나라는 중앙은행인 한국은행이 화폐를 발행하고 통화량을 결정한다. 한국은행은 금융기관에 대한 규제를 통해 통화량을 조절하기도 한다.

중앙은행은 금융기관에 빌려준 자금의 금리를 조정하는 방법으로 통화량을 늘리거나 줄인다. 중앙은행의 대출금리 조정은 실물경제 및 금융시장 상황에 대한 중앙은행의 판단 또는 시각을 시장에 전달하는 역할을 하는데, 이를 '공시효과'라 한다. 금리가 높아지면 시중은행에서 돈을 대출한 기업이나 개인이 부담해야 할 이자율도 높아지고 그 여파로 경기가 둔화된다. 주택 건설업과 부동산 경기는 금리의 변화에 가장 민감하게 반응한다.

중앙은행은 통화정책을 통해 경기를 둔화시키거나 확대시킬 수 있다. 중앙은행이 국채를 발행하거나 금리를 올리면 시중에는 그만큼 유통되는 돈이 적어진다. 그 결과로 소비가 줄고 실업률이 늘어난다. 즉 경기는 둔화되지만 장기적으로는 인플레이션이 진정되는 효과를 볼 수 있다. 이를 경기안정정책이라고 한다.

반대로 통화량을 늘리면 금리가 하락하고 소비가 늘어나 경기가 활성화되며 실업률은 줄어든다. 그러나 늘어난 소비가 가격 인상을 부추겨 인플레이션을 유발하는 위험이 존재한다. 이를 경기부양정책이라고 한다.

그림 2-9 통화정책의 직·간접 조달 수단

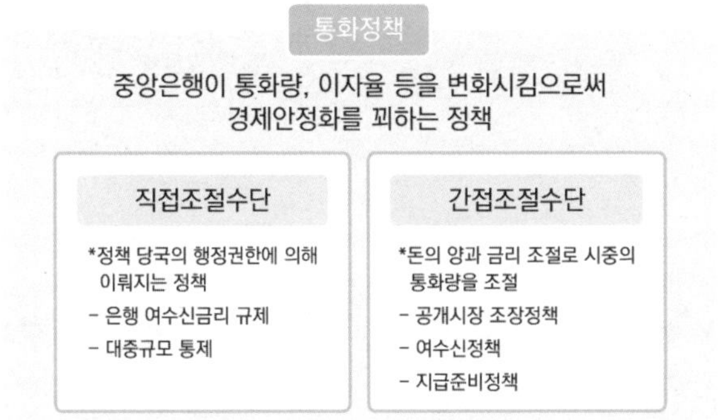

통화정책

중앙은행이 통화량, 이자율 등을 변화시킴으로써
경제안정화를 꾀하는 정책

직접조절수단	간접조절수단
*정책 당국의 행정권한에 의해 이뤄지는 정책	*돈의 양과 금리 조절로 시중의 통화량을 조절
- 은행 여수신금리 규제	- 공개시장 조장정책
- 대중규모 통제	- 여수신정책
	- 지급준비정책

한국은 중앙은행이 유통되는 화폐의 양이나 이자율에 영향을 미쳐 경제를 안정시키려는 정책을 사용한다.

첫 번째는 공개 시장 조작이다. 대표적인 통화정책 수단으로 중앙은행이 시장에서 국공채를 사고팔아 통화량과 이자율을 조절하는 수단이다.

국공채를 매각해 통화량을 감소시키고, 이자율을 상승시키는 것은 긴축통화정책에 이용되고 국공채를 매입해 통화량을 증가시키고 이자율을 하락시키는 것은 확대통화정책에 이용되고 있다.

두 번째는 지급 준비율을 조정하는 것이다. 중앙은행이 은행의 지급 준비율을 조정하여 통화량이나 이자율을 조절하는 정책으로 지급 준비율을 높이면 통화량이 감소되고 이자율이 상승해 긴축통화정책에 쓰이고, 지급 준비율 낮추면 통화량이 증가하고 이자율이 하락해 확대통화정책에 사용된다.

세 번째는 재할인율 정책이다. 은행에 대한 대출을 변동시켜 통화량을 조절하는 정책으로 재할인율을 높이면 은행의 대출을 줄여 통화량이 감소하고 이자율이 상승해 긴축통화정책에 이용되고 재할인율을 낮추면 은행의 대출이 늘어 통화량이 증가하고 이자율이 하락해 확대통화정책에 이용된다.

● 그림 2-10 확대통화정책 vs. 긴축통화정책

확대통화정책	긴축통화정책
*통화량을 증대시키고 이자율을 낮추는 것	*통화량을 축소시키고 이자율을 높이는 것
경기침체상황	경기과열상황

2. 재정정책: 경제를 살리자는데 망설이는 이유가 무엇인가?

정부는 또한 세금과 지출에 대한 결정을 함으로써 경제 활동에 영향을 미친다. 세입과 지출을 통해 정부는 재정정책을 시행한다.

정부는 경기가 과열된 시기에 정부 지출을 축소하고 세율을 인상해 돈을 아끼는 긴축재정정책을 사용한다. 정부가 지출을 줄이면 총수요는 감소하게 되고 인상된 세율로 가계 소비가 줄고 기업 투자가 감소한다.

따라서 이 정책을 사용하게 되면 총수요 감소 → 생산 및 소비 감소 → 실업률 증가 및 물가하락 → 경기 진정 이러한 경제 순환이 이루어진다.

경기가 불황일 땐 확대재정정책을 사용한다. 정부 지출을 확대하고 세율을 인하시키는 것으로 긴축재정정책과 반대되는 정책이다. 정부가 지출을 늘리면 총수요가 증가하고 인하된 세율로 가계소비와 기업 투자가 활성화되어 총수요 증가 → 생산 및 소비 증가 → 실업률 감소 및 물가 상승 → 경기회복 이러한 경제 순환이 이루어진다. 따라서 정부는 시기에 알맞은 정책을 사용해 경제를 안정화 시켜야 한다.

정부가 기업으로부터 제품과 서비스를 많이 구매할수록 기업의 생산량이 많아지고 매출이 증가한다. 마찬가지로 개인과 기업이 세금을 적게 내면 그만 큰 쓸 수 있는 돈이 많아져 소비지출이 늘어난다. 법인세가 높으면 기업은 세금 부담을 피해 세금이 싼 나라로 사업장을 옮기기도 한다.

세금을 좋아하는 사람은 아무도 없지만 세금은 정부의 주 수입원이다. 정부는 매년 다음 해의 예상 지출과 예상 수입을 바탕으로 예산안을 짜고 국회는 이를 심의 조정하여 통과시킨다.

그림 2-11 미국정부의 재정확대정책

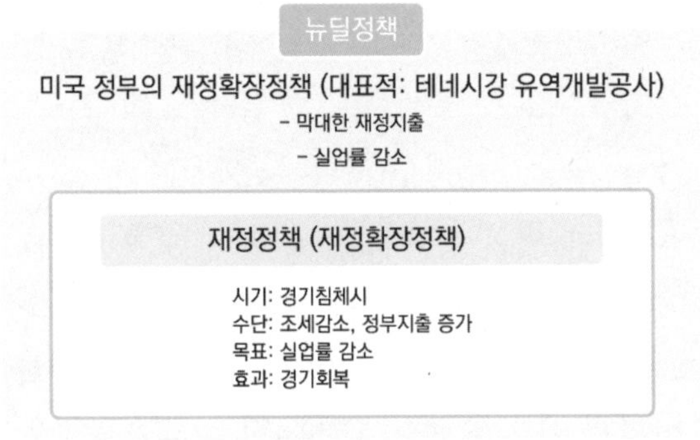

정부의 재정지출 확대는 민간부문에 유리하게 작용하기도 하지만 그 규모가 커지면 개인과 기업의 투자나 지출이 줄어드는 구축효과가 발생한다. 아래의 예를 통해 이해가 쉽게 될 것이다.

- 정부가 공공 도서관을 많이 지으면 서점의 책이 덜 팔린다.
- 정부가 공교육 투자를 늘리면 사교육 시장이 위축된다.
- 정부가 공공 교통수단을 늘리면 민간 운수업체의 매출이 감소한다.

정부가 거두어들인 수입보다 지출이 많은 상태를 적자재정이라 한다. 이 경우 수지 균형을 맞추려면 지출을 줄이거나 세금을 더 걷어야 한다. 그래도 수지 균형이 맞지 않으면 정부도 개인이나 기업과 마찬가지로 돈을 꾸어 와야 한다.

수입이 지출보다 많으면 수지 균형을 위해 다양한 방법을 동원할 수 있다.

남는 돈을 사회복지 확충에 투자할 수도 있고 교육예산이나 국방비를 증액할 수도 있으며, 세금을 깎아줄 수도 있다. 그중 하나가 국가채무를 갚는 일이다.

그림 2-12 정부의 세율인하정책 및 세율인상정책

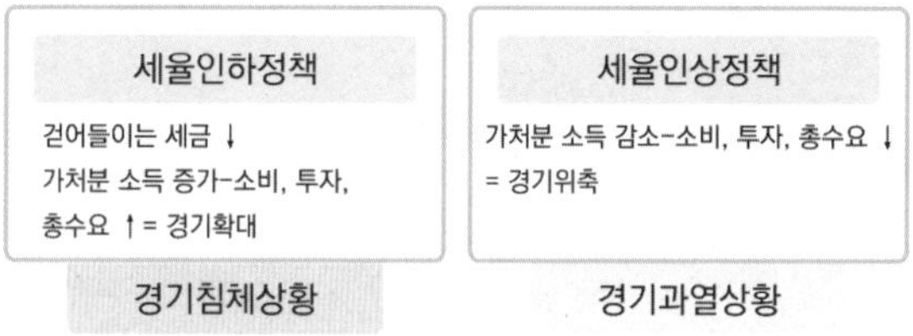

세율인하정책	세율인상정책
걷어들이는 세금 ↓ 가처분 소득 증가-소비, 투자, 총수요 ↑ = 경기확대	가처분 소득 감소-소비, 투자, 총수요 ↓ = 경기위축
경기침체상황	경기과열상황

국가채무란 정부가 진 빚의 총액이다. 수입이 모자란 데도 나라살림을 꾸렸다면 모자란 액수를 어디서 꾸어왔다는 말이고, 따라서 국가채무는 지금까지 매년 발생한 적자를 누적한 금액과 같다. 국가채무는 국회에서뿐만 아니라 일반인도 술상에 안주로 자주 올리는 감정적인 이슈가 되었다. 국가채무는 경제를 부양하고 실업자 수를 줄이며 물가를 안정시키는 역할을 하지만 문제점도 따른다.

국가채무가 커지면 그 부담을 누가 지느냐가 논쟁거리로 등장한다. 국가가 발행한 국채는 부자들이 샀을 것이고, 그에 상응하는 이자수입을 얻을 것이다. 내는 세금보다 이자수입이 더 많은 부자도 더러 있을 것이다. 반면 대다수 평범한 사람들은 국채와는 거리가 멀 것이며, 열심히 세금 내어 국채를 가진 부자들이 받는 이잣돈만 보태줄 뿐이다. 상황이 이렇다면 국가채무는 없는 사람의 부담이 될 것이다.

이런 이유로 정부는 누가 무슨 채권을 가지고 있는지 예의 주시하며, 시중은행이 보유한 채권을 환수하여 부채를 줄인다거나 보다 많은 사람이 살 수 있는 소액 저축채권을 발행하여 민간의 보유량을 조절하기도 한다.

이렇듯이 경제학은 우리 기업과 소비자의 생활에 밀접하게 관련되어 있다. 국가의 경제상황이 어떤지 알고 잘 대처할 줄 알아야 성공적인 기업 및 소비자가 될 수 있다. 이것이 경제학 이론을 알아야 하는 이유이다.

03

현대기업의
글로벌시장
이해

도입사례
중국인 고객을 상대하는 Mobile SNS 유형 및 장단점 비교

중국판 트위터 '웨이보'

현재 중국에서 가장 영향력이 있는 소셜 네트워크 서비스이
고, 웨이보란 '마이크로 블로그(micro blog)'를 뜻하는 신조
어로, 작다는 뜻의 '웨이'와 블로그의 중국식 표기인 '보커'
의 첫 글자를 따서 만든 단어이다.

웨이보는 규모가 큰 만큼 고객들과 접근성이 높고 홍보효
과도 크게 기대할 수 있다. 또한 페이스북과 트위터와 사용법이 거의 흡사하기 때문에 이용이 쉽고
웨이보에 포스팅한 글이 웨이보 자체뿐만 아니라 바이두를 비롯한 포털 사이트의 검색 엔진에 노출
이 되기 때문에 콘텐츠 중심의 홍보를 원하는 기업에게 매우 중요한 마케팅 수단이 된다. 그리고 기
업 계정을 따로 개설할 수 있는데, 웨이보 기업 계정은 기업 계정의 특유 마크가 부여되어 개인 계정
과의 차별화뿐만 아니라 브랜드 홍보 차원에서 더 적합한 계정을 가질 수 있다.

사용자가 많은 점이 장점이나 단점으로 작용하는데, 계정이 너무 많기 때문에 눈에 띄지 않으면 주
목받기 힘들 수 있는 점이 있다. 또한 페이스북처럼 전세계적으로 이용자가 분포되어 있는 것이 아니
라서 다른 해외 고객에게 추가적인 홍보효과를 기대하기 힘들다. 또한 위젯을 달 수 없다는 점과 다
른 타사의 사이트와 sns의 상호연동이 불편하다는 폐쇄적인 특성을 지니고 있다.

중국판 카카오톡&카카오스토리 '웨이신(위챗)'

웨이신은 웨이보와 마찬가지고 작다는 뜻의 '웨이'와 우편, 전신 등 정보를 전하는 일을 뜻하는 '신'이 합쳐진 단어로 '작은 메시지'라는 뜻이다. 2011년 Tencent사에서 개발한 모바일 메신저로 2015년 기준 5.49억 명의 사용자가 집계되었고 카카오페이와 같은 유사한 메신저 연계 결제수단인 텐페이 서비스 사용자도 4억 명이 넘는 것으로 공개되었다.

웨이신에는 큰 장점은 파워계정인데 일반 계정과 달리 공중 계정을 운영하며 패션, 여행, 쇼핑, 미식, 연애, 투자, 뉴스, 경제, 엔터테인먼트 등 다양한 분야에 대해 심도 깊은 콘텐츠를 제공한다. 이러한 공중계정은 기업 내부의 조직관리, 파트너 관리 등 시스템을 웨이신 공중계정으로 할 수 있도록 지원하고 고객관리 및 다양한 기능, 판매목적으로 웨이신 점포를 개설할 수 있고 소비자들과 원활하게 커뮤니케이션할 수 있는 계정이며 4회/월의 단체 push 메시지 발송이 가능하다. 또한 신문 매체나 정보를 수시로 배포 가능하며 1회/일 단체 push 메시지 발송이 가능하다. 또 다른 큰 장점은 실시간 하는 채팅CS인데, 웨이신에서는 친구와 쓰는 채팅창을 바로 판매자–구매자가 즉각 질문하고 답할 수 있는 기능으로 쓸 수 있는 것이다. 그리고 중국인들이 한자를 쓰기 귀찮아하는 성향이 있어 우리나라보다 음성메시지가 발달되어 있는데 이 기능이 웨이신이 잘 되어 있는 점도 장점으로 뽑을 수 있다.

단점으로는 최근 공중계정에서 일부 업체들이 문제가 있는 제품을 판매하거나 잘못된 홍보물로 도배를 한다거나 거짓 정보를 전달하는 등의 문제가 발생했다. 이로 인해 웨이신은 사용자들로부터 관리가 소홀하다는 비난을 받았다. 특히나 SNS로 거래가 이루어지기 때문에 신뢰가 중요한 웨이신 서비스 모델에서 불신의 분위기가 조성되어 큰 타격을 입을 수 있다. 또한 중국 내에 비슷한 모델들이 점차 생겨나고 있는데 특히 알리바바의 '즈샹'이 웨이신과 달리 친구 수에 제한이 없고 가입 자체를 실명 인증제로 하고 있어 선별된 업체와 소비자 모두 안심할 수 있다는 평가를 받고 있다. 처음부터 어느 곳을 타겟으로 시작할지 고민해봐야 하는 부분이 있다.

중국판 아프리카TV '메이파이'

중국 마케팅을 염두에 둔 기업 및 기관들의 관심은 보통 웨이보나 웨이신에 집중되곤 하는데, 최근 들어 중국에 동영상 플랫폼이 강력한 모바일 콘텐츠 유통수단으로 떠오르고 있다. 2014년 4월 메이투에서 개발한 '아름다움을 찍다'라는 뜻의 메이파이는 2016년 상반기 기준 약 2억 명에 달하는 회원이 가입되었다.

메이파이의 장점은 페이스북에 유투브 영상이 업로드가 가능하듯 메이파이에 올린 영상 또한 웨이

보, 웨이신 등의 다른 채널과 연동성이 뛰어나다는 점이 대표
적인 장점이다. 한국의 아프리카 TV와 유사하여 카테고리별
영상은 물론 BJ들의 생중계, 실시간 채팅, 그리고 별풍선과
같은 유료아이템을 선물하는 수익모델도 가지고 있다. 홍보효
과가 더불어 수익창출까지 가능한 매력적인 장점을 가지고 있
다. 또한 편집 기능을 제공하여 영상편집이 타프로그램 없이
가능하고, 원하는 키워드 및 해시태그를 별도 등록비용 없이
걸 수 있어 노출범위를 확장시킨다.

단점으로는 웨이보와 마찬가지고 전세계적으로 홍보효과를
줄 수 있는 유투브만큼의 효과는 기대하기 힘들다. 아직까지는 중국 내에서 흥하는 서비스로 추가적
인 홍보효과는 미미하다. 또한 영상 편집이 10~15초 가량으로만 가능하여 긴 시간의 영상편집까진
할 수 없다.

도입사례
제품의 Mobile상 결제방법 열거 및 장단점 비교

알리페이

중국의 알리바바 그룹이 서비스하
는 제3자 온라인 결제 플랫폼으로
2004년 처음으로 출시되었으며, 즈
푸바오라고도 불린다. 신용카드나
온라인 계좌이체에 대한 불안감을
해소하기 위해 제3자 담보형식으로

결제를 진행하며, 미국의 페이팔(Paypal)과 유사한 에스크로 플랫폼 형태를 취하고 있다. 즉, 고객이
알리페이로 결제하면 판매자의 계좌에 알리페이 머니 형태로 송금되며, 알리페이는 이용자들 사이의
결제 중개업자 형태로 서비스한다.

알리페이의 장점으로는 알리바바 그룹의 타오바오, 티몰 사이트뿐 아니라 온오프라인 마켓, 온라인
게임 등에서 결제 수단으로 사용 가능하며, 각종 요금 납부, 대출 및 펀드 가입까지 가능하다. 알리
페이는 중국 내 제3자 결제시장의 약 50%를 점유하고 있으며, 모바일 결제시장의 약 80%를 점유하

고 있다. 2014년 7월 기준 8억 2,000만 명의 회원을 보유하고 있으며 중국 내에서 온라인 결제 점유율 50% 이상을 차지하고 있다. 국내에는 결제 대행업체 이니시스와 제휴하고 있으며 최근 롯데면세점과 계약을 체결하였다.

단점으로는 알리페이 서비스를 사용하기 위해서는 신용카드, 직불카드 및 계좌이체 등의 형태로 알리페이 머니를 충전해야 한다. 신용카드 충전만 가능한 페이팔의 경우 신용카드 사용이 확산되지 않은 중국에서 서비스가 원활하지 못했기 때문에, 알리페이는 이를 보완하여 은행계좌 및 휴대전화를 통해서도 알리페이 계좌에 머니가 충전되도록 하였다.

위챗페이

2013년 위챗은 핀테크 플랫폼으로 진화했다. 텐센트의 모바일 결제 시스템인 '텐페이'가 위챗에 연동돼 '위챗페이'로 거듭냈다. 이

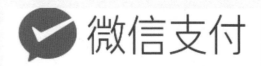

위챗페이는 이듬해인 2014년 1월 중국 새해 풍습도 바꿔놓았다. 중국은 설에 붉은 봉투에 돈을 넣어 가족끼리 주고받는다. 한국의 세뱃돈과 비슷하다. 그런데 이 붉은 봉투가 위챗 대화방에 등장했다. 카카오톡 선물하기와 비슷하게 사용자들이 세뱃돈을 위챗 대화방에서 붉은 봉투로 보내기 시작한 것이다.

위챗페이의 장점으로는 위챗페이를 통해 이용자는 위챗에 탑재돼 있는 계좌이체나 간편결제 기능을 이용해 돈을 주고받을 수 있다. 돈을 보내는 사람은 은행 계좌를 위챗과 연결해 대화방에서 계좌에 있는 돈을 위챗 친구에게 보내면, 받은 사람은 자기 은행 계좌와 위챗을 연결해 현금으로 바꾸는 식이다. 위챗에서 생성한 바코드로 오프라인 매장에서 결제 서비스를 이용할 수도 있다.

단점으로는 청산결제 업무를 담당하는 별도 기관이 없어 개별 은행과의 1:1 계약으로 청산결제 업무를 해야한다. 따라서 청산결제 절차가 복잡하고 비용도 많이 든다는 단점이 존재한다.

● CHAPTER
03

현대기업의 글로벌시장 이해

 학습목표

1. 현대기업이 무역을 하는 이유를 설명할 수 있는가?
2. 절대우위와 상대우위를 설명할 수 있는가?
3. 무역수지에 대하여 설명할 수 있는가?
4. 국제무역 진입장벽을 설명할 수 있는가?
5. 환노출관리에 대하여 설명할 수 있는가?
6. 국제금융관리에 대하여 설명할 수 있는가?
7. 국제마케팅의 문화의 차이점을 설명할 수 있는가?
8. 홉스테드의 문화이론을 설명할 수 있는가?

|절 글로벌시장의 등장: 누이 좋고 매부 좋고

세계 경제는 제2차 세계대전 이래 큰 변화를 겪어 왔다. 가장 근본적인 것은 글로벌시장의 등장일 것이다. 새로운 기회에 반응하여 글로벌 경쟁자가 꾸준하게 현지의 경쟁자를 대체하거나 잠식한다. 이와 동시에 세계 경제의 통합은 상당히 진전되었다. 경제적 통합 수준은 20세기가 시작될 때 10% 정도였는데, 현재는 약 50% 정도이다. 경제통합은 특히 EU와 NAFTA에서 두드러진다. 이를 정리하면 다음과 같은 특성이 나타난다.

• 세계 경제의 동력으로서 자본 이동이 무역을 대신하게 되었다.

- 생산과 고용의 관련성이 감소하고 있다.
- 세계 경제가 지배적인 역할을 담당하며, 개별 국가 경제는 종속적인 역할을 한다.
- 1917년에 시작된 자본주의와 사회주의 간의 경쟁은 거의 종식되었다.
- 전자상거래의 성장은 국가 경계의 중요성을 약화시키며, 기업들이 비즈니스 모델을 재평가하도록 만들었다.

그림 3-1 **생산요소의 국제적 원천**

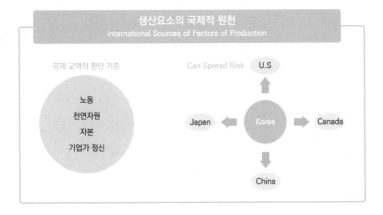

1. 상품과 서비스 무역: 들어오고 나간 돈, 딱 떨어져야

GATT와 WTO로 인해 세계 상품무역은 제2차 세계대전 이래로 세계 생산보다 빠른 속도로 성장했다. 다른 말로 설명하자면, 수출과 수입 성장률이 국민총생산(GNP) 성장률을 앞질렀다는 것이다. WTO가 보고한 수치에 따르면 2007년 세계 무역의 달러가치는 총 13조 9,000억 달러에 이른다. 그에 반해서 상품수출량은 약 6% 성장했다.

2003년 독일은 미국을 앞질러 세계 최대 상품 수출국이 되었다. 독일은 공장과 국가 기반시설을 건설하는 데 필요한 엔진, 기계, 자동차, 기타 자본재를 생산했기 때문에 모든 규모의 독일 기업은 세계 경제성장으로 인해 이득을 보게 되었다. 전 세계적으로 기계류와 운송설비는 세계 수출의 약 1/3을 차지한다. 오늘날 수출은 독일 국내총생산(GDP)의 40%와 900만 개의 일자리를 창출하고 있다. 또한 독일에 위치한 외국기업의 지사들은 매년 15억 달러의 수입을 올리고 있다.

수출 순위 3위인 중국은 수출강대국으로서 그 역할이 과소평가되어 있다. 1990년 후반 아시아의 경제불황과 사스 발생에도 불구하고 중국은 두 자리 숫자의 수출 성장을 보이며 지속적인 경제력을 과시했다. 중국은 2001년 WTO에 가입한 이래로 대미 수출이 급증했다. 실제로 워싱턴의 정책 입안자들은 중국으로부터의 수입을 줄이기 위해 위안화의 가치를 절상하도록 중국 정부에 압력을 넣었다.

(1) 서비스 무역

세계 무역에 있어서 빠르게 성장하는 분야는 서비스 무역이다. 서비스는 여행, 오락, 교육, 개발이나 회계/법률 서비스와 같은 기업 서비스, 저작권 사용료와 라이센스 비용 등을 포함한다. 고소득 국가와 저소득 국가 사이에서의 무역관계에 있어서 주요한 쟁점 중 하나가 서비스 무역이다. 저소득, 중저소득, 심지어 중상위 소득 국가에서는 지적 재산권 보호나 특허법, 국제 저작권에 대한 규제가 확립되어 있지 않다. 그 결과로 컴퓨터 프로그램, 음악, 비디오 오락을 수출하는 나라는 수입감소를 겪게 된다. 비즈니스 소프트웨어 연합(Business Software Association)이 실시한 최근 세계 소프트웨어 저작권 침해 연구(Global Software Piracy Study)에 의하면, 소프트웨어 저작권 침해로 인한 전 세계적 연간 손실이 약 29억 달러에 이른다. 중국에서만 2005년에 소프트웨어 저작권 침해로 인해 관련 산업의 피해가 36억 달러에 이른다. 아메리칸 익스프레스, 월트 디즈니, IBM, 마이크로소프트는 현재 전 세계적으로 빠르게 성장하는 서비스 수요에 부응하고 있는 미국의 기업이다.

아무리 기술적으로 뛰어난 국가라도 국민이 원하는 것을 스스로 다 생산할 수는 없다. 비록 자급자족이 가능한 국가가 있다고 해도 다른 국가는 그렇지 않으므로, 자급자족이 가능한 국가와 무역을 시도할 것이다. 예로 어떤 국가들은 천연자원이 풍부한 반면 기술적 지식은 다소 부족하고, 또 어떤 국가들은 고도로 발달된 기술을 가지고 있으나 천연자원이 부족하다. 글로벌 무역은 각 나라가 가장 잘 생산할 수 있는 것을 생산하고, 다른 나라에서 생산된 필요 물품들을 자신들의 생산품과 교환함으로써 상호이익을 얻는데 이를 자유무역이라고 한다.

자유무역은 제품과 서비스의 국가 간 이동을 말한다. 국가는 국제무역을 통해 자신의 나라가 필요로 하는 제품과 서비스를 얻음으로써 경제 성장을 촉진하고 시장을 확대하며 보다 효율적인 생산 시스템을 위해 노력하고 있다. 예를 들어 미국의 대표적 소매유통업체인 월마트는 멕시코에서 매장을 운영하고 미국의 항공기 제조회사인 보잉은 아시아에 제트 여객기를 판매한다는 것을 들 수 있다. 이런 식으로 국제무역을 함으로써 얻을 수 있는 이점은 많다. 첫 번째로 국제무역으로 인하여 중국과 동아시아 국가의 많은 국민들이 1990 ~ 2000년 사이에 가난에서 벗어났다. 또한 글로벌경쟁과 값싼 수입품은 물가를 낮추기 때문에 인플레이션이 경제성장을 막을 가능성이 적다. 그리고 이러한 개방경제는 기술혁신에 자극이 되며 수출 직종은 여타의 직업보다 소득이 높다. 마지막으로 대부분의 미국 노동자들은 보건의료와 건설처럼 외국과의 경쟁이 거의 없는 산업의 서비스를 생산한다.

하지만 국제무역의 긍정적인 측면만 있지는 않다. 국제무역으로 수백만 명의 자국민들이 수입이나 생산거점의 해외 이전 때문에 직업을 잃거나 수백만 명의 또 다른 사람들은 특히 경쟁적인 압박 하에서 운영되는 기업에서 직장을 잃는 것을 두려워한다. 그리고 서비스와 화이트칼라 직업들은 사업장의 해외 이전에 점점 취약해진다는 국제무역의 부정적인 측면을 보인다.

글로벌 무역의 측정을 위해 크게 무역수지(balance of trade)와 국제수지(balance of payments)지표를 사용할 수 있다. 무역수지란 특정 기간의 수입에 대한 수출의 총량을 말한다. 만약 무역수지에서 수출이 수입을 초과한다면 그것을 무역수지 흑자라고 하며 무역수지의 균형이 바람직하다는 것을 의미한다. 만약 무역수지에서 수입이 수출을 초과한다면 이를 무역수지 적자라고 하며 무역수지의 균형이 바람직하지 않다는 것을 의미한다.

국제수지란 수출로 인해 국내로 들어오는 돈의 유입량과 수입으로 인해 빠져나가는 돈의 수량 차이에 관광, 해외원조, 군비지출, 해외투자 등의 돈 흐름을 더하거나 뺀 것을 말한다. 언제나 빠져나가는 돈보다 들어오는 돈이 많은 것이 국제수지측면에서 좋을 것이다. 이러한 상태를 국제수지 흑자라고 부른다. 반대로 부정적 상황인 국제수지 적자일 경우 들어오는 돈보다 나가는 돈이 더 많다.

아래 〈그림 3-2〉를 보고 알 수 있듯이 2019년 우리나라의 상위 무역 국가는 각각 수출에서 24.9%, 13.5%를 차지하고 수입에서도 21.4%, 12.2%의 비중을 차지한 중국과 미국이 1위, 2위를 차지하였다. 이 밖에도 베트남, 일본, 사우디아라비아, 독일 등이 한국의 10대 수출국에 속하며 베트남, 일본, 홍콩, 대만 등이 한국의 10대 수입국에 속한다. 국가 간 교역은 단순히 제품과 서비스가 거래되는 것 이상의 의미를 가지고 있다. 국가 간 교역은 예술, 스포츠, 문화적 이벤트, 진보된 의술, 토지대여, 노동력 등의 교환을 포함한다.

미국은 강철과 같은 원자재를 생산할 수 없고 의류와 같은 제품을 낮은 비용으로 제조할 수 없다.

그림 3-2 한국의 10대 수출국 및 수입국

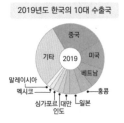

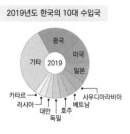

그런 경우에 부가서비스를 수출하고 훌륭한 수리공으로부터 자동차수리 작업을 수입해야 이익을 얻는데 경제학자들은 이와 같은 전문화를 우위라고 부른다. 우위를 절대우위와 비교우위로 비교할 수 있다. 절대우위는 어떤 한 국가가 특정 상품을 생산하는 독점의 위치에 있거나 다른 어떤 국가보다도 더 효율적으로 특정 상품을 생산할 수 있을 때 존재하는 우위를 말한다. 만약 어떤 특정한 상품을 생산하는 데 독점력이 있거나 모든 다른 국가에 비해 오직 한 국가만이 그 상품을 효율적으로 생산할 수 있다면 그 국가는 그 상품에 절대우위를 가졌다고 할 수 있다. 미국의 경우 재사용 가능한 우주선과 하이테크 품목에서 절대우위를 지니고 있다.

표 3-1   절대우위와 상대우위

절대우위	• 독점 유지 가능 • 다른 경쟁자보다 더 낮은 가격으로 생산 가능
상대우위	• 다른 제품을 제공할 때나 다른 국가보다 제품을 더욱 효율적이고 낮은 가격에 제공할 수 있음

비교우위이론이란 어떤 한 국가가 가장 효과적이고 효율적으로 생산할 수 있는 상품을 판매하고 다른 국가가 자국보다 더 효과적이고 효율적으로 생산할 수 있는 상품을 구매해야 한다는 이론을 말한다. 미국은 왜 커피와 항공교통 통제 시스템에 절대우위가 있더라도 그것을 여전히 전문화해야 하고 무역에 착수해야 할까? 각 국가는 가장 쉽고 저렴하게 생산할 수 있는 제품을 전문화해야만 하고 타국이 가장 쉽고 저렴하게 생산할 수 있는 제품을 자국의 제품과 교환해야 한다. 이러한 전문화는 더욱 높은 제품이용 가능성과 낮은 가격을 보장하기 때문에 그들은 여전히 전문화를 해야 한다. 멕시코와 중국의 경우 낮은 노동비용 때문에 의료제조에 비교우위가 있으며 일본은 기술적인 전문지식 때문에 오랫동안 가전분야에서 비교우위를 지녔다.

한국의 수출입 품목은 우리나라의 핵심인 반도체에서부터 석유제품, 자동차, 무선통신기기에 이르기까지 그 품목이 다양하다. 2018년 1~4월 EU무역통계에 따르면 28개 회원국으로 수출된 한국 상품은 총 164유로(20조 9,900억 원 상당)로 2017년 같은 기간의 174억 유로보다 5.7%감소했다. 반면 한국에 수입된 유럽 상품은 총 167억 유로(21조 3,700억 원 상당)로 작년 같은 기간의 155억 유로와 비교하면 7.7%증가했다.

한 나라의 환율은 자국의 통화를 다른 나라의 통화와 교환할 수 있는 비율을 말한다. 그렇다면 화폐가치의 절상과 절하가 한 국가의 제품가격에 어떠한 영향을 미칠까? 만약 미국 달러가 일본 엔에 비해 시세가 내린다면 미국 시민들은 일본 제품을 구입하기 위해 더욱 많은 달러를 지불해야 한다. 달러의 시세가 내려감에 따라 달러로 환산한 일본 제품의 가격은 오르므로 미국 시민들은 보다 적은 일본제품을 구입하게 되어서 미국의 수입액은 적어지게 된다. 미국 제품 가격이 일본 제품 가격에 비해 떨어지기 때문에 일본인들은 더욱 많은 미국 제품들을 구입하게 되고 미국의 수입액은 적어지지만 미국의 수출액은 증가하게 된다.

그림 3-3 한국의 수출 및 수입 10대 품목

2018	단위: 백만불	2018	단위: 백만불
품목명	금액	품목명	금액
반도체	126,706	원유	80,393
석유제품	46,350	반도체	44,728
자동차	40,887	천연가스	23,189
평판디스플레이및센서	24,856	석유제품	21,443
자동차부품	23,119	반도체제조용장비	18,805
합성수지	22,960	석탄	16,703
선박해양구조물및부품	21,275	정밀화학원료	13,021
철강판	19,669	컴퓨터	12,708
무선통신기기	17,089	무선통신기기	12,429
컴퓨터	10,760	자동차	12,099
[수출품목 중 상위 10개 품목 통계]		[수입품목 중 상위 10개 품목 통계]	

(2) 국제 금융

외환은 한 나라의 기업이 다른 통화를 사용하는 외국에서의 기업활동을 가능하게 한다. 하지만 외환은 국내시장에서 직면하게 되는 문제와는 완전히 다른 차원의 재정적 위험, 의사결정 및 특정 활동에 연관된 글로벌 마케팅의 한 측면이 된다. 게다가 이러한 위험요소는 타이, 말레이시아, 한국과 같은 개발도상국 시장에서 더욱 심각해진다. 기업이 한 국가 내에서 또는 판매자와 구매자가 동일한 화폐를 사용하는 한 지역 내에서 비즈니스를 할 경우에는 환위험이 존재하지 않는다. 모든 가격과 지출, 영수증, 자산, 부채는 주어진 통화로 이루어진다. 하지만 비즈니스가 서로 다른 통화를 사용하는 국가 간의 경계를 넘나들며 이루어질 경우, 기업은 환 위험의 복잡한 세상으로 들어서게 된다.

외국환 거래시장은 말 그대로 서로 다른 통화가 그 순간 혹은 연장선상에서의 선물거래(future delivery)를 위해 거래되는 구매자와 판매자의 시장으로 구성된다. 현물시장(spot market)은 즉각적인 거래이다. 미래의 거래를 위한 시장은 선도시장(forward market)이라고 불린다. 외환시장은 거래가 이루어지는 순간에 존재하는 공급과 수요에 따라 가격이 정해지는 실제의 시장이다. 이 시장의 참여자는 누구인가? 첫째, 국가의 중앙은행은 환율에 영향을 미치기 위한 노력으로 외환시장에서 통화와 정부채권(government securities)을 사고 팔 수 있다. 둘째, 외환시장에서의 일부 거래는 재화와 서비스 국제거래를 위한 청산계정의 형태로 이루어진다. 예를 들면, 포르쉐는 독일 회사이기 때문에 포르쉐를 구입하기 위해 지불된 달러는 반드시 유로화로 전환되어야 한다. 마지막으로 통화 투기자들 또한 외환시장의 참여자이다.

표 3-2 국가 간의 무역 측정

무역수지	무역흑자 = 수입 〈 수출
	무역적자 = 수입 〉 수출
국제수지	국제수지흑자 = 유입 〉 유출
	국제수지적자 = 유입 〈 유출

평가절하는 다른 통화에 대한 국내 통화 가치를 낮추는 정부의 의사결정으로 일어날 수 있다. 예를 들면, 1994년 중국은 위안화(renminbhi 또는 '인민의 화폐'라고도 불린다)를 평가절하했다. 즉각적인 결과는 중국 수출품의 저가상태를 확고히 하는 것이다. 하지만 이러한 조치는 또한 1997년 타이의 바트화, 말레이시아의 링깃화, 인도네시아의 루피화의 평가절하를 가져왔다. '근린궁핍화정책(beggar thy neighbor)'이라는 표현은 종종 수출 경쟁력을 강화시키기 위해 실시되는 평가절하를 묘사하는 데 쓰인다.

한 국가가 수입하는 것보다 더 많은 재화와 서비스를 외국에 수출하는한, 국내 통화에 대한 더 큰 수요가 생길 것이고 평가절하 경향이 생긴다. 그렇지 않다면 정부 정책입안자들이 통화 가치가 변동되는 것을 용납하지 않는다. 2005년, 중국 정부는 무역 파트너의 압력에 대응해, 달러와 다른 통화에 대해 위안화가 강세를 가지도록 하는 재평가 정책을 채택했다. 위안화의 강세는 미국 수출품을 덜 비싸게 하는 한편, 미국 시장에 대한 중국수출품 가격을 좀 더 비싸게 만든다. 이 결과 중국의 대미 무역 흑자는 감소한다. 초기 2.1%의 위안화 가치 증가는 가격에 큰 영향을 미치지 않을 것으로 예상되었다. 몇몇 전문가는 위안화가 20% 혹은 그 이상 평가절하되어 있다고 믿는다('중국의 위안화는 지나치게 강세인가?').

만약 달러가 유로보다 강세를 띄게 되고(예를 들어, 1.25유로가 1달러로 거래된다고 하자), 계약서상 지불을 달러화로 하게 되어 있다면 미국 수출업자는 어떤 영향을 받게 되겠는가? 만약 달러가 약세라면 어떻겠는가(예를 들어, 0.85유로가 1달러인 경우)? 반대로 만약 유럽 쪽 구매자가 달려와 달러화 대신 유로화로 지불하기로 계약했다면 어떻게 되겠는가?

(3) 구매력

통화 가치가 변동한다고 할 때, 과연 주어진 통화가 다른 통화에 비해 과대평가되어 있는지 저평가되어 있는지에 대한 질문이 생긴다. 통화 가치가 앞서 설명한 대로 정부의 정책(중국의 경우처럼)이나 자유시장 방식(market forces)을 반영한다는 점을 상기해 보자. 위 질문에 답할 수 있는 한 가지 방법은 맥도날드 빅맥 햄버거처럼 잘 알려진 제품의 국제가격을 비교하는 것이다. 일명 빅맥지수는 세계의 어떤 통화가 강세이고 약세인지를 보여 주는 약식의 방법이다. 이 방법은 세계 어떤 통화권에서의 빅맥 가격을 달러로 환산했을 때 미국에서의 빅맥 가격과 같다는 가정을 바탕으로 하고 있다(비슷한 지수로 스타벅스 커피 가격이나 이케아 가구 가격을 기초로 한 방법도 있다).

만약 달러로 환산된 빅맥 가격이 미국에서의 가격보다 높다면 그 나라의 통화는 과대평가된 것일 수 있다. 반대로, 달러로 환산한 빅맥 가격이 미국에서의 가격보다 낮으면 그 나라의 통화는 저평가되어 있다고 볼 수 있다. 경제학자는 비교력을 향상시키기 위해 국민소득 수치를 조정할 때 국가 구매력평가(Purchasing Power Parity: PPP)라는 개념을 이용한다. 선정된 국가들의 빅맥지수를 보여 준다. 첫 번째 세로 칸의 숫자는 주요 환율에 입각하여 현지 통화를 달러로 환산한 빅맥 가격이다. 그리하여 중국 위안화가 달러에 비해 58% 저평가되어 있다는 점을 알 수 있다. 다른 말로 하자면, 미국에서의 빅맥가격을 기준으로 볼 때, 위안/달러 환율은 6.84위안 대 1달러가 아닌, 3.53위안/1달러가 되야 한다는 뜻이다. 인도는 이 지수에 포함되어 있지 않다. 그 이유를 설명할 수 있겠는가?

그림 3-4 두 국가 간의 국제무역 측정

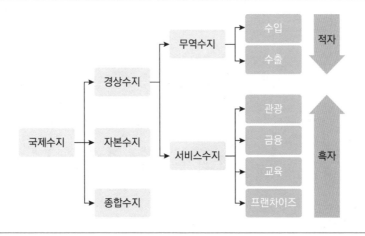

(4) 경제적 환노출

경제적 환노출은 환율 변동으로 인한 기업의 미래 자금유출입 예측의 현가에 대한 영향을 의미한다. 경제적 환노출은 기업의 판매 혹은 구매거래가 외국 통화로 표시될 때 발생한다. 예를 들어, 디아지오는 스카치 위스키 수출 대금을 특정 환율을 기준으로 받기로 했으나 실제로는 다른 환율로 거래하게 되었을 때 경제적 환노출에 직면하게 된다. 경제적 환노출은 기업이 국내시장이 아닌 외부에서 진행되는 비즈니스의 규모에 정확하게 비례한다. 분명히 환노출은 스위스의 외부에서 98%의 연간매출을 올리는 네슬레에게 중요한 이슈이다. 유로 지역의 여러 나라들 중 글락소 스미스클라인, 다임러 크라이슬러, BP, 사노피 아벤티스, 로열 더치 셸, 아스트라제네카, SAB밀러 모두 총 매출의 1/3 이상이 미국 시장에서 일어나고 있다. 현재 유로화 대비 약세를 보이는 달러화로 인해 위의 모든 기업들이 잠재적인 경제적 환노출에 직면해 있다. 비교하자면, GE의 수입 중 50%는 국내인 미국 시장에서 발생한다. 따라서 상대적인 GE의 노출 정도는 네슬레에 비해 적다. 그렇다 하더라도 연간 보고서에 언급되어 있는 것처럼 GE 역시 경제적 환노출에 직면해 있다.

(5) 환노출 관리

그림 3-5 환노출 관리기업들

- 미국의 수요는 일부 국가의 번영과 다양성 반영
- 수입보다 더 많은 서비스를 수출

정확하게 환율의 동향을 예측하는 어려움은 글로벌 마케터에게 주요한 도전이다. 여러 해에 걸쳐 환위험을 없애거나 줄이기 위해, 현금 흐름을 관리하기 위해 수없이 많은 테크닉과 재정 전략이 개발되었다. 예를 들면, 기업의 국내 통화로 제품을 파는 것이 바람직할 것이다. 불가능할 경우에는 거래적 환노출과 운영적 환노출, 두 가지를 줄이기 위한 기법들도 존재한다.

환노출을 헤징(hedging)하는 것은 한 통화에서의 손익이 다른 통화에서의 손익으로 상쇄하는 것과 같이, 통화상쇄 포지션을 수립하는 것이다. 이는 서로 다른 나라에서 제품을 팔고 기업을 운영하는 국제적 기업들 사이에 일반화된 방법이다. 예를 들어, 오늘날 포르쉐는 자동차 판매에 대한 세전 수익을 증가시키기 위해 가격보다는 통화헤징(currency hedging)에 의존하고 있다. 포르쉐는 모든 차량을 유럽에서 생산하지만 판매의 약 45%가 미국에서 이루어진다. 따라서 포르쉐는 달러의 유로에 대한 상대적 가치에 따른 경제적 환노출에 직면하고 있다. 포르쉐는 완전히 환위험을 헤징할 수 있다. 즉 포르쉐는 외환변동으로 인한 모든 수익을 보호하기 위해 통화 포지션을 취하고 있다.

만약 외국 통화가 국내 통화에 비해 약세를 보일 것으로 예측되면 기업은 잠재적인 거래 손실을 줄이기 위해 헤징할 수 있다. 반대로 외국 통화가 국내 통화에 비해 강세를 보일 것으로 예측되면 외국과의 거래에서 수입이 국내 통화로 전환될 경우 손실이 아닌 수익을 기대할 수 있다. 이에 대한 예측으로 볼 때 헤지(hedge)하지 않는 것이 가장 좋은 의사결정이 될 수 있다('될 수 있다'는 말이 중요하다. 실제로 경영진이 외국 통화가 강세를 보일 것이라고 믿지 않으면 많은 기업들이 헤지(hedge)한다).

거래 환노출과 환산 환노출을 관리하기 위한 외부 헤징 방법을 쓰기 위해서 기업은 외환시장에 참여해야 한다. 특정한 헤징 도구는 선도계약과 통화옵션을 포함한다. 내부 헤징 방법은 가격조정 조항과 본지사 간의 외화 대출 및 대여를 포함한다. 선도시장은 선물거래를 위해 현재 가격대로 통화를 사고 파는 세계이다. 특정 양의 외화가 미래 어느 한 시점에서 지불되거나 환수된다는 것을 알고 있다면 기업은 구매하거나 판매에 있어서 환차손에 대한 부담을 덜 수 있다. 선도계약으로 기업은 정해진 고정환율을 위해 미래 시점까지 적용함으로써 환율변동에 따른 환차손익으로부터 자신을 보호할 수 있다.

그림 3-6 해외 프로젝트의 외화옵션 중요성

- Infrastructure통신, 교통, 에너지 시설, 금융 시스템의 기본 시스템
- Currency Conversion and Shifts 가격 변동현지 가격을 다르게 하고 시장에 바람직한 투자 결정에 영향

「Financial Times」, 「The Wall Street Journal」, www.ozforex.com 등의 자료를 통해 주어진 날짜의 환율을 결정하는 것이 가능하다.

현물가격에 덧붙여, 세계 수십 개의 통화에 대한 30, 60, 180일 선물가격이 인용되어 있다. 환노출이 미리 알려져 있을 경우 기업은 선도시장을 이용한다 (예: 기업의 판매계약서가 존재할 경우). 하지만 어떤 경우에는 기업이 미래 외환 현금흐름에 대해 확신이 없을 수 있다. 해외 프로젝트에 입찰한 미국 기업의 경우, 그 프로젝트의 수주 여부를 얼마간의 시간이 지나기 전까지 알 수 없다고 할 때의 기업이 직면할 위험을 생각해 보자. 그 기업은 자신이 입찰에서 이겼을 경우 발생할 잠재적인 외환 현금유입을 헤징함으로써 계약상의 달러 가치를 보호할 필요가 있다. 이러한 경우, 선도계약은 적합한 헤징방법이 아니다.

외화옵션이 이러한 상황에서는 최적이다. 풋옵션은 옵션의 만기일까지 특정 수의 외화를 정해진 가격에 팔 수 있는 권리(의무가 아닌)를 구매자에게 준다(반대로, 콜옵션은 외화를 살 수 있는 권리이다). 해외 프로젝트 입찰 예시에서 기업은 미래에 외화를 달러로 교환시 정해진 가격에 팔 수 있도록 하는 풋옵션을 취득할 수 있다. 다른 말로 하자면, 미국 기업이 계약상의 가치를 달러로 고정시킬 수 있다는 것이다. 그리하여 프로젝트가 수주됐을 때, 미래 외화 현금유입은 풋옵션에 의해 헤지된다. 만약 프로젝트가 수주되지 않았을 경우, 기업은 풋옵션을 실행하지 않고 옵션시장에서 거래할 수 있다. 여기서 기억해야 할 점은, 옵션은 의무가 아닌 권리라는 점이다. 이 거래에서 기업이 부담해야 할 손실은 옵션 구입과 옵션 판매의 차액만큼이다.

글로벌 기업의 재정 담당자는 해외판매의 대금으로 특정한 통화를 요구함으로써 경제적 환노출을 모두 피할 수 있다. 명시한 대로, 미국에 기반을 두고 있는 기업은 해외판매 대금의 통화로 미국 달러를 요구할 수 있다. 하지만 이러한 것이 환위험을 제거해 주는 것은 아니다. 단지 그 위험을 소비자에게 전가하는 것이다. 통상적으로 기업은 강세인 통화로 수출(수취)을 하고 약세인 통화로 수입(지불)하려고 한다. 하지만 오늘날과 같이 경쟁이 치열한 세계 시장에서 그러한 행동은 기업의 경쟁력을 감소시킬 우려가 있다.

· 그림 3-7 정치와 법의 차이

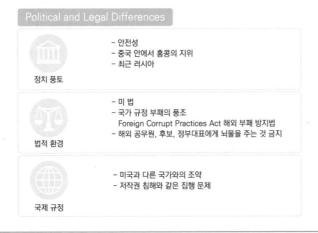

(6) 중국의 위안화는 지나치게 강세인가?

2005년 7월 중국인민은행은 중국 통화인 위안화의 미 달러화에 대한 10년간 지속된 페그제의 종식을 선언하였다. 대신에 위안화는 복수의 외국 화폐 바스켓에 연동된다. 이러한 선언은 중국 정부가 1달러당 9.29위안으로 고정되어 있었던 고정 환율제를 포기하며 변동환율 제도를 채택한 것을 의미한다. 다시 말하면 페그제를 종식함으로써 중국의 중앙은행은 최종적으로 위안화의 표류를 승인한 것이다.

미국과 다른 핵심 무역 파트너는 이러한 조치를 수년간 주장해 왔다. 뉴욕타임즈는 중국 중앙은행의 결정을 "몇 년간 외환시장에서 가장 뜨겁게 예측되어온 사건"이라고 언급하였다. 많은 경제학자들은 위안화가 달러 및 다른 통화에 대해서 40% 정도 평가절하되어 왔다고 믿고 있으며 이러한 위안화 약세는 중국과의 무역에서 점증하는 무역 적자의 요인 중 하나라고 인식되어 왔다. 예를 들어 미국의 대중 적자는 2006년 기준 2,000억 달러에 이른다. 이는 중국 정부가 정교하게 환율을 조작하여 중국산 수출품이 미국산 또는 다른 나라 제품보다 가격우위를 가지게 하기 때문이라고 주장되어 왔다.

어떤 이는 위안화 가치의 급격한 변동을 선호하는 반면 다른 이들은 완만한 변동을 주장한다. 가치 재평가는 즉각적으로 달러당 8.11위안으로 2.1% 증가하는 결과를 가져왔다. 절상된 위안화는 중국의 주요 무역 파트너의 경제에 파급 효과를 가져올 것으로 예상된다. 우선 미국 및 다른 지역에 대한 중국산 수출품 가격이 상승할 것이다. 이는 National Association of Manufacturers(N.A.M.)의 1만 2,000명의 회원기업들에게는 좋은 소식이 될 것이다. 미국 내 다수의 소규모 공장 소유주는 중국산 저가 제품과 경쟁하는 것에 대해 걱정해 왔다. 그러나 강한 위안화는 월마트 및 다른 소매체인에게는 나쁜 소식이 될 수 있다. 이들 소매업체들은 중국으로부터 매년 수십억 달러의 제품을 구매해 왔다. 마찬가지로 중국산 제품을 소싱하던 월풀과 같은 글로벌 기업들도 가격을 올려야할 것이다.

2017년 중반까지 위안화는 달러화에 대하여 약 8.5% 절상되었다. 그러나 이는 몇몇 정책입안자에게는 충분하지 않았다. 느린 가치 재평가에 참을성이 적은 몇몇 미국 의회의 의원은 중국의 통화정책을 힐책하는 법률을 제안하기도 하였다.

Congressional bill의 도입은 몇 가지 의문을 불러일으켰다. 예를 들어 환율 이슈를 포함하는 분쟁이 WTO가 관여하는 데 동의하는 정당한 무역 이슈인지가 불분명하였다. 다른 이슈는 위안화가 정확히 얼마만큼 달러에 절상되어야 공정한 환율이 되는가 하는 것이다.

어떤 이들은 Baucus-Grassley 법안과 다른 비슷한 법안이 중국과 미국의 무역관계를 악화시켜 중국과 비즈니스를 하고 있는 미국 기업들에게 실질적으로 악영향을 줄 것이라고 경고하였다. 2001년 중국이 WTO에 가입한 이래 중국은 미국의 네 번째로 큰 수출시장이 되었다.

2. 국제무역의 장벽: 막을 수 있는 데까지 막아보자

국제무역의 주요 장애물은 천연장벽, 관세장벽, 비관세장벽이 있다. 무역의 천연장벽은 자연적이거나 문화적일 수 있다. 천연장벽의 대표적인 예로는 거리와 언어가 있다. 비록 비교적 따뜻한 아르헨티나에서 사육한 쇠고기가 지독히 추운 시베리아에서 사육한 쇠고기보다 가격이 낮을 수 있지만 남미에서 시베리아까지의 쇠고기 운송비용은 매우 높게 나올 수 있기 때문에 거리는 국제무역의 천연장벽 중 하나이다. 언어 또한 효율적으로 의사소통이 불가능한 사람들과 국제무역협정을 맺을 수 없거나 잘못된 제품을 수송할 우려가 있기 때문에 천연장벽이다.

또 다른 국제무역의 장벽에는 한 국가가 자국에 수입된 제품에 부과하는 세금인 관세로 인한 관세장벽을 들 수 있다. 어떤 관세는 수입물품을 더욱 비싸게 만들어서 그 물건들이 국내제품과 경쟁하기 불리하게 한다. 보호관세 (protective tariffs)는 국내산업의 보호, 육성을 위하여 수입품에 부과하는 관세를 말한다. 미국은 수입된 식용사육조류, 직물, 설탕과 여러 종류의 강철과 의류에 보호관세를 부과한다. 일본은 외국 담배를 자국산 담배보다 60% 이상이나 비싸게 만드는 관세를 부과한다. 이는 매수자들에게 수입제품을 국내제품보다 덜 매력적으로 만든다.

이런 관세를 부과하는 것에 대해 사람들은 찬성을 하거나 반대한다는 의견으로 나뉜다. 어떤 사람은 관세는 초기산업과 자국의 직업들을 보호하며 군비를 원조하기 때문에 관세를 찬성한다는 입장을 표현하였고 다른 사람은 자유 무역은 가장 효율적으로 비교우위 원리를 작동하게 하는데 관세는 이러한 자유무역을 방해할뿐더러 가격을 인상시켜 소비자의 구매력을 감소시키기 때문에 관세를 반대한다는 입장을 보였다.

그림 3-8 관세의 종류

Types of Trade Restrictions

관세
외국상품에 대한 추가요금, 세금

수입 관세
정부를 위한 수입을 발생

보호 관세
국내 경쟁자들의 가격수준까지 관세부과

　　비관세장벽은 한 국가의 정부가 국내 생산품과 국외 생산품을 차별하여 수입을 억제하기 위해 관세를 부과하는 방법을 제외한 정책을 말한다. 비관세장벽에는 수입쿼터, 통상정지, 자국산 우대정책, 세관규제, 환통제 등이 있다. 수입쿼터(import quota)란 특정 상품에 대해 수입총량과 국별 할당량을 결정해 한도 내에서만 수입을 승인하는 제도를 말한다. 쿼터의 부과 목적은 해당 제품의 최대 수입량을 제한하는 것이다. 미국은 감소하는 직물 산업을 쿼터로 보호한다. 통상정지(embargo)는 제품의 수출입 완전 금지를 의미하여 종종 방어목적으로도 사용한다. 예로 미국은 초고속컴퓨터와 레이저와 같은 다양한 하이테크 제품들을 제휴하지 않은 국가로 수출되는 것을 허락하지 않는다. 비록 통상정지가 미국 기업들로 하여금 매년 수십억 달러의 매출을 잃게 하지만 이것은 적대국들이 그들의 하드웨어 최신 기술을 사용하지 못하게 한다. 자국산 우대정책(buy-national regulations)은 정부가 자국 제조업체들과 소매업체들에게 특정한 특권을 부여하는 것을 의미한다. 미국의 경우 그들의 고속도로 건설에 외국철강 사용을 금지한다는 등의 다수의 주정부들은 공급품과 서비스에 대해 자국산 우대정책을 적용한다. 세관규제(customs regulations)란 수입을 제한하기 위해 마련된 비표준화된 제품 룰이나 사양을 말한다. 더욱 미묘한 수단으로 한 국가가 외국제품들을 자국시장에 진입하기 어렵게 만들기 위해 설립된 규제이다. 비관세 장벽의 마지막인 환통제(exchange controls)는 수출을 통해 외화를 입수하는 기업이 중앙은행 등 통제기관의 통제를 받도록 하는 법이다. 스위스 기업인 로렉스가 미국체인점인 Zales Jewelers에 300개의 시계를 미국 달러로 120,000달러에 팔며 스위스가 외환관리를 한다고 가정해보자. 로렉스는 벌어들인 미국 달러를 스위스 중앙은행에 팔아서 스위스 프랑으로 받아야 할 것이다. 만약 로렉스가 해외로부터 물품을 받기를 원한다면 중앙은행에 가서 외국환을 구입해야 한다. 따라서 정부는 수입이 될 수 있는 막대한 제품을 통제한다.

정부가 국제무역을 제재하기 위해서만 활동하는 것 같지만 정부와 국제금융기관들은 국제무역을 촉진시키기 위해 열심히 노력한다. 그중 반덤핑 법안은 덤핑 상품에 고율의 세금을 부과하는 무역규제 조치를 말한다. 이때 덤핑(dumping)은 제품을 자국시장 가격보다 싸게 외국 시장에서 파는 행위이다. 해외 소비자들의 마음을 사로잡으려 시도한 것일 수도 있고, 과잉물자를 제거하기 위해 추구한 것일 수도 있다. 만약 외국이 우리나라한테 과자를 싼 값에 수출한다면(덤핑) 소비자들은 우리나라 과자가 아닌 외국 과자를 사먹게 된다. 이것은 국내 소비자들에게는 이득이 되지만 국내 생산자들에게는 피해가 되기 때문에 앞서 말한 쿼터를 실행함으로 덤핑을 막을 수 있다.

· 그림 3-9 국제무역 활성화를 위한 기구

Organizations Promoting International Trade

General Agreement on Tariffs and Trade (GATT)
- 대부분의 선진국에서 관세를 줄이고 할당량을 완화하기 위해 1947년 설립
- 관세장벽과 수출입 제한을 제거
- 국제무역과 물자교류를 증진

World Bank 세계은행
개발도상국에서 인프라 확장과 설립을 위한 펀드 프로젝트

International Monetary Fund (IMF)
- 국제통화기금
- 무역 촉진을 위한 노력을 하는 곤경에 처한 국가에게 대출

국제무역을 육성하기 위해 우루과이 라운드와 세계무역기구(WTO)도 존재한
다. 우루과이 라운드는 1994년 11개 국가가 국가 간의 무역장벽을 낮추자고 합
의한 것을 말한다. GATT체제로서는 논급되지 않았던 전혀 새로운 서비스 무역
을 비롯하여 지적재산권보호, 무역관련 투자 분야에 다자간 국제무역 규범을
도입했다. 세계 무역기구인 WTO는 1994년 우루과이라운드에 따라 국가 간의
무역장벽을 줄이고 분쟁을 조정하기 위해 발족된 기구이다. WTO의 등장으로
우리나라의 공산품 분야는 판매시장 개척 및 확대의 혜택을 받았다고 할 수 있
다. 그러나 상대적으로 높은 무역장벽을 보였던 농업 분야와 일부 취약한 부문
의 서비스가 완전 개방되었을 때 경쟁력 상실은 큰 문제점으로 두고 있다.

세계은행은 개발도상국에 낮은 이자의 자금을 대여하거나 자문, 정보제공
을 담당하는 국제 은행이다. 세계은행은 개발도상국에게 저금리 대출을 제공
한다. 대출의 목적은 주로 도로, 발전소, 학교, 배수사업, 병원을 형성하는 인
프라 구축을 돕기 위한 것이다. 현재 세계은행은 개발도상국들이 채무의무를
덜도록 대출을 제공한다.

1945년에 설립하여 무역의 진흥, 회원국가에 대한 단기자금대여, 문제국가
의 최후해결사 역할을 하는 국제통화기금(IMF)은 금융협력을 통해 무역을 촉진
시키고 그 과정에서 무역장벽을 제거하기 위해 설립되었다. IMF는 예산비용을
충족시킬 수 없는 회원국들에게 단기 대출을 해준다.

: 그림 3-10 국제 경제 공동체

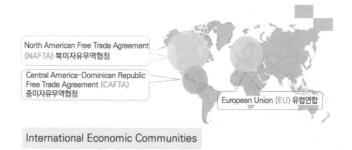

각 국가들의 정부들은 모여서 공동경제정책을 위한 협약을 만들어낸다. 그 중 북미자유무역협정과 유럽연합을 예로 들 수 있다. 북미자유무역협정(NAFTA)은 1993년 캐나다, 멕시코, 미국에서 자유롭게 무역을 할 수 있게 자유무역지역을 지정한 협정이다. NAFTA의 목적은 다음과 같다.

① 무역장벽을 폐지하여 제품과 서비스의 이동을 촉진하는 것
② 공정한 경쟁이 이루어지도록 촉진하는 것
③ 투자 기회를 증진시키는 것
④ 효과적인 보호와 지적재산권의 강화를 추진하는 것
⑤ 미래지향적인 지역 간 무역 협력을 위한 개념적 체제를 수립하는 것
⑥ 북미 지역의 노동 조건을 개선시키는 것

유럽연합(EU)은 25개 유럽 국가 간의 무역협정이다. EU의 중요한 목표 중 하나는 모든 회원국들의 경제발전을 촉진하는 것이다. EU는 무역장벽, 세법의 차이, 제품표준의 차이를 제거하고 공동화폐를 설립해 경제발전을 격려해왔다. 유럽위원회는 제품기준을 정하고 소비자보호 역할을 한다. 마이크로소프트사는 소비자들에게 광범위한 기술선택을 주기 위해 소프트웨어 제조사들과 인터넷 서비스제공업자들과의 계약을 변경했고 맥도날드사는 해피밀 주문 시 주는 부드러운 플라스틱 장난감의 제공을 중지하였다.

3. 해외진출 전략

기업들은 글로벌시장에서 경쟁하기 위해 다양한 전략을 구사한다. 이 가운데 핵심적인 전략에는 라이선싱, 수출, 프랜차이징, 제조협약, 합작투자, 해외직접투자, 합작벤처, 구상무역이 있다. 수출(exporting)은 국내에서 생산된 제품을 외국의 구매자들에게 판매하는 것이다. 한 기업이 글로벌시장에 진출하기로 결정할 때 가장 덜 복잡하고 덜 위험한 대안이다. 수출무역상은 여러 다른 국가에 퍼져 있는 구매자와 판매자를 연결시켜 줄 뿐만 아니라 글로벌시장에 진입하는 과정에 있어서 필요한 서비스(세관, 무역 서류의 처리, 도량형의 변환

등)를 제공하여 고객 기업의 편의를 도모한다.

(1) 라이선싱(licensing)

라이선싱은 어떤 기업이 다른 해외기업에게 돈을 받고 상품을 생산할 수 있도록 허가하는 것이다. 국내기업(라이선스를 주는 측, 라이선서)은 해외기업(라이선스를 받는 측, 라이선시)으로부터 로열티를 받고 자사의 상품을 제조하거나 상표를 사용할 수 있는 권리를 주어 글로벌시장에서 경쟁력을 높일 수 있다. 또한 라이선싱을 통해 일반적으로 자국시장에서 얻을 수 없는 추가적인 수익을 확보할 수 있으며 라이선스를 주는 기업이 상품을 생산하고 마케팅을 하는 과정에서 적은 비용을 지출할 수 있다. 디즈니, 코카콜라와 같은 기업들은 장기 서비스 계약을 연장하는 방식의 라이선싱 계약으로 해외시장에 진출한다.

(2) 프랜차이징(franchising)

프랜차이징은 좋은 비즈니스 아이디어를 가진 사람이 특정 지역에 한정된 고객들을 대상으로 사전에 고안된 방식을 통해 자신의 비즈니스 이름을 사용하여 제품이나 서비스를 사용할 권리를 다른 제3자에게 판매하는 것을 말한다. 서브웨이, 홀리데이인, 던킨 도넛과 같은 미국의 프랜차이즈 기업은 전 세계의 많은 해외 프랜차이즈 고객이 운영하는 매장을 보유하고 있다. KFC의 치킨은 기름이 너무 많았고 손가락으로 집어 먹어야 했기 때문에 까다로운 홍콩 고객들에게 받아들여지지 않았고, 결국 홍콩에 있던 11개의 초창기 프랜차이징은 2년 안에 모두 실패했다.

(3) 제조협약(contract manufacturing)

제조협약은 외국 상품에 자사의 독자적인 브랜드 이름이나 상표를 부착해서 생산하는 것을 말한다. 넓은 의미로 아웃소싱의 일종이다. 제조협약은 기업에 공장 설립과 같은 과중한 진입비용에 따른 부담을 주지 않고 새로운 시장을 경험할 기회를 제공한다. 만약 브랜드가 성공적으로 받아들여지면 그 기업은 목표 시장에 침투하는 데 수반되는 위험을 낮추게 된다. 제조협약의 예로 나이키는 전 세계적으로 자사의 브랜드가 찍힌 옷과 신발을 생산하는 700

여 개가 넘는 위탁제조 기업을 보유하고 있다는 것을 들 수 있다. 또한 우리나라 기업인 삼성 바이오로직스는 2018년 미국 식품의약국으로부터 완제의약품에 대한 제조 승인을 최초로 획득하였다.

(4) 합작투자(joint venture)

합작투자는 국내기업이 외국기업으로부터 외국기업의 지분을 구입하거나 외국기업과 합작으로 새로운 사업단위를 형성하는 것이다. 합작투자를 통해 기업은 기술과 위험을 서로 공유하고 마케팅 역량과 경영상의 경험을 공유하며 종종 상품이 자국에서 생산되지 않으면 외국기업의 진입을 허용하지 않는 국가에서 진출할 수 있도록 하는 이익을 가지고 있다. 제너럴모터스와 폭스바겐은 중국에서 자동차를 생산하기 위해서 중국의 가장 큰 내수 자동차 기업인 상하이 자동차와 합작투자를 하고 있다. 우리나라 기업에서는 현대자동차가 자율주행을 위하여 앱티브와 합작벤처를 맺었다.

(5) 해외직접투자(foreign direct investment)

외국으로부터 영구적인 재산이나 사업체를 두는 행위를 해외직접투자라고 한다. 가장 흔한 형태의 직접투자는 해외지사(해외에 소재한 모기업이 소유하는 기업)를 두는 것이다. 해외지사를 주어 얻을 수 있는 주요 장점은 모기업이 소유한 어떠한 기술이나 경험도 완벽하게 통제된 상태에서 유지할 수 있다는 것이다. 반면 모기업이 다른 국가의 경제영역에서 대량의 자본과 기술 투자를 감행한다는 사실은 위험을 수반한다. 만약 현지 국가와의 관계가 나빠지면 외국 정부에 의해 기업의 자산이 빼앗길 수 있는데 이를 강제몰수라고 한다.

(6) 구상무역(countertrade, barter)

글로벌시장에 참여하는 다양한 전략 중 마지막은 구상무역이다. 구상무역은 무역에서 지불금의 일부나 전부를 제품으로 지급하는 것을 말한다. 국제무역은 항상 현금이 필요하지 않다. 오늘날 구상무역은 글로벌 비즈니스 수행을 빨리 성장하게 하는 방법이다. 이런 구상무역은 바터거래(barter, 현금 수수료 없이 동가의 물품을 직접교환)의 형태이다. Atwood Richards사는 세계 최대의 구상무역 기업인데 Atwood 고객의 상품을 검토하고 그 답례로 무역신용장을 발행한다. 그 신용장으로 호텔 룸과 비행기 티켓에서부터 텔레비전 광고기회, 지게차, 펄프, 봉투 등 Atwood가 획득한 것과 다른 제품이나 서비스를 얻는 데 사용할 수 있다.

(7) 다국적기업

본사가 위치한 나라와 관계없이 제품, 자원, 서비스, 기술을 국경선을 초월하여 이동시키는 기업을 다국적기업이라고 한다. 다국적기업은 시장과 기술의 위치에 따라 전 세계 여러 곳에 본사를 두며 성공한 다국적기업들은 정치적, 문화적 차이를 참작한다. 우리나라의 대표적인 다국적기업들에는 삼성전자의 휴대폰, 현대자동차의 자동차, LG화학의 석유화학제품, 전자재료 등이 있다. 이런 다국적기업의 강점으로는 무역문제를 자주 극복할 수 있다는 것이다. 또한 단속문제를 회피하는 능력이 있으며 시장조건의 변화에 따라 제조시설을 한 공장에서 다른 공장으로 옮길 수도 있다. 전 세계로부터 신기술을 구할 수 있으며 다국적기업은 많은 노동비용을 삭감할 수 있다는 강점을 지닌다.

그림 3-11   국제 경영의 발전을 위한 전략

국제 경영의 발전을 위한 전략

글로벌 사업(표준화) 전략

다국적 사업 (적응/현지화)전략

4. 글로벌시장과 문화

인류학자와 사회학자는 문화에 대한 서로 다른 정의를 내리고 있다. 우선 사회학자가 정의하는 문화는 '인간 집단에 의해 생성되고 세대를 거쳐서 전해져 온 삶의 방식'으로 정의될 수 있다. 문화는 가족, 교육적/종교적/정치적/경제적 제도를 포함한 사회적 제도(social institutions)의 맥락에서 삶의 방식을 표현한다. 이러한 제도 역시 문화적 개념을 강화시키는 역할을 한다. 문화란, 인간의 행동을 결정짓고 세대에 걸쳐 이를 전승시키는 의식적/무의식적 가치와 생각, 태도, 상징을 모두 포함한다. 조직 인류학자인 Geert Hofstede는 문화를 "한 집단의 구성원을 다른 집단의 구성원과 구별시키는 집합적 심리체계"라고 정의한다. 특정한 '범주의 사람들'은 국가, 종교집단, 성별에 따른 집단, 조직, 가족, 또는 기타 단위를 형성할 수 있다.

일부 인류학자와 사회학자는 문화요소를 크게 물리적 문화와 비물리적 문화의 2개 항목으로 나눈다. 전자는 때때로 물질적 요소 또는 물리적 문화라고 불리며, 옷이나 도구와 같이 사람에 의해 만들어진 물체와 공예품을 포함한다. 비물질적 문화(주관적 혹은 추상적 문화)는 종교, 인식, 태도, 신념, 가치와 같은 무형의 것들을 포함한다. 물질적·비물질적 문화요소는 서로 연관되어 있고 상호작용을 한다는 것이 일반적인 의견이다. 문화인류학자인 George P. Murdock은 물리적·비물리적 문화를 연구한 후, 스포츠, 몸장식, 요리, 구혼, 춤, 장식품, 교육, 윤리, 예정, 집안축제, 금기시된 음식, 언어, 결혼, 식사시간, 약, 비애, 음악, 재산권, 종교의식, 주거규칙, 지위의 격차, 무역 등을 포함한 수십 개의 '문화적 보편성'을 발견했다.

이는, 글로벌 마케터가 전 세계에 걸친 21세기 초반의 사회문화적 현상을 이해해야 한다는 전통적인 정의의 맥락과는 어긋난다. 소비가 후기 근대사회의 상징이 되어 왔다는 것에 대해 논란이 있어 왔다. 위성 TV, 인터넷, 유사한 통신채널을 통해 문화정보와 이미지가 국경없이 자유롭게 넘나들면서, 새로운 세계 소비문화가 나타나고 있다. 이러한 문화를 인지한 사람들은 소비 관련 상징의 의미 있는 집합체를 공유한다.

(1) 색깔

색깔에 대한 인식이 문화마다 다르기 때문에 현지에서 선호하는 것을 받아들이는 것이 필요할 때가 있다. 이러한 인식의 차이는 제품 포장이나 상표와 관련된 커뮤니케이션에 대한 의사결정을 내릴 때 반드시 고려되어야 한다. 경쟁이 심한 시장에서는, 부적절하거나 매력적이지 못한 상품 포장은 그 회사나 제품에 불리하게 작용할 수 있다. 변화하는 경쟁환경에 따라 새로운 색상 설계가 필요할 때도 있다. 예를 들면, 1990년 월마트가 독일 시장에 진출한 이후, 현지 소매상인 메트로는 파란색, 흰색, 노란색을 자신의 대형 슈퍼마켓 상점 로고에 포함시켰다.

어떤 색상도 원래부터 좋거나 나쁘지 않다. 이는 모두 문화로부터 생겨난 색상에 대한 인식과 조합의 결과일 뿐이다. 빨간색은 대다수의 국가에서 인기가 많은 색상이다. 핏빛이라는 점 외에도, 많은 나라에서 빨간색은 포도 재배와 와인 생산의 오래된 전통과 연결되어 있다. 8개 국가를 대상으로 한 인식에 관한 최근 연구에 의하면, 빨간색은 '활동적인', '뜨거운', '역동적인' 것과 연관되어 있다. 대부분의 나라에서 빨간색은 '감정적인', '날카로운'과 같은 의미를 전달하기도 한다. 이와같이, 빨간색은 많은 사회에서 긍정적인 함의를 가지고 있다. 하지만 몇몇 아프리카 국가들은 빨간색을 좋게 인식하지 않는다. 하늘과 물에 관련된 파란색은 방어성, 일관성, 불멸성을 내재한 요소를 가지고 있다. 흰색은 서양에서는 순수함과 청결함을 의미하지만, 일부 아시아에서는 죽음과 연관된다. 중동지역에서는 보라색이 죽음과 연관된다. 또 다른 연구팀은 회색이 미국에서는 좋은 품질의 고가품이라는 인상을 주는 반면, 중국과 일본에서는 '비싸지 않음'을 의미한다고 결론지었다. 또한 연구팀은 중국인들은 갈색을 탄산음료 라벨과 좋은 맛의 색상으로 연관지어서 생각한다는 점과, 한국과 일본의 소비자가 노란색을 탄산음료와 좋은 맛으로 연관지어 생각한다는 점을 밝혀냈다. 미국인에게 있어서는 빨간색이 그러한 역할을 한다.

(2) 음악

음악은 '세계적으로 생각하고 지역적으로 행동하라'의 흥미로운 예시를 제공해 준다. 서로 다른 국가의 음악가는 폴란드 레게나 이탈리안 힙합과 같은 합성된 스타일을 창조하기 위해 국가의 고유한 음악뿐만 아니라 범문화적인 음악의 영향을 받아들이고 흡수하고 통합한다. Motti Regev는 이러한 역설을 다음과 같이 설명한다.

이러한 형태의 음악을 만드는 사람들과 듣는 사람들은 동시에, 특정한 동시대의 보편적 표현양식과 지역적, 국가적, 민족적 그리고 다른 정체성 혁신에 있어서의 참여자라고 느낀다. 미국문화와 국제 음악산업의 막강한 상업적 이익과 연계된 문화형태는 현지의 고유성과 차별성을 만들어 내기 위해 이용된다.

음악이 광고에 있어서 중요한 역할을 하기 때문에, 마케터는 어떤 스타일의 음악이 주어진 국가 시장에 적합한지에 대해 이해해야만 한다. 배경음악이 광고물에 효과적으로 사용될 수 있지만, 한 지역에서 적절하다고 여겨지는 음악 유형이 다른 지역에서는 효과적이지 않거나 부적절하다고 받아들여질 수 있다.

정부의 규제 또한 고려해야 한다. 중국에서는 당국은 롤링스톤의 사례가 입증하듯이 어떤 노래가 판매될 수 있고, 상영될 수 있는지를 규정할 수 있는 권한을 가지고 있다. 락음악 잡지 「Rolling Stone magazine」이 깨달은 바와 같이 지방정부의 명령에도 따라야 한다.

(3) 음식

문화적 영향은 음식의 준비나 소비패턴, 식습관을 통해 명백하게 나타난다. 다음의 예가 그 증거가 된다.

- 세계에서 가장 큰 피자배달회사인 도미노 피자는 이탈리아에서 퇴출되었다. 이유는 이탈리아 사람들이 그 제품을 '지나치게 미국적인' 것으로 인식해서였다. 특히 토마토 소스는 너무 과감했으며 토핑이 지나치게 많았다.
- 인도에 샌드위치 브랜드인 서브웨이 체인을 성공적으로 진입시키기 위하여, 현지 소비자에게 이 회사의 샌드위치가 가지고 있는 좋은 점을

교육시키는 것이 불가피했다. 왜냐하면 인도 사람은 일반적으로 빵을 먹지 않기 때문이다.

이러한 사례들은 전 세계적으로 식품과 음료 상품을 파는 모든 기업에 있어서, 음식과 관련된 문화적 선호에 대한 철저한 이해가 중요하다는 사실을 강조하고 있다. 봄베이에 위치한 시장조사 기관의 대표인 Titoo Ahluwalia는 현지 기업들이 거대한 외국기업을 상대로 효과적으로 경쟁하기 위한 문화적 이해에 있어 우위를 점하고 있다고 말했다. 그에 따르면, "인도 회사는 전통을 이용할 때 이득을 얻는다. 음식이나 음료, 약에 관한 한 문화적으로 매우 민감해져야 한다." 이러한 민감성이 떨어지는 기업은 마케팅 실수를 저지르게 된다. 서브웨이가 인도에 사업을 확장했을 때, 회사는 미국에서 교육받은 인도인 2명을 고용해 상점 개업과 운영감독을 담당하도록 했다.

몇몇 음식에 대한 선호가 문화 속에 뿌리깊게 박혀 있는 한편, 세계의 음식 선호방식이 변화하고 있다는 수많은 증거가 있다. 예를 들어, 패스트푸드는 세계 전반에서 자연스럽게 받아들여지고 있다. 이는 여러 가지로 설명될 수 있다.

많은 국가의 가정은 시간 부족으로 인해 집에서 음식을 준비하기가 힘들어진다. 또한 젊은 사람들은 색다른 음식을 경험하려고 하고, 세계여행의 확대로 여행자가 피자, 파스타 등 다른 지역의 음식을 접하게 되었다. 짧은 점심시간과 빠듯한 예산 때문에 노동자는 일터로 돌아가기 전 재빨리 저렴한 음식을 먹을 수 있는 장소를 찾는다. 문화적 차이가 덜 중요해지면서, 소비자가 쓸 수 있는 수입이 충분히 높아지면 이러한 편의상품은 어느 나라에서나 잘 팔리게 될 것이다.

앞서 살펴본 바와 같이, 이러한 과정은 민족주의의 반격을 불러일으킬 수 있다. 젊은 국민들의 빅맥과 기타 미국스타일의 패스트푸드 노출에 대응하기 위하여, 프랑스의 National Council of Culinary Arts는 초등학교 학생을 대상으로 프랑스 요리와 '좋은 맛'에 대한 과목을 개설했다. 위원회 대표인 Alexandre Lazareff는 최근 「The French Culinary Exception」이라는 책을 출판했다. Lazareff는 이 책을 통해 프랑스의 추앙받는 고급 요리가 세계화된 입맛에 공격당하고 있다고 경고했다. 좀 더 일반화하자면, Lazareff는 프랑스 요리의 정체성과 삶의 방식에 대한 도전에 대항하여 목소리를 높이고 있는 것이다. 그의 우려는 현실적이다. 맥도날드가 프랑스에서 계속해서 새 레스토랑을 개점하고 있으며(현재 약 1,000개가 존재한다), 전통적인 식당의 수는 지난 10년에 걸쳐 5만 5,000개에서 2만 5,000개로 줄어들었다. 한편, 프랑스는 le fooding이라는 새로운 전문용어를 만들어냈다. 이는 음식에 대한 국가의 열정이 단순한 요리학 이상의 개념임을 보여주고 있다.

프랑스에 있는 느낌으로 식사를 하기 위해서는 단순한 미각만이 아닌, 머리와 정신과 코와 눈과 입으로 함께 먹어야 한다. Le fooding은 21세기의 먹고 마시는 것에 대한 현대성과 새로운 진실성을 발견하게끔 해 준다. 모든 것은 대담하고 센스가 있으며 그 센스를 잘 조화할 수 있는 한 fooding이 된다.

(4) 언어

글로벌 마케팅에서, 언어는 소비자, 유통 중개자, 기타 다른 사람과 의사소통하는 데 있어서 중요한 도구이다. 마케팅 관련 서적들은 제품의 이름과 광고문구의 잘못된 번역 혹은 적절하지 못한 번역으로 인해 벌어진 값비싼 실수에 대한 일화로 가득하다. 영국의 소매상 개발기업은 BAA McArthurGlen이 오스트리아의 미국 스타일 팩토리 아울렛 매장을 지을 때, 현지 관계자는 "공장(factory)은 어디에 있습니까"라고 물었다. 프로젝트 승인을 받기 위해 McArthurGlen은 '디자이너 아울렛 센터'라고 이름을 바꿔 붙여야 했다. 엔호이 저 부시와 밀러 브루잉은 둘 다 영국에서 시장 실패를 경험했다. 문제는 '라이트 맥주'라는 문구였는데, 이는 '적은 칼로리'로 인식되기보다는 '낮은 알코올 농도'로 인식되었다. 현재 밀러 라이트는 유럽에서 밀러 필스너로 판매되고 있다.

허스트 기업이 「Good Housekeeping」 잡지를 일본에서 출시하기 이전에 매니저는 일본어로의 번역을 검토했다. 일본어에서 Housekeeping과 가장 가까운 뜻의 단어는 '가사업무'를 뜻하는 kaji이다. 하지만 이 단어는 하인이 하는 업무로도 이해될 수 있었다. 결국, 미국 제목을 그대로 사용하기로 하되, Good이라는 단어를 Housekeeping이라는 단어보다 훨씬 더 크게 해서 첫 표지에 실었다. 잡지 내부에는, 일본 여성들의 관심을 끌기 위한 몇몇 편집 내용물이 수정되었다. 예를 들면, 유명한 Seal of Approval(승인)은 삭제되었는데 그 이유는 개념 자체가 독자를 혼란스럽게 했기 때문이다. 수석편집장인 Ellen Levine은 "우리는 우리의 제품을 정확하게 있는 그대로 수출하는 것에는 흥미가 없다. 그것은 문화적인 자살이 될 것이다."

중국에서 델은 자사의 막강한 비즈니스 모델을 표현하고 있는 '직접판매'라는 단어의 의미를 제대로 담은 번역구문을 찾아야만 했다. 문자 그대로의 번역은 'zhi xiao'인데, 이는 불법 피라미드 마케팅 방식을 의미하는 중국 단어이다. 부정적인 함의를 피하기 위해, 델의 판매 대표자는 '직접주문'이라고 번역되는 'zhi xiao ding gou'라는 구문을 사용하기 시작했다. 비슷하게, 일련의 번역가는 중국에 있는 미식축구 팬이 경기를 이해하는 것을 돕기 위해 용어사전을 번역하였다.

음운론 역시 활용될 수 있다. Colgate는 스페인에서 colgate가 '가서 목매달아라'라는 뜻의 명령어라는 사실을 발견했다. 월풀은 유럽에서 브랜드 광고를 위해 엄청난 양의 자금을 쏟아 부었지만, 결국 이탈리아와 프랑스, 독일의 소비자들이 자사 이름을 발음하는 데 어려움이 있다는 사실만을 알게 됐다. 반대로 렌초 로소는 의도적으로 새 청바지 브랜드에 '디젤'이라는 이름을 붙였다. 왜냐하면 이는 '모든 언어에서 똑같이 발음되는 몇 안 되는 단어 중 하나'이기 때문이다. 로소는 디젤을 성공적인 세계 젊은이들의 브랜드로 만들어 갔으며 이탈리아의 가장 성공적인 패션 스토리 중 하나가 되었다. 연간 판매수입은 총 12억 달러에 이른다.

기술은 마케팅의 이름으로 언어학을 활용할 수 있는 흥미롭고 새로운 기회를 제공해 준다. 예를 들어, 전 세계의 젊은이들은 문자메시지를 보내기 위해 휴대전화를 사용하고 있다. 그 결과 특정 숫자들의 조합은 특정 언어에서 의미를 가지게 된다. 일례로, 한국에서는 연속되는 숫자 8282가 음성으로 발음되면 'Pal Yi Pal Yi'로, '서둘러'라는 뜻이 된다. 7179('Chil Han Chil Gu')는 '친한 친구'처럼 들린다. 또한 한국의 많은 디지털 세대 젊은이들은 4 5683 986을 '나는 너를 사랑해'로 번역할 수 있다. 한국의 마케터는 이러한 숫자조합을 그들의 광고에 사용하고 있다. 2003년 이치넷 옥션을 병합함으로써 중국에서의 입지를 확고히 한 이베이는 이후 사용자를 끌어 모으기 위해 리베이트와 다른 판촉을 진행하였다. 예를 들어, 이치넷은 168위안 이상의 구매에 대해 68위안의 신용점수를 제공했다. 이 숫자는 중국의 언어 특성을 통해 선정된 것이다. 중국어에서 six라는 단어는 '안전한(safe)'이라는 단어와 동음이의어이고, eight은 '번영(prosperity)'과 똑같이 발음된다.

문화에 미치는 세계화의 영향 중 하나는 전 세계의 영어 보급이다. 오늘날, 영어를 모국어로 사용하는 사람보다 영어를 외국어로 사용하는 사람이 더 많다. 유럽연합의 거의 85%의 10대들이 영어를 공부한다. 소니는 일본에 본사를 둔 기업임에도 불구하고, 전 세계 모든 분야의 자사 입사희망자에게 "영어를 외국어로 인정하지 않는다."라고 말하고 있다. 핀란드의 노키아도 상황은 마찬가지이다. 마쓰시타는 최근 모든 관리자급 직원에 대한 진급을 고려하기 이전에 영어능력 시험을 통과하도록 하는 규정을 도입했다. 마쓰시타의 최고 경영진은 전적으로 일본화된 근엄한 기업문화가 세계 시장에서 자사의 경쟁력을 약화시킨다고 판단했다.

비언어 커뮤니케이션에 의한 도전과제는 더욱 만만치가 않다. 예를 들어, 중동에서 사업을 하는 서양인은 신발코를 모임주최자에게 드러내거나, 문서를 왼손으로 건네지 않도록 조심해야 한다. 일본에서는 고개 숙여 인사하는 것이 많은 함의를 지는, 비언어 커뮤니케이션의 중요한 형식이다. 서양에서 자란 사람은 언어적인 경향이 있으며, 아시아에서 자란 사람은 대인관계에서 비언어적 측면에 좀 더 중점을 두는 행동을 보인다. 동양인은 어떻게 하라는 지시를 듣지 않고도 비언어적 암시를 알아듣고 직관적으로 이해할 것을 기대한다. 따라서 이러한 문화에서 비즈니스를 하는 서양인은 듣는 것뿐만 아니라 보게 되는 것에도 면밀한 관심을 기울어야 한다.

언어에 기반한 문화에 대한 심도 있는 이해는 실제로 글로벌 기업에게 있어서 경쟁적 이점의 동력이 된다. 스페인의 텔레포니카가 라틴 아메리카에서 공격적으로 사업을 확대한 사례를 살펴보자. 텔레포니카의 전 회장이었던 Juan Villalonga가 언급했던 것처럼, "단순히 같은 언어를 사용하는 것이 아니라, 문화를 공유하고 우정을 같은 방식으로 이해해야 하는 것이다."

여러 중요한 커뮤니케이션 이슈가 일어날 수 있다. 하나는 논의가 A지점에서 B지점으로 직접 이동하는지 아니면 논점을 잃고 헤매는지를 고려하는 순서결정(sequencing)이다. 또 하나는 특정한 주요안건이 바로 논의되는지 아니면 구성원 간의 신뢰감을 형성하기 위해 어느 정도의 시간을 가진 후에 논의되는지에 관한 정지(phasing)이다. 국제협상에 관한 두 전문가에 따르면, 협상 중 빈번히 일어나는 10개의 뚜렷한 미국식 전술이 있다. 이러한 전술은 다른 미국인에게는 효과적이지만, 다른 문화적 배경을 가진 사람에 대해서는 수정이 필요할 수도 있다. 모든 커뮤니케이션 상황에서, 발언자는 예리한 관찰가자 발언자의 심리 상태와 논리를 이해할 수 있도록 하는 다양한 언어적 단서들을 제공한다.

5. 고맥락, 저맥락 문화

Edward T. Hall은 다른 문화적 성향을 이해하는 방법으로 고맥락, 저맥락 개념을 소개했다. 저맥락 문화에서는 메시지가 명확하고 구체적이며 언어가 의사소통의 대부분을 담당한다. 고맥락 문화에서는 메시지의 언어 부분은 상대적으로 적은 양의 정보를 담고 있다. 더 많은 정보는 배경, 관계, 의사소통 당사자의 기본적 가치관을 포함한 의사소통 맥락 안에 담겨져 있다. 일반적으로 고맥락 문화는 하위 컨텍스트 문화에서 필요로 하는 것보다 적은 양의 법적 서류를 사용한다. 일본, 사우디아라비아와 다른 고맥락 문화는 그 사회 내에서 개인이 가지는 가치관과 위치, 지위에 중점을 둔다.

이러한 문화에서 사업 대출은 공식적인 견적 재정문서 분석보다는 '빌리고자 하는 사람이 어떤 사람인가?'를 기반으로 이루어지는 경향이 있다. 미국, 스위스, 독일과 같은 저맥락 문화에서는 거래 당사자의 성격이나 배경, 가치관에 대한 정보는 거래에 있어서 그다지 많이 고려되지 않으며, 대출신청서상의 단어와 숫자를 훨씬 더 중요하게 생각한다. 이와 비슷하게, 소니와 같은 일본 기업은 도쿄 대학 졸업생을 선호하는 등 전통적으로 신입사원의 출신 학교에 대해 많은 관심을 보여 왔다. 이력서상의 구체적은 항목은 상대적으로 덜 중요했다.

고맥락 문화에서는 개인의 약속이 담보가 된다. 이 문화에서는 의무와 신뢰가 중요한 가치이기 때문에 외부의 법적 인가를 받거나 만일의 사태를 예측할 필요가 상대적으로 적다. 이러한 문화에서는 의무감의 공유와 명예가 일반적인 법적 인가를 대신한다. 이는 요점에 다다르지 못할 것처럼 보이는 장기간에 걸친 긴 협상의 중요성을 설명해 준다. 고맥락 문화의 사람에게 있어서 협상 목적의 일부는 상대방을 알아가는 것이기 때문이다.

예를 들어, 경쟁적인 입찰을 고집하는 것은 고맥락 문화권에서 문제를 복잡하게 만들 수 있다. 고맥락 문화에서는 믿을 수 있고 통제 가능한 사람 중 일을 가장 잘할 수 있는 사람에게 특정 업무가 주어진다. 저맥락 문화에서는 한쪽이 매우 정확하게 세부사항을 만들기 때문에, 상대편 사람은 법적 제제를 피하기 위해서라도 일을 제대로 할 수밖에 없다. Hall이 언급한 것처럼 일본의 건축업자는 이렇게 말할 것이다. "이 문서 조각이 이 상황과 무슨 관계가 있죠? 만약 서로를 충분히 믿지 못하겠으면 그만두죠. 무엇 때문에 고민합니까?"

국가를 전반적 경향을 바탕으로 해서 고맥락 또는 저맥락 문화로 구분할 수 있지만, 일반적 경향에도 예외는 있다. 이러한 예외는 하위문화에서 발견된다. 미국은 고맥락 양식을 가진 하위문화를 포함한 저맥락 문화이다. 예를 들어, 중앙은행장의 세계는 '신사'의 세계이다. 즉 고맥락 문화다. 외환시장의 가장 바쁜 거래일 동안에도, 중앙은행장의 말 한마디면 수백만 달러를 빌리는 데 충분하다. 고맥락 문화에서는 신뢰, 공정성, 업무규칙에 대한 일반적인 인식이 존재한다.

6. Hofstede의 문화유형

Hofstede는 서로 다른 국가의 문화를 권력거리, 개인주의, 남성성, 불확실성 회피 및 장기지향성 등 5개의 차원으로 비교하였다. Hofstede는 그중 3번째 차원은 예상되는 사회적 행동을 의미하며, 4번째 차원은 '인간의 진실에의 탐구'와 연관되어 있고, 5번째는 시간의 중요성을 반영한다고 밝혔다. 첫 번째 차원인 권력거리는 사회 내의 약자가 불공평하게 분배된 힘을 받아들이는(혹은 예측하는) 정도이다. 모든 사회는 불공평하지만 일부 사람들은 다른 사람들에 비해 더욱 불공평하다. 홍콩과 프랑스는 모두 상위 권력거리 문화이며, 하위 권력거리를 보이는 국가들은 독일, 오스트레일리아, 네덜란드, 스칸디나비아 국가이다.

2번째 차원은 사회 내에서 개인이 집단에 포함되어 있는 정도를 반영한다. 개인주의적 문화에서의 개개인은 자기 자신과 가족들의 이익에 우선적으로 관심을 가진다. 집단주의적 문화에서는 모든 사회 구성원이 밀접한 내부집단에 통합되어 있다. 미국과 유럽에서는 높은 수준의 개인주의가 일반적 문화 형태이며, 낮은 수준의 개인주의는 일본과 다른 아시아 문화권에서 나타난다.

3번째 차원인 남성성은 남성은 자기 주장이 강하고 경쟁적이며 물질적 성공에 관심을 두는 한편, 여성들은 육아와 같은 이슈에 관심을 두며 양육자로서의 역할에 충실한 사회를 묘사한다. 이와 반대로 여성성은 남성과 여성의 사회적 역할이 중복되며 양쪽 성 모두 과도하게 야심적이거나 경쟁적인 행동을 보이지 않는 사회를 가리킨다. 일본과 오스트레일리아는 남성성이 가장 높게 나타났으며, 스페인, 타이완, 네덜란드와 스칸디나비아 국가는 가장 낮은 남성성을 보였다.

불확실성 회피는 사회구성원이 불명확하고 모호하며 체계적이지 않은 상황에서 느끼는 불편함 정도를 의미한다. 불확실성 회피 문화의 구성원은 공격적, 감성적, 편협한 행동을 보일 수 있다. 그들은 완전한 진리에 대한 믿음을 가지고 있다. 불확실성 수용 문화의 구성원들(예: 덴마크, 스웨덴, 아일랜드와 미국)은 자신의 의견과 다른 의견에 대해 좀 더 관대하다.

그리스와 포르투갈은 불확실성 회피 정도가 다른 나라에 비해 훨씬 강하다. 다른 지중해 연안 국가들과 대부분의 라틴 아메리카 역시 불확실성 회피에서 높은 순위를 보이고 있다. 불확실성 수용은 일반적으로 좀 더 신중하고 상대적이며 관대한 행동으로 나타난다. 동남아시아와 인도에서 이러한 가치를 찾아볼 수 있다.

비록 이 4개의 차원으로 흥미롭고 유용한 해석이 가능해졌지만 Hofstede는 경제성장에 영향을 미치는 문화적 배경에 대한 충분한 통찰을 하기에 뭔가 부족하다고 느꼈다. 또한 Hofstede는 서양의 사회과학자들이 연구에서 사용된 설문조사를 개량하는 것에 대해 불편해했다. 많은 경제학자가 일본과 아시아 호랑이들(한국, 타이완, 홍콩, 싱가폴)의 폭발적인 경제성장을 예측하는 데 실패했기 때문에, Hofstede는 아시아의 몇몇 문화적 요소가 연구자를 혼란시켰을 것이라고 짐작했다. 이러한 방법론적 문제는 홍콩과 타이완의 중국인 사회과학자가 개발한 중국가치조사(Chinese Value Survey)에 의해 어느 정도 해결되었다.

CVS 데이터는 3개의 '사회적 행동' 문화 차원(권력거리, 개인주의/집단주의, 남성성/여성성)을 뒷받침해 주었다. 하지만 불확실성 회피는 CVS에 나타나지 않았다. 대신 CVS는 서양 연구자들을 교란시켜 온 장기 지향성(LTO)과 단기 지향성으로 구성된 하나의 차원임을 밝혀냈다. Hofstede는 이 차원을 진리 탐구보다는 '사회의 미덕 탐구'에 관한 것으로 해석했다. 이는 문화 내의 즉시성을 측정하는데, 예를 들면 만족감이 즉각적인지 나중에 나타나는지에 관한 것이다.

장기적 가치는 목표를 추구하는 일반적 끈기로 정의되는 인내심을 포함한다. 지위에 따른 질서정연한 관계는 사회적 위계를 나타내고, 이러한 질서를 준수하는 것은 상호보완적인 관계의 승인을 의미한다. 검소함은 높은 저축율로 나타난다. 마지막으로 수치심은 사회적 교류에 있어서의 감수성을 이끌어 낸다. Hofstede는 이러한 가치가 홍콩, 타이완, 일본을 비롯한 높은 성과를 보이는 아시아 국가 사이에서 널리 퍼져 있지만, 이러한 가치의 존재 자체만으로는 경제성장을 이끌어 내기에 부족하다고 말했다. 다른 두 가지 조건이 더 필요한데, 이는 시장의 존재와 시장을 지원하는 정치적 맥락이다. Hofstede는 인도가 상당히 높은 수준의 LTO를 가지고 있으나, 시장제약과 정치력 때문에 지금까지도 국가의 경제성장이 늦춰지고 있다고 확신했다.

Hofstede의 연구를 통해, 마케터들은 제품 개발, 투자협력 파트너와의 교류, 판매회의의 수행 등을 포함한 다양한 활동을 진행하기 위한 통찰력을 얻는다. 예를 들어, 다른 나라와 비교한, 자국의 시간관념을 이해하는 것은 매우 중요하다. 일본, 브라질, 인도에서는 잠재적 사업 파트너와의 관계 형성이 거래 형성보다 우선시된다. 단기간을 강조하는 문화의 사람들은 몇몇 국가에서는 좀 더 느린 사업속도를 받아들여야 한다. 앞서 말한 것처럼, 언어는 문화적 차이에 대한 통찰력을 제공해 줄 수 있다. 예를 들어, '뉴욕시간으로'라는 구문은 긴박하게 돌아가는 미국 도시의 삶을 보여 준다.

반대로, 일본어의 gaman(집요함)이란 개념은 단기적 성공 확률이 낮은 연구개발 프로젝트를 꾸준히 추진하는 일본 기업의 의지를 엿볼 수 있게 해 준다.

예를 들면, 소니가 1950년 중반 벨 연구소로부터 새롭게 개발한 트랜지스터를 라이센스 받았을 때, 미국 엔지니어들은 그 기기에서 발생하는 제한적인 고주파가 보청기 사용에 적합하다고 생각했다. 하지만 gaman은 소니 엔지니어들이 주파수를 늘리기 위한 더딘 진행으로 인해 단념하지 않는다는 것을 의미했다. 소니의 공동창업자인 Masaru Ibuka는 다음과 같이 회상했다. "주파수를 확장하기 위한 노력은 우리에게 매우 흥미로운 과제였습니다. 그 당시 아무도 그에 대한 중요성을 인식하지 못했었지요." 소니의 집요함은 그 기업의 엔지니어들이 마침내 세계적으로 성공적인 애플(주머니에 들어갈 만한 크기의 트랜지스터 라디오)을 만들어 낸 혁신을 이루어 내면서 보상받았다.

불확실성 회피 차원을 이해함으로써, 글로벌 마케터는 구매자가 편안해하는 위험을 평가할 수 있다. 불확실성을 회피하려는 성격이 강한 다른 아시아 문화에서는 구매자가 브랜드에 민감하고 보다 높은 브랜드 충성도를 보일 것이다. 불확실성 회피 정도가 높은 국가에서는 보증기간, 환불제도, 다른 종류의 위험 감소 특징을 강조함으로써 광고문구가 확신을 심어 주어야 한다. 홍콩은 미국보다 불확실성에 대한 수용이 높다. 하지만 일본은 프랑스와 스페인처럼 불확실성 회피 정도가 상당히 높게 나타났다.

권력거리(power distance) 차원은 사회구성원 간의 신뢰 정도를 반영한다. 권력거리(PDI)가 높을수록, 신뢰 수준이 낮다. 구조적으로, 높은 PDI는 위계질서적 구조, 중앙집권선호, 상대적으로 좀 더 감독이 심한 곳에서 나타난다. PDI 차원은 또한 상사와 부하직원 사이의 역학관계에 대한 통찰력을 제공해 준다. 위계질서에 대한 존중이 강한 사회에서는 부하직원이 관리자의 단계에 진입하기까지 여러 단계의 직위를 거쳐야 할 수 있다. 만약 그럴 경우, 관리자는 사무실에서 고립되기가 쉽다. 이러한 문화에서는, 상급자가 쉽게 아래 직원을 위축시킨다. 최근 연구에 의하면, 세계 시장에 진입하는 다양한 방안들을 평가할 때, 높은 PDI 문화를 가진 기업들은 보다 많은 통제권을 가질 수 있기 때문에 지사의 완전한 경영권을 선호한다. 반대로, 낮은 PDI 문화를 가진 기업은 합작투자를 선택하는 경향이 있다. PDI가 높은 다른 나라로는 멕시코, 인도, 홍콩이 있다.

남성성/여성성 차원은 사회적 지지와 도움을 주는 정신(여성적 가치) 대비 성취와 소유(남성적 가치)의 상대적 중요성으로 드러난다. 전반적으로, 공격적이고 성취지향형인 판매자는 덴마크보다는 오스트레일리아, 일본, 멕시코의 문화에 더 잘 맞는다(이러한 판매자는 일본과 멕시코가 높은 LTO(거래지향적인 단호함과는 조화되지 못할 수도 있는 차원인)를 보인다는 점을 명심해야 할 것이다). 이와 유사하게, 일본 기업에서 프레젠테이션하기 위해 파견된 서양 여성은 분명 관중의 대부분이 남성이라는 사실을 발견하게 될 것이다. 일본의 관리자는 특히 그 여성이 자신보다 나이가 어릴 경우 부정적으로 반응할지도 모른다.

집단주의적/개인주의적 성향은 문화의 중요한 요소이기 때문에 더욱 면밀히 고려되어야 한다. 어떤 문화가 집합주의에 가치를 두고, 어떤 문화가 개인주의에 가치를 두는지 아는 것은 여러 모로 도움이 될 것이다. 예를 들어 일본의 집단주의와 wa(조화)에 대한 열망은, 한 사람을 선별해 다른 동료 앞에서 칭찬하는 것이 관련된 모든 사람에게 어색할 수 있다는 것을 의미한다. 다시 한 번 말하지만, 일본에서 전해져 오는 '모난 돌이 정 맞는다'와 같은 말처럼, 언어는 문화적 차원에 있어서 중요한 단서를 제공한다. 대부분의 아시아 지역은 집단주의 성향이 지배적이다. 하지만 고도로 개인주의적인 미국 문화에서는, 개인의 성취를 공개적으로 인정해 주는 것이 그 사람을 기쁘게 해 주는 방법이 된다.

여러 팀의 연구자들이 2개국 이상에 걸치는 집단주의/개인주의의 차이점이 인쇄광고나 TV 광고에 반영되었는지를 알아보려 했다. 이론상으로는, 글로벌 기업의 커뮤니케이션 노력은 특정 국가의 성향에 따라 수정되어야 한다. 예를 들어, 개인주의를 높게 평가하는 문화권에서의 광고는 보통 개인을 앞세운다. 개인주의를 상대적으로 낮게 평가하는 나라의 광고는 집단을 앞세운다. 한 연구팀이 이들 사이의 강력한 상관관계를 발견했다고 발표했지만, 이 연구결과는 후속연구에 의해 증명되지 못했다. 하지만 Cutler는 인쇄광고가 그 본연의 특성상 개개인의 독자를 상대로 의사소통하기 위해 개발된 것이라고 주장했다. 이는 개인주의/집단주의의 구별이 인쇄 광고에 있어서는 해결되지 않을 이슈가 될 수도 있다.

집단주의가 발달한 문화권에서는 영향력 있는 소비자 집단 사이의 구전을 바탕으로 한 상품과 서비스가 재빨리 놀라운 지위를 확보한 후 다른 나라까지 진출할 수도 있다. 1990년대 후반 다마고치 유행이 완벽한 사례이다. 이 가상의 애완동물은 주로 10대 소녀들을 대상으로 도쿄 중심의 쇼핑지역에서 시험적으로 출시됐었다. Kuchikomi(구전)은 여학생 사이에서 매우 강력한 힘을 가졌으며, 장난감 생산업체인 Bandai는 수요를 따라잡기 위해 바쁘게 움직여야 했다. 다마고치가 뉴욕의 장난감 소매점인 FAO 스왈츠에 진출할 당시까지, 초기 1만 개의 물량이 즉시 매진될 것이라는 소문이 돌았다. 일본 청소년이 인쇄광고와 TV 광고에도 역시 관심을 기울이고 있지만, 마케터는 일부 선정된 젊은이들에게 상품 견본을 제공함으로써 이 소비층에 접근할 수 있다는 것 또한 명확한 사실이다.

7. Hofstede의 이론과 기업전략

덴마크와 중동 사이의 문화적 대결은 작은 유럽 국가들을 다시금 살펴보게 한다. 덴마크가 정말로 좋아하는 것은 무엇일까? 다음의 항목들은 덴마크를 Hofstede의 문화가치 틀에서 살펴본 것이다.

(1) 미래지향성

미래지향성은 계획, 미래투자, 만족의 지연과 같은 미래지향적 행동에 대한 사회적 지지와 보상 정도를 나타낸다. 덴마크는 미래지향성이 높게 나타났다. 덴마크 비즈니스 환경에서는 5개년 예산과 비즈니스 계획을 세우고 이를 매년 조정해나가는 것이 일반적이다. 또한 덴마크의 국민들은 은퇴를 위한 저축의 중요성을 인식하고 있다. 경제부 장관인 Bendt Bendtsen은 덴마크에 세계적인 혁신센터를 설립하고자 한다. 이 센터는 소비자 요구를 예측하고 소비자 주도적인 혁신으로 덴마크를 세계적인 국가로 끌어올리는 데 초점을 맞출 것이다. 이 연구의 핵심 분야는 경제학, 인류학, 공학, 디자인과 심리학이다.

(2) 성의 구별

성의 구별은 그 사회의 성적 역할 차이를 극대화하는 정도이다. 덴마크는 성의 구별이 낮게 나타났다. 덴마크에서는 성 역할이 중요하지 않다. 덴마크 여성은 남성이 할 수 있는 것이라면 여성도 할 수 있다고 믿는 강인한 사람들이다. 이 때문에 남성이 여성을 위해 문을 열어 주거나 꽃을 선물하는 일은 드물다. 몇 년 전, 여성 사이에서 '자신의 자동차에 대해 알자'라는 세미나에 참석하는 것이 유행이었다. 덴마크의 출산휴가 정책은 아이의 모친과 부친이 함께 사용할 수 있도록 총 12개월을 제정해 놓고 있다. 미국에서와 마찬가지로 덴마크의 가족 간에는 큰 차이가 존재한다. 일반적으로 덴마크 여성은 가정과 직장에 똑같이 집중한다. 남편도 청소나 기타 가사일을 똑같이 분담하는 것이 일반적이다.

(3) 불확실성 회피

불확실성 회피는 사회구성원이 불확실한 상황을 받아들이거나 낯선 환경에 대해 편안해하는 정도를 의미한다. 덴마크의 불확실성 회피는 낮은 편이다. 다른 말로 하자면, 불확실성을 수용하는 사회이다. 덴마크 사람은 일반적으로 모험을 두려워하지 않는다. 그들은 면밀히 계획하거나 심사숙고하지 않은 일을 편안하게 해낸다. 덴마크의 사회제도는 만약의 사태에 대비하기 위한 안전장치를 제공한다. 다시 말하자면, 실수를 하는 것에 대한 대가가 그리 심각하지 않기 때문에 사람들은 모험을 하는 것을 별로 두려워하지 않는다. 사회는 비용이 많이 들기는 하지만 지속적인 안정감을 제공하는 시스템에 의존하고 또 이를 지원한다. 모든 덴마크 국민에게 의료보험이 무료로 제공되므로, 직업을 바꿀 때 의료보험 혜택을 잃게 되지 않을까 걱정할 필요가 없다.

(4) 권력거리

권력거리는 사회구성원들이 불공평한 분배에 대해 예상하는 정도이다. 덴마크는 권력거리 정도가 낮다. 이는 유럽 내의 국가들이 큰 차이를 보이는 영역이다. 덴마크는 권력거리가 매우 낮은데, 이는 수평적이고 비공식적인 조직구조와 다양한 매트릭스 조직의 광범위한 도입으로 인한 것이다. 일반 직원들이 회사 최고 경영자와 다른 리더에게 직접 접근이 가능하며, 회사 행사에서 리더가 풍자되는 일이 흔하게 일어난다.

덴마크의 직장에서는 직위에 따라서가 아니라 자격에 따라서 보수가 지급되는 일이 일반적이다. Janteloven 혹은 Jante의 법칙이 스칸디나비아 사람들이 어떻게 행동하는지, 그리고 어떻게 행동할 것으로 기대되는지에 깊은 영향을 미친다. 이 용어는 Jante(자기 자신이 다른 누군가 보다 더 낮거나 똑똑하다고 믿지 않도록 되어 있는 마을)에 대한 소설을 쓴 작가 Aksel Sandmose로부터 시작됐다. 겸손함은 중요한 미덕이며 이는 권력거리를 제한한다. 덴마크 여왕 Margrethe 2세가 눈에 띄는 호위 없이 코펜하겐의 상점들을 방문하는 일이 흔하다. 또한 Joachim 왕자와 Alexandra 공주의 아들인 Felix 왕자는 그의 고향인 Mogeltonder에 위치한 공립학교를 다니고 있다.

(5) 개인주의/집단주의

개인주의/집단주의는 사회기관이 개인으로 하여금 조직과 사회 내의 집단에 통합되도록 장려하는 정도를 말한다. 덴마크는 이 정도가 낮다. 덴마크의 높은 세율 때문에 모든 사람에게 학교 교육이 무료로 제공된다. 이 시스템은 철저히 성과를 기반으로 하고 있으며 경제적으로 부유한 사람이라고 해서 특혜를 받지는 않는다.

(6) 그룹 내 집단주의

그룹 내 집단주의는 사회구성원이 가족, 가까운 친구집단, 직장과 같은 작은 규모의 그룹 내에 속해 있음에 대해 자긍심을 느끼는 정도이다. 덴마크는 이 항목에서 낮은 점수를 보이고 있다. 덴마크는 이혼율이 세계에서 가장 높은 국가 중 하나이다. 서로 다른 방식의 이혼율 계산 방법 때문에 정확한 수치를 비교하는 것은 어렵다. 높은 불확실성 수요도가 그 요인이 될 수 있다.

문화에 미치는 세계화의 영향 중 하나는 전 세계의 영어 보급이다. 오늘날, 영어를 모국어로 사용하는 사람보다 영어를 외국어로 사용하는 사람이 더 많다. 유럽연합의 거의 85%의 10대들이 영어를 공부한다. 소니는 일본에 본사를 둔 기업임에도 불구하고, 전 세계 모든 분야의 자사 입사희망자에게 "영어를 외국어로 인정하지 않는다."라고 말하고 있다. 핀란드의 노키아도 상황은 마찬가지이다. 마쓰시타는 최근 모든 관리자급 직원에 대한 진급을 고려하기 이전에 영어능력 시험을 통과하도록 하는 규정을 도입했다. 마쓰시타의 최고

경영진은 전적으로 일본화된 근엄한 기업문화가 세계 시장에서 자사의 경쟁력을 약화시킨다고 판단했다.

비언어 커뮤니케이션에 의한 도전과제는 더욱 만만치가 않다. 예를 들어, 중동에서 사업을 하는 서양인은 신발코를 모임주최자에게 드러내거나, 문서를 왼손으로 건네지 않도록 조심해야 한다. 일본에서는 고개 숙여 인사하는 것이 많은 함의를 지는, 비언어 커뮤니케이션의 중요한 형식이다. 서양에서 자란 사람은 언어적인 경향이 있으며, 아시아에서 자란 사람은 대인관계에서 비언어적 측면에 좀 더 중점을 두는 행동을 보인다. 동양인은 어떻게 하라는 지시를 듣지 않고도 비언어적 암시를 알아듣고 직관적으로 이해할 것을 기대한다. 따라서 이러한 문화에서 비즈니스를 하는 서양인은 듣는 것뿐만 아니라 보게 되는 것에도 면밀한 관심을 기울어야 한다.

언어에 기반한 문화에 대한 심도 있는 이해는 실제로 글로벌 기업에게 있어서 경쟁적 이점의 동력이 된다. "단순히 같은 언어를 사용하는 것이 아니라, 문화를 공유하고 우정을 같은 방식으로 이해해야 하는 것이다."

04

현대기업의
CSR 및
윤리경영

사회적 책임: 가습기

가습기살균제 피해자 찾기에 시간과 노력을 쏟는 이유 밝힌 토론회 열려

사회적참사특조위와 지자체·교육계의 협업으로 피해자 찾기는 계속되어야 하며 구제정책을 모르는 국민이 대다수다.

소리없는 살인마, 가정파괴범, 폐섬유화를 비롯한 각종 호흡기질환·아토피피부염·피부짓무름 등을 부르는 가습기살균제를 사용한 우리나라 국민이(2015년 서울대보건대학원 직업환경건강연구실 자체 조사) 1천만 명으로 추산되고 있는 가운데 고농도로 노출되어 건강상 이상을 호소한 잠재적 피해자 는 대략적으로 30만~220만 명으로 추산되고 있다.

아울러, 2017년 국립환경과학원 연구 용역조사결과 가습기살균제 사용자 400만 명, 건강피해인구를 56만 명으로 추산하며 이 가운데 한국환경산업기술원 피해신고자는 6,459명 뿐이라고 밝혔다. 이렇 듯 피해접수가 소극적인 이유에 대해서는 피부로 느끼는 질환이 가습기살균제로 인한 피해로 인지하 지 못했거나 구제정책이 있다고 알지 못하거나 신고접수 절차가 복잡하기 때문이라고 피해자 찾기 조사를 하는 과정에서 파악되었음을 밝혔다.

그런데 사용자가 굳이 피해신고를 하지 않고 있는데도 '피해자 찾기'를 하는 이유는 무얼까.

23일 수원시정연구원에서 열린 '가습기살균제 참사 수원지역 조사 결과 토론회'에서 위 의문에 대 한 답을 제시하고 지역사회 조사 결과를 발표했다.

가습기살균제사건과 4.16세월호참사 특별조사위원회(이하: 특조위), 가습기살균제참사규명 수원시민 공동행동은 이날 열린 토론회에서 연구 배경을 시작으로 조사결과·신고독려·대안모색에 대해 발제 자가 나와 토론하는 시간을 가졌다.

김찬수 지역사회연구원은 이번 조사를 수원지역 중 영통구에 한해 실시했다고 하면서 경기도교육연 구원·경기도교육청과 협업, 수원시의 적극적 협조로 이루어졌다고 했다.

이날 발표에 의하면, 조사방법 학교 또는 지역사회에 조사원들이 설문지를 갖고 실시했으며 인터넷 설문과 전화·문자발송을 적극 활용했다.

이 조사의 궁극적 목적과 이유로는 피해규모의 파악으로부터 진상규명이 시작되는 바, 피해자 찾기 를 통해 확인된 가습기살균제 노출자 및 잠재 피해자를 대상으로 피해신고가 저조한 원인을 파악하 고 잠재 피해자에게 피해신고를 독려하여, 새롭게 찾은 잠재 피해자를 정부피해구제제도로 연계하고 피해신고 절차 및 피해지원 과정을 모니터링하여 정부 피해구제제도의 개선방안을 도출하고자 하는 데 있다. 그런데 조사과정에서 살펴보면 피해자 구제정책이 있는지도 모르는 사람들이 대부분이었다 고 한다.

설사 구제정책에 대해 알았더라도 피해접수를 하지 않는 이유가 접수절차가 까다롭고 피해자체를 증빙할 객관적 자료를 제시할 수 없어서라고 대답한 응답자가 대다수라고 밝혔다.

한편, 가습기 피해자 신고독려를 하는 중에 신고하기 꺼려지는 이유 중, 소수의견으로 '가족에게 상처를 줄까봐' '개인건강 보험에 악영향을 줄까봐'라는 이유도 나왔다.

실제 가정파탄이 일어나기도 했다고 하는데, 가족의 건강을 위해 가습기살균제를 구입하여 사용한 구매자의 입장에서 '자신이 내 가족의 건강을 해쳤다'라고 하는 우울한 생각을 반복하는 일들도 비일비재하다.

가습기살균제는 1994년도 처음 출시되어 2011년도 사용중단이 내려지기까지 판매되고 소비되어 현재까지 드러난 피해는 빙산의 일각이라는 관측이 일반적이다.

2000년대 들어와 유독 아토피나 비염, 천식 등의 질환자가 늘어나는 이유를 대기오염을 떠올리거나 현대인의 잘못된 식생활 또는 면역력 약화 등으로 관련 질환이 발생한다고 여겨왔으나 여러 원인 중 또 하나의 범인으로 새롭게 지목된 가습기살균제. 아기들의 건강과 인체에 무해하며 물때와 각종 세균만 잡아준다는 허위광고로 인해 국민들의 일상생활에 소모품으로 자리잡고 들어와 소리없이 건강과 생명에 치명상을 주고 위협을 가할 것이라고는 생각하지 못했다.

발제자로 나선 수원에 사는 피해자 염천득씨(58세)는 수술을 받고 가습기살균제를 2005년도부터 2011년도까지 하루 18시간을 사용했다고 하면서 몸에 이상을 느낀건 2008년부터라고 했다. 2008년 호흡기에 이상 증세가 나타날 당시에는 가습기살균제가 원인이라고 생각지도 못하던 때라고 한다. 왜냐하면 가습기살균제가 직접적 피해의 원인이라는 조사가 나온건 2011년 8월이다.

가습기살균제 사건 개요

1994년부터 2011년까지 10년 동안 판매된 가습기살균제로 영유아가 사망하거나 폐손상 등 심각한 건강 피해를 입은 사건. 2006년 의료계가 어린이들의 원인 미상 급성 간질성 폐렴에 주목하기 시작하면서 사건이 드러나기 시작, 2016년 기준으로 사건의 피해자는 약 2,000여 명에 달해, 한국에서 가습기살균제가 처음 출시된 해는 1994년으로, 그중 가장 많은 피해자를 발생시킨 제품은 옥시 레킷벤키저의 '옥시싹싹 뉴가습기 당번'이었다.

이에 대해 가습기살균제의 원료를 제공한 SK케미칼에 대한 비판이 있었으며, 정부는 부진한 변명만을 일삼다가 2011년부터 가습기살균제를 의약외품으로 분류했다.

질병관리본부가 본격 역학조사에 착수한 것은 2011년 4월 서울아산병원이 "중환자실에 중증 폐렴 임산부 환자가 갑자기 늘고 있다"고 신고한 후였다. 출산 전후의 여성 7명과 40대 남성 1명이 급성 호흡부전으로 입원해 그중 4명이 원인 미상으로 사망했다. 임산부 7명이 원인 미상의 폐질환으로 입원하고 그중 4명이 사망한 사건은 여론의 비상한 관심을 끌었다. 폐 이식 수술을 받은 3명을 포함해 4명은 퇴원했다.

역학조사를 거쳐 같은 해 8월 질병관리본부는 원인 미상의 폐손상은 가습기살균제가 원인으로 추정된다고 밝혔다. 이후 앞서 물었던 영유아 사망 등 가습기살균제로 인한 피해 사실이 알려지기 시작했고 급성 호흡기 질환 사망자가 수십명에 이른다는 정황이 드러났다. 질병관리본부는 11월 11일 가습기살균제 수거 명령을 내렸다.

수거 명령 외에 해당 기업들에 대한 제재는 미약한 수준이었다. 2012년 공정거래위원회가 가습기살균제를 허위로 안전하다고 표시했다는 이유로 부과한 과징금 옥시레킷벤키저 5,000만 원, 홈플러스 1,000만 원, 버터플라이이펙트(세퓨) 100만 원 등이 전부였다.

염춘근 피해자는 살균제 피해를 입은 어린 아이를 유모차에 태운 엄마가 피해자 대책위에 매번 온다며 운을 뗐다. 그 엄마는 아이를 아프게 만든 자신을 탓하며 자신의 몸도 살균제로 망가져 감에도 어떤 치료도 하지 않고 오직 아이만 치료하고 돌본다는 마음 아픈 사연을 함께 소개했다. 아이가 가습기 피해자라면 그 어머니도 의당 피해자다. 아기와 늘상 붙어서 지내는 보호자이기에 그렇다. 그 아이 엄마는 제정신이 아닐 정도로 아이가 평생 입은 치명상에 대해 절규한다고 전해 토론장에 안타까운 탄식이 흘렀다.

피해자들의 상황은 이런데 환노위(환경노동위원회)에 처음 메일을 보냈을때 메일 확인을 한 의원은 손가락에 꼽았다며 염씨는 울분을 토로했다. 낙선운동을 하겠다는 최후통첩을 날린 후에야 12명 가량의 의원들이 메일을 확인했다고도 말했다. 염씨는 2018년부터 끊임없이 피해를 알리는 일을 하고 있으며 이날 토론회에서도 수원지역 피해자로서 정부에 바라는 바를 전하면서 마무리했다.

이어, 사회적 참사가 되풀이되지 않도록 하는 것을 목적으로 한 학교조사에 대해 경기도교육연구원의 이정연박사가 발표했다.

유해화학물질 및 생활화학제품에 대한 인식조사에서 특히 가습기살균제 참사를 잘 안다고 대답한 학생이 50프로였으며 들어본 학생들까지 포함하면 85프로 정도가 된다고 하며 이 학생들은 가습기살균제 상용되어온 시기의 사용의 당사자 일수도 있으나 사용한 주최자는 아님에도 비교적 잘 알았으며 가족 중 건강이상자가 있을 경우는 더욱 인지를 하고 있다고 응답했다고 한다. 사회적 참사의 예방은 제도적 개선이 우선이고 교육이 이를 뒷받침하기 위한 교육 연계 방안, 지속가능성에 대한 논의의 중요성을 언급했다.

이밖에도 민변환경위원회에서 이정일변호사가 피해구제제도(가습기살균제 피해구제 특별법)의 개선 방향에 대해 발표했다.

수원환경연합의 이인신 사무국장은 본 '피해자 찾기' 조사는 나름의 성과가 있었다고 하면서 그럼에도 정부의 피해자 찾기의 의지에 대해 의문을 제기했다. 이 사무국장은 "피해자 찾기의 주체는 정부가 아닌가"라며 "기업에 1차 책임이 있고 2차 책임은 정부"라고 하면서 지난 2017년 8월 문재인 대통령이 직접 사과하고 피해자 찾기, 재발방지대책까지 마련하기로 했는데 그렇다면 정부의 노력은 보다 적극적이어야 한다고 지적했다. 또한, 피해를 인정받을 객관적 자료제시와 절차의 까다로움의 문제점을 지적하면서, 피해사실을 허위로 신고하려는 사람을 걸러내는 시스템보다는 누수되는 돈이 있더라도 시민 누구든 피해자로 인정받을 수 있는 현실적인 구제절차가 더 필요하다고 강조했다.

재발방지를 위해 기업에 청구하는 손해배상액의 상한선을 없애는 것, 정부가 책임을 인정하고 피해자와 가해자를 밝히고 단죄해야만이 반복되는 참사를 막을 수 있으며 앞으로의 우리 사회가 보다 건강해질 것이라고 내다봤다.

이밖에도 한국환경산업기술원의 최종인 책임연구원이 나와 가습기살균제 피해신청 및 지원현황에 대해 발표했는데 특조위에서 나온 한승주 조사관이(한국환경산업기술원의 발표가) 피해자 위주라기 보다는 방어적 입장에서의 발표가 아니었나라는 문제 제기를 하였다.

한 조사관은 가습기살균제를 가정에서 사용하지 않았더라도 유아시설 공공기관·각 직장에서 사용했을 경우 시설의 이용자들은 잠재적인 피해자라고 하면서 구제정책에서 피해를 인정하는 범위를 좀 더 폭넓게 완화해야 하며 피해자 찾기도 적극적으로 해야 할 필요성을 이번 조사를 통해 다시금 느꼈고 특조위의 역할의 중요성과 교육기관과의 연계, 시민사회의 감시가 필요한 시점이라고 강조했다.

옥시 본사 CEO "가습기살균제 피해 사과 … 사회적 책임 이행할 것"

가습기살균제 참사 당시 가장 많은 피해자를 낸 제품을 생산한 기업 레킷벤키저(RB) 그룹의 락스만 나라시만 신임 회장(CEO)은 피해자에게 사과의 뜻을 전했다.

1일 사회적참사 특별조사위원회(특조위)는 홈페이지를 통해 "지난 9월 영국에서 락스만 나라시만을 만났다. 그는 자리에서 피해자와 피해자 가족들에게 진심으로 사죄하고, 가습기살균제 문제 해결을 위해 우선적으로 노력하겠다고 말했다"고 밝혔다.

이어 "영국 본사에서 RB 글로벌 안전품질규정준수 총괄, 소비자안전 총괄 책임자를 만나 가습기살균제 참사 발생 이후 안전 개선사항에 대해 진술을 청취했다"며 "RB 글로벌 법무 총괄 책임자 등을 만나 가습기살균제 참사 진상규명과 해결방안 마련에 대해 논의했다"고 이야기했다.

락스만 대표는 본사 홈페이지를 통해 사과문을 게재한 상태다. 그는 "영유아 피해자들과 부모님들께서 겪으신 이루 말할 수 없는 고통과 상실감에 대해 너무도 마음 아프게 생각한다"며 "옥시 레킷벤키저가 문제를 사전에 막지 못한 점에 대해서도 사과드린다"고 말했다. 그러면서 "옥시 레킷벤키저의 전 제품에 대한 적절한 안전성 검사 및 조치를 지원하고 기업의 사회적 책임을 충실히 이행할 것을 약속드린다"고 덧붙였다.

가습기살균제가 안전하다는 허위 광고를 주도한 걸로 지목된 임원은 피해자와의 특조위와의 만남을 거부한 것으로 알려졌다. 최예용 부위원장 등 특조위 관계자 5명은 2006~2009년 옥시 마케팅본부장, 2010~2012년 레킷벤키저 대표를 지낸 제인 전 대표를 조사하기 위해 지난달 24일 인도를 방문했으나 그를 만나지 못했다.

가습기살균제 참사가 터진 뒤 제인 전 대표는 해외 거주 등을 이유로 검찰 조사에 제대로 협조하지 않아 기소 중지된 상태다. 특조위는 그가 지난 8월 진상규명 청문회에도 불참하자 직접 조사를 추진했고, 최근 "인도에서 조사받겠다"는 연락을 받고 일정을 잡았으나 출국 직전 돌연 "만남이 어렵다"는 통보를 해 왔다.

제인 전 대표는 옥시 마케팅본부장 시절 가습기살균제의 유해성을 알고도 '안전하다'는 허위 표시·광고를 주도한 의혹을 받고 있다. 또 지난 2011년 서울대 조모 교수 연구팀에 가습기살균제 원료 물질인 PHMG의 흡입독성 실험을 의뢰하면서 금품을 주고 '살균제와 폐 손상 간 인과관계가 명확하지 않다'는 허위 보고서를 쓰도록 공모한 혐의도 받는다.

검찰은 제인 전 대표를 업무상 과실치사 등의 혐의로 지명수배했고, 인터폴은 2016년부터 최고 등급인 적색수배 대상에 올렸다. 현재 옥시의 본사인 영국 생활용품 제조사 레킷벤키저의 아프리카·중동·남아시아 담당 선임 부사장을 맡고 있는 그에 대해 모국인 인도 정부는 범죄인 인도 요청을 거절했다.

애경, 가습기살균제 '유해 가능성 보고서' 확보하고도 출시
'가습기 메이트' 출시前 SK 통해 서울대 연구팀 보고서 받아
보고서 "실험쥐 백혈구 수 변화 … 추가 유해성 검증 필요" 경고

애경산업이 '가습기 메이트'의 인체 무해성이 검증되지 않았다는 연구 보고서를 확보하고도 제품을 출시한 정황이 드러났다.

그간 애경은 SK케미칼이 제조한 가습기 메이트를 넘겨받아 단순히 판매만 했을 뿐 원료물질 성분이 유해한지 알 수 없었다고 주장해왔다. 그런데 제품 출시 이전에 이미 원료 성분의 유해성을 가늠할 수 있는 자료를 갖고 있었던 것으로 파악됐다.

2일 법조계에 따르면 가습기살균제 피해 사건을 재수사하는 검찰은 애경이 '가습기 메이트'가 출시된 2002년 9월 이전에 SK케미칼로부터 '가습기살균제의 흡입독성에 관한 연구' 보고서를 받은 사실을 확인했다.

이 연구 보고서는 SK케미칼의 전신인 유공이 국내 최초로 가습기살균제를 개발한 당시인 1994년 10~12월 서울대 이영순 교수팀이 진행한 유해성 실험 결과를 담고 있다.

당시 연구팀은 '가습기살균제 성분으로 인해(실험용 쥐의) 백혈구 수가 변화하는 것을 확인했다'며 '유해성 여부를 검증하기 위한 추가 연구가 필요하다'는 의견을 냈다.

그러나 유공은 추가 연구를 통해 안전성을 확보하지 못한 상태에서 최종 보고서가 나오기도 전인

1994년 11월 가습기 메이트를 시장에 내놓았다.

유공의 가습기살균제 사업 부문을 인수한 SK케미칼은 이 보고서를 통해 인체 유해 가능성을 인지했으면서도 그대로 제품을 판매한 혐의로 애경과 함께 검찰 수사를 받고 있다. SK는 2000년까지 동산C&G를 통해 가습기 메이트를 판매하다가 동산이 부도나자 2001년 애경과 판매 계약을 맺었다.

검찰 수사 과정에선 2013년 가습기살균제 피해가 국민적 관심사가 되자 SK가 태스크포스를 꾸려 서울대 실험보고서를 조직적으로 은폐한 정황이 드러났다.

애경 역시 이 보고서를 갖고 있었으나 2016년 가습기살균제 피해에 대한 대대적인 검찰 수사가 시작되자 조직적으로 인멸한 정황이 확보됐다.

검찰은 애경산업이 가습기 메이트의 유해 가능성을 알고도 '인체에 무해'하다고 표시·광고하면서 판매한 행위를 업무상 과실치사상 혐의의 주요 근거로 보고 있다. 실험에 문제가 없다면 숨길 이유가 없다는 것이다.

애경은 가습기 메이트의 정확한 권장 사용량 또는 과다한 사용량으로 원료물질 농도가 짙어지면 인체에 유해할 수 있다는 주의 문구를 2011년 제품 판매를 종료할 때까지 라벨에 표기하지 않았다.

애경 측은 "SK케미칼에서 영업비밀이라며 원료물질에 대한 정보를 충분히 주지 않았기에 유해성을 제대로 확인할 수 없었다"며 "판매자가 지는 주의의무는 제한적"이라는 입장이다.

이런 가운데 법원은 지난달 30일 안용찬(60) 전 애경산업 대표에 대한 구속영장을 기각하면서 그 사유로 '가습기살균제 원료물질 유형에 따른 독성 및 위해성 차이, 그로 인한 형사책임 유무 및 정도에 관한 다툼 여지'를 들어 주목된다.

가습기 메이트 원료인 CMIT·MIT가 유해한지 아닌지를 두고 여전히 다툼의 여지가 있다는 판단을 한 것으로 보인다.

옥시가 '옥시싹싹 가습기당번'에 사용한 원료인 PHMG·PGH는 2011년 11월 일찌감치 '폐 섬유화 유발' 등 유해성이 인정돼 이 원료로 만든 가습기살균제를 제조·판매한 이들이 처벌받았다. 그러나 CMIT·MIT는 유해성이 명확히 입증되지 않았다는 이유로 SK·애경·이마트 등이 처벌을 피해왔다.

시간이 지나면서 CMIT·MIT의 유해성에 대한 학계 연구 결과가 축적되고, 환경부가 지난해 11월 유해성 연구 보고서를 제출하면서 검찰 수사가 시작됐는데, 법정에서 다시 가습기 메이트 사용과 인체 피해의 인과관계를 세밀하게 입증해야 할 상황이 된 것이다.

2011년 4월 가습기살균제 사태가 불거진 이후 8년이 지났으나, 사태는 아직도 '현재진행형'이다.

* 도입사례에 대한 자세한 내용은 QR코드를 참고하세요.

● CHAPTER

04

현대기업의 CSR 및 윤리경영

 학습목표

1. 합법성이 기업의 윤리적 활동에 있어 첫 단계에 불과한 이유는 무엇인가?
2. 비윤리적인 활동에 대면했을 때 제기해야 할 세개의 이슈는 무엇인가?
3. 윤리적 기준을 세우는 데 있어서의 경영자 역할은 무엇인가?
4. 준수기반 윤리규범과 청렴기반 윤리규범의 차이는 무엇인가?
5. 기업의 윤리규범 수립과정에 대한 6단계는 무엇인가?
6. 기업의 사회적 책임에 대한 정의와 이해당사자들에 대한 기업의 책임은 무엇인가?
7. 세계 시장에서의 기업의 윤리적 활동과 사회적 책임은 무엇인가?

|절 기업의 사회적 책임의 중요성

1. 사회적 책임의 대두와 의의

(1) 사회적 책임의 대두

　기업의 사회적 책임은 사회의 복지를 위해 기업이 적극적으로 관여하는 것이다. 국제표준기구(ISO)는 ISO26000 국제표준을 2010년 발표하였다. 이는 기업이 사회적, 환경적, 경제적으로 지켜야 할 규범을 집약하여 사회적 책임의 국제표준이라는 점에서 의의가 있다. 경영주체인 경영자의 사회적 책임은 기업환경의 변화와 시대에 따라 그 내용이나 성격이 동태적으로 변화하게 된다. 기업은 소비자에게 원하는 제품과 서비스를 제조·판매하고, 이윤을 창출

함으로써 기업의 주주들, 그리고 소비자들을 만족시키고 또한 지역의 고용기
회를 창출하고, 세금을 납부하는 것 외에도 사회에 책임을 져야 할 필요성이
대두된다. 즉, 기업의 규모가 확대되고 기업이 사회 내에서 차지하는 비용이
점차 확대됨에 따라, 기업이 한 사회의 구성원이라는 인식이 팽배하게 되었으
며, 이에 따라 기업은 사회에 대하여 책임을 져야 한다.

〈그림 4-1〉과 같이 기업활동의 결과와 사회가 기업에 대해 기대하고 있는
활동 간의 차이는 시간이 지날수록 더욱더 커져가고 있다.

· 그림 4-1 **시간경과에 따른 사회적 책임과 윤리**

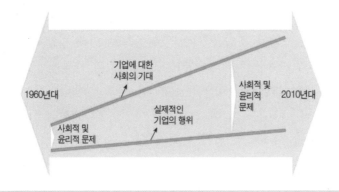

사회가 기업에 대해 기대하고 있는 기업의 역할을 제대로 행해야 할 책임
이 바로 사회적 책임인데, 기업의 사회적 책임(social responsibility)이 중요성을
갖게 된 구체적인 이유는 다음과 같다.

첫째, 현대사회는 복잡하며, 사회의 여러 기관과 이익집단들이 상호불가분
의 의존관계에 놓여 있는데, 특히 기업의 규모와 힘의 확장으로 기업은 사회
에 막대한 영향력을 행사하게 되었다.

둘째, 사회가 보존하기를 원하는 부와 가치가 과거보다 다양해졌다는 것
이다. 이에 따라 기업은 좋은 공적 이미지를 유지하기 위하여 사회적 책임을
수행해야 한다.

셋째, 기업이 사회적 책임을 게을리하면 정부규제를 받게 된다는 점이다.

넷째, 현대의 윤리개념과 관련되는 것으로서, 현대의 윤리개념이 기업에 대해 책임 있는 행동을 취할 것을 요구하고 있다.

(2) 사회적 책임의 의의

기업의 사회적 책임에 대한 많은 연구가 있음에도 불구하고 그 용어의 개념이 모호하기 때문에 일치된 합의가 없다. 사회적 책임에 대한 정의는 다음과 같이 다양하다.

첫째, 사회적 책임은 우리 사회의 목표나 가치적 관점에서 바람직한 정책을 추구하고, 그러한 의사결정을 하거나, 그러한 행동을 가져야 하는 기업인의 의무이다.

둘째, 기업의 사회적 책임은 기업의 활동으로 인해 발생하는 문제의 관점 및 기업과 사회의 관계를 지배하게 되는 윤리원칙의 관점에서 생각될 수 있으며, 이러한 문제의 해결과 윤리의 준수가 곧 사회적 책임이다.

셋째, 사회적 책임은 기업의 사회에 대한 경제적 및 법적 의무뿐만 아니라, 이러한 의무를 넘어서서 전체 사회에 대한 책임까지를 의미한다.

넷째, 사회적 책임은 주어진 특정시점에서 사회가 기업에 대하여 가지고 있는 경제적·법적·윤리적 및 자유재량적 기대를 모두 포함한다.

다섯째, 사회적 책임은 개인, 조직, 사회제도들 간의 상호의존성의 인식과 그러한 인식을 도덕적, 윤리적, 정치적 가치의 틀 내에서 행동으로 옮기는 것이다.

상기와 같은 정의를 요약하면, 기업의 사회적 책임(Corporate Social Responsibility: CSR)은 기업이 사회에 대한 경제적, 법률적 의무를 포함하여 사회로부터 정당성을 인정받을 수 있는 기업활동을 해야 한다는 것이다. 이는 기업에게 이익추구뿐만 아니라 사회 전반에 대한 책임이 있음을 의미한다.

그러므로 사회적으로 책임 있는 기업은 의사결정을 할 때, 그 결정이 기업의 이익만을 생각하는 것이 아니라 기업이 속한 사회 또는 국가전체의 이익 또는 부를 항상 고려해야 한다는 것이다.

2. 사회적 책임의 근거

오늘날 경영자가 사회적 책임을 져야 할 이론적 근거로는 다음을 들 수 있다.

(1) 시장의 불완전성

오늘날 많은 기업들은 자본주의 원칙인 완전경쟁이 아니라 독점 혹은 과점상태에서 기업활동을 전개하고 있는 경우가 많다. 독점기업들은 그들 스스로가 생산량을 통제해서 시장가격을 조작할 수 있다. 이와 같은 독과점상태에서는 시장의 자동조절기능에 의해서 경제가 흘러가도록 경제활동을 자동장치에 일임할 수가 없다. 여기에서 경영자의 사회적 책임을 물어야 할 근거가 발생하는 것이며, 그것은 시장의 자동조절 기능의 불능이라는 시장구조의 변화에서 기인되는 것이다.

(2) 외부불경제

기업은 이윤을 극대화하기 위하여 다양한 경영전략을 모색하는데, 그 과정에서 기업은 사회에 대하여 해를 끼치는 경우가 생기는 것을 외부불경제(external diseconomies)라고 한다. 외부불경제의 개념은 기업의 행위가 지역사회 등 다른 경제주체에 대하여 불이익을 초래하게 한다는 현상을 뜻한다. 예를 들면 기업이 공해를 유발함으로써 환경을 파괴하면서 사람들에게 손해를 입히고도 이에 대한 비용을 지불하지 않는 것을 의미한다.

(3) 최저시민권의 보장

최저시민권이란 모든 사람들에게는 한 소시민으로서 최저임금은 물론이고 여가, 의료, 녹지, 교육, 주택, 도로, 교통 등의 생활환경에 있어서도 최저의 복지수준이 보장되어야 한다는 것으로, 국민적 최저권이라고도 한다. 현대기업의 경제활동은 모든 사람에게 이와 같은 최저시민권을 확보하도록 하여야 한다는 데에 기업이 져야 할 사회적 책임의 또 다른 근거가 있다.

(4) 지속가능한 성장

기업의 경영에 영향을 미치는 경제적, 환경적, 사회적 이슈들을 고려하면서 기업의 가치를 지속적으로 증가시켜야 한다는 것을 의미한다. 단기적인 재무성과와 더불어 장기적인 비재무적 성과도 중시해야 한다. 기업의 지속가능 성장 여부는 다우존스 지속가능성지수(DJSI)가 있다.

3. 사회적 책임에 대한 이론

기업의 사회적 책임에 대하여 모든 사람이 찬성하는 것은 아니다. 경영자의 사회적 책임은 찬반론으로 대립되고 있는데, 이것은 기업이 사회에서 수행하는 기능과 역할을 어떻게 보느냐에 따라 긍정론과 부정론으로 나누어진다.

(1) 사회적 책임의 부정론(고전학파)

기업은 경제적 조직체이므로, 기업의 유일한 책임은 그 소유주를 위하여 가능한 한 많은 이윤을 창출하여야 한다. 그리고 기업은 그 본래의 사회적 기능인 생산적 활동범위, 즉 경제활동에 한정시키고 그 이상의 과업환경주체의 요청은 정부나 기타 제도에 맡겨야 한다는 견해이다. 기업의 사회적 책임에 반대하는 대표적인 학자는 프리드만(M. Friedman)이며, 그들의 중요한 논거는 종합해 보면 다음과 같다.

1) 본질적 기능수행의 저해

이것은 이익극대화라고 하는 기업의 기본목표를 저해한다는 것으로서, 기업은 시장메커니즘에 따라 경제적 기능만을 수행해야 한다는 것이다. 기업이 사회적 문제에 개입하게 되면 경제적 생산성에 대한 기업의 목표를 약화시키고 경영자의 관심을 분산시키며, 시장에서 기업을 도태시켜서, 결과적으로 기업으로 하여금 경제적 역할과 사회적 역할을 모두 충실하게 수행할 수 없게 한다는 것이다.

한편, 사회적 책임은 국제수지균형을 무시한다는 것이다. 만약 기업이 사

회 프로그램에 참여하기 위하여 비용을 증가시킨다면, 그것은 제품가격을 상
승시키며, 또한 기업의 생산능력을 약화시킨다면, 이러한 낮은 능률은 높은
생산비용을 초래할 것이다. 그 결과로 국내시장에서 보다 적은 판매이익을 얻
게 되어 그 나라의 국제수지를 약화시키게 된다는 것이다.

2) 다원사회에 대한 위협

기업이 사회적 책임이라는 이름 아래 활동의 영역을 넓혀 나갈 경우, 이
는 필연적으로 기업에 힘의 집중을 가져와 다원사회를 붕괴시킨다는 것이다.
이러한 권력의 집중은 현재 우리가 누리고 있는 권력의 다원적 배분을 위협하
고 또한 자유로운 다원사회의 생존가능성을 감소시키게 된다는 것이다.

만약 기업이 사회적으로 개입하게 되면, 반대하는 집단들 간에 커다란 마
찰이 생기게 되어 오히려 사회적 과업을 충실히 수행할 수 없을 것이다.

3) 책임(accountability)의 문제

책임(accountability)은 기업이 특정한 기능을 수행하는 데 있어서 보고할 의
무를 말한다. 사회적 책임은 정확한 개념과 명백한 내용체계가 마련되지 못하
고, 그 의미가 애매모호하다는 것이다. 즉, 어떤 문제가 발생하였을 때 그 문
제가 왜 발생했고 누구의 잘못인지를 설명(account)하는 책임을 말한다.

4) 실천능력과 비용의 문제

많은 기업가들이 사회적 이슈를 효율적으로 처리할 수 있는 인식능력과
기능이 부족하다는 것이다. 그러한 상황에서 사회적 제약으로 인해 기업의 비
용이 증대하게 된다는 것이다.

실제로 아무런 경제적 대안이 마련되지 않은 상태에서 기업이 사회적 책
임을 이행하도록 일방적으로 강요받는다면 의무수행으로 인하여 부담해야 하
는 부가적 비용 때문에 여러 산업에 존재하는 수많은 한계기업들이 도산하게
된다.

(2) 사회적 책임의 긍정론(사회경제학파)

기업이 적극적·자발적으로 과업환경주체(이해관계자 집단)의 요청을 받아들여 이에 대응하는 것이 기업 자체의 존속·성장에 필요하다는 견해이다. 즉, 현대기업은 사회적 요구를 받아들이고 과거와 같은 선한 행위라는 관점에서 벗어나, 기업의 장기적 생존과 이익을 위해 사회의 주요 문제를 해결하고, 여러 사회적 가치에 적합한 행동을 하려는 주체적이고 자발적인 의지를 표명해야 한다. 이에 대한 대표적인 학자는 데이비스(K. Davis)이다.

1) 규범적 관점: 법적 책임

기업이 사회문화적 규범을 수용해야 한다는 것이다. 기업은 여타의 사회구성원들과 동일하게 일련의 문화적인 규약조건, 즉 문화적 규범하에서 행동해야 한다. 또한 사회적 규범이 변화함에 따라서 기업가의 행동도 변화해야 한다는 것으로서, 경영자의 의사결정은 어느 정도 사회적 책임의 의식을 반영하는 방향으로 영향을 받게 된다.

문화적 규범은 기업의 사회적 책임수행과 관련된 도덕적 의무를 부여한다. 이것은 기업이 문제의 해결을 다른 누구에게 미루기보다는 사회에 미치는어떠한 부정적인 영향을 제거할 도덕적 책임을 져야 한다는 것을 의미한다.

기업이 사회문제의 해결에 이용할 수 있는 가치있는 자원을 가지고 있기 때문에 사회는 이것을 이용해야 한다는 것이다. 즉, 기업은 다른 기관과 함께 가장 우월한 능력을 보완하고 사회적으로 유효한 결과를 낳을 수 있도록 결합되어야 한다.

기업은 혁신능력을 가지고 있으므로, 사회문제를 해결하는데 있어 보다 능률적으로 대처해야 한다는 것이다. 예를 들어, 사회의 자원보존이라는 주장을 기업이 수용하게 되면, 한정된 자원의 생산적 이용이라는 절실한 사회적 요청에 대하여 기업은 기술혁신을 발휘하여 가장 효율적으로 반응할 수 있게 된다.

2) 사회적 관점: 윤리적 책임

이러한 개념은 사회가 기업으로 하여금 다양한 사회재를 산출하기를 기대하는 것을 합리화시키며, 기업은 그것이 장기적으로 볼 때, 이익이 된다면 의당 사회적 재화를 산출해야 한다는 것이다.

장기적 이윤극대화와 관련된 개념으로서, 사회 프로그램의 수행결과로서 나타나는 우호적인 사회환경은 기업의 장기적 이익을 증대시키는 데 기여하게 되나, 기업자가 특정한 종류의 책임 있는 행동에 참여하는 것이 주주에게 이익이 될 수 있다. 예를 들어, 종업원을 훈련시킴으로써 기업의 이익이 증대하게 되면, 최종적으로 주주에게 이익이 된다.

기업 이미지를 개선하는 것도 장기적·사적 이익과 관계가 있다. 양호한 대중 이미지를 추구하고자 하는 기업은 여러 가지 사회목적을 지원하고 있다. 즉, 기업이 현재와 같은 사회적 역할과 사회적 세력을 보유하기를 원한다면, 기업은 사회적 요구에 반응해야 하고, 사회가 원하는 바를 사회에 제공해야 한다.

3) 전략적 관점: 자선적 책임

예방이 치료보다 좋다는 것으로서, 사회적 문제들이 커다란 재앙이 되어서 경영자가 보다 많은 시간을 소비하기 전에 즉시 경영자가 해결해야 한다는 것이다.

기업이 정부규제를 회피하기 위해서도 사회적으로 책임 있는 행동을 함으로써, 정부가 새로운 제한을 도입하는 것을 방지한다면, 아마도 그 자신의 사적인 이익뿐만 아니라 공적인 이익까지도 성취할 수 있게 된다.

4) 기타 관점

기업은 많은 사회적 권력을 가지고 있으며, 생태적 및 사회적 약자, 기타의 문제에 대해 영향력을 가지고 있으므로, 이에 상응한 사회적 책임이 부과되어야 한다. 기업이 갖는 관리적, 전문적, 직능적, 자본적 자원을 사회문제에 적용하여 그 해결에 공헌하도록 해야 한다.

(3) 사회적 책임의 내용

〈표 4-1〉과 같이 사회적 책임은 긍정론과 부정론이 대두되고 있기는 하지만, 우리는 현대기업이 갖는 사회적 책임의 중요성을 간과할 수 없다. 이것은 기업이 이윤을 추구하는 조직체로서 인식될 필요가 없다는 것을 뜻하는 것이 아니라, 기업이 사회적 책임을 보다 성실히 이행할 수 있을 때 기업의 이윤추구가 더 잘 될 것이라는 것을 의미한다.

표 4-1 **사회적 책임의 찬·반 내용**

찬성	반대
사회적 배려와 조치는 장기적 이익을 가져온다.	사회적 책임에 관한 규정은 불법이다.
기업이 처한 지역사회와의 관계 개선을 위하여 필요하다.	사회적 활동은 측정할 수가 없다.
사회적 책임은 윤리적 사항이 된다.	그것은 이윤극대화를 파괴한다.
그것은 기업의 이미지를 향상시킨다.	사회적 책임 내용의 증대는 제품가격을 인상시킨다.
사회문화적 규범은 그것을 필요로 한다.	기업은 사회적 문제를 해결할 사회적 기술이 없다.
질서정연한 법률사회를 유지하기 위하여 그것은 필요하다.	그것은 기업의 기본적 목적을 약화시킨다.
기업은 사회문제를 해결하기 위한 주요 기구이다.	사회적 책임을 다해도 공공으로부터의 지지를 얻지 못한다.
정부규제를 예방할 수 있다.	정부규제에 무방비 상태다.

기업은 단순히 경제적 조직이 아니라, 그것은 하나의 사회 시스템으로서 다른 사회 시스템과의 원만한 사회 작용 속에서 더 큰 사회적 가치를 실현할 수 있기 때문이다. 즉, 기업을 하나의 사회 시스템으로 이해할 때, 그것은 경제적 재화와 서비스의 생산뿐만 아니라, 사회에 대한 봉사기능도 아울러 수행함으로써 다수인들에게 이익을 줄 수 있어야 한다.

이러한 배경에서 기업과 기타 조직들에 적용되는 사회적 책임은 기업의 내외에 둘러싸고 있는 환경주체(이해관계자 집단)에 대한 책임으로서 활동 분야별 내용은 〈표 4-2〉와 같다.

 표 4-2   활동분야별 기업의 사회적 책임내용

활동분야	구체적 내용
환경	환경공해의 예방과 처리문제, 자연자원의 보존
에너지	생산에 있어서의 에너지 보존, 제품의 에너지 능률 증대노력, 기타 에너지 절약계획
소비자운동	진실을 밝힐 책임, 제품보증과 애프터서비스, 유행제품의 통제
사회활동	지역문제에 대한 협조, 보전시설 및 교육문제, 자원봉사자들에 대한 지원
정부관계	국회활동에 대한 제한, 정치적 활동에 대한 통제
사회의 소수집단에 대한 역할	실업자 교육, 평등한 취업기회의 보장, 미개발 지역에 공장 설치
노사관계	종업원의 안전과 건강관리, 탁아소의 설치
주주와의 관계	이사선임, 재무상태의 개선
기업의 자선활동	문화예술에 대한 재정적인 지원, 연구 및 교육을 위한 지원, 기타 자선행위를 위한 지원
경제활동	기업합병의 통제, 거대산업의 분산, 특허권 사용에 대한 제안

2절 현대기업의 사회적 책임

1. 사회적 책임에의 전략

기업이 사회적 책임을 준수하는 수준의 범위는 〈그림 4-2〉에서 설명하는 것처럼 네 가지 전략으로 구분할 수 있다.

- 방해자적 전략
- 방어적 전략
- 화해적 전략
- 적극적 전략

● 그림 4-2 사회적 책임에의 접근법

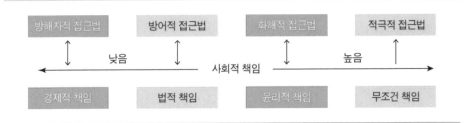

(1) 방해자적 전략(obstructionist strategy)

조직과 경영자들이 사회적 책임을 무시하고 불법적이고 비윤리적으로 행동하고 그들의 행동을 조직의 이해관계자뿐만 아니라 사회가 알지 못하도록 하는 접근법이다. 예를 들면, 담배회사들은 흡연이 폐암의 원인이라는 증거를 오랫동안 숨겨왔다.

(2) 방어적 전략(defensive strategy)

법규는 엄격하게 지키지만 그 이상의 사회적 책임은 회피하고 비윤리적 행동을 간헐적으로 하는 접근법이다. 예를 들면, 기업이 파산하려고 할 때 최고경영층이 다른 주주들에 앞서 그들이 주식을 매각하는 전략이다.

(3) 화해적 전략(accommodative strategy)

경영자가 합법적인 윤리적 행동을 하려는 전략이다. 비윤리적 행위는 이미지에 악영향을 미치기 때문에 이러한 전략을 사용한다.

(4) 적극적 전략(proactive strategy)

사회적 책임을 무조건적으로 인식하여 문맹퇴치, 빈곤타파에 적극적이다.

2. 기업의 사회적 책임의 대상내용

경영자(기업)의 사회적 책임 가운데, 보편화된 견해에 따라 책임내용을 구체적으로 설명하면 다음과 같다.

(1) 기업의 유지 및 발전에 대한 책임

오늘날 기업은 사적소유물이 아니라 사회 공기관이므로, 사회적이고 공익적인 당위성면에서도 유지 및 성장되어야 한다. 이러한 공공성을 갖는 기업은 계속기업으로서 건전하게 유지 및 존속되어야 한다. 그 이유는 기업이 파산되면 국민경제 전체에 대해서 큰 손실을 자아내며, 또한 경제성장에 장애가 되기 때문이다. 그러므로 기업은 반드시 유지 및 존속되어야 하며 그러기 위해서는 기업존속을 위한 적정이윤을 확보하고 또한 이를 공정하게 배분하여 적극적으로 성장됨으로써, 경제성장의 핵으로서의 기능을 수행하는 것이 경영자의 사회적 책임이다. 이 책임을 본원적 사회적 책임이라고 한다.

(2) 이해관계자 집단에 대한 이해조정 책임

이해관계는 그 하나를 극대화하면 다른 것을 희생해야 한다는 이율배반적인 경우가 있으므로 이들 이해가 충돌될 경우, 이는 경영의사결정이나 집행과정에서 커다란 문제를 야기시킨다. 이들 이해관계자 집단의 이해조정문제는 경영자의 중요한 사회적 책임과제가 된다. 즉, 이해관계자 집단의 모든 요구에 충실히 보답하는 사회적 책임을 충실히 이행해야 한다.

(3) 종업원의 인간적 만족에 대한 책임

기업의 최대 자산인 인적자원, 즉 종업원들의 협력태세를 확보하지 못하면 경영성과의 달성을 기대할 수 없다. 그러므로 경영자는 인적자원을 확보하고, 적절한 리더십을 통하여 동기를 부여하여, 그들의 협동적 노력을 증대시켜야 한다. 이들 종업원들에게 경영참가제도와 복지후생제도를 도입·활용함으로써 회사와의 일체감을 형성시키고, 그들의 인간적 만족을 실현시켜 줄 때, 그들의 생산성이 높아진다. 종업원들에게 사회적, 심리적, 경제적 만족감을 주고 사기를 높여 자주적 협력을 끌어냄으로써 경영사회의 안정화와 산업 평화를 추구할 수 있다.

(4) 고객에 대한 극대만족의 실현

기업은 고객의 욕구를 충족시킬 수 있는 최적 품질의 제품과 서비스를 생산 및 제공함으로써, 고객의 극대만족을 실현시켜 주고, 이를 통해서 삶의 질을 향상시켜 줄 때 기업은 소비자 집단에 대한 책임을 이행하게 된다. 소비자에게 판매할 수 없는 제품, 즉 소비자가 구입할 수 없는 제품을 생산한 기업은 존속할 수 없으므로, 경영자는 기술혁신을 통하여 염가와 양질의 제품, 즉 가치지향적인 제품과 서비스를 생산 및 공급함으로써 고객에게 최상으로 서비스해야 한다.

(5) 정부에 대한 책임이해의 충실

현대경영은 국가의 법규나 규제의 영역에서 벗어나지 않도록 경영활동을 전개해야 한다. 기업활동의 대전제란 정부에 대한 의식은 곧 국민에 대한 의식을 의미하는 것이므로, 거래관계와 연계된 일체의 법규를 준수해야 한다. 정부가 행하는 일에 보다 적극적으로 협력할 때 기업시민으로서 역할을 다하는 것이다.

(6) 지역사회에 대한 책임

경영자는 지역사회에서 종업원을 고용한다거나, 그들의 복지향상을 통하여 지역사회의 발전에 기여함은 물론, 지역사회에 미치는 각종 위해에 대해 적절한 보상과 더불어 이를 방지하기 위한 적극적인 대책을 강구해야 한다. 지역사회에 대한 책임은 지역경제의 공동개발에 적극적으로 참여하고 또한 이익을 재투자함으로써 지역발전에 도모해야 한다. 또한 지역의 문화시설에 대한 적극적인 투자를 통하여 기업이 소속하고 있는 지역사회의 문화적 수준을 향상시킬 수 있어야 한다. 교통장애의 방지, 도로손상의 방지, 공장의 미화, 경관파괴의 방지, 대규모 신규노동이입의 방지, 노동자 해고의 억제, 상해자 가족에 대한 충분한 배려 등의 지역사회에 대한 책임을 성실히 이행해야 한다.

(7) 채권자, 원료공급업자 및 유통분배업자에 대한 책임

가치공급 연결고리를 구성하며 또한 경쟁자와 대응하기 위하여 동반자화를 구축하고 있는 원료공급업자 및 유통업자와의 협력관계를 조성하도록 해야 한다. 즉, 거래조건을 성실하게 이행하고 신용을 돈독히 하여 신뢰성을 구축하도록 해야 한다.

(8) 산업공해발생 방지에 대한 책임

기업활동으로 인해 발생하는 환경오염의 피해자는 언제나 지역사회의 주민, 더 크게는 국가전체이므로, 경영자는 피해가 생길 경우, 이에 대한 보상과 더불어 이를 방지하는데 적극적으로 노력해야 한다. 따라서 충분한 사회비용을 투입하고 또한 공해발생의 요인인 노후시설을 대체하는 데 노력해야 한다. 그린라운드(GR)에 적극적으로 대응하기 위한 환경친화적인 기업이 되도록 심혈을 기울여야 한다.

(9) 기술개발에 대한 책임

오늘날 기술의 진보 및 발전, 소비자 욕구의 다양성 및 기업 간의 경쟁격화는 기업에 있어서 기술혁신에 의한 신제품 개발의 중요성을 가속화시키고 있다. 따라서 기업은 연구개발 관리를 확충하여 신제품 개발과 생산성 향상을 실천하여 사회적 이익이 증진되도록 노력해야 한다.

기술의 개발과 연구는 우리 기업의 생존과 발전에 있어서 필수불가결한 요소이다. 또한 선진국은 기술보호의 장벽을 높이고, 국제기술질서(TR: 기술라운드)의 형성이 가시화되고 있는 실정이므로, 경영자는 창의성에 바탕을 둔 기술혁신에 많은 시간과 노력 및 투자를 집중해야만 한다.

(10) 후계자 육성에 대한 책임

기업의 성장과 발전을 위해서는 유능한 후계자를 양성하여 기업의 미래발전에 도모해야 한다. 이는 내일을 위한 유능한 경영자의 양성 없이는 기업 성장을 기대할 수 없기 때문이다.

전문 경영자를 개발하고 육성하기 위해서는 무엇보다도 사전준비에 의한 경영자교육이 철저해야 하며, 이러한 경영자교육 없이는 경영의 활력성을 키울 수 없다.

 3절 사회감사의 목표: 기업의 사회활동에 관하여 대중에게 보고

1. 사회감사의 개념

사회감사(social audit)라는 용어는 1953년 보웬(M. R. Bowen)에 의해 쓰여지기 시작하였으나, 1970년대부터 그 사용이 보편화되었다. 사회감사에 대한 일반적인 정의는 "기업의 재무성과를 보고하는 재무제표에 대비되는 기업의 사회적 성과, 즉 기업의 사회적 프로그램을 구성하는 모든 활동을 포괄적이며 단계적으로 검토하여 보고하는 것"이라고 내릴 수 있다. 즉, 사회감사는 기업의 사회에 대한 책임 이행도와 공헌도를 평가하기 위해 실행하는 것으로서, 조직이 실현한 경제적 성과가 아닌 사회적 성과를 확인, 측정, 평가, 보고 및 조사하기 위한 시스템적 접근방법이다.

사회감사란 고용활동, 환경보호 및 자선행위와 같은 사회적 사건과 관련되는 모든 기업활동의 업적 및 성과를 규명 및 측정하고 또한 평가하는 공식적인 절차라고 할 수 있다. 이와 같이 정의되는 사회감사에 대해 기업들이 관심을 기울이는 이유는 다음과 같다.

첫째, 기업가는 그들이 공공의 관심사와 조화되는 사회적 책임의식을 갖고 있다는 것을 나타내고 싶어 한다.

둘째, 기업가의 가치관이나 행동을 사회의 다른 부문에서와 마찬가지로 보다 큰 사회적 책임의 방향으로 변화해 가야 한다.

셋째, 상담자들이 사회감사의 수행방법을 개발하려고 노력하고 있다.

넷째, 기업이 사회적으로 더욱 책임 있게 되도록 기업 외부의 압력단체들이 영향을 미치고 있다.

다섯째, 종교단체나 교육기관과 같이 비영리조직들의 구성원들이 자기가 투자하고 있는 기업의 사회적 책임수행에 대해 관심을 갖고 있다.

여섯째, 기관투자가들이 사회적 책임을 수행하는 기업의 증권을 선호하는 경향이 있다.

2. 사회감사의 범위

기업의 사회감사는 외부의 전문가들에 의해 수행되는데, 그 내용은 ① 기업의 상징적 활동, ② 종업원의 복지후생, ③ 소비자보호, ④ 지역사회에 대한 서비스, ⑤ 환경보호와 생태계, ⑥ 고객서비스, ⑦ 공평한 교육, ⑧ 사회적 업적을 위해 기업에 부과된 책임 등에 대한 것이다.

스테이너(G. A. Steiner)는 사회감사에는 ① 법률이 요구하는 활동, ② 노조와의 계약을 완수하는 활동, ③ 기업에 의해 자발적으로 취해진 활동, ④ 사회적으로 유익한 활동이 포함되어야 한다고 주장하였다. 그 상세한 내용은 ① 장학금, 학자금 융자 등을 포함한 교육기관에 대한 재정지원, ② 신체장애자의 적극적인 고용, ③ 직업 및 경력기회의 제공, ④ 현대적인 공해방지 설비의 설치, ⑤ 사경제부문에서의 생산성 향상, ⑥ 예술단체나 예술가에 대한 재정지원, ⑦ 훈련이나 특별교육을 통한 기회균등의 보장, ⑧ 기업경영의 혁신성 및 성과향상, ⑨ 공해의 피해를 최소로 줄이는 설비운용 등이다.

상기의 내용과 여러 학자들이 주장하고 있는 사회감사의 내용을 종합하여 보면 〈표 4-3〉과 같다.

기업이 사회에 미치는 영향을 확인, 측정, 평가 및 보고하고 감사하는 과정은 그 실행과정에서 여러 가지 문제점이 내포되어 있다. 사회감사를 행하는 경우, 감사대상이 되는 행위, 그런 행위를 평가하는 방법, 그리고 사회적 성과를 평가하는 방법 등의 어려운 문제가 있다.

사회감사의 일반적인 목표는 경영자들로 하여금 사회에 대한 기업의 활동 조치의 영향을 인식하도록 하는 것이므로, 다음과 같은 목적에 기여할 수 있다.

첫째, 기업의 사회적 활동에 관해서 이해관계자와의 일반사회 대중에게 정보를 제공할 수 있다.

표 4-3 사회감사의 주요 내용

항목	내용
환경	• 오염의 관리, 자연자원의 보존, 환경의 재생과 보호, 재생의 노력
에너지	• 생산, 판매활동에서 에너지 보존
공정한 기업활동	• 제품의 에너지 효율을 증대시키기 위해 노력 • 기타 에너지 저장계획 • 여자와 소수집단의 고용과 승진 • 불이익을 받는 이들에 대한 고용확대와 승진 • 소수인 소유회사의 보호 • 종업원 안전위생의 촉진, 종업원 교육 및 훈련
인적자원	• 불이익을 받는 종업원에 대한 구체적 교육 • 알코올 중독자와 약물 중독자와의 상담, 경력상담 • 종업원 적성과 스트레스의 관리 • 공중위생 프로그램에 자금지원
지역사회의 관여	• 교육과 예술에의 지원 • 지역사회 레크리에이션 프로그램에의 지원 • 지역사회의 사업에 협조 • 제품 안전성의 제고
제품	• 제품 안전교육 계획에 대한 자금지원 • 공해제품의 제거 • 제품의 영양가치 개선 • 포장과 상표개선

둘째, 기업활동의 사회적 성과에 대한 책임의 기준을 제공한다.

셋째, 기업의 경영자에 의해서 사회감사를 이용할 수 있다. 즉, 사회감사에 포함되어 있는 정보는 정상적인 경영의사결정의 기반을 확장시키기 위해 이용될 수 있다.

3. 기업사명(mission)의 예

기업들은 그들의 사회적·윤리적 성과를 향상하기 위해 여러 다양한 기법을 사용하고 있는데, 그 방법 중에는 ① 윤리헌장, ② 고발제도, ③ 옴브스맨, ④ 기업윤리위원회, ⑤ 태스크포스 및 ⑥ 훈련 프로그램, ⑦ 윤리감사 등이 있다. 그중에서도 기업들은 사회적 책임을 표현하고 또한 기업 스스로 사회적·

윤리적 책임을 수행하기 위해서 윤리헌장을 제정하고 있다.

우리나라는 1996년 2월 15일 전국경제인 연합회에서 최초로 기업윤리헌장을 제정하였다. 기업윤리헌장은 전문에서 "세계가 하나의 시장으로 열리고 경제력이 나라의 흥망을 가름하게 될 세기적 변화의 문턱에서 우리 기업은 나라와 민족의 장래를 떠받쳐야 할 소중한 사명을 짊어지고 있다"고 전제하고, "우리 기업은 경영과 기술을 혁신하고 투명한 기업경영을 통해 새로운 시대정신과 국민적인 여망으로 키워나가야 한다"고 강조하고 있다. 8개항으로 구성된 본문에는 ① 기업의 사회적 책임, ② 창의와 혁신을 통한 정당한 이윤창출, ③ 공정경쟁, ④ 대, 중소기업 간 협력발전, ⑤ 소비자와 고객의 권익존중, ⑥ 기업구성원의 이익향상, ⑦ 환경친화적 경영지향, ⑧ 지역사회 발전기여 등의 실천 강령을 담았다.

Johnson & Johnson社의 사회적·윤리적 책임을 잘 나타내고 있는 기업사명문이 〈표 4-4〉에 제시되어 있다.

표 4-4 Johnson & Johnson의 기업사명문(mission statement)

- 우리가 첫번째로 책임져야 할 대상은 의사, 간호사, 환자이고, 어머니, 아버지, 그리고 우리 제품과 서비스를 이용하는 모든 소비자이다.
- 그들의 욕구를 만족시켜 주기 위하여 우리는 항상 최고를 추구하여야 한다. 우리는 적정가격을 유지하기 위하여 끊임없이 비용을 절감시키기 위한 노력을 기울여야 한다.
- 소비자의 주문은 신속·정확하게 받아야 한다. 우리의 제품을 취급하는 기업도 적절한 이윤을 보장받아야 한다.
- 우리는 전 세계에 산재하여 있는 남녀를 불문한 우리 기업의 종사자에게 책임을 가지고 있다. 모든 사람은 똑같은 개인으로 여겨져야 한다. 우리는 그들의 존엄성을 존중하고 우수함을 인식해야 한다. 종사자들은 안심하고 일에 종사할 수 있어야 한다. 봉급은 공정하고 적정하게 지급되어야 하고, 작업조건은 안전하고 깨끗하며, 정돈이 잘 되어 있어야 한다. 우리는 종사자들이 그들의 가족에 대한 책임을 다할 수 있도록 도와주어야 한다. 종사자들이 제안이나 불만을 항시 이야기할 수 있는 분위기를 조성하여야 한다. 자격이 있는 종사자들은 차별 없이 기회가 제공되어야 한다. 항상 공정하고 윤리적인 최고의 경영을 추구해야 한다.
- 우리는 우리가 살고 있고, 일하고 있는 사회뿐만 아니라, 전 세계에 대하여 책임을 진다.
- 우리는 선량한 시민으로서 자의적으로 유익한 자선사업을 추진하고 적정한 세금을 납부한다.
- 우리는 사회의 발전 및 국민건강증진에 기여한다.
- 우리는 자연과 천연자원을 보호하면서 우리가 현재 사용하고 있는 모든 시설을 항상 최상의 조건으로 유지한다.
- 우리는 마지막으로 주주에 대하여 책임을 진다. 기업은 정상적인 이윤을 확보하여야 한다.
- 우리는 항상 새로운 아이디어를 개발, 실험해야 한다. 끊임 없는 연구개발로 혁신적인 프로그램을

개발하며, 실패를 두려워하지 않는다. 새로운 장비 및 시설구입에 인색하지 않으며, 새로운 상품의 개발에 힘쓴다.
- 언제 올지 모를 불황에 항상 대비한다.
- 이러한 원칙에 의하여 영업활동을 할 때, 주주들도 적정한 보상을 받을 수 있다.

4절 경영자가 더욱 윤리적으로 될 수 있는가?

윤리(ethics)는 옳고 그름을 정의하는 규범이나 기준 등을 의미한다. 옳거나 그른 행동은 시대에 따라서 달리 정의될 수 있는데, 불법적인 것들은 대부분 비윤리적인 것으로 인식되어 왔다. 윤리는 사회에서 인정하는 도덕적 기준에 근거하여 행동하는 것을 포함한다. 따라서 윤리는 법을 준수하는 것 이상을 의미한다. 계획하고 조직하고 지휘하고 통제할 때, 경영자들은 윤리적인 문제를 반드시 고려해야 한다. 윤리적 행위의 판단을 위한 기준에는 〈표 4-5〉처럼 네 가지 관점에서 서로 차이가 나는 해석을 나타내고 있다.

표 4-5 윤리적 행동에 관한 4가지 원칙

공리주의	• 의사결정 또는 행동이 최대다수에게 최대행복을 제공하는가? • 편익/비용 분석법 사용 • 결점: 소수에 대하여 불공평 및 불공정, 비금전적 요인무시
사회정의주의	• 의사결정 또는 행동이 만인에게 공정하고 공평하게 보이는가? • 인종, 성별, 종교에 상관없이 기회균등의 원칙 사용 • 결점: 생산성
도덕적 권리주의	• 의사결정 또는 행동이 만인의 기본권(자유, 생명, 행복추구권 등)을 보장하는가? • 결점: 생산성
개인주의	• 의사결정 또는 행동이 장기적으로는 자기이익을 최대로 하는가? • 단기적인 속임수는 타인으로부터 속임수로 돌아오기 때문에 타인이 원하는 윤리적 행동을 보일 수밖에 없다는 원칙 • 결점: 자기와 타인의 이익이 반드시 같지는 않음

1. 공리주의(utilitarian view)

모든 의사결정이 그것의 결과를 중심으로 이루어지는 상황을 말한다. 공리주의는 최대다수의 최대행복을 추구함으로써 이기적 쾌락과 사회전체의 행복을 조화시키려는 사상을 말한다. 한편 공리주의는 효율성과 생산성, 이익극대화 목표의 달성을 권장하였지만, 다른 한편으로는 피지배층에 분배되는 자원을 왜곡시킨다. 공리주의는 "다수에 긍정적 영향을 미치는 행위는 윤리적이고 부정적 영향을 끼치는 행위는 비윤리적 행위"로 요약된다. 극단적으로 51% 직원을 살리기 위해 49% 직원을 해고해도 무방하다는 것이다.

2. 사회정의주의(justice view)

정의주의는 이익과 부담이 평등하게 그리고 일정한 법칙에 따라 분배될 때 존재한다. 사람들이 공정하고 공평한 권리를 강조하고 이를 강화시키는 상황을 말한다. 남녀불문하고 동일노동 동일임금 원칙은 여기에 해당한다. 롤스(Rawls)의 정의론은 각 개인은 타인의 대등한 자유와 최대한의 기본적 자유를 누릴 공평한 권리를 갖는다고 말했다. 예를 들면, 종업원의 채용, 승진, 해고에 있어서 성별, 인종, 종교, 국적에 따라 차별대우를 받아서는 안 된다는 것을 의미한다. 윤리에 관한 정의론적 관점은 장점과 단점이 모두 존재한다. 정의론적 관점은 피지배층들의 이익을 보호할 수 있지만 반면에 위험부담, 혁신, 생산성을 악화시키려는 성향을 부추길 수 있다. 왜냐하면 이익과 비용에 대한 정확한 측정이 어렵다는 것이다. 따라서 정의적 차원의 윤리기준이 일치되기가 어렵다. 그렇다면 자국의 노동자보다 외국인 노동자에게 임금을 차별하는 것이 공정한가? 롤스의 이론은 개발도상국의 노동자들에게 도움이 된다면 공정한 것이라는 주장이다. 이를 차등의 원칙(difference principle)이라 한다. 존 롤스는 어느 정도의 소득의 불평등은 생산성제고를 위해 필요하다고 주장한다.

3. 도덕적 권리주의(moral-rights view)

모든 인간은 사생활, 양심의 자유, 자유발언, 정당한 법절차를 포함한 개인의 자유와 특권을 보장하는 기본적 자유과 권리를 가지고 있다고 주장한다. 도덕적 권리주의의 장점은 양심의 자유, 언론의 자유, 개인의 자유와 사생활을 보호할 수 있다는 것이다. 그러나 조직의 관점에서 보면 법의 준수에 지나치게 의존하는 업무환경은 높은 생산성과 효율성을 달성하는 데 장애물이 될 수 있다. 오늘날에는 도덕적 권위주의의 윤리적 판단이 중요하게 부각되고 있다. 그 이유는 많은 사람들이 인간의 생명, 존엄성에 대한 기본권리를 저해하는 행위를 비윤리적이라고 생각하기 때문이다. 따라서 우리나라에서도 공해방지법, 소비자보호법, 공정거래법 등을 제정하여 도덕적 권리기준을 보장하고 있다.

4. 개인주의(individualism)

개인주의 접근법은 장기적인 개인의 이익을 최대로 할 수 있는 의사결정을 한다는 것이다. 단기적인 이익에 집착하면 역효과로 되돌아 온다는 것이기 때문에 개인주의는 다른 사람들의 기대에 부응하는 윤리적 행동을 유도한다는 것이다.

결론적으로 각각의 접근법은 강점과 약점을 갖고 있기 때문에 생산성 달성을 위해 공리주의 원칙을 유지하면서 법에 의하여 요구되는 도덕적 법률주의가 확보되어야 하고, 개인주의 및 사회정의 기준을 고려할 수 있다고 하겠다.

5. 기업윤리 규범 세우기

기업윤리(business ethics)란 기업이 한 조직으로서 사회 속에서 마땅히 지켜야 할 도리를 말한다. 기업윤리는 '기업의 태도, 행동의 옳고 그름이나 선과 악을 체계적으로 판단하는 기준'이 되며 기업경영에서 발생하는 도덕적 문제를 해결하는 역할을 한다.

준수기반 윤리규범(compliance-based ethics codes)과 청렴기반 윤리규범(integrity -based ethics codes)은 또 다른 규범사례이다. 준수기반 규범은 잘못을 한 사람을 벌하거나 제재하여 불법적인 행위 예방을 강조하는 윤리규범이다. 청렴기반 윤리규범은 조직의 방침과 가치관을 제시하고 윤리적으로 건전한 행동을 지지하는 환경을 조성하는 규범이다.

경영자의 윤리적 혹은 비윤리적 행위를 판단하는 다양한 요소가 존재한다. 이러한 요소들은 개인의 도덕성, 가치, 성격, 경험, 기업의 문화 등이다. 도덕적 신념이 약한 사람일수록 규칙과 정책, 직무기술서 혹은 문화적 규범에 의해 통제되어야 부정한 행위를 할 가능성이 적어진다. 윤리강령(code of ethics)은 모호성을 줄이기 위한 도구로서 널리 사용된다.

5절 윤리와 합법성

1. 윤리와 합법성

미국의 엔론·월드콤 사태에서 보는 바와 같이 분식회계·횡령은 엄연한 불법이며 회사의 존폐를 좌우한다. 윤리는 사회에서 행동의 옳고 그름을 판단하는 도덕적 행동기준이며, 합법성은 단순히 입법된 법안을 준수하는 것에 불과하다. 윤리(윤리)법)는 합법성을 포함하는 법보다도 넓고 포괄적인 개념이다. 윤리규범은 윤리적 행동인가 판단하는 기준이 되므로 가장 근본적인 것이다. 다양한 문화·종교·사상이 인정되는 자유민주주의 사회에서 윤리적 규범을 결정하기는 매우 어려우면서 중요한 과제이다.

불법적 기업행동은 비윤리적인데 합법적 기업행동은 무조건 윤리적인 것인지 생각할 필요가 있다. 따라서 비윤리적이라면 그 기준은 무엇인지, 이해당사자마다 다르지 않은지 살펴보기로 한다.

(1) 윤리적 딜레마

윤리적 딜레마란 윤리적 선택과 비윤리적 선택 중 어떠한 선택을 해야할지 갈등하는 것을 말한다. 윤리적 딜레마를 지혜롭게 해결하기 위해서는 다음과 같은 질문을 할 필요가 있다.

1) 합법적 행동인가?

음주운전을 하거나 마케팅 정보를 모으거나 제품을 디자인하거나 종업원을 고용·해고하거나 산업폐기물을 버릴 계획이거나 종업원에게 문제가 될만한 다른 이름을 사용한다거나 할 경우 여러분의 행동이 가져올 법률적인 문제에 대해 생각할 필요가 있다. 이는 필수적이지만 첫 단계일 뿐이다.

2) 균형 잡힌 행동인가?

윈-루즈 상황은 자주 루즈-루즈 상황으로 끝난다. 패자와의 관계로부터 생성되는 손실만큼 큰 손해가 없다. 우리는 이런 상황을 주식시장에서 쉽게 볼 수 있다. 비행을 저지르는 것으로 그저 의심을 받고 있는 기업들의 주가가 급격히 하락하는 것을 보아왔다. 모든 상황이 완벽하게 균형잡힐 수 없지만 시간이 흐를수록 주요한 불균형을 피하는 것은 인간관계에 있어서 중요한 일이다. 윤리적인 사람은 윈-윈 상황을 만든다. 다시 말하면 연관된 모든 사람들에게 유익한 결정이 되도록 노력한다는 것이다.

3) 스스로 어떻게 느끼는가? 자부심을 느끼는가?

사리분별에 어긋나는 행동들은 자긍심을 좀먹기 때문에 우리를 불편하게 만든다. 이것이 윤리적인 비즈니스맨이 수익을 추구하는 것뿐만 아니라 적절한 행동을 하는 이유이다.

(2) 윤리경영을 위한 경영자의 역할

관리자가 행동으로 직접 보여주는 것이 핵심이다. 윤리적 행동에 관한 처벌과 보상이 중요하며 그 기준이 윤리규범이다. 따라서 관리자라면 윤리규범을 명확하게 세우는 것이 첫 번째이다. 윤리규범은 준수기반 윤리규범과 청렴기반 윤리규범으로 나뉜다.

1) 준수기반 윤리규범

잘못을 범한 사람을 벌하거나 제재하여 불법적인 행위 예방을 강조하는 윤리규범을 말한다.

2) 청렴기반 윤리규범

조직의 지침과 가치관을 제시하고 윤리적으로 건전한 행동을 지지하는 환경을 조성하며 종업원들 사이의 책임을 정의하는 윤리규범이다.

3) 절차

최고경영진은 분명한 기업의 행동규범을 채택하고 절대적으로 지지해야 한다. 종업원들은 윤리적 행동에 대한 기대가 최고경영진 수준에서 시작되며 고위 관리자들 역시 모든 종업원이 윤리적으로 행동할 것을 기대하고 있음을 숙지하고 있어야 한다.

관리자와 기타 모든 종업원들은 비즈니스의 모든 의사결정 과정에서 윤리적인 고려를 하도록 훈련받아야 한다. 윤리 사무실은 반드시 열려있어야 한다. 종업원들이 윤리적인 문제에 관하여 불필요하게 남의 눈에 띄는 일이 없이 익명으로 상의할 수 있도록 윤리사무실에 직통 전화를 개통해야 한다. 내부고발자는 조직 내의 불법적이고 비윤리적은 행동을 보고하는 사람을 일컫는데 이들을 보복으로부터 반드시 보호해야 한다.

공급자와 하도급업자들, 판매대리점과 고객들도 윤리 프로그램에 대해 인지하고 있어야 한다. 윤리적 고려 사항들을 무시하려는 압력은 종종 외부로부터 오며, 어떠한 윤리적 기준들이 있는지 모두가 인지하고 있을 때 종업원들이 그런 압박에 대처하는데 도움이 된다. 윤리규범은 반드시 실행되어야 한다. 어떠한 규칙이 위반되었을 경우 윤리프로그램을 참고하여 적시에 적절한 행동을 취하는 것은 매우 중요한 일이다. 이는 윤리규범이 중요하다는 것을 모든 종업원들에게 알리는 최선의 방법이다.

가장 중요한 것은 실행에 옮기는 것이다.

2. 기업의 사회적 책임과 유형

기업의 사회적 책임

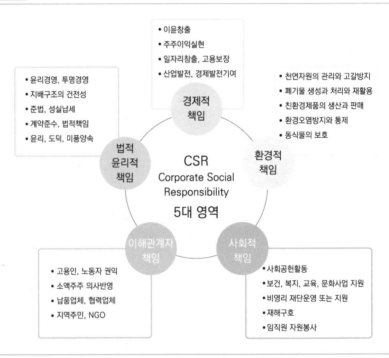

출처: Archie B. Carroll/CSR 5.0(김성택)

기업의 사회적 책임(Corporate Social Responsibility: CSR)은 기업의 소유주뿐만 아니라 기업의 모든 이해관계 당사자들의 복리와 행복에 대한 기업의 관심과 배려에 바탕해 윤리를 넘어 그 이상을 목표로 청렴, 공정, 존중 등 기본원칙을 충실히 이행하는 것을 말한다. 즉 기업의 사회복지에 대한 관여를 말한다. 법 적·경제적·환경적·사회적·이해관계자 책임은 모두 상호 연관이 되어 있으므 로 기업은 이해관계 당사자들과 긴밀한 협력과 상생이 요구된다.

(1) 유형

1) 기업자선

자선, 기부 등을 포함한 기업 차원의 사회적 책임을 의미한다. 한 예로, 모그룹이 최근 이웃사랑 성금으로 120억 원을 기부하는 행위 등이다.

2) 기업의 사회적 솔선수범

기업의 경쟁력과 직접적으로 관련된 기업 자선이 강화된 형태를 말한다. 해당 기업만이 할 수 있는 지원(시각장애인을 위한 로봇청소기 지원 및 펀딩) 행사는 만화 작가, 디자이너와 함께 로봇청소기에 특별한 디자인을 입혀 펀딩을 진행하고, 모은 수익금을 장애 아동들을 위해 사용하는 행위 등을 말한다.

3) 기업의 책임

사회적 소수를 고용하는 일부터 안전한 제품을 생산하는 데 이르기까지 모든 것을 아우르는 기업의 사회적 책임을 의미한다. 최근 모기업은 올해 장애인 1,000명(고용인정 기준)을 신규 채용하였으며, 전체 장애인 구성원은 2,800명으로 지난해보다 60% 이상 증가시켰다. 이 그룹 전체 구성원(10만 8000명) 중 장애인 고용률은 2.6%로 작년보다 1% 상승시켰다.

4) 기업정책

기업차원에서 사회적, 정치적 이슈들에 입장을 취하는 것과 관련된 사회적 책임을 말한다. 미국 의류회사 파타고니아는 옷 한벌이 미치는 환경오염을 표기하고 사지 말라는 마케팅을 실시했고, 이후 오히려 판매량이 증가했다. 파타고니아는 다음 마케팅으로 새옷이 아닌 중고 제품을 판매하는 마케팅을 사용했다. 이는 환경보호에 앞장 서는 기업이라는 인식을 심어주었다.

5) 고객에 대한 책임

　　John.F.Kennedy 대통령은 일찍이 소비자의 4대 기본원리를 제안하였다. 이는 안전할 권리, 정보를 제공받을 권리, 선택할 권리, 의사를 반영할 권리를 말한다. 국내 가습기살균제 사건은 과연 위와 같은 권리를 보장했는지 묻지 않을 수 없다. 2012년 10월 8일 기준, 환경보건시민센터 집계에 의하면, 영유아 36명을 포함한 78명이 2011년 원인을 알 수 없는 폐질환으로 알려져 임산부나 영아의 폐에 문제가 생겨 폐를 이식하였다. 역학 조사결과 가습기살균제에 의한 것으로 밝혀져 2011년 11월 11일 가습기살균제 6종이 회수되었다. 옥시 가습기살균제 사건은 다음과 같은 문제가 존재하였다.

① 서울대 연구를 통해 인체에 유해하다는 것을 사전에 알았음에도 이를 은폐하였다. -서울대 교수는 징역을 확정받았다.

② 옥시레킷벤키저의 대표였던 존 리는 청문회에서 옥시사태에 대해 정부의 탓이라며 사죄보다 회피하는 태도를 보였다.

③ 당사자인 SK케미칼 등 국내기업은 가습기살균제를 직접 제조했음에도 책임을 회피하고 피해자 보상에 소극적이었다.

④ SK케미칼 등 국내기업은 대법원 판결과 법 개정안 통과에 따라 보상에 나서려고 해 비난과 비판을 받았다.

⑤ 소비자의 안전, 알 권리 등을 적극적으로 침해하는 비윤리적 행동을 보여주는 대표적인 사례이다.

6) 투자자에 대한 책임

투자의 유형(채권, 주식 등)에 따라 투자자의 형태(주주, 채권자 등)도 달라지지만 주주에 대한 가장 큰 책임은 이윤극대화다. 그러나 특정 투자자만을 위해 다수의 투자자들의 권리를 해치는 경우가 발생하는데, 그 대표적인 예가 내부거래다. 내부거래란 내부자가 자신이나 친척 혹은 지인들의 재산을 늘리기 위해 기업의 비공개 정보를 이용하는 것을 말한다. 미공개 내부정보를 이용해 부당이득을 챙긴 혐의로 보석업체 '제이에스티나'의 김기석 대표이사 구속되었다. 지난 6월 금융위원회 산하 증권선물위원회는 김 회장 가족이 내부정보를 이용해 부당이득을 챙겼다고 파악했다. 제이에스티나가 지난해 영업적자가 대폭 늘었다고 공시하면서 주가가 급락했고 이 과정에서 김 공동대표 가족이 '영업적자'라는 미공개 정보를 이용해 불공정 주식거래를 했다는 논란이된 것이다.

제이에스티나도 당사의 대표이사와 상무이사가 자본시장과 금융투자업에관한 법률 위반 혐의로 구속되어 수사 중이라고 공시했다. 내부거래는 다른 투자자의 권리를 해치는 중대범죄이다.

7) 환경에 대한 책임

① 패키지 프리: 포장을 하지 않음으로써 비닐봉지, 플라스틱 용기 사용을 감축한다. 소비자들이 에코백이나 장바구니를 지참하여 소비를 하도록 유도하는 것을 말한다.

성수동 서울숲 근방에 위치한 ThePicker는 친환경 식료품점 및 레스토랑은 식료품을 판매하고 유통기한에 가까워지는 식료품은 조리하여 판매함으로써 Zero-Waste를 선도하는 매장으로 유명하다.

② 컨셔스 패션(conscious fashion): 의식있는 패션. 소재 선정부터 제조 공정까지 친환경적이고 윤리적으로 생산되는 의류 및 그러한 의류를 소비하려는 트렌드를 말한다. 파타고니아의 '이웃을 사지마세요', '사지말고 고쳐입으세요', '캠페인 환경보호를 위해 사지마세요' 캠페인을 진행했으나 옷 판매량이 늘어나자, 새 제품을 판매하는 것이 아니라 중고 제

품을 판매하는 마케팅을 실행했다.

③ 프리사이클링(precycling): 사전 재활용을 의미한다. 생산된 제품이 그 자체
로 재활용 될 수 있도록 생산하는 것을 말한다. 국내 중소기업 나무리
프는 낙엽을 일회용 그릇으로 만들어 판매하고 있다.

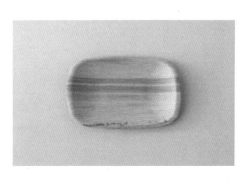

④ 리디자인(redesign) 업사이클링(upcycling): 업사이클링은 단순한 리사이클링
(재활용)을 넘어 새로운 가치를 더해 친환경제품으로 리디자인하는 것
을 말한다. 버려진 '쓰레기'를 가치 있는 '명품'으로 변화시키는 것을
의미한다.

8) 사회적 책임 기업소개 - 환경(터치포굿)

매출액이 최근 3년간 급상승 하고 있다. 2016년 5~10억, 2017년 5~10억,
2018년 10~50억으로 변화했으며, 2018년 산업 평균은 약 140억 정도이다. 버려
지는 자원과 버리는 마음을 터치하는 사회적 기업으로 2010년에 설립된 강소

기업이다. 높은 성장을 보여주지만 낮은 수익성이 한계라는 지적이 있다.

 터치포굿 (colorful green partner)

① 지난 19대 대선 당시 현수막 제작 및 수거 처리 비용은 약 35억에 달했다.

② 수거된 현수막 대부분은 소각장으로 직행한다. 현수막은 대부분 합성수지로
   제작돼 재활용이 어렵다.

③ 매립해도 잘 썩지 않는다. 현수막을 소각하면 합성수지가 1급 발암물질인
   다이옥신을 배출한다.

이렇게 골칫덩어리인 선거현수막, 낙하산을 터치포굿은 업사이클링, 에코백, 파우치로 제작하여 판매하고 있다.

3. 사회적 감사

사회적 감사는 조직이 사회적 책임을 다하기 위한 프로그램을 수행해나가는 과정을 체계적으로 평가하는 것을 말한다. 기업의 정적 활동(기부, 환경오염제거 등)을 합산한 후 부정적 활동(오염, 해고 등)을 감사하는 방법이 있다. 감사 외에도 기업의 사회적 책임을 감시하는 네 개의 단체가 존재한다.

① 투자자: 자신이 지닌 높은 기준을 기업의 모든 공급업자들에게까지 적용해야 한다고 주장한다.

② 환경주의자: 환경단체의 기준을 준수하지 않으면 기업 이름을 공개하여 압박한다.

③ 조합원: 기업의 규정위반을 찾아내어 기업이 부정적 평판을 얻지 않도록 압력을 행사한다.

④ 고객: 기업이 부도덕하거나 사회적으로 무책임하면 보이콧, 불매운동 행사한다.

4. 국제윤리와 사회적 책임

글로벌 경영환경에 직면한 기업들은 여러 국가와 상호작용하기 때문에 이에 따라 다른 국가에 대한 사회적 책임도 중요하다.

국제윤리를 위해 공통의 국제윤리를 만들고자 하지만 문화, 역사 등이 다 다르기 때문에 어렵다. 나이키는 유명 스포츠 스타들에게는 자사 제품의 광고비 명목으로 수십억 달러의 돈을 아낌없이 지불하면서, 자사의 종업원들에게는 형편없는 대우를 하는 것으로 비난받아왔다. 나이키 아시아지역 운영보고서에서 수천 명의 젊은 여성들이 주 6일제로 하루 10시간 이상을 과도한 열기와 소음, 불결한 공기 속에서 주급 10달러를 받으며 일하고 있다고 보고했다. 현재 나이키는 파타고니아와 갭을 비롯한 다섯 개의 기업들, 여섯 개의 주요 저임금 노동착취 공장 반대 그룹들이 힘을 모아 마련한 단일 노동 기준과 공장 점검 시스템 도입에 참여함으로써 평판을 좋게 하려고 노력하고 있다.

05

현대기업의
기업가정신
이해

도입사례

'5조' 스타트업 잿팟 터트린 공고 출신 CEO는 누구?

독일 딜리버리히어로(DH)로 회사 매각을 결정한 김봉진 우아한형제들 대표는 국내 스타트업 업계를 대표하는 상징적 인물이다. 디자이너 출신의 자수성가한 창업가다. 배달음식 앱 '배달의민족'을 국민 서비스를 키워내 국내 인터넷기업 역사상 최대 규모의 M&A 계약을 성사시켰다.

김봉진 대표는 공고·디자이너 출신 창업가로 IT 전공자, 유학파 CEO(최고경영자)가 즐비한 스타트업 업계에서 이례적인 인물이다. 1976년생으로 수도전기공고를 졸업한 뒤 서울예술로 진학해 실내 디자인을 전공했다.

김 대표는 2002년 이모션에서 디자이너 경력을 시작한 뒤 IT 업계로 입문했다. 네오위즈(2003~2005년), NHN(2008~2010년)에서 일하다가 우아한형제들을 창업했다. NHN 재직 시절 전단지를 스마트폰으로 옮겨오겠단 다짐을 실현하기 위해서다. SI(시스템통합) 업체에서 개발자로 일하던 셋째 형에게 개발을 맡겼다. 최근 본엔젤스벤처파트너스로 합류한 김광수 전 CTO(최고기술책임자)다. 합심한 두 사람이 2020년 7월 내놓은 앱이 바로 배달의민족이다.

배달의민족은 입소문을 타고 빠르게 시장에 안착했다. 출시 1년 만에 사용자 200만 명을 모았다. 간편하고 깔끔한 UI(사용자 인터페이스)와 방대한 정보로 사용자들의 호평을 받았다. 배달의민족은 2014년 초 다운로드 1,000만건을 돌파하며 국민 앱으로 거듭났다. 2015년 수수료 논란 국면에서 '수수료 0%'를 선언한 김 대표의 결단은 국민 앱 지위를 공고히 다진 결정적 계기로 꼽힌다. 김 대표는 사업적인 성공뿐 아니라 자율적인 근무 제도와 B급, 언어유희 등 배달의민족만의 문화를 창출했다는 평가를 받는다.

김 대표는 성공적인 사업 운영뿐 아니라 사회적 책임을 다하는 창업가로 활약 중이다. 그는 2017년 사재 100억 원을 기부하겠다고 공개적으로 선언했다. 지난해와 올해 각각 50억 원, 20억 원을 기부하며 약속을 이행하고 있다. 2017년에는 스타트업 위상을 높이고 입장 대변을 위해 코리아스타트업포럼을 조직, 초대 의장을 맡았다. 코스포는 국내 최대 스타트업 단체로 성장했다.

이날 김 대표는 사내 공지를 통해 "아시아 시장에서 더 큰 도전을 하기 위해 M&A를 결정했고, 이로 인해 우리 회사는 독일 프랑크푸르트에 상장한 회사가 된다"며 "시장의 급격한 성장과 치열한 경쟁 속에서 회사를 지키기 위한 강한 리더십과 경영권을 확보하기 위해 다양한 고민을 했고, 주식시장의 상장과 신규투자유치, 그리고 글로벌 기업과의 연합 등 다양한 경우를 고민하고 시장의 다양한 사람들을 만나면서 이번 결정을 내리게 됐다"고 밝혔다.

그는 "딜리버리히어로와의 협상을 통해 우리 회사는 더 큰 기회를 얻고 더 강한 경영권을 확보할 수 있는 구조를 가지게 됐고, 저와 주요 경영진은 딜리버리히어로의 아시아 지역을 경영하게 됐다"며 "저는 아시아의 '체어맨'이 되며, 이제 우리는 '아시아 고객들에게 좋은 음식을 먹고 싶은 곳에서'라는 미션을 수행하게 될 것"이라고 말했다.

'돌'도 안 지났는데 300억 투자 받고, 스타트업 '백백클럽' 달성도
올해 '돈 풍년' 든 스타트업
자율주행 기술 스타트업 코드42
3월 설립했는데 현대차가 투자

제약 스타트업(신생 벤처기업) 바이오네틱스는 지난 23일 100억 원의 추가 투자를 받았다. 설립된 지 3년이 채 되지 않은 업체지만 '100억 원 허들'을 가볍게 넘어섰다. 업계에서는 '당연한 결과'라는 반응이 나온다. 한 벤처 캐피탈(VC) 관계자는 "바이오네틱스는 블루오션인 녹내장과 난치성 분야에서 두각을 보이는 스타트업"이라며 "유의미한 차별화 포인트가 있는 업체라면 100억 원을 투자받는 게 어려운 일이 아니다"고 말했다.

스타트업 100여 곳, 100억 원 이상 투자유치
투자유치액 상위권에는 우아한형제들(지분 87% 인수가 4조 1,000억 원)을 비롯해 화장품 브랜드 '닥터자르트'를 판매하는 해브앤비(1조 3,000억 원), '여기어때'를 운영하는 야놀자(2,140억 원) 등 설립된 지 8~15년 된 스타트업이 자리잡고 있다. 전부 다른 기업에 인수된 사례다.

첫 투자 단계인 '시리즈A' 단계에서 거액을 유치한 곳도 적지 않다. 15곳의 스타트업이 올해 시리즈A 단계에서 100억 원 이상을 투자받았다. 벤처투자 시장이 뜨거워지면서 될성부른 기업에 일찌감치 거액을 밀어넣는 VC가 늘었다는 설명이다.

LG CNS의 클라우드 사업 파트너로 선정된 메가존클라우드는 지난 3월 480억 원의 시리즈A 투자를 유치했다. 현대자동차와 협업 관계를 구축한 자율주행 기술 스타트업 코드42도 10월 300억 원을 투자받았다. 코드42는 3월 설립된 아직 '돌'도 지나지 않은 업체다. 26일 스타트업 업계에 따르면 올 한 해 100억 원 이상의 투자를 유치한 스타트업은 100여 곳에 달한다.

이외에도 △알츠하이머 치료제 연구개발(R&D) 스타트업 아밀로이드솔루션(145억 원) △항공·우주 스타트업 페리지항공우주(140억 원) △게임개발 스타트업 로얄크로우(134억 원) △교육기술 스타트업 클래스101(120억 원) △미디어커머스 스타트업 어댑트(120억 원) 등이 성공적으로 첫 라운드 투자유치를 마쳤다.

한 스타트업 대표는 "2년 전만 해도 시리즈A 단계에서 50억 원을 받으면 '대박'이라는 말이 나왔지만 최근엔 100억 원 이상으로 '슈퍼 루키' 기준선이 높아졌다"고 말했다.

CEO 이름 믿고 거액 투자

스타트업 창립자의 이름만 믿고 100억 원 이상의 거액을 내놓는 사례도 늘고 있다. 코드42가 대표적이다. 이 회사가 300억 원을 거머쥘 수 있었던 배경은 송창현 대표의 개인 브랜드 때문이라는 게 업계의 설명이다.

송 대표는 미국 아이오와주립대와 퍼듀대에서 전산학을 공부했다. 이후 마이크로소프트, 애플 등 글로벌 정보기술(IT) 기업을 두루 거치며 전문성을 키웠다. 그는 2008년 네이버로 자리를 옮긴 뒤 네이버 최고기술책임자(CTO)와 네이버의 R&D 자회사인 네이버랩스 최고경영자(CEO) 등을 지냈다. 네이버의 미래 기술 연구를 진두지휘했다는 얘기다. 한 업계 관계자는 "송 대표는 개발자들에게 '대부' 소리를 듣는 인물"이라며 "기술은 물론 네트워크 면에서도 다른 창업자와는 수준이 다르다"고 귀띔했다.

CEO의 유명세와 상관없이 돈이 몰리는 스타트업도 있다. 시장의 유행을 잘 반영한 획기적인 아이템을 내놓은 경우다. 지난 9월 시리즈A 단계에서 100억 원을 투자받은 크라우드웍스는 국내에서 생소한 '인공지능(AI) 데이터 마켓플레이스'를 구축한 점을 높게 평가받았다. 기존 명품 온라인 플랫폼과 차별화한 재고관리 시스템으로 빠르게 이용자를 확보한 '발란'도 최근 첫 라운드에서 100억 원을 유치했다. 두 회사는 설립된 지 각각 2년과 4년 된 스타트업이다.

스타트업 업계에서 '대박 사례'가 끊이지 않는 것은 스타트업 전문 VC와 액셀러레이터가 늘고 있어서다. 특히 액셀러레이터는 "스타트업에 투자하면 돈이 된다"는 소문에 힘입어 최근 2년 사이 다섯 배 이상 늘었다. 대기업은 물론 중견·중소기업도 액셀러레이터 대열에 합류한 결과다. '전주(錢主)'의 숫자가 많아진 데다 정부 예산까지 늘면서 스타트업의 주머니가 풍족해졌다는 게 업계 관계자들의 공통된 설명이다.

'윗목'의 온도는 여전히 차갑다는 목소리도 나온다. 한 VC 관계자는 "전반적인 투자금액이 대폭 늘어난 것은 맞지만 결국 돈이 쏠리는 건 일부 스타 스타트업뿐"이라며 "대다수 스타트업은 1년 내내 VC에 읍소해도 원하는 투자를 받기 어렵다"고 설명했다.

* 도입사례에 대한 자세한 내용은 QR코드를 참고하세요.

CHAPTER

05

현대기업의 기업가정신 이해

 학습목표

1. 사람들은 왜 기업가가 되고자 하는가?
2. 기업가에는 어떤 종류가 있는가?
3. 성공적인 기업가의 공통적인 특징은 무엇인가?
4. 중소기업은 경제에 어떻게 기여하고 있는가?
5. 중소기업 경영의 장단점은 무엇인가?
6. 중소벤처기업부는 어떻게 중소기업을 지원하는가?
7. 중소기업을 설립할 때 가장 먼저 해야 할 일은 무엇인가?
8. 중소기업 경영이 특히 어려운 이유는 무엇인가?
9. 기업가정신과 중소기업 창업의 최근 동향은 무엇인가?

1절 기업가정신(Entrepreneurship)

1. 기업가정신

기업가라는 단어는 일반적으로 중소기업 창업주를 가리킨다. 하지만 기업가와 중소기업 창업주 사이에는 분명 차이가 있다. 기업가는 위험을 무릅쓰고 새로운 사업을 시작하거나, 혹은 기존 회사를 개혁하는 인물을 말한다. 기업가들은 새로운 제품이나 서비스를 가지고 자신들의 비전을 추구하는 혁신가들이 대부분이다. 구글의 창업자들과 같이 추세를 정확히 짚어내는 예언자들이라고 할 수 있다. 즉 기업가는 비전과 열망, 그리고 창의성을 가지고 위험을 마다

하지 않으며 이윤을 추구하는 인재들이자 새로운 제품이나 서비스 등을 통해 자신의 비전을 추구하는 혁신가를 의미한다.

중소기업 창업주는 기업가의 범주에 포함될 수 있으나 모든 기업가가 중소기업 창업주인 것은 아니다. 중소기업 창업주는 전문적 지식을 가지고 새로운 사업을 시작하거나, 기존의 사업을 인수하여 의식적으로 그 규모를 유지하고자 하는 이들이다. 기업가와 중소기업 창업주의 명확한 차이점은, 기업가는 현 상태를 거부하고 보다 먼 장래를 내다보는 경우가 일반적으로 더 많다는 것이다. 중소기업 창업주는 그들의 사업을 성장시키고자 하는 극도의 욕구를 가지고 있다.

(1) 기업가의 유형

1) 고전적 기업가

고전적 기업가는 가장 일반적인 형태의 기업가로서 자신의 혁신적인 아이디어에 기반해 위험을 무릅쓰고 창업하는 이들을 말한다. 일부 고전적 기업가들은 중소기업으로 시작해 계속 작은 규모를 유지하고자 한다. 이와 대조적으로 성장을 중시하는 기업가들은 자신의 회사가 대기업과 같으니 큰 규모로 성장하길 원한다. 대부분의 첨단 기술회사들이 이에 속한다. 아마존의 창립자 제프 베이소스는 인터넷을 무기 삼아 거대한 유통망을 형성하고자 했고 서적 판매에 성공을 거둔 그는 점차 생활에 필요한 모든 품목으로 확대해 갔다. 결국 그는 지구상 최대의 선택 폭 제공이라는 아마존닷컴의 목표를 현실화시켰다.

2) 연속 기업가

연속 기업가는 여러 회사를 설립하는 기업가들을 뜻한다. 그들은 사업을 설립하고 성장하는 것을 관리하는 데 능하다. 현대 정주영회장, 정세영회장은 중공업, 자동차, 건설 등 다양한 기업을 설립하여 그룹화에 성공했다.

3) 사회적 기업가

사회적 기업가는 사회적인 문제를 인식하고, 그 문제의 혁신적인 해결책을 개발하기 위해 사업의 원리를 적용하는 기업가를 말한다.

에티오피아의 키브렛은 최초로 사설 구급차를 활용해 '병원 응급 의료 체계'를 제공하는 사회적 기업 '테비타 엠뷸런스'의 창업주이자 경영인이다. 그는 에티오피아 수도의 가장 큰 의과대학병원 전문간호사로 17년동안 수많은 위급환자를 치료하면서 구급차가 부족해 살릴 수 있었던 수많은 사람들이 사망한 것을 보았다. 테비타를 설립하기 위해 그의 유일한 집을 팔고 응급구조 면허증을 취득해 설립하였고, 현재 이 사회적 기업은 11대의 구급차와 63명의 직원을 가진 조직으로 성장했고, 4만 명이 넘는 응급 구호를 처치했다.

(2) 사내기업가

자신의 기업을 소유하지 않는 기업가들도 있다. 이들은 대신 대기업 내에서 자신의 창의력과 비전을 바탕으로 도전을 즐긴다. 사내기업가라고 불리는 이들은 회사에서 제공하는 봉급과 자금력을 바탕으로 아이디어 개발 및 신상품 개발을 즐긴다. 대기업 내에서 자신만의 소기업을 경영한다고 볼 수 있는 것이다. 3M은 일반 직원이 제안한 아이디어로 제작한 포스트잇으로 성공가도를 달린다.

표 5-1	기업가의 종류
고전적 기업가	가장 일반적인 형태의 기업가로서 사업의 기회를 발견하고 그러한 시장의 문을 열기 위해 이용 가능한 자원을 할당 시킴
연속 기업가	하나의 사업을 운영하고 연속적으로 추가적인 사업을 운영함
사회적 기업가	사회적인 문제를 인식하고, 그 문제의 혁신적인 해결책을 개발하기 위해 사업의 원리를 사용함

2. 왜 기업가가 되려고 하는가?

해마다 가장 빠른 속도로 성장하는 사기업의 리스트를 담는 'Inc.500의 CEO'에서 분석한 것 중 기업가가 되고자 하는 이유중의 첫번째는 자신의 운명을 스스로 개척하고자 하는 도전정신으로 나타났다.

그림 5-1 왜 기업가가 되려 하는가?

Why People Become Entrepreneurs

Being your Own Boss
Financial Success
Job Security
Quality of Life

Desire to Be
One's Own Boss

Desire to Succeed
Financially

Desire for Job Security

Desire for an Improved
Quality of Life

(1) 보스가 되기

자기관리는 기업가를 만들어내는 자극제다. 자기관리에 뛰어난 한 기업가 리즈랭은 40-something의 CEO이다. 리즈랭은 디자이너의 보조원으로 일하는 동안 정교한 부분에 구멍을 내고 신축성이 있는 패널을 달아야 했다는 것을 재빨리 발견했다. 리즈랭은 소매상들에게 보여줄 몇몇 물품을 디자인하기 위해 일을 그만 두었다. 소매상들은 임신한 여성이 고급의 임부복을 사는 데에 돈을 쓰지 않을 것이라고 말했다. 과감하게 그는 친구와 가족에게 5만 달러를 빌려 뉴욕도시에 주문 제작을 하는 작은 사무실을 개업했다. 최신 임산부의 옷들은 삽시간에 퍼졌고, The New York Times에 한 부분을 장식하게 되었다. 그 후 판매는 급증하였다. 현재 그녀의 회사는 뉴욕 메디슨 대로에 있다.

(2) 재정적인 성공(financial success)

기업가는 부를 만드는 사람이다. 많은 사람들은 수익이 될만한 사업과 재정적인 도약을 구체적인 목표로 사업을 시작한다. 왜냐하면, 그들은 남을 위해 일한다면 부를 얻을 수 없다고 생각하기 때문이다. 연구에서는 기업가들이 평균적으로 임금생활자보다 부유하다고 나타난다. 기업가들은 미국 내 9% 정도 밖에 되지 않지만, 39%의 부를 가지고 있다. 기업가들은 종종 재정적인 보상을 그들의 사업시작의 동기로서 언급하지만, 부유함으로 가는 길은 길고도 불확실할 수 있다. 새롭게 시작한 작은 회사들은 절반 이상이 4년 안에, 61%가 6년 안에, 82%가 10년 안에 사라진다.

(3) 고용보장

대기업은 지난 10년동안 그들이 만들어내는 일자리보다 더 많은 일자리를 구조조정 등을 통하여 사라지게 하였다. 대기업은 일자리 창출 수보다 더 많은 인원을 줄이거나, 일자리를 없애면서 효율성만을 주장하고 있다. 기업가가 되려고 하는 이유 중의 하나는 사람들은 자신들의 사업을 시작함으로써 일의 안정성을 얻기로 결정을 하기 때문이다. 그러나 사업을 하는 것은 일의 안정성을 보장해주진 않는다. 미국 중소기업의 관리자는 새롭게 만들어지는 업무들이 새로운 기업으로부터 오는 작업 중 공유하는 것의 점유율이 중소기업으로부터 온다는 것을 발견했다.

(4) 삶의 질(quality of life)

사업의 시작은 언제 어디서 어떻게 일할지에 대한 선택권을 우리에게 준다. 라이프스타일 사업가는 근무시간을 줄이고 더욱 편안하게 생활하기 위해 사업을 한다. 사람들은 위험과 보상이 있는 만큼 그들이 더욱 몰입하고 일에 더욱 시간을 쓰는 자신을 발견한다. 그러나 사업 분야를 현명하게 고른다면, 한 사업가는 여행의 빈도가 감소하더라도 더욱 더 CEO로부터 시간의 제어가 자유로운 생활방식의 향상을 볼 수 있다. 한 예로 웹 개발은 흥미가 있고 재능이 있다면 비싸지도, 복잡하지도 않은 좋은 사업아이템이 될 수 있다.

3. 기업가정신을 위한 환경

(1) globalization

급속한 세계화는 기업가들에게 많은 기회를 제공한다.

(2) education

100개의 미국 단과대학과 종합대학은 기업가정신 전공을 가르치고 있다. 대학은 학생들이 사업을 시작할 수 있도록 도와주고 있다. 많은 프로그램들이 젊은이에게 기업가정신을 가르친다.

(3) information technology

기술은 사업가들에게 경쟁을 돕는 도구가 되었다.
사업가들은 정보기술을 산업의 혁신을 이루는데 사용해오고 있다.

(4) demographic and economic trends

인구의 고령화 및 맞벌이가족의 증가를 들 수 있다.

그림 5-2 기업가정신을 위한 환경

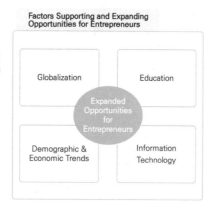

Globalization
- 급속한 세계화는 기업가들에게 많은 기회를 제공한다.

Education
- 100개의 미국 단과대학과 종합대학은 기업가정신 전공을 가르치고 있다. 대학은 학생들이 사업을 시작할 수 있도록 도와주고 있다.
- 많은 프로그램들이 젊은이들에게 기업가정신을 가르친다.

Information Technology
- 기술은 사업가들의 경쟁을 돕는 도구가 되었다.
- 사업가들은 정보기술을 산업의 혁신을 이루는데 사용해 오고 있다.

Demographic and Economic Trends
- 미국 인구의 고령화
- 국가의 가장 큰 민족이 된 히스패닉
- 맞벌이가족의 증가

Factors Supporting and Expanding Opportunities for Entrepreneurs

Globalization

Education

Expanded Opportunities for Entrepreneurs

Demographic & Economic Trends

Information Technology

4. 성공적인 기업가의 특징

① 야심차다: 기업가들은 성취욕이 크며 경쟁을 즐긴다.

② 자신감에 가득차 있다: 사업을 시작함에 있어서 도전의 의미를 알고 있으며, 자신의 문제해결 능력에 대한 신념을 가지고 있다.

③ 위험을 두려워하지 않는다: 위험을 단순히 받아들이는 것 이상으로 적정수준의 위험을 오히려 즐긴다. 그들은 운에 기댈 수 밖에 없는, 지나치게 높은 수준의 위험성을 통제해 적정수준의 위험성으로 만드는 것을 기회로 받아들인다.

④ 앞을 내다볼 줄 안다: 트렌드를 읽어내고 그에 따라 남보다 앞서 행동할 수 있는 그들의 능력은 분명 중소기업 창업주 및 관리자들과는 확연히 다른 특성을 보인다.

⑤ 창조적이다: 대기업들과의 경쟁에서 살아남기 위해 기업가들은 보다 창조적인 제품디자인, 마케팅 전략, 그리고 문제해결 능력을 필요로 한다.

⑥ 활기차다: 사업을 하는 것은 하루 이틀의 문제가 아니다. 일부 기업가들은 정규직 신분으로 남의 회사에서 일하면서도 시간을 쪼개서 자신의 회사를 설립한다.

⑦ 정열적이다: 기업가들은 일을 사랑한다. '중소기업 사례'란에서 볼 수 있듯, 제프 루빈과 딜런 로렌은 캔디에 대한 사랑을 일에 투영시켰다.

⑧ 헌신적이다: 자신의 목표를 달성하기 위해 개인적 희생을 기꺼이 감수한다. 자신의 회사를 위해 헌신하며, 문제해결의 실마리를 찾는 일을 포기하지 않는다.

2절 **기업의 규모(Distinguish Between Small and Large Businesses)**

1. 기업규모의 의미와 최적규모

기업의 규모란 기업의 크기를 의미하는데, 기업의 살림규모와 그에 따른 관리능률과 관계된다. 기업의 규모는 기업의 업종, 입지조건, 기타 소요자산에 따라서도 달라질 수 있다. 모든 기업에 대해 적합한 기업의 최적규모가 있는데, 일반적으로 제품단위당 평균비가 최소가 될 수 있는 경영규모라든가, 노동자 일인당 부가가치가 최대가 될 수 있는 경영규모가 최적규모라 할 수 있다. 최적규모는 대량생산의 법칙에 따른 원가절감의 효과가 대규모화에 따른 평균생산비용이 절감되는 경영규모를 의미한다.

2. 대기업과 중소기업의 구분

기업의 규모는 대기업과 중소기업으로 분류될 수 있다. 대기업과 중소기업을 구분하는 기준은 명백하지 않지만, 중소기업을 규명하면, 그 이상의 기업은 대기업이라고 규정하고 있다. 중소기업이란 기업의 규모, 경영형태, 종업원의 수, 자산총액 내지 판매액 등을 기준으로 일정한 범주에 속한 작은 기업을 말하는데, 이러한 정의는 특정국가의 경제적, 사회적 여건 및 시대와 업종에 따라 달라질 수 있으므로 한 마디로 정의하기 어렵다.

미국의 경우, Small Business Administration에 의하면, 중소기업이란 독립적으로 소유되고 운영되는 기업으로서, 그의 사업 분야에서 지배적인 위치에 있지 않으며 또한 수입이나 종업원 수에 대해서 어떤 규모의 표준을 충족하는 기업이라고 정의하고 있다. 그리고 일반적으로 중소기업은 ① 독립적으로 소유되며, ② 독립적으로 운영되고 관리되며, ③ 그 업계에서 소규모하게 사업을 하며, ④ 400명 이하의 종업원으로 구성되고, ⑤ 제한된 자본을 보유하고 있는 특징을 가지고 있다. 우리나라에서는 중소기업법에 명시된 정의를 법률적으로 채택하고 있다. 이에 의하면, 종업원 수와 자본액을 중심으로 상시종업원 수가 5명 이상 300명 이하이고, 자본액이 5억 원 이하인 제조업을 중소기업이라고 하고, 그 이상인 기업을 대기업이라고 한다. 중소기업은행법에서는 구분기준을 종업원 수와 총자산액을 설정하여, 두 기준 중에서 어느 하나만을 충족시키면 중소기업으로 간주하고 있다.

3. 중소기업의 특성

중소기업은 대기업에 비하여 양적 규모가 작기도 하지만, 질적인 측면에서 기업의 행동원리와 운영 분야에서 다른 특징을 갖고 있다.

첫째, 중소기업은 시장점유율이 상대적으로 낮아 매출액이 적다.

둘째, 중소기업은 소유와 경영이 분리되지 않았다.

셋째, 중소기업은 독립적이다.

이 외에도 중소기업은 대기업에 비해 신용도가 낮고, 경영이 정식절차에 따라 행해지지 않으며, 제품계열과 생산기술의 종류가 적고 조직구조가 단순하다는 등 경영적 특성을 지니고 있는데, 대기업에 비교한 내용은 〈표 5-2〉와 같다.

표 5-2 기업규모에 따른 특성

중소기업	대기업
① 소유자가 경영담당	① 소유와 경영의 분리
② 조직구조의 단순화	② 조직구조의 복잡화
③ 전문경영자의 부족	③ 전문경영자의 활용
④ 자본의 한계성	④ 자본의 비한계성
⑤ 시장범위의 한계성	⑤ 시장범위의 비한계성
⑥ 기업의 실패율이 높음	⑥ 기업의 실패율이 낮음
⑦ 대기업에의 종속성	⑦ 독립성
⑧ 경영관리기술의 낙후성	⑧ 경영관리기술의 진취성

4. 중소기업의 중요성과 역할

(1) 중소기업의 중요성

중소기업 존립의 중요성을 단적으로 고찰하기는 어려우나, 기업경영자의 측면과 경영 시스템의 측면에서 고찰할 수 있다.

첫째, 기업경영자의 입장에서 중소기업은 대기업에 비해 기업환경의 변화에 임기응변적으로 대처해 나갈 수 있을 뿐만 아니라, 특히 노동집약적 제품이나 서비스를 생산하는 데 적합한 형태이다. 또한 중소기업의 발전여지도 그만큼 많아지고 있다.

둘째, 중소기업은 국가경제 차원에서도 그 존립의 필요성이 대두되고 있다. 즉, 수공예나 특수기술은 대기업의 대량생산보다는 오히려 중소기업에 의해서 더 능률적으로 생산될 수 있는 분야가 항상 존재한다. 더욱이 중소기업은 미숙련노동이나 저임금노동의 중요한 흡수처가 될 뿐만 아니라, 대기업과의 계열관계를 유지함으로써 국가경제의 균형적 발전에도 중요한 이익을 담당하고 있다.

(2) 중소기업의 역할

중소기업은 국민경제, 사회, 국방, 지역사회 등에 커다란 영향을 미친다는 점에서 그 중요성을 부인할 수 없다. 따라서 한 국가에 있어서 중소기업이 차지하는 위치는 국민경제상의 경제적 역할뿐만 아니라 사회적 기능과 지역발전에의 기여 등에서 매우 중요하다.

우리나라 경제에 있어서 중소기업의 역할은 다음과 같다.

1) 국민경제의 안정대 역할

중소기업은 산업의 생산과 고용 및 소득증대에 크게 공헌하며, 그 비중 또한 크기 때문에 국민경제의 안정대로서의 역할을 담당한다.

2) 산업 간 균형발전의 유지 및 수출산업의 저변 구축

중소기업은 대기업 및 중화학공업과 경공업 간의 상호보완관계를 유지함으로써 공산품의 품질향상, 생산성 향상 및 기술혁신을 도모할 수 있고 또한 수출산업의 저변을 구축한다.

3) 투자의 효율화와 불황위험의 분담

중소기업은 자본의 회임기간이 짧고, 투자액이 적은 반면에 상품의 수요 변동에 탄력적으로 대응할 수 있기 때문에 투자의 효율화를 기할 수 있다. 불황시에는 타 산업으로의 전환 또는 투자액의 신속한 회수 등 위험의 분담이 용이하다.

4) 지역사회의 균형적인 공업화

중소기업은 각 지방에 광범위하게 분산되어 있기 때문에 지역사회의 균형적인 발전과 공업화를 촉진한다.

5. 우리나라 중소기업의 문제점

일반적으로 중소기업의 경영상 문제점으로는 기업경영의 합리성 부족, 급변하는 기업환경에서의 생존능력 부족 및 인력확보상의 문제 등이 제시될 수 있다. 중소기업은 물론 대기업에도 포함되는 다음의 경쟁요인이 취약하기 때문이다.

(1) 생산성 증가분을 상회하는 임금상승

1988년 이후 임금은 계속 상승한 데 반해(제조업 87~93년 평균 17.1%, 1990년 이후는 16.2% 상승), 노동생산성은 향상되지 못함으로써 경쟁력이 약화되고 있다.

(2) 노동생상성의 하락

노동생산성은 싱가포르가 1위, 일본 5위, 미국 6위인 반면에 한국은 20위로서, 생산성 향상이 없는 임금상승은 경쟁력을 약화시키고, 기업의 국외탈출, 그리고 실업증가로 이어지고 있다.

(3) 근로자 위주의 근로기준법

법정근로시간의 경우, 대만은 48시간, 한국은 44시간 그리고 일본, 대만, 홍콩, 싱가포르에는 없는 월차휴가가 한국은 12일, 여성 생리휴가가 다른 나라에는 없는데 한국에는 12일, 잔업수당이 일본은 25% 수준인데, 한국은 50%를 제공하고 있다.

(4) 금융비용증가와 자금난

스위스 IMD의 발표에 의하면, 자본비용, 자금가용성, 금융서비스, 금융시장의 다양성, 은행의 자율성 등 금융부분 경쟁력 순위가 대단히 저조하다. 그럼으로써 우리나라의 시장금리 및 실질금리는 경쟁상대국에 비해 과대하게 높아 제조업의 경쟁력을 크게 악화시키고 있다. 우리나라 기업의 매출액 대비 금융비용은 일본 및 대만에 비해 월등히 높다. 물론 이러한 이유는 대출 등의 이자율이 높은 이유도 있지만, 근본적인 원인은 기업의 부채비율이 외국에 비해 매우 높은 데에도 연유된다.

(5) 많은 단계의 유통경로와 과다한 유통마진

중소기업중앙회가 중소기업을 대상으로 조사한 결과, 중소기업 제품은 평균 2.5개의 유통망을 거치며 소비자들은 공장출고가의 대략 2배를 주고 구입하고 있음을 밝혔다. 가장 심한 경우는 3.8단계의 유통단계를 거치며 유통마진이 236%인 일회용 라이터였다.

(6) 물류비용의 증대

사회간접자본의 투자소홀로 우리나라 기업들이 부담해야 하는 물류비용은 매우 높아 경쟁력 약화의 주요한 원인이 되고 있다. 매출액대비 물류비가 높아졌으며, 경제성장률보다 물류비의 증가율이 높게 나타나고 있다.

(7) 기술교육의 취약과 인력의 비효율적 활용

기술교육 부족으로 현장에서는 활용가능한 전문기술 숙련인력을 공급받지 못하고 있다. 제조업(3d 업종)에 대한 취업기피 현상으로 인력난이 가중되거나, 대졸 고학력자의 취업난이 심각하는 등 구조상 왜곡현상이 두드러지고 있다.

(8) 기업의 대응능력 부족

1980년대 이후 임금상승 및 물류비의 상승 등을 제품원가가 상승하여 가격경쟁력이 현저히 떨어졌고, 품질면에서도 세계 시장에서 좋은 이미지를 심지 못하는 등, 경쟁에서의 대처능력면에서 문제점이 많다. 특히 우리나라 기업들은 정부의 지원과 국내시장 보호정책에 안주하게 됨으로써 경영풍토가 관료주의적 병리에서 벗어나지 못하는 등, 경영 대처지향적 조직문화가 이룩되지 못하고 있다.

이 밖에도 정부의 지나친 행정규제, 지가상승에 의한 공업용지의 확보 곤란성, 지나치게 긴 어음결제기관으로 인해 기업들의 자금회수기간이 길고 회전율이 낮으며, 기타 기술개발의 취약현상을 면치 못하고 있는 점 등은 우리나라 기업들이 가지고 있는 경영상의 애로사항이 되고 있다.

6. 중소기업의 생존전략

세계화와 무한경쟁 속에서 중소기업이 살아남고 또한 발전하기 위해서는 국가, 기업, 그리고 기업구성원들은 과거의 가격전쟁, 정부의 보호 및 지역적인 경쟁 등이 이제는 너무나 크게 변화되고 있음을 인식하는 대전환이 요구된다. 즉, 단순경쟁에서 총체적 경쟁으로 정부의 보호막이 무너지고, 국경 없는 경쟁이 초래되고 있으며, 또한 경쟁의 형태도 요소주도형(생산요소 중심의 경쟁)에서 투자주도형(규모의 경제적 이익확보)으로, 다시 혁신주도형(기술혁신에 의한 신제품개발)으로 바뀌고 있다. 기업의 생존전략은 경영혁신 및 기술혁신을 도입하는 사고의 틀 속에서 강구되어야 한다.

(1) 품질경쟁에 전사적 노력을 경주

제품에 대한 품질은 바로 고객이 원하는 성능으로 판단되고 있으며 또한 그러한 품질 오직 생산이나 제조과정에서만 이루어지는 것이 아니다. 그러므로 제품을 설계하기 전부터 시작되어야 하며, 더 나아가 전사적인 차원에서 구성원이 품질향상에 전력투구한다는 몰입자세를 의미하는 전사적 품질경영 (TQM)이 확산되어야 한다. 품질경영은 최소의 미세한 불량이 제품전체를 불량화 시키며, 고객에게는 불만족을 초래한다는 사실에 바탕을 두어 예방적 차원에서 이루어져야 실효를 거둘 수 있다.

(2) 가격경쟁력 강화

고객의 구매가치가 과거와는 달리 크게 변화되고 있다. 즉, 저가격 및 저품질에서 고가격 및 고품질로, 그리고 이제는 저가격 및 고품질로 점차 가치지향화되고 있다. 현대의 고객들은 계속되는 경기침체로 가치를 추구함으로써 기업은 이에 부응하는 것만이 생존할 수 있음을 인식하여 품질을 현 수준에서 유지하거나 향상하면서, 반대로 가격을 인하하기 위해 노력해야 한다. 이에 대한 대응책은 원가절감이다. 원가를 절감하기 위해서는 생산라인이나 부품을 축소한다거나, 생산성을 향상하기 위해서 기술개발에의 투자, 그리고 자동화와 근로자의 기술연마와 근로의욕을 고취시켜야 한다. 구조개혁(restructuring)이나 경영혁신(reengineering), 구조조정(downsizing), 전략적 제휴(strategic alliance), 통합적 로지스틱스 관리(integrated-logistics management) 등을 통하여 원가를 절감할 수 있는 방안을 모색해야 한다.

(3) 기술경쟁력 강화

저가격과 고품질의 가치 있는 제품을 생산하기 위해서는 기술개발과 경영혁신을 도모해야 한다. 기술을 개발하기 위해서는 우선적으로 내재적 기술개발을 촉진하도록 전사적인 노력을 기울여야 하며, 불요불급한 기술의 경우에만 선진외국의 기술을 도입하여 보완토록 해야 한다.

(4) 납기경쟁력 강화

성공적인 사업이 되기 위해서는 업무처리과정을 신속하게 처리할 수 있도록 관리해야 한다. 이것은 신속한 사건이 경쟁력을 차별화 할 수 있는 수단이기 때문이다. 즉, 고객들은 그들이 원하는 시간에 제품을 제공하는 기업을 선호하므로 기업은 공급과정을 신속하고도 신뢰적으로 이행할 수 있으며, 또한 JIT 등의 기법을 도입함으로써 적시에 원료가 공급되며, 재고를 줄임으로써 최적의 시간에 낮은 원가로 제품을 생산하여 공급할 수 있어야 한다.

(5) 정보능력의 배양

현대는 정보화 사회이므로 적절한 정보능력을 갖추지 못한다는 것은 경쟁력을 상실하는 것이다. 중소기업의 경우, 경영자들의 정보요구를 충족시킬 수 있는 정보능력을 확보하여 올바른 의사결정을 할 수 있도록 정보를 관리하는 시스템을 마련해야 한다. 이에 대해, 정보제공체제를 구축한다든지, 정보화 기반조성사업을 위하여 정보전문인력을 양성하며 또한 정보화 추진사업의 기술적 애로사항을 타개하기 위하여 진단 및 지도사업을 확충해야 한다. 아울러 중소기업들의 공동 정보화 사업을 활성화하는 방안도 강구해야 한다.

(6) 고객가치창조 및 고객만족 경영체제의 도입

외부고객은 물론 내부고객을 만족시킬 수 있는 기업 내 문화를 조성하여 내부구성원들의 사기를 진작시키며, 동기를 부여할 수 있도록 교육과 훈련을 실시해야 한다. 또한 외부고객들에게 가치를 제공할 수 있도록 내부적으로 차별화 전략을 외부적으로는 가치공급연결을 마련하며, 전사적인 입장에서 고객만족을 실천할 수 있도록 경영활동을 전개해야 한다. 고객을 위해 가치를 창조하며, 고객을 만족시킬 수 있는 마케팅 문화를 조성할 수 있도록 고객지향적 마케팅 활동을 중심으로 전 부서가 서로 협력하여 상호기능적 팀을 구성해야 한다. 고객들과 긍정적이며 장기적인 CRM(고객관계경영)을 통하여 기업의 발전이 모색되어야 한다.

(7) 대기업의 계열화 유지

중소기업의 계열화(integration)란 대기업이 중소기업에 대해 법률적 및 경제적인 독립성을 유지하면서 자본적 및 기술적 결합을 시도할 경우에 발생하는 개념이다. 이 경우, 대기업은 모기업이 되고, 중소기업은 하청공장이 되어 양자는 생산공정의 합리화를 도모할 수 있다. 즉, 분업에 의한 상호간의 이익을 증진함과 아울러 부품수출을 촉진하는 제조과정상의 애로부분을 효율적으로 제거할 수 있다. 중소기업은 판매시장을 용이하게 확보할 수 있어 그 생존이 가능하게 되고, 대기업은 제조공정상의 애로가 되는 공정을 중소기업에 하청함으로써 제조공정상의 애로부분을 효율화할 수 있다.

대기업은 하청의 대상을 해외에까지 확대함으로써 세계화된 외주(outsourcing)를 과감하게 시행하여 원가절감은 물론 양질의 원자재를 공급 받을 수 있도록 해야 한다.

(8) 중소기업의 협업화 도모

협업화란 규모의 경제에 따른 이익을 획득하기 위해서 동일한 업종의 중소기업들이 생산 및 판매에 대해 협업체제를 이룩하는 것이다. 이 경우 중소기업들은 법률적 및 경제적으로 독립성을 유지한다. 이는 자금능력의 부족, 경영능력 부족, 시설 및 기술의 낙후로 근대화가 어려운 중소기업들이 공동으로 집단화, 아파트형 공장, 공동공장, 공동시설에 참여하는 협동화 사업으로서 생산성 향상, 품질향상, 경쟁력 강화 등을 추진할 수 있다. 중소기업들은 협업화로 생산을 전문적으로 분업화할 수 있고, 시설의 공동구입 및 공동이용함으로써 시설투자와 낭비를 줄일 수 있다. 고성능 기계를 공동으로 구입하여 생산의 효율화를 기할 수 있다. 이와 더불어 원료를 공동으로 구입함으로써 원가를 절감할 수 있다.

(9) 생산의 전문화

중소기업이 독자적으로 생산해 낼 수 있는 제품생산에 전문화함으로써 경쟁력을 키워나가야 한다. 대부분의 중소기업들은 다품종소량생산을 취하므로 부품공업을 육성하여 전문생산체제를 갖춤으로써 대기업과의 상호보안관계를 유지하고, 생산성 향상, 원가절감, 기술개발촉진 등으로 경쟁력을 강화해야 한다.

(10) 경영합리화

중소기업은 통상 관리체제가 비과학적이고 비구조적이다. 중소기업의 경영합리화를 위해서는 모든 관리체제를 정비하고, 보다 과학적이고 계획적인 집행을 확보하도록 해야 한다.

(11) 정부의 제도적 지원

정부는 중소기업의 국민경제상 차지하는 비중과 역할을 감안하여, 이를 뒷받침하기 위한 제반의 정책적 방안을 강구해야 한다. 특히 중소기업의 구조적 조정을 정부와 관련정부기관들이 적극적으로 지원해야 한다. 이를 위해서는 금융적 지원을 위한 제도적 장치, 경영 및 기술지도, 세제상의 지원, 구성원에 대한 교육지원, 정보제공, 유통단계의 축소와 중소기업 전문유통망 구축, 사회간접자본에의 효율적인 투자 등 경영여건이 조성되도록 해야 한다.

 3절 **벤처 비즈니스와 벤처 캐피탈**(Venture Business and Venture Capital)

1. 벤처 비즈니스

(1) 벤처 비즈니스의 의의

벤처 비즈니스(venture business = adventure business)란 모험기업이라는 뜻으로서, 최근에는 유망한 신기술을 개발하여 기업화하는 것을 강조하여 첨단기술과 높은 위험요소를 내포하는 기업을 의미한다.

기술혁신의 급속한 진전과 정보화 사회의 출현으로 연구개발집약적 산업이 크게 성장함에 따라 독자적인 고도와 기술을 가지고 시장을 개척하는 소규모의 기업이 군생하여 왔다. 이러한 기업을 기존의 중소기업과 대비하기 위하여 세계 각국에서는 창조적 기술지식집약형 중소기업, 연구개발형 중소기업, 기술지식선행형 중소기업, 기술지향적 중소기업, 벤처 비즈니스, 하이테크기업, 특정중소기업자 등으로 다양하게 불리고 있는데, 오늘날 중요한 기술개발을 담당하는 중소기업으로 인식되고 있다.

여기에서 벤처기업은 일반적으로 모험성이 크나 성공할 경우 높은 기대수익이 예산되는 신기술, 아이디어를 응용하여 독립기반 위에서 영위하는 고위험·

고수익 신생기업(new business with high risk-high return)이라는 개념으로서, 창업가 정신에 입각하여 독자적인 새로운 기술이나 경영 노하우를 바탕으로 시장을 개척해 나가기 위한 모험적 기업으로 정의한다.

이처럼 벤처기업은 위험을 수반하지만, 수익성이 높은 이율배반적인 상황 속에서 빠른 변화에 대응하기 위해 규모가 작게 창업할 수가 있어 벤처창업의 묘미를 느낄 수 있는 것이다.

현재 우리나라에서는 벤처기업육성에 관한 특별조치법 2조에 벤처기업의 범위와 정의를 다음과 같이 정하고 있다.

- 벤처 캐피탈회사의 주식인수총액이 자본금의 10% 이상이거나 투자총액이 20% 이상인 기업
- 연간매출액 대비 연구개발투자비가 5% 이상인 기업
- 특허권, 신용신안권 등을 사업화한 기업(생산비중 50% 이상)
- 정부출연 기술개발사업의 성과, 우수 신기술 등을 사업화한 기업(생산비중 50% 이상)

한편 벤처산업(venture industry)은 두 가지 종류가 있다. 첫째는 상기에 설명한 벤처기업이고, 둘째는 벤처 캐피탈(venture capital)이다. 벤처 캐피탈은 일반 대중에게 주식을 판매하기에는 아직 충분치 않은 중소기업이나 모험기업에 의해 주로 사용된다. 이런 유형의 자금은 대규모 자금을 필요로 하는 하이테크 기업들이 많이 사용한다. 벤처 캐피탈리스트(venture capitalists)는 많게는 60%까지 해당 기업의 소유지분을 대가로 투자한다. 기업의 초기단계에 투자함으로써 그들은 매우 낮은 가격에 해당 기업의 주식을 취득하게 된다. 예를 들면, 재일교포 손정의가 2000년 200억 원의 알리바바의 주식을 취득하여 2014년 뉴욕증권거래소 상장 때 80조 원을 창출하였다.

(2) 벤처기업의 특성과 유형

벤처기업은 다음과 같은 특성을 가지고 있다.

첫째, 자체의 전략과 기업특성을 가진 중소기업 규모이다.

둘째, 기술집약적 기업이다.

셋째, 지식집약적 기업이다.

넷째, 신시장 지향적 기업이다.

다섯째, 구성원이 전문가들이다.

여섯째, 동태적 조직이다.

일곱째, 환경창조적 기업이다.

한편 벤처기업의 유형은 대기업의 입장에서 참여정도가 낮은 순서로부터
여섯 가지로 분류된다.

① 모험자본(venture capital): 타기업이 소유하고 있는 고도의 기술에 대해 투
　자의 형태로 자본만을 제공하고 경영에는 관여하지 않는 모험사업 조
　직형태

② 모험사업육성(venture maturing): 자본의 투자 외에 관리적 지원을 포함하는
　형태

③ 모험사업의 분리 독점(venture spin-off): 기업의 주요 관심사가 아니거나, 모
　기업에 상당한 위험을 내포하는 경우, 또는 독립적 기반으로 운영하는
　것이 유리한 아이디어나 기술을 개발하는 경우의 형태

④ 합작모형사업(new style joint venture): 중소기업의 고도기술, 융통성을 대기
　업의 자본 및 판매망과 연결하는 사업형태

⑤ 모험사업의 흡수합병(venture merging): 흡수합병을 통해 새로운 분야로 진
　출하는 형태

⑥ 내부모험사업(internal venture): 새로운 시장에 진입하기 위해 또는 신제품
　을 급속히 개발하기 위해 기업 내에 독립된 조직을 설립하는 형태로서
　벤처 팀(venture team)을 형성하는 것이다.

(3) 벤처기업의 역할

미국과 일본에서 새로운 기술과 서비스를 기업화하는 벤처기업(벤처 비즈니스)
이 새로운 산업 분야로 등장한 이래, 우리나라에서도 여러 분야에서 벤처기업

이 탄생하여 상당한 수준의 중견기업으로 성장한 기업도 생겨나고 있다.

첫째, 중소기업 활성화의 선도적 역할을 담당한다. 견실한 경제발전을 위해서는 중소기업이 안정적으로 발전해야 한다. 이러한 중소기업에 기술혁신이 이루어지고 기업가정신과 기술개발력의 향상 등 벤처기업의 탄생은 중소기업으로 하여금 국제경쟁력을 확보할 수 있도록 육성하는 바탕이 된다.

둘째, 기술개발의 기반을 강화한다. 대기업의 일방적인 기술도입에 따른 대량생산, 대량판매가 지금까지 행해졌다. 그러나 80년대 이후에는 기술이 세분화되고 또한 첨단기술의 응용개발 현상이 폭넓게 나타나고 있어 정부도 이에 적극적으로 기술개발산업을 지원하고 있다. 중소기업들도 이의 지원을 바탕으로 독자적인 연구개발 활동을 적극적으로 추진하여 기술수준을 향상할 수 있다.

셋째, 산업조직의 활성화에 기여한다. 벤처기업은 독창성이 강하여 특정한 대기업이 지배하는 것을 거부하며 또한 독자적인 시장지향과 기술이전을 원치 않는다. 따라서 산업조직 간의 경쟁을 촉진함으로써 산업조직의 활성화에 기여한다.

넷째, 지방경제의 활성화에 공헌한다. 대기업이 중심이 되어 시행되어온 고도성장정책이 불균형을 노출시킨 우리나라의 현실에서 지방의 벤처기업은 지역 간 산업격차를 해소하고 또한 지방 특유의 지역경제에 활력을 불어 넣어 준다.

다섯째, 고임금·고금리 등 고비용 문제와 저효율 문제를 해결한다. 우리나라의 고질적인 병리현상인 고비용과 저효율의 문제는 기술·지식집약적 벤처기업을 통해서 해결될 수 있다. 벤처기업은 높은 수익성과 설비·노동절약적 특성을 보유하며, 아울러 토지절약적이어서 공장부지문제나 물류비용의 대체가 용이하다. 또한 벤처기업은 기술·지식을 기반으로 자원절약적 고부가가치 창출 특성을 보유하므로 저효율 문제를 해결할 수 있다.

여섯째, 신규 고용창출과 국제수지개선에 기여한다. 우리나라에는 고급인력자원이 풍부하므로 창의적 인력위주인 벤처기업의 활성화는 많은 일자리를 창출해 준다. 또한 기존의 대기업과는 달리 대규모 생산설비의 설치로 인한 수입유발효과가 적으므로 국제수지를 개선하는데 한 몫을 할 수 있다.

일곱째, 경제의 활력과 21세기 지식정보화 사회에 대처한다. 세계 각국이 벤처기업을 육성함으로써 경제활력과 산업경쟁력의 회복 등의 목적을 달성하고 있다. 또한 정보통신, 생명공학 등 새로운 분야에 진출함으로써 경제력을 회복하며, 신산업(3C: computer, communication, control, 3S: S/W engineering, system engineering, service engineering)에 진출함으로써 지식정보화 사회를 준비할 수 있다.

(4) 벤처기업의 경영과제

벤처기업이 모험사업의 특성을 갖고 있기는 하지만, 일반기업의 경영에 필요한 세 가지 경영자원, 즉 인적자원, 물적자원 및 자금의 3요소를 균형적으로 관리해야 한다. 그러나 벤처기업을 운영하려면 상기의 세 가지 경영자원 이외에 몇 가지 경영상의 과제가 제시되어야 한다.

1) 자금의 조달

벤처기업에게는 자금의 조달이 사업개시에 가장 큰 애로사항이다. 부족한 자금을 외부로부터 조달하기가 어려운 것이 또한 현실이다. 벤처기업의 창업자들은 벤처 캐피탈을 통한 투자·융자, 중소기업창원지원법 및 신기술사업금융지원법 등의 금융지원제도를 검토하여 가장 바람직한 제도를 확인·이용해야 한다.

2) 전문 기술체제의 확립

벤처기업은 새로운 제품을 계속 개발해 나갈 수 있도록 R&D 활동을 추진해 나가야 한다. 이를 위해서는 전문기술 시스템을 확보하여, 이를 바탕으로 독창적인 상품개발력을 키워야 한다. 전문기술 시스템을 확립함으로써 벤처기업은 잠재수요를 개발할 수 있으며 또한 시장에서의 주도권을 장악할 수 있다.

3) 집중적인 시장개척과 철저한 품질보증

전문성을 바탕으로 독창적이고 다양한 제품을 개발하고, 핵심기술을 다양하게 응용하여 다양한 제품을 소비자에게 제공하고, 신뢰를 구축함으로써 경쟁력을 제고시켜야 한다. 더불어 철저한 품질보증제도를 확립하여 소비자에게 가치와 만족을 제공하는 데 최선의 노력을 경주해야 한다.

(5) 우리나라 벤처기업의 현황과 문제점

업종은 주로 첨단업종으로서 정보통신, S/W, 산업기기, 전자, 의료생명공학 등으로 구성되어 있다. 특징적으로 벤처기업은 일반 중소기업에 비해 매출성장률, 영업이익률 등이 월등히 높게 나타나고 있다. 우리나라의 벤처기업은 여러 가지 문제점을 안고 있다.

첫째, 벤처 캐피탈의 투자 미흡으로 부채비율이 높아 자본비용이 과다하다. 즉, 자기자본비율이 미국에 비해 현저하게 낮다.

둘째, 창업기업의 수의 절대부족이다. 인구 1,000명당 창업수가 우리나라는 미국, 일본에 비하여 절대적으로 부족하다. 부족한 이유는 기술의 국제경쟁력과 시장성이나 또는 두 가지 모두를 갖춘 아이디어를 우리나라에서 찾기 힘들기 때문이다. 벤처기업을 키우기 위해서는 세계 시장을 상대하겠다는 기술력과 함께 가능성을 따져 실패를 각오하고 투자할 수 있는 사회적 여건이 마련되어 있지 않기 때문이다.

셋째, 벤처창업관련 산·연대기반이 극히 취약하다. 벤처기업 창업의 산실이 대학임에도 불구하고, 그 동안 대학을 기술개발 지원기관으로만 활용하였기 때문이다. 즉, '창업은 기성세대의 몫이지, 대학생 또는 연구원들은 대상이 아니다'라는 사회인식이 만연하기 때문이다.

넷째, 벤처 캐피탈 산업이 취약하다. 국내 벤처 캐피탈의 규모는 미국, 일본에 비하여 아주 열악하다. 그 이유는 미국 등 선진국들의 투자재원은 개인투자가 또는 연기금 등에서 조달하고 있으나, 우리나라는 주로 금융기관에서 차입하고 있기 때문이다.

다섯째, 창업에서 공개까지 성장단계별 직접금융조달자체가 정립되어 있지 않다. 창업초기자금의 조달이 매우 어려운데, 그 이유는 담보부 금융대출이며, 창업투자회사는 성장기업에 주로 지원하기 때문이다. 즉, 정부가 마련한 벤처기업육성법 지원대상은 6개월 이상의 영업실적을 갖고 있거나, 특허나 실용신안을 받은 경우로 한정하고 있어 수많은 젊은 두뇌의 아이디어가 초기자본금이 없거나, 평균 37개월이 걸리는 특허출원기간을 기다리지 못하고 사장되어 버린다. 주식시장의 미발달로 투자자금의 회수기간이 매우 길다.

2. 벤처 캐피탈

(1) 벤처 캐피탈의 의의

벤처 캐피탈(venture capital)이란 모험자본으로, 이는 첨단기술 산업 등에서 고도의 기술력을 가지고 자본과 경영능력이 취약한 벤처기업에 대해 미래의 높은 자본이득을 얻고자 창업초기단계부터 자본과 경영능력을 지원하는 자금이다. 벤처 캐피탈은 투자기업을 육성한 후 KOSDAQ 시장 또는 증권거래소 시장에 상장한 후 투자자본을 매각하여 수익실현 시키는 투자회사 등을 의미한다.

벤처 투자자 또는 투자기업(venture capitalist)은 벤처기업에 투자하는 외부의 투자가로서 적극적으로 경영에 협력한다. 투자한 벤처기업이 성장·발전하여 주식을 공개할 단계에 이르면 보유하고 있는 주식을 처분하여 높은 자본이득을 얻게 된다. 따라서 벤처 캐피탈 기업은 '기업을 개발하는 기업'이라 부르기도 한다.

(2) 벤처 캐피탈의 특징

벤처 캐피탈은 기존의 금융기관과는 자금의 지원방식, 투자자금의 회수방법, 성과보수, 리스크 등에서 현격한 차이가 있다.

첫째, 기존의 금융기관은 일정한 담보를 조건으로 융자형태로 자금을 지원하는 반면, 벤처 캐피탈은 유형의 담보를 요구하는 것이 아니라, 투자기업의 기술력, 성장성을 평가하여 무담보 주식투자를 원칙으로 한다.

둘째, 성과보수면에서 일반 금융기관은 투자기업의 경영성과에 관계없이 대출시점에서 정한 일정금리를 얻는 대신, 벤처 캐피탈은 투자업체의 성과 여부에 따라 많게는 투자자금의 수 배, 수십 배의 이익을 얻을 수 있는 반면, 실패하는 경우에는 투자자금을 전혀 회수할 수 없는 리스크를 가지고 있다.

셋째, 벤처기업의 측면에서는 자본이나 담보능력이 부족하더라고 충분한 기술력과 성장가능성만 있다면 벤처 캐피탈 회사의 지원의 받아 창업할 수 있고, 성장기업으로서 성장이 가능하다.

(3) 벤처 캐피탈의 역할

1) 벤처 캐피탈의 기본역할(자금지원)

벤처 캐피탈이 모험자본이라고 불리우는 이유는 모험기업(벤처기업)에 투자하기 때문이다. 새로운 기술이나 노하우 혹은 아이디어를 상품화·시장화하는 목표를 달성하고자 하는 벤처기업에게 자금을 지원함으로써 모험을 거는 금융서비스업의 새로운 업종이다. 이와 같이 장래에 성공할 가능성이 높고 또한 새로운 기술을 가지고 있지만, 기업자금이 없는 기업들에게 사업자금을 융자해 주는 것이 벤처 캐피탈의 기본적인 역할이다.

2) 벤처 캐피탈의 보조역할(경영지원, 고급기술인력 활용)

벤처 캐피탈은 벤처기업에 대하여 경영이나 재무에 관한 여러 가지 자문이나 조언·상담 서비스를 제공하는 보조역할을 수행한다. 벤처 캐피탈은 투자자로부터 자금을 수탁하여 유망한 투자처를 발굴하여 투자함으로써 자본이득을 증대시킨다는 기능도 수행하므로, 이러한 기능을 수행하기 위해서 벤처 캐피탈의 경영자나 스탭들은 투자 프로젝트나 벤처기업의 경영능력에 대한 평가능력, 적절한 경영지도 등을 하기 위한 지식이나 경험을 가져야 한다.

그 밖에도 벤처 캐피탈의 지원내용이 대부분 창업초기단계부터 이루어져 중소기업의 창업을 활성화할 뿐만 아니라, 기계, 전자, 화학, 정보산업 등 고부가가치의 기술집약형 중소기업에 집중투자함으로써 고용증대효과는 물론 우리가 추구하는 산업구조의 고도화에 일익을 담당하고 있다. 또한 비공개기업을 대상으로 자본참여방식으로 자금을 공개함으로써 기업의 자본구조 개선 및 경쟁력 제고에 기여한다.

(4) 벤처 캐피탈의 성장

벤처 캐피탈은 미국에서 1940년 최초로 탄생한 이후, 1960년대 이후 크게

발전하였다. 벤처 캐피탈의 효시는 록펠러가와 휘트니가의 투자사업에서 찾아
볼 수 있다. 그 후 1946년 산학협동으로 설립된 ARDC(American Research Development
Corporation)에 의해서 그 개념이 정립되었다. 우리가 잘 알고 있는 Apple
Computer, Microsoft Inc., Intel, Sunmicro System 및 Data General 등이 벤처기업으
로 시작된 것으로서 대형 벤처 캐피탈 기업인 Apollo Adimisors는 Perry Ellis 의복,
Converse 신발, Samsonite 가방 및 Chischis 식당에서부터 Telemundo 스페인어 사
용 TV방송국 등에 이르는 여러 기업 등의 주식을 소유하고 있다. 최근 미국에서
는 의료기술, 생물공학, 컴퓨터, 하드웨어, 환경쓰레기 등과 같은 최첨단 산업에
대해 벤처 캐피탈이 집중되고 있다.

3. 벤처빌딩 및 벤처기업 전용단지

벤처빌딩과 벤처단지는 벤처기업과 벤처관련 지원시설을 집단 거주하게
유도함으로써 벤처기업 간의 시너지 효과를 증대하기 위한 것이다.

(1) 벤처빌딩(벤처기업 집적시설)

벤처빌딩이란 벤처기업과 벤처기업 지원시설이 집중적으로 입주된 건축
물로서 다음의 조건을 갖추어야 한다.

- 3층 이상의 건축물로서 6개 이상의 벤처기업이 입주
- 전용면적의 50% 이상을 벤처기업에 분양
- 전용면적의 75% 이상을 벤처기업 및 벤처 지원시설에 분양
- 특별시장, 광역시장 또는 도지사의 지정을 받은 경우

특히 벤처빌딩 건축자들은 궁유지 및 공유지의 활용, 건축관련 규제완화,
세금 및 부담금 감면 등의 혜택을 얻을 수 있다. 또한 벤처빌딩 입주 벤처기
업들은 각종 세금의 감면 및 기타 편의성 등의 혜택을 받을 수 있다.

(2) 벤처기업 전용단지

벤처기업을 활성화하기 위해서는 우수 기술인력의 창업촉진이 전제가 되어야 하기 때문에 창업에 필요한 공간확보가 선결되어야 한다. 예를 들어, 미국(실리콘벨리), 대만(신축단지) 등이 벤처기업 육성에 성공한 것은 상업입지의 위치와 인적, 물적, 네트워크가 조화를 이루었기 때문이다. 벤처기업 전용단지란 벤처기업 및 그 지원시설을 집단적으로 입주하게 함으로써 벤처기업의 영업활동을 조장하기 위해 법규에 의해 지정된 산업단위를 말한다. 즉, 벤처기업 전용단지는 입지관련 세제경감, 입지관련 부담금 면제 등의 재정지원, 지방세 감면의 혜택을 제공하여 벤처기업의 창업을 촉진하기 위해 일정지역에 벤처기업을 입주하게 하는 지역을 말한다. 우리나라의 경우, 벤처기업의 창업수요가 많고, 인적, 기술적 네트워크가 비교적 잘 구축된 지역마다 벤처기업 창업타운을 건립하였다.

4. 기타 자금조달

(1) 엔젤

엔젤(angel)이란 창업 초기에 자금이 부족한 벤처기업에 자금지원과 경영지도를 해 주는 개인투자자를 말한다. 이러한 엔젤에 의한 투자는 유망한 벤처기업을 발굴해 장기적으로 투자하는 고위험·고수익 투자 수단으로 볼 수 있어 투자위험은 높지만 미래의 성공가능성과 성장성이 높은 기업에 투자하여 투자금액보다 많은 수익을 기대하며 투자하는 특성을 보이고 있다.

또한 엔젤은 기업에 자금을 빌려주는 것이 아니라 지분을 매입하여 주인이 되는 특성을 보이고 있어 주식투자와 유사하다고 할 수 있다. 일본 Soft Bank의 손정의는 유명한 엔젤투자자로 알려져 있다. 그는 2000년 알리바바의 마윈에게 200억 원을 투자하여 2014년 38조 원의 수입을 창출하였다.

(2) 투자조합

투자조합은 전문투자금융기관들이 조합을 결성해서 조성된 자금을 재원으로 하여 고성장·고수익이 예상되는 유망한 벤처기업을 대상으로 이들 기업이 발행하는 주식, 전환사채 등을 획득함과 동시에 각종 경영, 기술상의 자문을 제공하여 투자기업의 육성발전을 지원하고 향후 공개시장에서 투자수익을 환수함으로써 조합 출자자들에게 높은 수익을 분배하는 제도이다.

(3) 증권형 크라우드 펀딩(crowd funding)

증권형 크라우드 펀딩은 비상장법인이 주식발행을 통해 일반투자자로부터 투자금을 모을 수 있는 제도화된 자금조달방법이다. 투자자보호차원에서 한 기업당 200만 원까지 투자할 수 있도록 정해져 있다. 연간소득이 1억 원을 초과하는 사람은 1,000만 원까지도 투자가 가능하다.

기업의 성장(Growing Firm)

기업성장이란 기업의 동질성(identity)이 유지되는 범위 안에서 기업의 규모나 능력이 변화되는 것을 의미하는데, 이는 경영자의 능동적 역할에 의한 의사결정의 결과이다. 양적 성장은 기업에 투입된 인적 및 물적 자원이 확대되어 기업의 규모가 선장하는 것으로서 기업을 흡수, 합병(M&A)함으로써 이룩되는 기업 확대가 있다. 이에 반해 질적 성장은 기업의 규모 확대라든지 질의 향상을 포함한 의미로서 사용되며, 기업의 능력 내지 생산성의 향상을 뜻한다.

1. 기업성장전략(growth strategy)

성장전략은 기업이 새로운 사업을 통해서 시장점유율을 확대하는 것을 말한다. 기업은 〈표 5-3〉과 같이 세 가지 전략으로 성장할 수 있다. 첫째로 그 기업의 사업 내에서 성장할 수 있는 추가적인 기회를 확인할 수 있다(집중적 성장전략). 둘째는 기업의 사업과 관련되는 사업을 시작하거나 획득할 수 있는 성장기회를 확인할 수 있다(통합적 성장전략). 셋째로 기업의 사업과는 전혀 관계가 없는 매력적인 사업을 추가하기 위한 성장기회를 확인하는 것이다(다각화 성장전략).

표 5-3   성장기회전략

집중적 성장 (intensive growth)	통합적 성장 (integrative growth)	다각화 성장 (diversification growth)
① 시장침투 ② 시장개발 ③ 제품개발	① 후방통합 ② 전방통합 ③ 수평적 통합	① 집중적 다각화 ② 수평적 다각화 ③ 복합적 다각화

(1) 집중적 성장전략(intensive growth)

1) 시장침투 전략(market penetration strategy)

이것은 현존시장에서 현제품의 시장점유율을 증가시키는 전략으로서 제품을 변경시키지 않고 기존고객들에게 보다 많이 판매하도록 하는 전략이다. 예를 들면, 기업은 매출액을 증가시키기 위해 가격을 인하하거나, 광고를 증가하거나, 더 많은 취급점포를 확보하거나, 소매점의 보다 좋은 진열위치를 확보하여 구매시점 구색전시를 할 수 있다. 또한 현재의 고객들에게 기존의 제품을 더 많이 사용하도록 고무하거나, 기존고객들의 사용빈도를 증가시키거나, 경쟁자의 고객들로 하여금 상표를 변경하여 당기업의 제품을 구입하도록 할 수 있다. 또는 미사용자에게 당사 제품을 사용하도록 설득하는 전략이 있다.

2) 시장개발 전략(market development strategy)

시장개발 전략은 기존제품으로 충족시킬 수 있는 욕구를 가진 새로운 시장을 추구하는 것이다. 이에 대한 세부적인 전략으로는 우선 제품시장의 잠재 사용자 집단을 확인하는 것이다. 첫째, 인구 통계적 시장을 검토하여 어떤 새로운 집단으로 하여금 그 제품을 구입하도록 고무할 수 있다. 둘째, 현재의 위치에서 추가적인 유통경로를 추구할 수 있다. 셋째, 새로운 다른 지역이나 해외에 판매할 수 있도록 지리적 시장을 검토할 수 있다.

3) 제품개발 전략(product development strategy)

이것은 현재의 고객들에게 새로운 제품을 제공하는 전략으로서 기존시장에 신제품 또는 수정된 제품을 공급하는 전략이다. 즉, 새로운 스타일, 크기 및 색상 등의 새로운 특성이 추가된 제품을 개발하거나, 또는 고품질의 제품을 개발할 수 있다. 또한 새로운 제품계열을 출시하거나, 새로운 상표를 출시할 수도 있다. 그리고 기존제품에 대해 대안적인 기술을 이용한 제품을 개발하는 전략이 있다.

(2) 통합적 성장전략(integrative growth)

통합적 성장전략은 기업의 현사업과 관련되는 사업을 시작하거나 획득할 수 있는 기회를 이용하는 전략이다.

1) 후방통합 전략(backward integration strategy)

이것은 보다 많은 이익을 창출하거나 통제하기 위하여 한두 개의 원료공급업자를 인수하는 전략이다. 사례는 현대자동차가 철강회사를 인수하는 경우를 말한다.

2) 전방통합 전략(forward integration strategy)

이것은 도, 소매상들이 상당히 이익적일 경우, 도, 소매상 등 유통기관을 인수하는 전략이다. 사례는 현대자동차가 자동차 대리점을 인수하는 경우를 말한다.

3) 수평적 통합전략(horizontal integration)

후방적 통합과 전방적 통합을 수직적 통합이라고 한다. 수평적 통합은 경쟁기업을 흡수하는 통합방법이다. 사례는 현대자동차가 기아자동차를 인수하는 경우를 말한다.

(3) 다각화 성장전략(diversification growth)

1) 다각화의 의의

다각화 성장은 기존사업 분야와는 별개의 분야에서 좋은 기회가 발견되어 기업이 새로운 업종에 진출하여 경영활동의 범위를 확대하는 것이다. 즉, 전혀 새로운 분야의 제품과 서비스의 생산을 시도하거나, 현재의 품목에 새로운 특성을 부여하는 것이다.

2) 다각화의 이유와 목적

다각화 전략은 기업의 존립과 성장을 위한 내적 및 외적의 필요성 때문에, 혹은 기업 확장을 위한 경영자의 의욕이나 기업성과의 필연적 결과로서 도모하게 된다. 물론 다각화의 이유와 동기는 명확치 않으나, 대체로 기업의 체질개선, 성장 분야의 포착, 경영구조의 변혁 등을 겨냥한 경영자의 판단이 다각화의 행동 등을 결정하게 된다.

기업이 다각화하는 이유로는 ① 기업성과의 추구, ② 기업경영의 안정화, ③ 시장변화에의 대응, ④ 간접비의 부담감소, ⑤ 시장기회의 활용, ⑥ 기업 내 제자원의 활용, ⑦ 연구개발의 성과, ⑧ 경영자의 의욕, 능력을 들 수 있다.

3) 다각화 전략 유형

첫째, 집중적 다각화 전략(intensive diversification)이란 신제품이 상이한 고객계층에 소구될 수는 있지만, 현존 제품계열과 기술적 또는 마케팅 시너지를 갖는 신제품을 추구하는 전략이다. 이는 현재의 마케팅, 생산기술, 연구개발 등을 기초로 하여 기존의 것과 쌍방의 관련성이 강한 경우에 다각화함으로써 중심제품의 판매를 강화할 수 있는 것이다.

둘째, 수평적 다각화 전략(horizontal diversification strategy)이란 현재의 제품계열과 기술적으로 무관하지만, 현재의 고객에게 소구될 수 있는 신제품을 추구하는 전략이다. 즉, 이것은 기술적으로나 마케팅적으로나 동종 산업의 다른 제품을 추가적으로 생산, 판매하는 다각화이다.

셋째, 복합적 다각화 전략(mixed diversification strategy)이란 현재의 기술, 제품

및 생산과 관련이 전혀 없는 신사업을 추구하는 전략으로서 마케팅과 기술의 쌍방에 대해 기존의 것과 관련이 없는 분야에의 다각화를 말한다. 그러므로 다각화 전략은 상대적으로 시너지효과가 거의 없고 위험이 크다고 밖에 볼 수 없다.

06

전략경영의
이해

'두려움 없이 말하는 조직'이 살아남는다

리더 한 명이 모든 것을 다 할 수 없는 시대 ··· '심리적 안정감' 부여가 핵심

망망대해에 예측할 수 없는 거센 폭풍우가 몰아친다면 어떻게 대응해야 할까. 방법은 크게 두 가지다. 경험 많고 뛰어난 선장의 지시에 따라 모든 선원이 일사불란하게 대응할 수 있다. 반대로 모든 선원이 현장의 상황을 즉시 공유하며 전체가 하나처럼 움직일 수도 있다.

최근 기업들을 둘러싼 경영 환경도 마찬가지다. 예측할 수 없는 거센 폭풍우가 수시로 몰아친다. 우리 조직은 어떻게 대응하고 있을까.

아무리 경험 많고 뛰어난 리더라도 혼자 모든 것을 챙길 수는 없다. 게다가 구성원의 상당 부분을 차지하는 밀레니얼 세대 등 젊은 직원들은 과거와 달리 리더의 지시라고 해서 무조건 복종하지도 않는다. 결국 구성원 모두가 변화에 민첩하게 대응해야 한다. 변화 상황을 즉시 공유하고 문제를 드러내고 실수도 인정하며 서로 간에 빠르게 피드백해야 한다.

두려움은 '침묵'을 만든다

그런데 현실에서 이렇게 하기는 결코 쉬운 일이 아니다. 구성원들이 리더만 바라보고 침묵하는 조직이 대부분이기 때문이다.

"굳이 내가 이야기할 필요가 있을까", "괜히 말해서 혼나는 건 아닐까", "다른 사람들에게 피해를 주면 어떻게 하지" 등과 같은 이유로 침묵한다.

이런 조직 문화에서는 바로 해결할 수 있는 사소한 문제가 나중에 큰 이슈로 바뀔 수 있다. 더 나은 업무 개선의 기회나 새로운 도전의 기회를 잃을 수도 있다.

구성원들이 침묵하지 않고 무엇이든 말하게 하려면 어떻게 해야 할까. 지난 25년간 심리적 안정감에 대해 연구한 에이미 에드먼슨 하버드 경영대학원 교수가 최근에 써낸 '두려움 없는 조직'을 보면 해답이 나와 있다. 에드먼슨 교수는 구성원들의 침묵을 깨려면 '심리적 안정감'이 있어야 한다고 했다.

그는 심리적 안정감을 구성원들이 업무와 관련해 그 어떤 의견을 제시해도 벌을 받거나 보복당하지 않을 것이라고 믿는 조직 환경이라고 정의했다. 한마디로 무슨 말을 해도 두렵지 않은 조직이다.

그의 말처럼 요즘처럼 불확실성이 높고 팀으로 성과를 만들어 내야 하는 환경에서는 무슨 말을 해도 두렵지 않은 심리적 안정감이 조직의 성과를 높이는 가장 중요한 요인이다. 그래야 즉시 문제를 제기하고 개선해야 할 아이디어가 넘치고 실패를 두려워하지 않는 다양한 시도가 나오기 때문이다.

그렇다면 이런 심리적 안정감을 어떻게 만들 수 있을까. 답을 찾으려면 우선 침묵하는 이유에 대해 살펴볼 필요가 있다.

예를 들어보자. 회의를 하다가 이슈를 제기하고 싶은데 참은 적이 있는가. 아마 직장인이라면 누구나 중요한 사안이라고 생각하면서도 결국 침묵한 경험이 있을 것이다. 심지어 리더가 말하라고 시켜도 애써 다른 말로 피하기도 했을 것이다. 왜 그랬을까.

괜히 말을 꺼냈다가 "그게 말이 된다고 생각해"와 같은 질책을 받았던 기억이 생각나 그랬을 수 있다. 그냥 끝내면 될 회의를 길게 만든다는 동료들의 시선 때문일 수도 있다. 또 누군가를 당황하게 만들지 않을까 걱정이 될 때도 있다. 특히 상사의 상사에게 얘기할 때는 더 조심스럽다.

이처럼 침묵은 대부분 인간관계에서 오는 두려움 때문에 생긴다. 그리고 어차피 말해도 소용이 없다는 학습된 무기력 때문일 수도 있다.

많은 조직에서 침묵을 깨기 위해 노력하지만 좀처럼 바뀌지 않는다. 왜냐하면 침묵한 개인에게 즉시 이득이 생기기 때문이다. 문제를 제기하면 조직에 이득이 되지만 그 결과가 나오려면 시간이 걸린다.

그리고 문제를 제기한 개인에게 문제 해결에 따른 이득이 있을지도 확실하지 않다. 그런데 침묵은 침묵한 자신에게 이득이 있다. 즉시 아무 일도 일어나지 않기 때문이다. 하고 싶은 말은 회의가 끝난 후 웅성거리면서 답답함을 풀어 버리면 된다.

현실에선 스티브 잡스 같은 천재는 없다

요즘같이 급변하는 시대에 침묵하는 조직은 좋을 성과를 내기 어렵다. 스티브 잡스와 같은 천재적인 리더가 있거나 무척 운이 좋다면 좋은 성과가 나올 수도 있다. 하지만 현실은 그렇지 않다.

휴대전화 사업의 글로벌 최고 기업 노키아의 몰락은 두려움이 만연한 기업 문화가 한몫했다는 분석이 나온다. 응우옌 후이 프랑스 인시아드대학원 교수에 따르면 노키아 엔지니어들을 심층 인터뷰한 결과 "경영층이 듣고 싶어 하지 않는 것을 말하는 것이 두려웠다. 해고나 강등의 위협이 흔했다"는 사실을 확인했다.

결국 경영진에게 현실과 다른 내용들이 보고됐고 점점 더 어려워진 휴대전화 사업부를 2013년 마이크로소프트에 매각하면서 백기를 들었다. 다행히 교체된 경영진은 자유롭게 토론할 수 있는 규칙부터 수립하고 두려움 없이 말할 수 있는 조직에 공을 들이면서 새롭게 도약하고 있다.

노키아처럼 두려움이 가득한 기존의 문화를 걷어내고 무슨 말이든 자유롭게 할 수 있는 심리적 안정감을 높이려면 어떻게 해야 할까.

우선 구성원들을 침묵하게 만드는 두려움을 없애야 한다. 사람들은 항상 다른 사람들이 자신을 어떻게 생각하는지 신경 쓰고 걱정한다. 특히 직장 상사는 더욱 더 신경이 쓰인다. 이것은 무리에서 떨어지면 죽을 수 있다는 오래된 유산이기도 하다.

따라서 리더는 구성원들이 조직 안에서 안전하다는 신호를 지속적으로 보내야 한다. 눈을 맞추거나 친근한 말투나 표정 등 평상시 우리는 서로 이어져 있고 안전하다는 신호를 계속 보내는 것이다. 또 리더가 모든 것을 알고 해결하는 영웅적 모습보다 스스로의 약점을 드러낼 필요도 있다. 이것이 자신에게 솔직한 진정성 있는 리더의 모습이다.

제프 폴저 하버드 경영대학원 교수는 "자신에게 약점이 있고 도움이 필요하다는 신호를 계속 내보내면 누구나 불안해하지 않고 도와줄 수 있다. 그런데 약점을 한 번도 보여주지 않는다면 상대방 또한 자신의 약점을 감추려고 하고 매 순간 불안감으로 가득 차게 된다"고 말했다.

리더는 자신이 모든 답을 알고 있지 않고 자기가 틀릴 수도 있다는 사실을 인정하는 겸손함으로 구성원을 이끌어야 한다.

구성원들에게 다음과 같이 요청해 보자. "불확실한 환경이다. 과거의 경험이 통하지 않는다. 요즘 세대인 여러분들이 더 똑똑할 수 있다. 그리고 우리가 이루고자 하는 성과는 혼자 할 수 없고 상호의존적으로 연결돼 있다. 여러분의 도움이 절실하다."

그리고 질문도 적극적으로 활용해야 한다. 질문은 답변하는 상대방이 진정으로 의미가 있다고 느낄 때 효과가 있다. 답이 이미 정해진 듯한 질문은 피해야 한다.

예를 들어 "지금 말한 것에서 대안을 찾을 수 있나요"와 같은 질문은 자칫 대안이 없다는 뜻으로 들릴 수 있다. "우리가 빠뜨린 것은 없을까요"와 같이 진정으로 답을 모른다는 태도로 물어야 한다.

진정으로 두려워해야 할 것은 고객 가치

구성원들의 두려움을 줄였다면 이제는 침묵보다는 무슨 말이든 하는 것이 더 큰 이득이라는 것을 경험하게 해 줘야 한다. 이를 위해서는 먼저 말해줘 고맙다고 표현해야 한다. 결과는 다음 문제다. 리더에게 다소 황당한 말이라도 그렇다.

구성원들이 업무의 성과, 즉 결과가 유일한 평가 지표라고 느끼면 섣부르게 위험을 감수하지 않을 것이다. 결과를 만들기 위해 노력하는 과정도 평가에 반영된다고 믿게 만들 필요가 있다. 특히 내일을 알 수 없는 환경에서 결과만으로 평가할 수는 없다. 따라서 매 순간 구성원들의 이야기에 감사를 표시하는 것이 중요하다.

그리고 가능한 한 일찍 피드백을 줘야 한다. 구성원의 이야기에 감사 표시만 하고 그 결과를 알려주지 않는다면 바로 실망할 것이다. 특히 빠른 것을 추구하는 밀레니얼 세대를 동기부여하려면 즉시 피드백을 하는 것이 중요하다.

얼마 전 국내 배달 애플리케이션(앱) 배달의민족을 운영하는 우아한형제들의 기업 문화 강연에서 인상적인 이야기를 들었다.

전 사원을 대상으로 매주 실시하는 최고경영자(CEO)와의 대화에서 한 직원이 "매번 비슷한 이야기가 나오는데 CEO는 늘 처음 듣는 것처럼 반응한다"고 지적했다. CEO에게 그 이유를 물어보니 "한

번이라도 이야기를 끊으면 다시 말하지 않을 거예요"라고 했다는 것이다.

우아한형제들의 중요한 가치, 송파구에서 일을 더 잘하는 11가지 방법 중에 '잡담을 많이 나누는 것이 경쟁력이다'라는 가치가 있다. CEO가 직접 실천하는 모습이 보인다. 그리고 이 회사는 직원들의 이야기에 반응하는 버킷 리스트를 만들고 하나하나 실행하고 있다고 한다.

여기에서 이런 의문이 생길 수 있다. 구성원들이 뭐든 편안하게 말하는 심리적 안정감이 높으면 배가 산으로 가지 않을까. 너무 편해서 높은 성과를 낼 수 있을까.

에드먼슨 교수는 심리적 안정감이 높은데 업무 수행 기준이 낮다면 안주하는 조직이 된다고 했다. 따라서 높은 심리적 안정감과 함께 높은 업무 수행 기준이 있어야 학습을 통해 성과를 만드는 조직이 될 수 있다.

그런데 높은 업무 수행 기준을 매출과 생산량 등 숫자 목표로만 생각한다면 다시 두려움이 만연한 조직으로 변할 가능성이 높아진다. 매출을 올리기 위해 편법이라도 쓴다면 조직에 치명적일 수도 있다. 어떻게 해야 할까.

구성원들이 진정으로 두려워해야 할 것은 고객에게 주는 가치다. 그 결과로 매출이 달성되기 때문이다. 그러면 고객에게 주는 가치는 무엇일까. 이것은 거의 모든 회사의 미션이나 비전에 포함돼 있다. 한마디로 회사의 가치관을 지키는 것은 진실로 두려워해야 한다.

그리고 회사의 가치관을 실현하기 위해 노력하는 창조적인 실패는 언제든 축하하고 빠르게 학습으로 전환해야 한다. 실패의 두려움은 인간관계에서 오는 두려움보다 심리적 안정감에 더 큰 영향을 미칠 수 있기 때문이다.

불확실성과 상호 의존성이 높아지는 세상이다. 뛰어난 리더 혼자가 아니라 구성원 모두가 민첩하게 움직여야 높은 성과를 낼 수 있다. 그러려면 구성원들이 두려움 없이 문제를 제기할 수 있는 심리적 안정감을 높여야 한다. 지금 우리 조직은 침묵하는지 아니면 시끄러운지 진지하게 돌아보자.

도입사례 '문화를 팔다' 年 매출 1.5조 원 스타벅스의 성공비결

'제3의 공간'으로 포지셔닝한 전략 적중
'신뢰·고급' 브랜드로 충성도 높은 고객 확보

"한 매장을 방문했을 때 목격한 일이다. 한 고객이 바리스타에게 방금 사먹은 음료가 마음에 안든다고 했다. 고객은 아예 다른 음료로 바꾸고 싶어 했다. 그 고객을 만족시키기 위해 바리스타는 현금으로 환불하고 원하는 음료로 다시 제공해 주겠다고 했다."

21년간 북미 스타벅스의 최고경영자였던 하워드 베하는 저서 「사람들은 왜 스타벅스에 가는가?」에서 이 일화를 소개하며 "이것은 최선의 대응이었을까"라고 물었다. 그는 "순전히 경제적인 관점에서 바라본다면 절대 아니다. 우리는 이런 상황에 사과를 한 뒤, 똑같은 음료를 다시 만들어 제공하라고 가르치고 있다. 그랬으면 고객도 만족하고 우리도 손해를 보지 않았을 것이다. 바리스타는 굳이 돈을 환불해 줄 필요도 없었다"고 말했다

그럼 이 바리스타는 잘못 대응한 걸까? 그렇지 않다. 하워드 베하의 설명이다. "바리스타가 보여준 반응은 수많은 다른 반응보다도 훨씬 훌륭한 행동이었다. 솔직하면서도, 배려가 가득 담긴 반응이었다. 바리스타는 자신의 역할에서 가장 중요한 부분이 무엇인지 정확하게 이해하고 이를 몸소 보여주었다. 바로 '인간에 대한 서비스'를 말이다."

스타벅스 매출, 국내 '톱5' 브랜드 매출 합보다 많아

스타벅스가 세계적으로 성공한 핵심 비결 중 하나가 바로 여기에 있다. 지천에 널린 카페 중 "커피 마시러 가자"고 하면 스타벅스로 발길이 향하는 이유 말이다. 스타벅스는 '신뢰와 고급'이라는 확고한 브랜드 이미지를 쌓았다. 스타벅스에 가면 일정 기준 이상의 커피와 서비스를 누릴 수 있을 것이라는 기대가 있다. 혹시라도 주문한 음료가 다소 만족스럽지 않아 바꾸고 싶을 때 다른 카페에서는 그 요구가 영 껄끄럽지만 스타벅스에서는 그렇지 않을 것이라는 기대가 있는 것이다.

지난해 한국 진출 20주년을 맞은 스타벅스는 국내 커피 시장에서 가장 강력한 브랜드 파워를 가진 기업으로 성장했다. 스타벅스 열풍은 국내 커피 소비문화를 완전히 바꿔놨다고 해도 과언이 아니다. 일회용 컵에 커피를 담아 들고 다니는 '테이크 아웃' 문화를 전파한 것도, 한 끼 식비와 맞먹는 비용을 커피에 지출하게 만든 장본인도 스타벅스다. 1999년 1호점(이대점)을 연 지 18년 만에 매출 1조 원을 넘어선 스타벅스는 이후에도 하루 평균 30만 명이 방문하며 승승장구 중이다. 스타벅스는 2018

년 기준 1만 5000여 명의 임직원이 1,262개 매장을 운영 중이다.

매출 증가세도 놀랍다. 2000년 86억 원이었던 매출은 2016년 커피전문점 브랜드로는 처음 1조 원 고지에 올라섰다. 그리고 2018년 불과 2년 만에 매출 규모를 1조 5,223억 원까지 늘렸다. 국내 상위 5개(이디야커피·투썸플레이스·요거프레소·커피에 반하다·빽다방) 커피 프랜차이즈의 매출액 총합 (1조 3,547억 원)보다도 훨씬 많은 수준이다. 연매출 1조 원이 넘는 식품기업이 20여 곳에 불과한 현실에 비춰볼 때 가히 독보적인 실적이다. 영업이익도 2000년 4억 원에 불과했지만 2018년 1,428억 원으로 350배 넘게 증가했다. 2005년 14.4%를 고점으로 2016년 6.0%까지 감소했던 영업이익률도 2019년 9.3%를 기록하며 회복세다.

스타벅스 매장마다 손님들의 발길이 끊이지 않자 스타벅스가 있는 주거단지를 가리켜 '스세권(스타벅스 + 역세권)'이란 말도 나왔다. 스타벅스가 입점하면 인근 점포 매출도 함께 올라 건물 시세가 동반 상승한다는 믿음 덕에 건물주들의 러브콜을 받고 있다. 한국만의 현상도 아니다. 미국 부동산 사이트 질로(zillow)에 따르면 1997년부터 2014년까지 미국 내 일반주택의 평균 지가 상승률이 65%였던 것에 반해 스타벅스 주변 주택은 96%가 올랐다.

스타벅스 전에는 없었던 커피의 '가치 소비'

스타벅스 성공비결은 뭘까. '문화를 판다'는 스타벅스만의 독특한 전략과 국내 고객들의 특성을 적극 반영한 현지화 전략 등으로 브랜드 파워를 키워 충성도 높은 고객들을 계속 끌어모은 점이 주효했다는 분석이다. 스타벅스 이전과 이후로 나뉘는 모습이 있다. 바로 커피의 문화화(化)다. 스타벅스는 '스타벅스는 다르다'를 적극 마케팅했고, 대중들로 하여금 이렇게 느끼게끔 하는 데 성공했다. 이른바 '제3의 공간' 전략이 적중한 셈이다.

"커피 이상의 특별한 경험을 소개합니다. 스타벅스가 일상을 풍요롭게 하는 제3의 공간으로서 지역사회 속에서 고객과 함께하며 새로운 커피문화를 정착시키고 있습니다." 스타벅스코리아 홈페이지에 들어가면 가장 먼저 나오는 문구다. '제3의 공간'은 미국 사회학자 레이 올덴버그가 제일 먼저 사용한 개념이다. 가정을 제1의 공간, 직장을 제2의 공간으로 한다면 그 외의 공간이 제3의 공간이다. 현대인들은 상업 공간을 휴식이나 여가 등의 공간으로 사용하는데, 스타벅스는 제3의 공간을 스스로의 정체성으로 '포지셔닝'했다.

스타벅스는 '제3의 공간'이라는 가치에 맞는 의미를 부여하기 위해 다양한 서비스를 제공했다. 사실 스타벅스 이전까지 고객에게 눈치를 주지 않는 카페 분위기는 국내 소비자들에게 낯설었다. 지금도 스타벅스에서는 음료 한 잔을 시켜놓고 개점부터 폐점 시간까지 있어도 아무런 문제가 없다. 노트북과 책을 펴놓고 공부나 일을 하는 문화도 스타벅스가 이끌었다고 해도 과언이 아니다. 스타벅스는 소비자들이 편안함을 느끼면서 다양한 체험을 할 수 있게 인테리어에도 각별히 신경을 썼다. 미국 스타벅스는 본사 2,000명 직원 가운데 10%에 달하는 200명이 인테리어 부서 인력일 만큼 인테리어 마케팅에 적극적이다. 대부분 테이크 아웃을 하는 미국과 달리 한 장소에 오래 앉아 대화하는 걸 선호하는 우리 특성에 맞게 의자와 테이블 수를 대폭 늘린 점도 주효했다. 남녀 화장실이 분리돼 있다는 점도 강점으로 작용했다.

여기에 고급스럽고 신뢰가 가는 이미지가 더해졌다. 대중들이 사용하는 상당수의 텀블러와 머그컵에 스타벅스 로고가 박혀 있는 데는 다 이유가 있다. '빨리빨리' 문화가 강한 우리 기질을 파악해 스마트폰 애플리케이션을 통해 원하는 제품을 미리 주문한 뒤 매장에서 찾아올 수 있는 '사이렌오더'를 세계에서 최초로 시행한 것도 고객들에게 "스타벅스는 다르다"고 느끼게 한 대목이다. 이 시스템은 미국 본사가 벤치마킹해 현재는 미국에서도 사용되고 있다. '알바' 없이 모든 직원을 정규직으로 채용해 서비스 질을 강화하고 '문경 오미자 피지오' '이천 햅쌀 라떼' 등 다양한 지역의 특산물을 활용한 새 음료를 내놓는 점도 고객들에게 신선하게 다가갔다는 분석이다.

http://www.sisajournal.com/news/articleView.html?idxno = 195199

* 도입사례에 대한 자세한 내용은 QR코드를 참고하세요.

● CHAPTER

06

전략경영의 이해

 학습목표

1. 전략경영의 중요성과 필요한 이유를 설명할 수 있는가?
2. 기업수준과 사업수준에서의 전략경영의 차이점을 설명할 수 있는가?
3. 기업전략의 유형을 설명할 수 있는가?
4. 전략경영의 6단계 프로세스가 무엇인가를 설명할 수 있는가?
5. 포터교수의 본원적 경쟁전략이 무엇인지 설명할 수 있는가?
6. SWOT, BCG, PLC 모델들을 설명할 수 있는가?
7. 기업의 성장전략을 설명할 수 있는가?

|절 전략경영(Strategic Management)

1. 전략경영의 중요성과 의의

전략경영(strategic management)이란 경영자들이 목표달성 및 경쟁우위를 확보하기 위하여 조직 내부의 기능과 활동을 통합한 종합계획이다. 그렇다면 기업의 전략이란 무엇인가? 전략(strategy)이란 기업이 무엇을 할 것인지, 목표를 달성하기 위하여 고객을 어떻게 유인하고 만족시킬 것인지 등에 대하여 계획을 세우는 것이다. 즉, 전략은 모방할 수 없는 자원을 활용시키는 방안이라고 할 수 있다. 전략경영이 중요한 이유는 정치, 경제, 사회, 문화 및 과학과 기술의 환경변화는 예측불가능한 주기와 폭으로 이루어짐으로써 경영활동의 수행에 있어 혼란을 가중시키고 있기 때문이다. 더구나 세계화의 도전, 품질에 대한 도전, 기술 및 과학의 도전, 그리고 사회적 도전이 기업으로 하여금 새로운 시각에서 경영활동을 전개하도록 강요하고 있다.

세계는 자본주의 사회의 발달로 자유경쟁의 분위기가 더욱 고조되고 경제전쟁이라는 새로운 투쟁의 장을 만들어가고 있다. 여기에서 세계 각국의 기업들은 살아남기 위한 적자생존의 노력을 해야 한다. 즉, 경쟁에 이기기 위해서 필요로 하는 수단과 재원은 유한한 반면, 경쟁우위를 확보해야 한다는 무한한 기업의 의지와 욕구는 경영활동을 전략적으로 수행하지 않으면 안 되게 하고 있다.

전략이란 용어가 주는 이미지는 세 가지로 요약될 수 있다.

① 서로 대결하는 인간사회의 장이라는 점이 공통항으로 대두되고, 이어서 그러한 공간 속의 경쟁에서 이기는 것이 대전제로 되어 있다.

② 이기기 위한 노력을 최소한으로 줄이는 것이 좋다는 점이다. 즉, 최소의 노력, 최소의 자원투입으로 승리를 얻는 것이다.

③ 최소의 비용으로 목적을 달성하기 위해서는 경쟁우위를 확보하기 위한 여건과 위치를 객관적으로 인식하는 것, 즉 분석적 능력이 중요하다는 것이다.

전략(strategy)이란 말은 군대 장군을 뜻하는 고대 그리스어 'strategos'에서 유래된 말로서 장군이 전쟁을 치루면서 발휘하는 전술을 전략경영이라고 표현하였다. 전략은 기업의 모든 자원을 통합하여 시장을 주도하려는 모든 책략이라는 점에서 목표를 달성하기 위한 계획이라는 수단과는 구분된다.

전략경영이란 조직의 목적을 달성하기 위한 수단으로서 조직 내부의 모든 기능과 활동을 통합한 종합적인 계획을 의미한다. 다시 말해서, 기업경영의 장기 목표를 수립하고, 달성하는 데 필요한 활동경로를 정하고, 필요한 자원을 배분하는 것이라고 정의할 수 있다.

연구결과, 전략적 계획활동과 성과 간 긍정적인 관계가 발견되었다. 전략적으로 계획하는 기업들은 그렇지 않은 기업보다 재무적 성과가 상대적으로 높게 나타나고 있다.

2. 전략경영의 내용

전략경영의 개념을 보다 명확히 이해하기 위해서는 경영전략의 구성요소를 파악해야 하는데, 그 구성요소는 학자에 따라 다양하지만, 호퍼(C. W. Hofer)는 다음과 같이 제시하고 있다.

① 영역(domain): 기업의 현재 및 미래 환경과의 상관관계에 있어서의 활동범위가 된다.
② 자원전개: 기업의 목표달성에 필요한 제자원의 전개수준과 유형 및 독자능력이다.
③ 경쟁우위성: 기업의 자원전개 유형이나 영역결정을 통해 경쟁자에 대해서 전개하는 독자적인 경쟁우위(핵심역량)이다.
④ 시너지(synergy): 자원의 활용이나 영역결정에서 나타나는 상호작용 및 상승효과이다.

이러한 구성요소는 전략경영의 개념을 기업과 환경과의 적합방식을 다루는 데 중요한 요소들이다. 경영전략은 기업이 변화하는 경영환경에 대응하면서 기업의 미래지향을 실현하기 위하여 모든 경쟁잠재력을 효과적 및 효율적으로 활용하는 방법을 설명해 준다.

전략경영을 전사적 입장에서 이해하기 위해서는 경영전략의 유형을 이해해야 하는데, 경영전략의 유형은 기업의 특성이나 기업의 관점에 따라서 여러가지 방법으로 구분될 수 있다. 〈표 6-1〉과 같이 경영전략의 유형은 기업의 기대상태와 목표의 내용을 중심으로 구분될 수 있다.

표 6-1 전략경영의 유형

구분 기준/대상	전략유형
조직차원	기업전략, 사업부 전략, 기능별 전략
경영전략	생산전략, 마케팅 전략, R&D전략, 투자전략, 금융 및 재무전략, 인사전략
발전방향/자원활용	성장전략, 안전전략, 쇠퇴전략

시장활동	공격적 전략, 방어적 전략
제품/시장	시장침투 전략, 시장개발 전략, 제품개발 전략, 다각화 전략
경쟁력	비용우위 전략, 차별화 전략, 집중화 전략

3. 사업영역과 전략경영의 수준

(1) 사업의 정의

기업의 환경이 변화하여도 적응함으로써 그 존속을 유지하고 발전하는 영속성의 목적을 달성하는 것이다.

기업이 시간의 영속성을 유지하기 위해서는 변화하는 환경 속에서 사업영역을 확실하게 규명해야 한다. 〈그림 6-1〉과 같이 기업은 먼저 자사의 사업영역을 정하고, 사업범위 내에서 영속성을 위해서 수익성과 원활한 세대교체를 이루어야 한다.

그림 6-1 기업의 목적

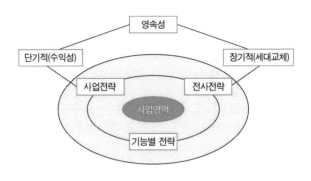

상기와 같이 기업의 사업영역은 기업생존의 핵심요소이다. 기업의 사업은 세 가지 차원, 즉 서브해야 할 고객집단, 충족시켜야 할 고객욕구 및 이러한

욕구를 충족시킬 기술의 관점에서 정의할 수 있다. 고객, 고객의 욕구, 기술, 시장, 제품과 연관되는데, 이에 따라 각 사업은 그 자체의 전략이 요구된다.

(2) 전략경영의 수준

현대조직은 기업본부, 사업부, 사업단위 및 제품을 기준으로 계층화되어 있으므로 전략경영도 기업전략, 사업부 전략, 기능별 전략으로 계층을 이루고 있다. 그리고 이들 경영전략은 〈그림 6-2〉와 같이 상호밀접한 관계하에서 조직의 영역과 기능 분야에서의 경영방향을 설정해주는 하나의 시스템을 형성한다.

전략경영은 기업전략, 사업부 전략, 기능별 전략 등이 서로 상호관계로 이루어지는데, 〈그림 6-2〉와 같이 하나의 행렬구조를 취하고 있다.

• 그림 6-2 기업전략의 수준

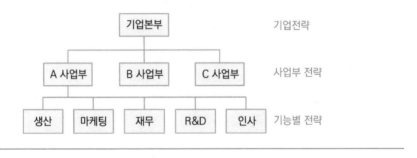

1) 기업전략(corporate strategy)

기업전략이란 기업이 어떤 사업을 하고 있는지, 어떤 사업을 하고 싶은지를 구체화하는 조직전략을 의미한다. 하위 시스템인 사업부 전략과 기능별 전략을 통합하는 전사전략으로서, 그 핵심은 기업사명 및 활동영역의 정의와 자원전개(경영자원의 축적과 배분)의 결정이 포함되는데, 네 가지의 계획활동이 행해진다.

① 기업의 사명(mission), 비전 및 목표를 명확히 한다.

② 기업의 전략적 사업단위(Strategic Business Unit: SBU)를 수립한다. SBU는 큰 회사 내에 분리된 작은 사업단위로서 어떤 제품을 마치 독립된 사

업인 것처럼 취급한다.

③ 각 SBU에 재원을 할당·부과한다.

④ 진출해야 할 새로운 사업 분야를 확인한다.

이것은 기업전략의 하위전략으로서의, 그룹기업 내의 계열회사나 기업 내의 전략적 사업단위(Strategic Business Unit: SBU)의 조직경영을 지배하는 전략이다. 사업부 전략은 다음의 사항을 기본적으로 고려해야 한다.

첫째, 경쟁상대가 누구인가를 명확하게 인식해야 한다.

둘째, 경쟁에서 이긴다는 것이 무엇을 의미하는지를 이해해야 한다. 즉, 경쟁상대에 대한 대응전략을 마련해야 한다.

셋째, 대응전략을 구체적으로 어떻게 실천해야 하는가를 생각해야 한다. 즉, 사업부 전략은 사업의 경쟁적 우위를 확보하기 위한 전략이다.

2) 기능별 전략(functional strategy)

그림 6-3 기업전략의 매트릭스 구조

기능별 전략은 기업전략 및 사업부 전략의 하위전략으로서 생산, 마케팅, 재무, 회계, 인사, 연구개발 등 전문기능 분야의 경영관리 방향을 경영하는 역할을 한다. 따라서 기능별 전략은 기업전략과 사업부 전략을 전개하는 과정에

서 자금과 인력 등 내부차원의 배분과 기능 분야의 경영활동을 조정함으로써 기업의 전략적 목적 달성에 중요한 역할을 한다. 기능별 전략의 가장 중요한 요소는 배분된 자원의 효율성 극대화이다.

2절 전략경영의 효과(Effects of Strategic Management)

전략경영을 통해서 현대기업은 다음과 같은 효과를 거둘 수 있다고 앤소프는 설명하고 있다.

첫째, 경영에 있어서 명확히 규정된 사업활동의 범위와 성과목표가 있을 때 경영을 목표지향적으로 일관되게 유지할 수 있다.

둘째, 전략경영을 구상하고 실행함에 있어서 필요로 하는 자원 등에 대하여 장·단기적 대책을 강구하기 때문에 자원쇼크 등의 애로사항 하에서 탈피하여 경영을 보다 안전하게 이끌 수 있다.

셋째, 경영의 성장을 보다 적극적으로 유도하기 위하여 필요한 결정법칙(rule)으로서의 전략을 수립해서 경영활동을 전개할 때, 기업은 경쟁우위 확보 노력에서 유리한 고지를 차지할 수 있을 것이기 때문이다.

넷째, 오늘날 기술혁신, 그리고 무역·자본 자유화 등에 의해서 기업환경은 급격하게 변화하고 있기 때문에, 그에 대처해 나갈 수 있는 대응방안을 전략적 차원에서 장·단기적으로 강구할 수 있을 때, 전략경영 프로세스를 통해 기업은 보다 안정된 위험부담과 불확실성에 대처할 수 있다.

다섯째, 기업경영이 새로운 기회의 탐구와 창조를 할 수 있도록 하기 위해서는 이를 추구할 수 있는 관리의 지침을 필요로 하는데, 이는 전략을 통해서 비로소 가능하게 된다.

3절 전략경영의 프로세스(Strategic Management Process)

전략경영 프로세스는 6개 단계의 프로세스가 있는데, 전략적 계획, 실행, 평가 등으로 구성된다. 첫 번째 4개 단계들이 계획활동이지만 실행과 평가 역시 매우 중요하다. 경영자가 그 전략을 실행하거나 평가하지 않는다면 최선의 전략이라 할지라도 실패할 수 있다(〈그림 6-4〉 참조). 효과적인 전략경영을 수립하기 위해서는 그 이전에 고려되어야 할 요소가 많이 있다.

● 그림 6-4 전략경영계획의 과정

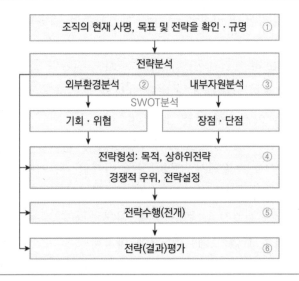

1. 고려할 요소

전략경영을 수립하려면 우선 경영자는 기업조직이 추구하는 기본전략을 짜고, 그것에 기초하여 이를 실행하기 위해 필요로 하는 경영전술, 즉 하위전략이나 경영정책을 수립해야 한다. 기업의 기본전략, 즉 장기전략적 특성을 갖는 경영전략을 보다 효율적으로 구성·수립하기 위해서 전략에 대해 분석해야 한다.

(1) 비전, 목표, 사명의 명확화

전략을 세우기 전에 회사전체의 비전, 목표, 사명 등을 명확히 하면 이들이 전략경영에 전체적인 영향을 끼칠 것이다. 때로는 목적이라고 불리는 사명(mission)은 "우리의 사업이 무엇인가?"라는 질문에 대한 대답이다.

(2) 하위전략

전략목적은 그 실행을 위하여 경영정책이나 방침 등 하위전략으로 구체화되어야 한다. 하위전략에서는 표적고객과 시장에 대한 분석을 위하여 제품-시장 범위를 조사한다, 제품 자체의 특성과 기능, 디자인과 품질, 가격을 포함하여 표적시장 범위, 유통경로, 광고 등 촉진에 관해서도 구체적으로 분석해야한다.

제품-시장 범위에 대한 전략적 분석을 통하여 경쟁우위를 확보할 수 있는 하위전략을 구상할 수 있다. 경쟁우위 확보를 목적으로 제품-시장 범위를 확대시키기 위해서는 신시장 침투전략이나 신시장의 개발전략, 신제품 개발전략과 다각화 전략을 채택할 수 있다. 그 외에도 수직적·수평적 통합전략을 통해서 제품-시장 범위를 확대하여 경쟁우위를 확보할 수 있다.

하위전략을 성공적으로 실행하기 위해서는 효율적인 자원전략을 마련해야 하는데, 자원전략이란 자금·인력·기술·시설 등과 같은 자원을 확보하는 전략과 이들 자원에 대한 배분을 하는 전략을 포함한다.

자원조달 및 배분과정에서 고려해야 할 또 다른 하위전략은 기업이 당면하게 될 위험부담의 정도이다. 즉, 기업에서 필요로 하는 자원은 기업이 성장을 추구할 수 있는 상황이나, 아니면 안정을 지켜야 할 상황이냐에 따라서도 그 조달방법과 배분방법이 달라질 수 있다. 기업이 대처해야 할 위험부담의 수준이 크고, 그에 따라 기업 그 자체의 위치나 전망이 불확실할 경우에는 안전위주의 생존전략을 모색해야 한다.

2. 전략경영의 실행

전략을 실행하기 위해서는 조직구조와 기능, 그리고 계획, 통제 시스템 및 정보체계에 대한 분석이 있어야 한다.

(1) 구조설계와 기능의 확인

전략경영을 성공적으로 실행하기 위해서는 조직구조를 설계하고, 그에 수반되는 기능을 확실히 해야 한다. 집권적 관리조직인가, 분권적 관리조직인가, 기계적인 조직과 유기적인 조직 중 어느 조직형태를 도입할 것인가에 대해 고려해야 한다. 어느 형태의 조직구조를 선택하느냐에 따라 전략경영의 성패결과가 달라진다.

조직의 환경적 특성과 관련해 볼 때, 조직이 적응해야 할 환경이 불확실하고, 그에 따라 변화를 예측하기 곤란할 때에는 경영전략을 추진함에 있어 유기적인 조직구조가 보다 적당하다. 그리고 환경이 확실하고, 그에 따라 환경에 대한 예측도 용이한 경우에는 기계적 조직구조가 효율적일 경우가 많으므로 조직구조를 설계할 때에는 이들 요인을 중시해야 한다.

(2) 계획-통제 시스템 마련

전략경영의 기능 및 조직설계를 효율적으로 실행하는 데 필요한 계획 및 통제 시스템을 마련해야 한다. 즉, 상위의 전략목표가 적기에 하위자에게 전달됨으로써 하위자로 하여금 실행목표를 구체화할 수 있도록 해 주어야 한다.

하위자들은 자신의 과업 목표를 상위목표와 관련시켜 확정하고, 또 이를 실행하기 위해서 필요한 행동지침이나 활동계획을 수립·실천해 나갈 수 있다.

계획이 수립된 다음, 이들 계획을 차질 없이 진행할 수 있도록 통제 시스템도 마련해야 한다. 계획된 목표가 충실히 집행되고 있는지를 확인할 수 있는 사후조치가 예산 또는 성과지표 등의 통제 시스템에 의해서 뒷받침되어야 한다.

(3) 정보 시스템의 마련

전략경영을 수립하기 위해서나, 경영 내외적인 환경요인에 대한 전략적 분석을 하기 위해서도, 또한 전략구성과 전략수행 및 그 평가를 위해서도 가장 중요한 요인은 정보 시스템을 마련하는 것이다. 즉, 이들 모든 기능은 정보의 적절한 뒷받침이 있을 때 비로소 원만한 수행이 가능하기 때문이다.

경영전략을 수립하고, 이를 집행하는 과정에서도 그들 정보관리 수단을 최대로 활용할 수 있도록 컴퓨터를 이용한 정보 시스템이 강화되어야 한다.

3. 전략경영의 평가

이 과정은 경영전략에 대해 종합적으로 평가하는 것으로서, 다음 사항이 포함된다.

- 전략을 형성하는 과정에서 외부환경이나 내적자원에 대한 분석이 합리적으로 이루어졌는가
- 전략수립에 관계되는 모든 사람들의 아이디어가 충분히 반영된 가운데에서 전략적 목적과 하위전략이 짜여졌는가
- 전략의 전개과정에서 전략의 목적과 내용이 조직 구성원들에게 명확히 전달되었는가
- 조직구조와 관리체계가 실제로 설계되었는가

이와 같이 평가과정을 행하는 목적은 첫째, 전략계획 수행과정에서 나타난 문제점을 확인할 수 있도록 한다. 둘째, 문제점을 지속적으로 다음의 전략목표나 수행에 반영시킴으로써 전략이 차질 없이 장기적으로 수행될 수 있도록 한다.

전략을 수립·수행하는 과정에서는 이에 영향을 미치는 환경 변화라든지, 조직내외의 불가피한 장애요인이 발생할 수 있으므로 전략을 수립하고 수행하는 과정에서는 이에 대한 평가를 수시로 할 수 있어야 한다.

4절 전략경영 프로세스에는 어떤 단계들이 있는가?(Essential of Strategic Analysis)

1. 1단계: 기업의 현재 미션, 목표, 전략을 분석하라

전략경영의 출발은 기업목표의 기본적 임무(mission: 사명)를 확인하고 목표가 성취되는 방향으로 노력을 지향하는 것이다. 명백한 사명과 목표는 경영자의 중요한 업무적 의사결정을 용이하게 할 것이며, 전략수립이나 개인 집단의 업무활동의 방향을 제시하게 된다.

조직들은 경영자, 종업원, 그리고 고객들로 하여금 기업사명을 공유하도록 하기 위해 기업사명문을 작성한다. 잘 만들어진 기업사명문은 첫째, 기업 구성원들에게 공유된 목표, 기회, 방향 등을 제공해 준다. 둘째, 조직의 목표를 올바르게 실천하도록 지침이 되며 "보이지 않는 손"으로서 작용한다.

미션을 규명함으로써 경영자들은 기업이 무엇을 해야 하는지 알 수 있다. Facebook의 미션은 "어떤 사람과 그 사람 주위에 있는 사람들을 연결시키는 사회적 유틸리티"이다. 이 같은 미션은 기업이 자신의 존재 목적을 무엇이라고 보는지 단서를 제공한다. 경영자들이 현재의 목표와 전략을 분석하는 것 역시 중요하다. 그 이유는 경영자들이 자신들이 변화할 필요가 있는지를 평가하는 단서를 줄 수 있다.

2. 2단계: 외부환경을 분석하라

전략계획과정에서 전략적인 기회와 위협을 발견하기 위해 외부환경에 대한 정보를 수집·평가해야 한다. 우리는 제3장에서 외부환경을 다루었다. 외부환경을 분석한 후 경영자들은 활용할 수 있는 기회와 위협을 정확히 찾아내야 한다.

① 기회(opportunities): 외부환경에서 긍정적인 추세 및 요인을 말한다.

② 위협(threats): 기업의 전략적 목적을 달성하지 못하게 할지도 모르는 외부환경의 부정적인 추세 및 요인을 말한다.

3. 3단계: 내부환경을 분석하라

기업 내의 내부분석은 기업의 구체적인 자원과 능력에 대한 중요한 정보를 제공한다.

① 기업의 자원(resource): 제품생산에 필요한 자원이다.

② 기업능력(ability): 기업활동을 할 때 사용되는 기술과 역량을 의미한다.

내부환경을 분석한 후 경영자들은 기업의 강점과 약점을 확인할 수 있어야 한다.

① 강점(strength): 조직이 잘하고 있는 활동 또는 독특한 자원들을 강점이라고 한다.

② 약점(weakeness): 조직이 잘하지 못하는 것 또는 필요한 자원을 보유하지 못하는 것을 약점이라고 한다.

외부분석과 내부분석을 결합하여 각각의 첫 글자를 모아서 SWOT분석이라고 한다. SWOT분석 후 경영자들은 네 개의 전략을 세울 준비를 한다.

① SO전략: 기업의 강점과 외부의 기회를 활용한다. → 성장

② WT전략: 약점과 외부의 위협을 최소화 시킨다. → 안정

③ WO전략: 기회를 주며, 핵심약점을 최소화 시킨다. → 안정

④ ST전략: 강점을 극대화, 위협을 최소화 시킨다. → 축소

4. 4단계: 전략을 수립하라

경영자들은 내부환경 및 외부환경을 분석한 후 기업이 목표를 달성하는

데 필요한 전략을 수립한다. 경영자들이 선택할 수 있는 전략유형은 크게 세 가지로 구분되는데, 기업전략, 경쟁전략 및 기능전략 등이다. 예를 들면, 대체전략들은 현대의 저가자동차의 집중화 전략, 다각화 전략, 해외진출전략, 합작투자, 전략적 제휴, 복합전략, 축소전략 등이 있다.

5. 5단계: 전략을 실행하라

전략이 수립되었으면 실행하여야 한다. 기업이 효과적인 전략을 수립하였다 하더라도 전략이 실행되지 않는다면 성과는 이루어지지 않을 것이다.

6. 6단계: 결과를 평가하라

전략경영 프로세스에서 마지막 단계는 결과를 평가하는 것이다. 전략이 기업의 목표달성에 얼마나 효과적으로 도움이 되었는가? 어떤 수정이 필요한가? 예를 들면 철도청이 전략의 결과를 평가하고 어떤 변화가 필요한지를 결정하였다. 철도청은 구조조정, 자산매각, 경영진 재구조화 등 전략적 수정을 실시하여 수익을 다시 개선할 수 있었다.

7. 기업전략의 유형

경영자가 사용하는 전략유형은 크게 세 가지인데, 기업전략, 사업부서별 경쟁전략, 기능전략(연구개발, 마케팅 등) 등이다.

(1) 기업전략(corporate strategy)

기업전략은 기업이 어떤 사업을 하고 있는지, 어떤 사업을 하고 싶은지, 사업과 관련해서 무엇을 해야 하는지를 구체화 하는 기업전략을 말한다. 그것은 조직의 미션과 목적, 그리고 사업부서들이 해야 할 역할에 기반을 두고 있다. 기업전략은 성장, 안정, 쇄신 등이 있다.

1) 성장전략(growth strategy)

현재의 사업 혹은 새로운 사업을 통해서 기업이 제품 또는 시장점유율을 확대할 때 성장전략(growth strategy)이라고 한다. 성장전략 때문에 조직은 수익, 종업원 수, 시장점유율 등을 높힐 수 있다. 조직들은 집중화, 수직적 통합, 수평적 통합, 다각화 등을 사용해서 성장한다.

① 집중화(focus strategy): 집중화를 사용하여 성장하는 조직들은 주된 업종을 중시한다. 예를 들어 삼성전자가 세계최대의 전자회사가 되기 위해 집중화를 사용한다. 집중화 전략은 세분화된 영역에서 비용우위 또는 차별화 중시를 점하고자 하는 것이다. 어떤 기업은 후방통합이든 전방통합이든 둘 다를 사용하든 수직적 통합을 통해 성장하기도 한다.

② 수직적 후방통합: 수직적 후방통합의 경우 기업은 투입물을 통제할 수 있도록 스스로 공급업체가 된다. 예를 들어 중국의 타오바오는 온라인 지불사업을 직접 한다. 그래서 훨씬 안전한 거래를 할 수 있고 가장 중요한 프로세스를 직접 통제한다.

③ 수직적 전방통합: 조직들은 스스로 유통업체가 되어 최종산출물을 통제하게 된다. 예를 들어 Apple은 제품유통을 위하여 수백개의 점포를 가지고 있다.

④ 수평적 통합: 수평적 통합의 경우, 기업은 경쟁업체와 결합함으로써 성장한다. 예를 들어 현대자동차가 기아자동차를 인수하였다. 수평적 통합은 최근 수 십년간 금융서비스, 소비제품, 항공사, 백화점, 소프트웨어사 등 많은 산업에서 사용되어 왔다.

2) 안정화 전략(stability strategy)

경제적 불확실성의 기간 동안 많은 기업들은 현재 상태를 계속 유지하고자 하는데 이를 안정화 전략이라고 한다. 안정화 전략은 조직이 현재 하고 있는 것을 계속하려는 기업전략이다. 이러한 전략의 사례로는 동일한 고객에게 동일한 제품과 서비스를 계속 제공하는 것, 시장점유율을 유지하는 것, 현재의 사업방식을 그대로 유지하는 것 등을 들 수 있다. 조직은 성장하지도 후퇴하지도 않는다.

3) 쇄신전략(renewal strategy)

경영자들은 감소되는 성과를 다루기 위해 쇄신전략을 사용하는데 비용절감의 긴축전략과 조직 재구조화 전략으로 구성된다.

(2) 경쟁전략(competitive strategy)

경쟁전략은 조직이 해당 사업 분야에서 어떻게 경쟁할 것인가를 말한다. 효과적인 경쟁전략을 개발하기 위해서는 경쟁우위(competitive advantage)에 대해 이해하여야 한다. 경쟁우위는 다른 조직과 뚜렷이 구분되는 것이다. 예를 들면 Southwest Airlines는 승객에게 편리하고 값싼 서비스를 줄 수 있는 기술을 가지고 있기 때문에 경쟁우위를 가지고 있다고 할 수 있다. 여기에서의 경쟁전략은 경쟁우위, 제공해야 할 제품과 서비스, 확보해야 할 고객 등을 결정한다.

전략 구축 분야에서 전문가인 하버드대학의 Michael Porter는 세 가지 경쟁전략을 제안하였는데 비용우위, 차별화, 집중화이다. 포터는 지속적 경쟁우위 확보전략을 본원적 경쟁전략이라고 한다. 〈그림 6-5〉는 포터가 말하는 본원적 경쟁전략을 보여주고 있다.

그림 6-5 포터의 본원적 경쟁전략(음료시장 사례)

1) 비용우위 전략(cost leadership strategy)

어느 조직이 산업 내에서 가장 낮은 비용을 경영함으로써 경쟁한다면 그 기업은 비용우위 전략(cost leadership strategy)을 따르고 있다. 낮은 비용은 높은 효율성을 가져온다. 간접비를 최소화하고 전사적으로 비용을 줄이기 위해 노력하는 전략이다.

2) 차별화 전략(differentiation strategy)

이는 제품이나 서비스 가격이 비싸더라도 경쟁사 제품보다 품질이나 디자인이 뛰어나서 고객에게 가치를 주면 제품차별화 전략을 가지고 있다고 할 수 있다.

3) 집중화 전략(focus strategy)

집중화 전략은 가격을 특별히 낮출 수 있다든가, 품질을 특별히 높일 수 있는 전략을 수립 후 틈새시장의 특수고객에게 집중하여 원가우위 혹은 차별화 전략을 사용하는 것을 말한다. MIT공대는 공학 분야에 집중투자해서 다른 대학보다 경쟁우위에 있다. 만약 어느 조직이 비용우위나 차별화 우위를 개발하지 못한다면 어떤 일이 벌어질까? Porter는 이 상황을 어정쩡한 상태라고 했으며 그 조직은 실패상황에 처할 것이라고 경고하였다.

(3) 기능전략

전략의 마지막 유형은 기능전략이다. 기능전략(functional strategy)은 기업의 다양한 기능부서들이 사용하는 전략을 의미한다. 예를 들면 삼성전자는 경쟁업체보다 연구개발, 마케팅 전략 등에 더욱 초점을 맞추고 있다.

8. 시장상황전략

(1) 제품수명주기(Product Life Cycle: PLC) 전략

기업은 신제품이 시장에서 지속적으로 버텨주기를 기대한다. 그러나 어떠한 제품도 경쟁사의 출현, 기술의 진보, 소비자의 기호변화 등으로 시장에서 사라지게 되어 있다. 인간에게도 유아기, 청소년기, 장년기, 노년기가 있듯이 제품에도 각 주기가 있다. 〈그림 6-6〉에서 보여주듯이 제품수명주기곡선은 'S' 자 모양을 하고 있으며 다음과 같이 4단계로 구분된다.

제품수명주기(Product Life Cycle: PLC)는 제품(현대 소렌토)이나 제품범주(SUV 자동차)의 시간흐름에 따른 판매와 수익패턴이다. 제품이 수명주기를 따라 이동함으로써 기업이 경쟁적인 입지를 취하고 목표고객의 욕구를 충족시키기 위하여 기업전략도 달라져야 한다.

그림 6-6 제품수명주기에 따른 매출 및 이익

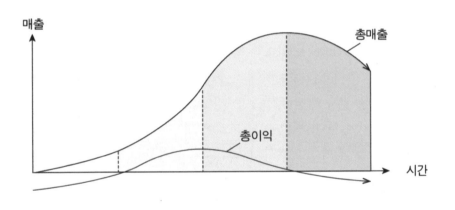

표 6-2 제품수명주기에 따른 특징 및 전략

시기	도입기	성장기	성숙기	쇠퇴기
특징 형상	• 신제품 소개 • 연구개발 투자 • 광고비 과다 • 이익없음	• 매출 증가 • 경쟁자 유입 • 이익 증가	• 매출증가율 감소 • 현금유입 많음 • 경쟁가속	• 매출과 이익 감소 • 가격 하락 • 경쟁치열 • 유행 소멸
기업 전략	• 공격전략 • 광고 홍보 • 기술혁신 투자	• 신고객 확보 • 생산 확장 • 투자 증대	• 생산성 증가 • 신제품 개발 • 기존고객 유지	• 현상유지 • 비용통제 • 소극적 자세

① 도입기: 제품이 수명주기에 진입할 때 많은 장애물에 직면한다. 도입단계는 제한된 유통과 광고에 많은 투자를 하는 특성이 있다. 생산비용과 마케팅 비용이 높고 판매량이 낮기 때문에 수익은 보통 작거나 마이너스이다.

② 성장기: 제품이 도입단계에서 생존한다면 다음 단계인 성장단계로 진입한다. 이 단계는 판매율이 증가해서 수익은 상당하며 다수의 경쟁자들이 시장에 진입한다. 초점은 초기의 수요촉진을 위한 광고에서 브랜드별로 차별화하기 위한 공격적인 브랜드 광고와 유통확보로 전환한다. 기업은 유통업자들과 장기적인 관계를 구축하기 위한 전략을 수립한다. 기업의 우선권은 시장점유율을 증가시키거나 유지시켜 수익을 증가시키는 전략이다.

③ 성숙기: 성장단계의 마지막 단계로 진입할수록 가격은 떨어지고(규모경제) 매출증가율이 줄어들기 시작한다. 기업은 마지막 마케팅의 촉진활동(할인쿠폰, 라인 또는 제품 확장 등)을 구사한다.

④ 쇠퇴기: 매출과 이익이 감소한 제품은 쇠퇴기에 도달한다. 대응전략으로는 비용을 통제하고 현상을 유지하는 것이다.

이처럼 제품의 수명주기가 어디에 위치해 있느냐에 따라서 기업전략이 달라져야 하기 때문에 한 기업에 여러 종류의 제품이 있을 때에는 제품마다 수명주기가 다르므로 각 제품에 대해서 전략을 서로 달리한다.

(2) BCG 매트릭스 전략

Boston Consulting Group(BCG)은 기업의 다양한 포트폴리오를 네 집단의 매트릭스로 설명하였다(〈그림 6-7〉 참조). BCG 매트릭스는 비교우위를 설명하기 위해 상대적 시장점유율이 사용되었으며, 성장률을 설명하기 위해 판매량 증가가 이용됐다. 한 기업이 취급하는 여러 개의 제품들의 시장상황이 모두 다르기 때문에 모든 제품에 대하여 똑같은 전략을 사용할 것이 아니라 여러 전략을 고루 분산시키는 기업의 전략경영에 적용할 수 있다고 제안하여 제품 포트폴리오(Product Portfolio Management: PPM)라고도 부른다. 각 집단의 특성과 그에 따른 전략은 다음과 같다.

그림 6-7 BCG 포트폴리오 전략

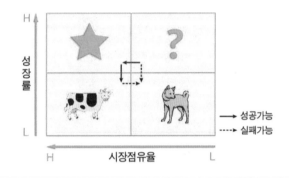

① 별(star): 시장점유율이 높은 고성장사업은 떠오르는 '별'이다. 이러한 제품이나 사업은 그 자체만으로 잉여현금을 창출할 수도 있고 생산시설 확충, 시장개척 등이 계속 필요하기 때문에 자금수요가 커서 잉여현금을 창출하지 못할 수도 있다. 선두주자 자리를 계속 유지한다면 성장이 둔화되고 재투자 수요가 줄어들어 상당한 현금을 창출할 수 있다. 결국 수익 및 안전성을 보이며 다른 제품에 재투자할 수 있는 현금을 다량 창출하는 '캐시카우'쪽으로 이동한다.

② 젖소(cash-cow): 성장은 느리지만 시장점유율이 높아서 재투자는 필요 없어 이익을 창출하여 효자노릇을 한다. 기업의 전략상 가장 유리한 위치에 놓여 있다.

③ 개(dog): 시장점유율이 낮은 저성장사업은 '애완동물'인 개로 명명한다. 시장점유율을 유지하기 위하여 수익이 재투자 되어야 하기 때문에 잉여현금을 창출할 수 없다. 애완동물은 현금화 측면을 제외하고는 근본적으로 가치가 없다고 볼 수 있다. 애완동물은 글로벌 경기침체기에서는 시장에서 과감히 버려야 한다.

④ 물음표(question mark): 시장점유율이 낮은 고성장사업을 일컫는다. 물음표의 경우 이 제품들로 인해 창출되는 현금보다 소모되는 현금의 액수가

훨씬 더 큰 것이 대부분이다. 현금이 공급되지 못할 경우 물음표에 해당하는 사업은 사양길에 접어들게 든다. 시장점유율이 낮은 고성장사업은 경쟁자를 뚫고 성장하지 못하는 한 기업에 부담으로 작용할 수밖에 없다.

어느 시기든 최상의 포트폴리오는 애완동물사업으로 불필요한 자금이 흘러가는 것을 막고 캐시카우의 자금이 물음표사업으로 흘러가는 방향이다(〈그림 6-8〉 참조). 경기가 좋을 때는 기업전략에 따라 애완동물에 투자할 수도 있지만 불경기 때는 캐시카우의 역할을 강화하고 애완동물의 과감한 철수를 고려해야 한다.

그림 6-8 BCG 매트릭스

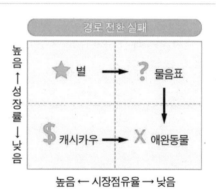

- 캐시카우의 풍부한 현금이 고성장사업(물음표)에 투자되면 시장점유율은 높아짐. 시간이 지나면서 성장성은 둔화되지만 현금창출기능은 계속된다.
- 캐시카우의 현금이 저성장사업(애완동물)에 투자되면 현금만 낭비되고 고성장사업(물음표)에 대한 투자기회까지 놓치게 된다.

(3) 제품/시장 매트릭스 전략

제품/시장 매트릭스 전략은 신시장 기회를 포착하기 위하여 시장을 기존시장과 신시장 그리고 제품을 기존제품과 신제품으로 분류시킨 다음 전략을 수립하는 방법이다(〈표 6-2〉 참조). 제품/시장 매트릭스를 펼치면 다음과 같은 네 가지 전략이 가능하다.

표 6-3 제품/시장 매트릭스

제품 시장	기존제품	신제품
기존시장	시장침투	신제품개발
신시장	신시장개척	다각화

① 기존시장으로 기존제품을 가지고 침투하는 시장침투 전략
② 신제품을 개발하여 기존시장으로 침투하는 신제품개발 전략
③ 기존제품으로 신시장을 개척하는 신시장개척 전략
④ 신제품으로 신시장을 진출하는 다각화 전략

기업은 보유하고 있는 강점과 약점을 분석하여 최적의 전략을 선택해야 할 것이다. 예를 들면, 기존고객들과의 관계가 강하다면 새로운 시장을 개척하는 것은 최적의 전략은 아닐 것이다.

07

현대 마케팅의 이해

마케팅의 3.0시장 등장

필립 코틀러는 시장의 진화과정을 3단계로 정의하고 있다.

이를 1.0, 2.0, 3.0시장이라고 지칭하며, 목표, 출현배경, 기업의 태도 등 몇 가지 차이점을 기준으로 구분짓고 있다.

먼저 1.0시장을 살펴보면 출현배경은 산업혁명으로 본격적인 대량생산이 시작될 때이다.

이 당시 1.0시장의 기업들을 보면, 제품을 많이 파는 것에만 목표를 두고 있으며 기술도 초기단계였기 때문에 다양한 종류의 제품을 생산하지 못했다.

대공황이전의 기업가들은 세이의 법칙을 많이 믿었으며, 단순히 생산량만을 늘려 비용절감과 대량판매를 추구하는 규모의 경제에 입각한 소품종 대량생산체제였고, 결국 소비자들에게는 제품의 기능적인 모습만을 강조하게 되었다. 1.0시장의 소비자들과 기업의 관계에 대한 예시를 들자면, 미국 포드사의 창업자인 헨리포드의 말을 들 수 있다.

당시 포드사는 미국 최초의 국민차라는 'T모델'을 생산하고 있었다. 이 'T모델'은 판매초기에는 검정색만으로 도색되어 출하되었는데, 헨리포드는 소비자들에게 이렇게 말했다. "어떤 고객이든 원하는 색상의 자동차를 가질 수 있다. 단 원하는 색이 검정색이기만 하다면 말이다."라고. 단순히 검정색 'T모델'만 생산할 거니 사고 싶으면 검정색으로 사란 소리다. 현재라면 소비자가 다른 회사로 발길을 돌릴 상황일 것이다.

1.0시장의 기업들은 소비자가 원하는 기능은 만족시켜주었지만, 소비자의 기호는 만족시켜주지 못했다는 것을 알 수 있다.

그렇다면 2.0시장은 어떨까?

2.0시장은 오늘날의 정보화 기술들과 함께 등장하기 시작했으며, 그 시발점은 1980년대 인터넷의 등장, 케이블방송의 보급, 무선호출기(삐삐) 등으로 볼 수 있다. 새로운 기술들 덕분에 소비자들의 소통이 원활해지면서 경쟁사간의 제품을 쉽게 비교분석할 수 있게 되었기 때문이다. 기업들도 이전처럼 기능적인 면만을 강조하는 것이 아닌 다양한 소비자들의 이성과 감성적인 측면들을 고려해야할 상황이 된 것이다.

따라서 2.0시장의 목표는 고객을 만족시키고 많은 고객을 확보하는 것이며, 다른 기업들과 제품 혹은 서비스에 차별화를 두는 것이라고 볼 수 있다.

사례로 카드사들을 살펴 볼 수 있다. 과거에는 기본적인 결제기능만을 제공했지만 현재에는 소비자가 영화에 취미가 있다면 영화관혜택을, 주유소에서 혜택을 얻고 싶다면 주유소제휴카드를, 마일리지를 더 받고 싶다면 마일리지적립에 특화된 카드 등을 선택할 수 있다. 마치 기업이 소비자와 대화라도 한 것처럼 꼭 집어서 소비자가 원하는 것들을 제품화나 서비스화하고 있다. 2.0시장은 한마디로

'소비자가 왕이다'로 볼 수 있다.

하지만 필립 코틀러는 '소비자가 왕이다'로 대변되는 2.0시장에서 기업이 고객들의 필요와 욕구를 알아서 만족시켜주며 다양한 선택지를 제공하지만, 결국 기업과 소비자의 의사소통에서 소비자는 수동적인 존재라고 말하고 있다.

그리고 한계점을 개선한 것이 바로 3.0시장이다. 3.0시장에서 가장 중요한 특징은 더 이상 사람들을 단순한 소비자로 보지 않는다는 것이다. 2.0시장에 비해 정보통신기술이 더욱 발전하면서, 소비자들이 단순히 자신만의 욕구를 채우는 것만이 아닌 다른 생각을 갖게 되었기 때문이다.

미디어 매체에서 환경, 인종, 전쟁, 기아, 안전사고 등 사회의 문제들을 보면서 동정이나 불안감 등을 느꼈을 것이다. 소비자들이 이러한 소식들에 공감대를 이루는 것은 2.0시장의 이성과 감성을 가진 소비자들이 영혼을 포함한 전인적 존재로 거듭났기 때문이라 보고 있다. 전인적인 소비자들은 자신의 욕구충족뿐만이 아니라 인류공존에도 깊은 관심을 가지고 있다. 또한 이러한 소비자들이 점차 늘어감에 따라 필립 코틀러는 기업의 태도도 달라져야한다고 말하고 있다. 그 이유는 3.0시장에서 기업들은 지나친 이윤추구 등으로 좋지 않은 모습들을 소비자에게 보일 경우 SNS나 인터넷을 통해 소비자에게 외면 받기 때문이다. 마치 얼마 전 불의를 빗었던 옥시레킷벤키저나, 롯데불매운동, 과거 아타리쇼크처럼 말이다.

이제 3.0시장의 기업들의 목표는 고객만족뿐만 아니라 미션과 비전, 가치를 통해 세상에 기여하는 것이다. 환경문제의 해결을 위해 쓰레기를 재활용하여 제품을 생산하거나, 인류의 삶의 방식을 바꾸는 꿈을 가지고 제품을 설계하거나, 아프리카 기아문제의 근본적인 해결을 위해 서비스를 제공하는 것과 같은 일들이다.

많은 기업들이 항상 말하고 있다. "우리 회사의 제품을 사면 아이들이 기아에서 벗어날 수 있습니다.", "우리기업은 매년 어느 정도 액수를 사회복지재단에 기부합니다.", "저희는 겨울마다 독거노인 분들에게 연탄을 나눕니다."

물론 좋은 일이다. 하지만 자세히 생각해보면 단순히 기업의 이미지개선이나 세제혜택을 위한 활동이 아닌가하는 생각이 들지 않는가? 그에 반해 그라민 은행과 같은 기업들은 소비자의 마음에 직접적으로 호소하고 공감할 수 있다고 생각한다.

3.0시장은 '참여의 시대', '세계화패러독스', '창의적 사회의 시대'로 나눠서 살펴 볼 수 있다.

참여의 시대란 앞서 말한 바와 같이 정보통신의 기술발달로 사람들 간의 소통과 연결이 더욱 강해진 현대사회를 뜻한다. 필립 코틀러는 '참여의 시대'의 핵심이 "뉴웨이브기술"이라 말하고 있다. 그렇다면 뉴웨이브기술이란 무엇일까? 이 기술의 핵심요소는 '저렴한 컴퓨터와 휴대전화', '저비용인터넷', '오픈소스'라고 한다. 모두 사람들 간의 상호작용이나 지식의 공유 등 유대관계에 도움을 주는 도구나 기술들이다. 이러한 요소들 덕분에 현대에는 사람들 간의 원활한 소통이 이루어질 수 있었고 이를 뉴웨이브기술이라 말한다. 뉴웨이브 기술은 물리적이거나 과학적인 기술이 아닌 인문학적인 개념일 것이다.

뉴웨이브기술이 왜 중요할까?

핵심은 뉴웨이브기술이 여태까지 수동적이었던 소비자를 프로슈머로 탈바꿈 시켰다는 것이다. 프로슈머란 소비자이면서 동시에 생산자라는 의미인데 3.0시장에서 매우 중요한 위치에 있다. 소셜 미디어를 통해서 알아본다면 우선 프로슈머들이 활동하는 소셜 미디어에는 두 종류가 존재하며, 이는 표현형 소셜 미디어와 협력형 소셜 미디어이다.

표현형 소셜 미디어를 한번 보자면 페이스북이나 유튜브, 각종 블로그 등을 예로 들 수 있다. 이러한 표현형 소셜 미디어의 프로슈머들은 미디어매체나 다른 개인들에게 얻은 정보들에 자신의 의견이나 아이디어, 생각 등을 담아서 다른 형태로 재생산 한다. 이것이 표현형 프로슈머들의 가장 큰 특징이며, 엄청난 파급효과를 가질 수 있다.

표현형 프로슈머의 재생산활동이 가지는 파급력을 알아볼 수 있는 좋은 사례로 옥시레킷벤키저 사건을 들 수 있다. 2011년 4월에 임산부 7명이 입원을 한 것을 계기로 조사되기 시작했는데 사건이 대국민적으로 나라 전체에 퍼지기까지 거의 5년 정도가 걸렸다. 사건사고가 끊이지 않는 시대이기 때문에 5년이라는 긴 시간이면 얼마든지 기업의 편법들로 인해 다른 사건들에 잊힐 수도 있었다. 하지만 미디어매체에서 퍼진 피해자들의 소식을 소셜 미디어상에서 프로슈머들이 자신의 의견을 내재한 글들로 지속적으로 재생산해주었기 때문에 결국에는 긴 시간 끝에 대국민적인 관심을 받아 사건해결에 한 걸음 가까워졌다.

반대로 표현형 소셜 미디어에 존재하는 프로슈머들의 글을 통해서 기업이 소비자들이 원하는 것이 무엇인지, 쉽게 시장을 파악할 수도 있다. 이러한 점들 때문에 3.0시장의 기업들은 표현형 프로슈머들과 소통을 중요시여기고 이를 위해 노력할 수밖에 없다.

그렇다면 협력형 소셜 미디어의 프로슈머들은 어떤 면에서 기업들이 눈여겨봐야 하는 것일까? 앞서 말했듯이 3.0시장의 기업들의 목표는 세상의 문제점을 고치거나 바꾸는 것이다.

이러한 세계적인 문제들은 전쟁, 빈곤, 환경파괴 등 대부분 과거부터 이어져온 고질적인 문제들이 대부분이다. 과연 이러한 문제점들을 개인이나 한 집단이 쉽게 해결할 수 있을까?

삼성을 보겠다. 반도체분야에 있어서는 경쟁사들에 비해 기술수준이 항상 몇 년씩 선두에서 앞서가고 있으며 TV 또한 2015년 세계점유율 20%로 1위를 유지하고 있다. 하지만 스마트폰에 있어서는 경쟁사인 애플사가 인류의 삶의 방식을 바꾸었다는 평가에 비해 항상 fast follower라며 좋은 성적에도 불구하고 중국회사들과 비교되며 별로 좋지 못한 소리를 듣고 있다. 저런 거대한 기업도 세상을 바꾸는 것은 매우 어려운 일이기 때문에 보통의 기업은 당연히 힘들 것이다. 하지만 3.0의 기업들은 이러한 한계점을 뉴웨이브기술을 통해 극복하고자 하고 있다.

바로 협력형 소셜 미디어를 말하는 것이다. 협력형 소셜 미디어에는 위키피디아, 크라우드소싱, 안드로이드 등이 있다. 이러한 매체들의 특징은 사람들의 협력을 통해 만들어진 결과물이라는데 있다. 위키피디아는 전 세계 사람들이 자발적으로 정보를 서술하여 만들어진 백과사전이며, 크라우드소싱은 대중들이 자유롭게 기획·생산활동에 참여하여 아이디어를 제품화시키는 방식이며, 안드로이드 또한 오픈소스로서 개발자들의 근간으로 프로그램간의 호환성을 제공하여 자유롭게 어플리케이션들이 만들어질 수 있게 하고 있다.

이같이 협력형 소셜 미디어는 매우 많은 수의 프로슈머들을 보유하고 있으며, 그들이 가진 결과물 또한 공유하고 있다. 이중에는 정말 기발한 아이디어나 다양한 문제들의 해결책이 존재할 것이다. 이것이 3.0의 기업들이 협력형 소셜 미디어에 관심을 기울이려 하는 이유이다. 왜냐하면 기업들은 이러한 프로슈머들의 결과물 중에서 자신들이 미션으로 설정한 명제들을 이룰 수 있는 아이디어가 존재한다고 보기 때문이다. 이렇게 긍정적인 효과들이 넘쳐나기 때문에 기업들은 뉴웨이브기술을 매우 잘 활용하여야 한다.

세계화 패러독스란?

세계화란 '정치, 경제, 문화 등 사회의 여러 분야에서 국가 간 교류가 증대하여 개인과 사회집단이 갈수록 하나의 세계 안에서 삶을 영위해 가는 과정'이라고 정의한다.

정보통신기술과 배, 비행기, 기차 등 운송수단들의 발달로 전 지구가 1일 생활권 안으로 들어오면서 세계화가 가속되었다. 세계화로 인해 물질적으로 국가 간의 경계는 존재하지만 없는 것과 다름이 없는 상황이 되었다. 하지만 세계화가 되면서 모순이 되는 다양한 문제들이 생겨나게 되었고 이것들을 세계화 패러독스라 부르게 되었다.

세계화에는 긍정론, 부정론, 절충론 이렇게 세계화를 보는 3가지의 관점이 있다. 주목해야 할 것은 세계화의 부정론의 관점이다. 먼저 긍정론은 세계화로 전 지구적 시장과 경제원칙을 세움으로써 인류가 발전할 수 있다는 관점으로 예를 들어 WTO의 등장으로 전 세계가 하나의 경제권 안에 들어 올 수 있었다.

부정론은 다시 2가지의 관점으로 나눌 수 있다. 세계화가 낳은 부정적 결과물을 보는 시각, 예를 들어 시장개방으로 인해 더욱 더 벌어지는 선진국과 개도국의 경제력 차이를 들 수 있다. 다른 시각으로는 사회운동을 통해 인간적인 세계화가 가능하다는 시각으로 예를 들어 강대국 중심의 시장개방과 개혁이 옳지 않다는 것을 들 수 있다. 세 번째로는 절충론이다. 절충론은 긍정적인 측면과 부정적 측면을 갖고 있는 양면적인 시각이다.

세계화 패러독스의 3가지의 문제들을 살펴보자. 첫 번째 모순은 민주주의가 전 세계적으로 뿌리를 내려가고 있지만 중국은 사회주의체제를 유지하고 강화해나가고 있다. 두 번째는 경제적 통합은 요구하지만 동등한 경제를 창출하지는 않는다. 세 번째는 하나의 획일화된 문화가 아닌 다양한 문화들이 생겨나고 있다.

세계화가 되면서 정치체제도 자유민주주의가 보편화되었다. 하지만 초강대국인 중국의 시장은 자본주의체제로 변화하고 개방하였지만, 정치체제는 사회주의 체제를 유지 및 강화하고 있다. 중국정부는 경찰의 발포사건을 민원인 살해사건으로 둔갑시키는 등 인권보호, 정의, 공익이라는 이름으로 사회질서를 교란시켰다고 주장하여 인권운동변호사에게 국가전복죄를 적용해 징역 7년을 선고했다. 이 기사의 내용은 마치 우리나라의 유신정권 때와 같은 상황을 보여 주면서 사회주의체제를 강화해나가고 있다.

한편 중국이 자본주의를 수용, 시장개방 등 다양한 경제정책들을 경제발전을 도모하고 있다. 중국은 경제정책에 있어서는 정부의 개입을 줄이고 시장의 역할에 중시하겠다는 자본주의에 입각한 태도를 보이고 있다. 여기서 중국은 세계화로 보편화되어가고 있는 자유민주주의와 자본주의를 선택적으로 받아들이고 있고, 그 모습이 패러독스라고 볼 수 있다.

두 번째 패러독스는 첫 번째가 정치였다면 경제적 세계화의 모순이다. 세계화가 전 세계를 하나의 큰 시장으로 만들어 하나의 경제권으로 묶었다. 하지만 우리나라에서도 일어나고 있는 빈익빈 부익부 현상이 국가 간에서도 일어나고 있다. 경제적 통합은 요구하지만 동등한 경제를 창출하지는 않는다. 세계화로 국가 간의 분업화가 일어나게 되었다. 예를 들어 A는 자동차를 1시간에 100대를 만들 수 있고, 밀을 1시간에 1ton을 생산할 수 있다. 하지만 B는 자동차를 1시간에 50대, 밀은 1시간에 2ton을 생산할 수 있다. 그렇다면 어떻게 생산을 하는 것이 좋을까? 이상적으로 A는 자동차만 B는 밀만을 생산해 A, B가 교환을 하면 된다. 하지만 현실적으로 고부가가치 상품인 자동차와 저부가가치 상품인 밀을 교환하기는 힘들다. 두 국가간의 경제력 차이는 더욱더 벌어질 것이다.

두 번째 사례로는 최근 큰 이슈였던 브랙시트를 가져왔다. 브랙시트는 찬성측에서는 이민자 문제와 EU에 많은 돈을 내지만 정작 영국은 얻는 것이 없다는 이유이다. 반대측에서는 EU국가들에게 수출시 관세를 내야한다, 경제성장률이 떨어진다는 이유에서이다. 결국 찬성측이던 반대측이던 본인들의 이익을 위한 것들이지만, 찬성측이 반세계화적인 입장을 표명하였다. 찬성측의 구성원들은 대부분 서민층이며 이민자들의 값싼 노동시장 경쟁으로 영국 내 서민층들의 일자리는 이민자들에게 빼앗겼다. 그래서 영국 서민층의 경제력은 약화되었고 본인들의 생존을 위해 브랙시트에 찬성하였다. 하지만 반대측에는 상류층이나 기업들이 반대의 입장을 표명했다. 상류층이나 기업들은 무관세시장이나 값싼 노동력을 지속적으로 사용하지 못하게 됨으로 경제적 손실을 입기 때문이다. 하지만 결국 51%의 찬성의 표로 영국은 EU를 탈퇴하였고, 이 문제로 경제력의 불평등에 대한 입장 차이를 확실히 볼 수 있는 계기가 되었다.

세 번째 패러독스는 문화와 관련된 패러독스이다. 세계화가 되었다면 하나의 획일화된 문화가 창출되고 발전해야 하지만, 정작 각 국가들의 전통문화들이 강화되고 있다. 그 이유는 문화의 세계화 속에 문화제국주의가 내포되어있기 때문이라고 생각한다. 문화제국주의란 경제적으로 강력한 국가들이 그렇지 못한 국가의 가치관, 전통, 문화를 예속시키고 이를 자국의 문화 관점들로 대체시켜 그 우위를 통해 이익을 얻으려는 것으로 정의한다. 결국은 문화의 측면에도 경제적 측면과 연결되어 자신들의 전통문화들을 지키기 위한 것이라고 본다. 그래서 어떤 국가에서는 타국의 문화를 배척해버리는 일도 일어나기도 한다. 또는 세계적 트랜드에 맞춰 자국의 문화를 융합하여 그 문화를 세계로 알리 기도 한다. 예를 들어 개량한복이나, K-POP, 김치를 이용한 퓨전요리 등을 예로 들 수 있다.

다음으로 문화 마케팅으로 넘어가 보자.

문화 마케팅을 알아보기 앞서 문화브랜드에 대해 알아 볼 것이다. 문화브랜드란 더글라스 홀트가 이렇게 말했다. 문화적 메시지를 전달하는 기업을 통칭하는 말로, 단순한 상품이나 서비스 브랜드를 의미하기 보다 좀 더 포괄적인 기업의 캐릭터 전반을 일컫는다.

문화브랜드들이 사용하는 기법으로 기업이 문화를 매개로 이미지를 높이기 위한 마케팅 기법을 말 하고 크게 다섯 가지 유형 5S라고도 한다.

① 문화판촉(Sales): 문화를 광고 판촉 수단으로 활용하는 것, 현대카드

② 문화지원(Sponsorship): 홍보나 이미지 개선을 위해 문화 단체를 지원하는 것, 삼성

③ 문화연출(Synthesis): 제품이나 서비스에 문화이미지를 체화해 차별화하는 것, 하나은행

④ 문화기업(Style): 새롭고 독특한 문화를 상징하는 기업으로 포지셔닝하는 것, 맥도날드

⑤ 문화후광(Spirit): 국가의 문화적 매력을 후광효과로 향유

문화판촉(Sales) 유형으로는 현대카드를 들 수 있다. 현대카드에서는 2007년도부터 슈퍼콘서트를 개 최했는데 명칭을 그냥 '슈퍼콘서트'가 아닌 '현대카드 슈퍼콘서트'라고 광고하는 것을 볼 수 있다. 이 렇게 광고를 함으로써 콘서트를 예매할 때 현대카드 결제 비율이 급상승하는 효과를 얻을 수 있었다.

문화지원(Sponsorship) 유형으로는 삼성전자를 들 수 있다. 삼성전자는 지속적인 러시아의 볼쇼이 극장 후원으로 러시아 내에서 삼성의 이미지가 좋아졌다. 그래서 삼성전자의 갤럭시S6시리즈를 출시 할 때, 모스크바 빛의 축제에서 S6를 주제로한 영상을 볼쇼이 극장 벽면에 선보일 수 있었다.

문화연출(Synthesis) 유형으로는 하나은행을 예로 들 수 있다. 하나은행에서는 〈무비 정기예금〉이 라는 상품을 일시적으로 제공했다. 이것은 금융상품을 영화로 체화해 소비자들이 영화에 투자하는 것과 같은 효과를 누리게 하였다.

문화기업(Style) 유형은 책에서 나온 맥도날드를 예로 들었다. '맥도날드 골든아치의 갈등예방이론' 은 프리드먼이 소개하였다. 이 이론은 맥도날드가 들어간 나라끼리는 전쟁을 하지않아 맥도날드의 노 란M자를 골드 아치로 표현하고 맥도날드를 세계평화의 상징이라는 이미지로 포지셔닝 하게 해주었 다. 하지만 뒤이어 프리드먼이 '델의 갈등 예방이론'으로 수정하여 맥도날드를 제치고 점점 더 세계 화와 평화의 상징으로 입지를 다지고 있다.

결론으로 이런 기법들을 활용하기 위해서는 각각의 사회들에 맞고, 소비자들이 마주친 그들의 사회 의 문제나 그들의 관심사에 대하여 문화브랜드들은 세세히 알아야 할 것이다. 그렇지 못한다면 성공

적인 마케팅이 될 수 없기 때문이다.

창의적 사회의 시대와 영적 마케팅이란?

'창의적 사회', 즉 어떻게 3.0시장의 기업이 미션을 수행할 수 있는가 이다. 기업들이 문제점의 해결방안을 협력형 소셜미디어의 프로슈머들에게 찾을 수 있다고 설명했다. 창의적 시대에서 프로슈머들의 개념과 역할을 살펴보자. 대니얼핑크에 의하면, 인간의 진화는 근육에 의존하는 블루칼라 노동자, 좌뇌에 의존하는 화이트칼라 경영자, 우뇌에 의존하는 예술가로 진보해왔다고 한다. 몇몇 연구들은 창의적인 사람들이 수적으로는 노동자에 비해 훨씬 적지만, 그들이 맡은 사회적 역할은 갈수록 지대해지고 있다고 했다. 이러한 사람들을 새로운 기술과 개념을 창출하고 활용한다하여 '표현에 능숙하고 협력적인' 소비자, 이노베이터라고 부른다. 이들은 자신들만의 라이프스타일과 사회적 태도 그리고 철학들을 토대로 하여 세계화 패러독스와 사회이슈들에 대한 그들의 견해를 제시한다. 그리고 이러한 견해들은 대중들의 의견을 형성하고 문제해결에 기여하게 된다. 이렇게 이노베이터, 프로슈머들이 대중들과 원활한 소통이 이루어지고 여러 문제들에 혁신적인 해결책들을 제시하는 선순환이 잘 이루어진 국가를 우리는 선진국이라고 부르고 있다. 우리나라를 포함한 많은 나라들 또한 점점 선진국에 다가서는 중이니, 프로슈머들도 점점 늘어날 것이며 더욱더 중요시 될 것이다.

이제 한번 프로슈머들의 특징에 대해서 알아보자.

영국의 경제학자이자 철학자인 다나 조하르에 따르면, 매슬로우가 죽음을 앞두고 피라미드는 반대가 되어야했다는 취지의 말을 남겼다. 즉, 창의성을 지닌 사람들은 생존을 위한 본능적인 욕구이상으로 자기실현을 신봉하며, 끊임없이 자기개발을 하고 세상을 개선할 방법을 모색한다는 것이다. 결과적으로 창의적인 사람들은 물질적 충족보다는 의미와 행복, 영적 깨달음 같은 것을 더욱 중시하며 이들에게 물질적 충족은 모종의 업적에 대한 보상으로 마지막에 도래하는 것일 뿐이다.

이러한 프로슈머. 즉, 창의적인 사람들의 개념과 특징 역할 등을 3.0시장의 기업이 제대로 이해하였다면, 소비자들이 원하는 것이 '욕구'를 충족시켜주는 제품과 서비스뿐 아니라, 자신들의 영적 측면까지 '감동'시키는 경험과 비즈니스 모델일 것이라는 것도 잘 알 수 있을 것이다. 그렇기 때문에 고객들에게 이러한 감동과 경험을 제시하는 것이 3.0기업들을 구별할 수 있는 차별화가 될 것이다. 이러한 점들을 기획, 생산 활동에 담아내고 강조한다면 기업 역시 '물질적 목적을 넘어서는 자기실현'에 대해 숙고하고, 소비자들의 가치실현에 기여했다는 것을 창의적인 소비자들도 알아 줄 것이다. 이것이 3.0 시장의 세 번째 요소인 영적 마케팅이다.

● CHAPTER

07

현대 마케팅의 이해

학습목표

1. 마케팅의 중요성과 필요한 이유를 설명할 수 있는가?
2. 마케팅의 종류와 차이점을 설명할 수 있는가?
3. 상품이나 서비스의 가치를 부여하는 utility 유형을 설명할 수 있는가?
4. STP가 무엇인가를 설명하고, 청바지시장을 세분화 시킬 수 있는가?
5. 상품/서비스의 위치도를 그려볼 수 있는가?
6. 관계마케팅의 중요성을 설명할 수 있는가?
7. 마케팅 믹스의 유형과 차이점을 설명할 수 있는가?

|1절| 마케팅의 본질

1. 마케팅이란 무엇인가?

기업의 주요기능은 생산관리, 마케팅관리 및 재무관리이다. 본 장에서는 마케팅의 의의를 살펴보고 마케팅을 이해하는데 필요한 기본개념을 설명한다. 많은 사람들은 마케팅을 '판매(selling)' 아니면 '광고(advertising)'로 생각한다. 물론 판매와 광고도 마케팅의 일부로 볼 수 있다. 그러나 마케팅은 판매나 광고보다도 더 넓은 영역을 접한다고 할 수 있다. Kotler와 Keller에 따르면 "마케팅(marketing)은 조직의 목표를 달성하기 위하여 제품과 서비스의 가치를 창출하고, 교환을 성립시키는 과정"이라고 한다. 기업의 관점에서 보면 마케팅은 기업이 고객을 위하여 가치를 창출하고, 고객관계를 확보하고 유지함으로써, 그 대가로 고객으로부터 적절한 보상을 얻는 과정으로 정의할 수 있다. 기업은 마케팅 관리를 위하여 제품(Product), 가격(Price), 유통(Place), 촉진(Promotion) 등 4P의 4가지 요소를 사용한다. 이 4가지 요소들은 마케팅 프로그램 안에 섞여 있기 때문에 마케팅 믹스(Marketing Mix)라고도 일컫는다. 따라서 마케팅관리는 "마케팅 믹스를 계획하고, 실행하는 활동을 관리하고 통제하는 과정"이라고 정의할 수 있다.

현대기업은 제품 및 서비스를 생산·유통·공급하는 본질적인 기능을 수행하면서 생존·번영해 왔다. 수요가 공급을 초과했던 판매자위주 시장(Seller's Market)에서는 생산자 중심의 마케팅 활동이 중시되었다. 그러나 소비자 욕구가 다변화 되면서 구매자위주 시장(buyer's market)에서는 마케팅 활동이 구매자의 행동을 돕는 것으로 요약할 수 있다.

2. 마케팅의 핵심개념

마케팅(marketing)은 여섯 가지 핵심적인 개념으로 연결된다.

(1) 1차적 욕구, 2차적 욕구 및 수요

1차적 욕구(need)는 결핍되어 있다고 느끼는 상태로서 인간은 의복, 음식, 따뜻함 및 인간에 대한 육체적인 욕구, 소속감과 애정에 대한 사회적 요구, 그리고 지식과 자아 표현에 대한 개인적 욕구를 가지고 있다.

2차적 욕구(want)는 문화와 개인적인 개성에 의해서 형성되는 것으로서 1차적 욕구를 만족시키는 제공물의 관점에서 설명된다.

수요(demand)란 2차적 욕구가 구매력에 뒷받침 될 때 형성된다. 즉 무제한한 2차적 욕구를 가지고 있지만, 유한한 재원을 가지고 있으므로, 그들의 소득의 범위 내에서 최상의 가치와 만족을 제공하는 2차적 욕구를 충족하는 제품 또는 서비스를 선택하게 되는데, 그것이 바로 수요이다.

(2) 제품

제품(product)이란 1차적 및 2차적 욕구를 충족시킬 수 있는 것으로 사용 또는 소비를 위해 시장에 제공될 수 있는 것이다. 즉, 제품에는 물리적 대상물 그 이상이 포함되므로 폭넓게 정의하면, 제품에는 물리적 대상물, 서비스, 사람, 장소, 조직, 아이디어 또는 상기의 실체들의 복합체 등이 포함된다.

(3) 가치, 만족 및 품질

고객가치(customer value)란 고객이 그 제품을 소유하고 사용하여 획득한 가치와 그 제품을 획득하는 데 소요되는 비용 간의 차이를 말한다. 고객만족 (customer satisfaction)은 고객의 기대에 비하여 가치를 전달하는 데 있어 제품에 대해 지각하는 성능에 따라 결정된다. 즉, 제품의 성능이 고객의 기대에 미치지 못하면 구매자는 불만족하고, 성능이 기대에 일치하면 만족, 성능이 기대를 초과하면 그 구매자는 훨씬 더 만족한다.

(4) 교환, 거래 및 관계

교환(exchange)이란 어떤 측으로부터 바람직한 목적물을 획득하고, 그 대신에 상대방에게 어떤 것을 제공하는 행위이다. 소비자의 입장에서 욕구를 만족시키는 수단으로서 교환은 중요한 것이기 때문에 마케팅에 있어서 교환은 핵심적인 개념이다.

거래(transaction)는 양측 간의 가치를 거래하는 것으로서 마케팅의 측정 수단이다. 즉, 한 측이 제공을, 다른 한 측이 물건이나 화폐를 그 대가로 제공하는 것이다.

관계란(relationship) 고품질의 제품, 좋은 서비스 및 정당한 가격을 약속하고 지속적으로 제공함으로써 강력한 사회적 및 경제적인 유대를 구매자와 판매자 간에 구축하는 것을 의미한다. 그러므로 좋은 관계를 구축하면 이익을 창출할 수 있는 거래가 이루어진다.

(5) 시장

시장(market)이란 교환의 개념에서 나온 것으로서, 어떤 제품의 실제 및 잠재적인 구매자의 집합으로, 이들 구매자들은 교환을 통해서 충족될 수 있는 특별한 욕구를 공유하고 있다. 시장의 규모는 욕구를 나타내고 교환에 관여할 수 있는 재원을 소유하고 있으며, 또한 그들이 원하는 것을 교환하는 조건으로 재원을 제공할 의향이 있는 사람들의 수에 좌우된다.

(6) 마케팅

마케팅(marketing)은 인간의 1차적 및 2차적 욕구를 충족시키는 목적을 달성하기 위해 교환이 이루어지도록 시장을 관리하는 것을 의미한다.

3. 새로운 마케팅

과거의 마케팅은 판매자의 판매활동을 돕는 것에 초점을 맞추는 것이 대부분이었다. 그래서 많은 사람들이 여전히 마케팅을 판매자가 구매자에게 판매, 광고, 유통을 하는 것으로 생각하고 있다. 그러나 오늘날의 마케팅은 변화하는 시장의 요구에 지속적으로 적응해 나아가고 있다. 몇 가지 사례를 통해 이를 검증해보자.

요즈음 신차 혹은 중고차를 구매하는 소비자들이 맨 처음 하는 일은 인터넷을 사용하는 것이다. 소비자는 원하는 차를 갖고 가상주행도 해볼 수 있는 Vehix(www.vehix.com)와 같은 웹사이트를 방문한다. 다른 웹사이트들에서는 가격과 특징을 비교한다. 그들이 자동차 딜러에게 갈 때는 이미 어떤 차를 원하고 최선의 가격이 얼마인지에 대해 정확히 알고 있는 것이다.

이와 같이 웹사이트는 구매자의 구매활동을 돕고 있다. 소비자는 가장 좋은 가격에 차를 구매하기 위해 딜러들을 물색하는 것뿐만 아니라, 제조업체와 딜러들 역시 고객을 잃지 않기 위해서 적극적으로 참여하고 있다. 마케팅의 미래는 구매자들의 구매활동을 돕기 위하여 가능한 한 모든 것을 하는 것이다.

또 다른 사례를 한 번 보자. 과거에는 학생들이 자신에게 적합한 대학을 찾기 위해서 이 캠퍼스에서 저 캠퍼스로 비싼 돈을 지불하면서 피곤한 여행을 했었다. 오늘날에는 대학들이 팟캐스트(podcast), 가상투어(virtual tour), 라이브 채팅 그리고 상호작용이 가능한 여러 기술들을 사용하면서 캠퍼스에 직접 방문할 필요가 줄어들었다. 이와 같은 캠퍼스 가상투어는 학생과 학부모들의 구매활동을 돕고 있는 것이다.

　이러한 사례들은 구매자의 구매활동을 돕는 마케팅 트렌드의 사례들 중 일부일 뿐이다. 오늘날의 소비자들은 보다 나은 거래를 위해 인터넷을 검색하는 데 많은 시간을 보낸다. 현명한 마케터는 온라인에 풍부한 정보를 제공한다. 뿐만 아니라 블로그(blog)나 페이스북(Facebook) 혹은 마이스페이스(MySpace)와 같은 소셜 네트워킹 사이트를 사용해 고객관계를 구축해나간다. 온라인 커뮤니티는 서로 자신의 의견을 표현하며 관계를 형성하고 다양한 제품과 서비스에 대해 평을 하는 고객과 다른 사람들의 다양한 상호작용을 관찰할 수 있는 기회를 제공한다. 마케터들에게는 자신의 시장을 정의하는 키워드를 사용한 블로그 검색으로 관련이 있는 블로거들이 어떤 내용을 쓰는지 추적하는 것이 중요하다. 텍스트마이닝(text-mining) 기술을 가진 회사들은 자사의 제품이나 종업원들에 대한 대화 목록을 측정하는 데 도움을 줄 수 있다. 미래 마케팅의 대부분은 온라인상의 대화를 탐색하는 것과 그것에 적절하게 응답하는 데 있다. 전통적인 광고와 판매에만 의존하는 소매업자들과 마케터들은 새로운 마케팅에 밀려날 것이다.

2절 마케팅관리의 변화

　마케터가 하는 일은 특정 시점에서 고객의 필요를 충족시키기 위해서 무엇을 해야 하는지에 따라 좌우된다. 소비자의 1차 및 2차 욕구(wants and needs)는 계속 변화한다. 그러면 이러한 소비자의 요구에 마케팅이 어떻게 진화하였는지 간단하게 살펴보자. 마케팅은 4개의 시대, 즉 ① 생산 ② 판매 ③ 마케팅 콘셉트 ④ 고객관계로 진화한다.

1. 생산개념 시대

1900년대 초반까지 일반적인 기업 경영철학은 "시장은 무한하므로 여러분이 생산을 많이 하면 할수록 좋다"였다. 당시에는 생산능력은 제한되고 제품에 대한 수요는 방대했기 때문에 이러한 철학은 논리적이고 수익도 창출했다. 사업가라고 해봤자 대부분이 농부, 목수, 무역 거래자들이었다. 생산능력의 증대에 대한 필요성은 점점 커졌고, 이에 경영목표도 생산에 초점이 맞추어졌다. 대부분의 제품이 시장에 나오는 대로 팔렸기 때문에 이 당시에는 생산능력이야말로 가장 필요한 것이었다. 그에 따라 마케팅에 있어서 가장 필요한 것은 유통(distribution)과 재고(storage)였다.

2. 판매개념 시대

1920년대까지 기업의 대량생산 기술(예를 들어, 자동차 조립라인)은 발전했고, 생산능력은 종종 시장의 수요를 초과했다. 따라서 경영철학은 생산을 강조하는 것에서 판매(selling)를 강조하는 것으로 바뀌었다. 대부분의 기업들은 소비자가 재고품을 구입하도록 설득하기 위해 판매와 광고에 노력을 기울였다. 판매 후 애프터서비스 제공은 거의 없었다.

3. 마케팅개념 시대

1945년 제2차 세계대전이 끝나고 새로운 직장과 가족을 꾸리려는 군인들이 들어오자 제품과 서비스에 대한 수요가 엄청나게 증가하였다. 당시 전후시대에 베이비붐(출생률의 갑작스런 증가)이 일어났고 소비자들의 지출 붐이 이루어졌다. 소비자에 대한 경쟁은 대단하였다. 기업들은 사업 기회를 얻으려면 소비자들의 필요에 대응해야 한다는 것을 인식했고, 그 철학은 1950년대 마케팅 콘셉트로 나타났다. 마케팅 콘셉트(marketing concept)는 세 부분으로 구성된다.

① 고객지향성: 소비자들이 원하는 것이 무엇인지를 찾아서 제공한다. 크리켓리가 새로운 의류 사이즈를 내놓은 것은 이러한 경향에 맞는다(판매

와 촉진보다는 오히려 소비자들이 필요를 충족시키는 것이 강조된다).

② 서비스지향성: 조직 내의 모든 구성원들은 같은 목적을 지녀야 한다. 바로 고객만족이다. 고객만족은 총체적이고 통합된 조직적인 노력이 있어야 한다. 즉, 기업의 CEO부터 배달 담당 종업원까지 모든 구성원들은 소비자를 지향해야 한다. 오늘날에는 이것이 정상적이지 않은가?

③ 이윤지향성: 이윤을 가장 많이 창출하여 조직이 생존할 수 있고 더 많은 소비자의 욕구와 필요를 만족시킬 수 있는 제품과 서비스에 초점을 맞추어야 한다.

기업들이 마케팅 콘셉트를 활용하는 데에는 시간이 걸렸다. 이러한 과정은 1960년대와 1970년대 동안 계속 이어져갔고, 1980년대에 이르러 기업들은 과거 30년보다 더 공격적으로 마케팅 콘셉트를 적용하기 시작했다. 오늘날, 점점 더 중요해지는 고객관계관리(CRM)에 초점이 맞추어졌다. 이 개념에 대하여 더 알아보기로 하자.

4. 고객관계 시대

1990년대와 2000년대의 경영자들은 고객관계 관리의 개념을 적용하면서 마케팅 콘셉트를 확장했다. 고객관계관리(Customer Relationship Management: CRM)는 고객에 대하여 가능한 많은 것을 알고 제품과 서비스로 고객을 만족시키거나 기대를 뛰어넘는 모든 것을 배워가는 일련의 학습 과정이다. 이 콘셉트는 고객만족을 강화하고 장기적인 고객 충성도를 만들기 위해 동기를 부여하는 것이다. 예를 들면, 대부분의 항공사들은 충성도가 높은 고객에게 무료 항공권으로 보상해주는 특별 서비스 프로그램을 제공한다. 가장 최근의 고객 관계 구축 방법으로는 앞에서도 언급한 바와 같이 소셜 네트워크, 온라인 커뮤니티, 블로그 등이 있다.

특히 항공사나 전화국과 같이 서비스를 제공하는 기업들에게 있어서 소비자 불만족 정도는 마케터들이 고객만족과 고객 충성도를 창출하기 위하여 앞으로 해야 할 일이 많음을 분명하게 보여준다. 최근의 연구 결과에 따르면 오직 6.8%의 마케터들만이 고객에 대하여 인구통계적, 행동적, 심리적(어떻게 생각하는지)으로 뛰어난 지식을 갖고 있다고 응답했다.

최근의 CRM은 고객이 관리하는 관계(Customer-Managed Relationship), 즉 CMR로 발전하였다. 이 아이디어는 공급자와의 관계를 구축하는 힘을 고객에게 주자는 것이다. 익스페디아(Expedia), 트래블 소사이어티(Travel Society), 프라이스라인(Priceline) 등의 웹사이트는 고객들이 가장 좋은 가격을 찾을 수 있도록 해주거나 가격을 결정할 수 있게 해준다.

5. 비영리조직(nonprofit organization)과 마케팅

비록 마케팅 콘셉트가 이윤지향성을 강조한다 하지만 이윤을 얻기 위한 조직이 아니더라도 마케팅은 매우 중요한 부분이다. 자선단체는 기금(예를 들어 세계 기아와의 전쟁)을 모으거나 다른 자원을 얻기 위해서 마케팅을 사용한다. 적십자(Red Cross)는 전국적 또는 지역적 혈액공급이 저조할 때 사람들에게 헌혈을 장려하기 위해 촉진을 사용한다. 그린피스(Greenpeace)는 생태학적으로 안전한 기술을 촉진하기 위해 마케팅을 사용한다. 교회는 기금을 모으고 새로운 신자를 영입하기 위해 마케팅을 사용한다.

지방정부는 새로운 사업과 관광객을 유치하기 위해 마케팅을 사용한다. 예를 들어, 많은 지방정부는 자신들의 지역에 자동차 공장을 유치하기 위해 다른 지역들과 경쟁한다. 학교는 신입생을 유치하기 위해 마케팅을 한다. 예술단체, 조합, 사회단체와 같은 조직들도 마케팅을 사용한다. 광고협회는 음주운전이나 화재예방과 같은 이슈에 대한 인식을 조성하고 이에 대한 태도를 변화시키기 위하여 마케팅을 사용한다. 이처럼 마케팅은 환경보호주의(고래를 살리자)와 범죄예방(범죄를 근절시키자)부터 사회적 이슈(생명을 지키세요)에 이르기까지 모든 것에 촉진 도구로서 활용된다.

3절 **마케팅관리의 과정**

1. 마케팅 환경분석

마케팅 환경은 표적고객과의 관련성을 성공적으로 개발·유지하기 위한 마케팅 관리자의 능력에 영향을 주는 것으로 마케팅의 외부에 있는 통제 불가능한 행위자 및 영향요인으로 구성되어 있다. 그리고 마케팅 환경은 기회와 위협을 동시에 주기 때문에 성공적인 기업들은 변화하는 환경을 지속적으로 주시하고 적응하는 것이 매우 중요하다.

(1) 미시적 환경

미시적 환경이란 고객에게 제품과 서비스를 제공하는 능력에 영향을 미치는 영향 요인으로서, 기업과 아주 밀접하게 있는 것, 즉 기업 내의 최고 경영자 및 기타부서, 원료공급업자, 마케팅 유통업체, 고객시장, 경쟁자 및 대중관계 등으로 구성된다.

(2) 거시적 환경

거시적 환경은 좀 더 광범위한 사회적 영향요인으로 기업의 미시적 환경의 요인들에 영향을 미치는 것들, 즉, 인구 통계적, 경제적, 정치적 및 문화적 제 영향 요인을 말한다.

(3) 소비자 행동분석

소비자는 욕구를 충족하기 위해서 제품과 서비스를 구매하는데, 이런 소비자의 구매행동에 대한 정확한 이해가 없이는 효과적인 마케팅 전략수립과 활동이 불가능하다.

소비자 구매행동은 자극-반응 모델에 의해서 설명되는데, 마케팅 자극과 다른 자극이 같이 소비자의 블랙박스에 들어간 다음 어떤 반응을 유발하는가를 보여 준다. 그리고 소비자 구매행동은 여러 가지 요인에 의해서 영향을 받는다.

① 문화적 요인: 문화, 하위문화, 사회계층
② 사회적 요인: 준거집단, 가족, 역할과 지위
③ 개인적 요인: 연령과 생활주기단계, 직업, 경제상황, 라이프스타일, 개성과 자아 개념
④ 생리적 요인: 동기, 지각, 학습, 신념과 태도

소비자들은 구매 의사결정에 도달하기 위해 몇 개의 단계를 거치게 되는데, 그 단계는 욕구인식 → 정보탐색 → 대안 평가 → 구매결정 → 구매 후 행동이다.

STP

구매자들은 그 숫자가 너무 많고, 넓은 지역에 흩어져 있으며 또한 욕구 및 구매행동이 서로 상이하다. 그리고 각 기업들은 시장들 중 어떤 상이한 세분시장을 충족시킬 수 있는 능력에 있어 차이가 있으므로, 기업은 전체 시장에서 경쟁하기 보다는 부분시장을 확인·규명해야 한다.

표적마케팅(target marketing)은 우선 전체 시장을 몇 개의 기준에 의해 세분하여 세분시장을 확인한 후, 이들 중에서 매력적인 하나 또는 몇 개의 세분시장을 선정하고, 각각의 세분시장에 적합한 제품과 마케팅 믹스를 개방하는 것이다. 즉, 표적마케팅은 〈표 7-1〉과 같이 시장세분화, 시장표적화, 시장위치화의 3단계로 이루어진다.

표 7-1 시장세분화, 표적화 및 위치화 단계

시장세분화	1. 시장을 세분화하기 위한 기준 확인 2. 세분화된 세분시장의 프로파일 개발
시장표적화	3. 세분시장의 매력성 측정 및 평가 4. 표적세분시장의 선정
시장위치화	5. 각 표적세분시장에 대응되는 위치화 개념 개발 6. 각 표적세분시장에 대한 마케팅 믹스 개발

1. 시장세분화(segmentation)

시장세분화란 하나의 큰 시장을 상이한 제품이나 마케팅 믹스를 원하리라고 기대하고, 상이한 요구, 특성 또는 행동을 하는 구매자 특성으로 나누는 것이다.

기업은 시장을 세분화하는 상이한 기준과 방법을 확인하고, 또한 세분화된 세분시장들의 프로파일을 개발, 작성한다. 우선 시장을 세분화하는 기준에는 지리적 변수, 인구통계적 변수, 심리묘사적 변수, 행동적 변수 등이 있다. 그리고 기준에 의해서 세분화된 시장을 여러 특성을 기준으로 상세하게 설명한다.

2. 시장표적화(targeting)

시장표적화란 표적세분시장을 선정하는 것으로서, 각 세분시장의 매력성을 평가하고 여러 세분시장 중에서 기업이 진출하고자 하는 하나 또는 그 이상의 세분시장을 선정하는 과정이다.

우선, 세분시장의 매력성을 평가할 때는 세분시장의 규모와 성장, 세분시장의 구조적 매력성 및 기업의 목표와 재원을 평가해야 한다. 기업은 어떤 세분시장을 그리고 얼마나 많은 세분시장을 서브할 것인가를 결정해야 한다.

기업이 세분시장을 선택하는 전략, 즉 시장범위 전략에는 비차별적 마케팅, 차별적 마케팅 및 집중적 마케팅이 있다.

3. 시장위치화(positioning)

시장위치화란 그 제품에 대해 경쟁적인 위치를 선정하고 또한 이를 실행하기 위한 세부적인 마케팅 믹스를 창안하는 단계로서, 자사 제품이 경쟁 제품과는 다른 차별적 경쟁우위 요인을 보유하며, 표적시장의 소비자들의 욕구를 보다 효율적으로 잘 충족시켜 줄 수 있다는 것을 소비자에게 인식시켜 주는 과정을 의미한다.

여기에서 제품의 위치란 그 제품의 속성에 대해 구매자가 정의하는 방식, 즉 어떤 제품이 소비자의 마음속에서 경쟁 제품과 비교하여 차지하는 위치를 말한다.

현대 기업의 가장 중요한 것으로서 위치화 과업을 수행하기 위해서는 ① 위치를 구축하기 위한 일련의 가능한 경쟁적 우위를 파악하는 단계, ② 적절한 경쟁적 우위를 선택하는 과정, ③ 선택한 위치를 효과적으로 표적세분 시장에 커뮤니케이트하고 전달하는 단계를 거쳐야 한다. 여기에서 가장 중요한 것은 경쟁적 우위를 선정하는 것이다. 그것은 경쟁사의 제공과 자사의 제공을 차별화 할 수 있는 구체적인 방법을 선정하는 것이다. 차별화 수단으로는 제품 차별화, 서비스 차별화, 이미지 차별화 및 경로 차별화 등이 있다. 이 차별화 수단 중에서 가장 경쟁적 우위가 있는 것을 선정하고, 이를 구체적으로 실천하기 위해서는 세부적인 마케팅 전술 프로그램, 즉 마케팅 믹스가 개발되어야 한다.

(1) 전반적인 포지셔닝 전략

브랜드의 전반적인 포지셔닝 즉 브랜드의 가치제안은 브랜드가 차별화되고 포지션되는 데 근간이 되는 혜택들의 조합을 말한다. 해당 브랜드에 대한 소비자의 인식 속에 기업이 원하는 인상을 남기려 노력하는 모든 활동을 말하며 기업에게 경쟁우위를 제공하는 차별화와 포지셔닝은 다섯 개의 가치제안, 즉 ① more for more, ② more for the same, ③ the same for less, ④ less for much less, ⑤ more for less 방식으로 설명할 수 있다.

표 7-2 상품/서비스의 위치도

편익 \ 가격	높은 가격	같은 가격	낮은 가격
높은편익	more for more	more for the same	more for less
같은편익			the same for less
낮은편익			less for much less

① more for more 포지셔닝: 더 고급스러운 제품이나 서비스를 제공하면서 더 비싼 가격을 매기는 것이다. 우월한 품질, 장인정신, 내구성, 성능 또는 스타일을 주장하고 구매자에게 특별한 명성을 제공하며 이에 상

응한 가격을 요구한다. 스타벅스 커피가 커피시장에서 매우 비싼 브랜
드로 자리매김하며 진입한 것, 애플이 다른 제품보다 우수한 기능을 제
안한 아이폰으로 그에 상응한 높은 가격을 매긴 것 등이 이에 해당한
다. 그러나 스타벅스가 던킨 도넛에서 맥도날드에 이르는 커피경쟁자
들과 직면하는 점과 같이 이러한 전략은 때때로 더 저렴한 가격으로
같은 품질을 주장하는 모방제품들의 시장진입을 유도할 수 있다. 또한
호황기에는 고가 제품들의 수요가 높지만 경기 침체기를 맞아 소비자
들의 지출이 감소할 때에는 어려움을 겪는다. 최근의 경제 상황은 스
타벅스와 같은 프리미엄 브랜드들을 어렵게 만들고 있다.

② more for the same 포지셔닝: 같은 가격으로 경쟁사와 비슷한 수준의 품
질, 혜택을 제공하는 것이다. 이는 more for more 포지셔닝 전략을 사
용하는 경쟁사를 공격할 수 있다. Toyata가 Mercedes나 Bmw와 경쟁하
면서 같은 more for the same 가치제안을 가진 Lexus 라인을 소개하여
자동차 잡지의 매우 호의적인 평가와 Lexus와 Mercedes 간의 세부적인
비교를 보여주는 비디오의 광범위한 배포를 통해서 새로운 Lexus의 고
품질을 커뮤니케이션한 것이 이 전략에 해당한다.

③ the same for less 포지셔닝: 대부분의 사람들은 가치 있는 제품을 좋아
하기 때문에 매우 강력한 가치제안이 될 수 있다. 이들은 우월한 구매
력과 더 낮은 운영비를 바탕으로 백화점, 전문점에서 취급되는 브랜드
들의 대부분을 할인된 가격에 제안한다. 다른 기업들은 시장 선도자로
부터 고객들을 빼앗기 위하여 유사제품이지만 더 저렴한 가격의 브랜
드를 계발한다. AMD가 시장을 선도하는 인텔의 마이크로소프트 칩보
다 싼 가격의 버전을 만든 것, Dell이 더 낮은 가격으로 동등한 수준의
품질을 갖춘 컴퓨터를 제공한 것 등이 이에 해당하며 많은 전문 할인
점들이 이러한 포지셔닝을 사용한다.

④ less for much less 포지셔닝: 훨씬 싼 가격으로 소비자들의 더 낮은 품
질에 대한 요구수준을 맞추는 것이다. 미국의 Southwest 항공사가 기본
서비스와 저가 항공사로 자리매김하며 지속적으로 수익을 내는 것,
costco 창고할인점이 서비스 수준은 낮지만 그결과 가격을 최저수준으

로 책정하는 것 등을 예로 들 수 있다.

⑤ more for less 포지셔닝: 더 싼 가격으로 더 많은 혜택을 제안하는 것이다. 많은 회사들이 이를 실행한다고 주장한다. 단기적으로는 이와 같은 고위의 포지션을 달성할 수도 있지만 장기적으로 이러한 포지셔닝을 유지하는 데에는 어려움이 있다. 더 많은 것을 제공하는 것은 통상 더 많은 비용이 들어 더 싼 가격을 제공한다는 약속을 지키기 어렵게 만든다.

(2) 포지셔닝의 커뮤니케이션

서로 다른 회사들이 각각 성공적으로 서로 다른 포지션을 차지할 수 있는 공간이 존재하므로 각 브랜드는 표적시장의 욕구에 맞도록 포지셔닝 전략을 도입해야 한다. 중요한 점은 각 회사가 표적소비자에게 자신을 특별하게 만들 수 있는, 자신만의 이길수 있는 포지셔닝 전략을 개발해야 한다는 것이다.

위와 같은 포지션이 선정되면 기업은 표적소비자들에게 자신이 선정한 바람직한 포지션을 전달하기 위하여 단지 말이 아닌 구체적인 활동을 실행하여야 한다. 만일 더 좋은 품질과 서비스라는 포지션을 구축하기로 결정한다면 반드시 최고 품질의 제품을 생산하여 가격을 높게 책정하고, 고품질의 제품을 취급하는 딜러들을 통하여 제품을 유통시키고 고품격 미디어에서 광고해야 한다. 이와 같이 일단 기업이 원하는 포지션을 구축했으면 일관성 있는 성과와 커뮤니케이션을 통하여 이를 유지하기 위해 주의를 기울여야 하며 기업은 고객의 욕구와 경쟁사 전략의 변화에 맞추기 위해 계속 포지션을 추적하고 적용시키며 진화되어야 한다.

5절 마케팅 믹스의 전략

1. 제품관리

(1) 제품의 의의와 유형

제품(product)은 기본적 욕구 또는 2차적 욕구를 충족시켜 주는 이점들의 복합체로서, 물리적 대상물, 서비스, 사람, 장소, 조직, 아이디어 또는 상기의 실체들의 복합체 등이 포함된다. 제품은 세 가지 차원, 즉 핵심제품, 유형제품 및 확장제품으로 나눌 수 있다. 핵심제품은 근본적 차원으로서, 구매자가 실제로 구입하는 것이 무엇인가에 관한 차원이다. 즉, 소비자가 제품을 구입할 때, 그들이 획득하고자하는 핵심적인 이점이나, 문제를 해결해 주는 서비스로 구성된다. 유형제품은 핵심제품을 실제품으로 형상화시킨 것으로서, 품질수준, 특성, 디자인, 상표 및 포장 등 다섯 가지 특징을 포함한다. 확장제품은 핵심제품과 유형제품에 추가적인 고객서비스와 이점을 경합한 것으로서 배달, 보증, 설치, 애프터서비스 등 경쟁요소가 포함된다.

그리고 제품은 제품을 사용하는 소비자의 유형에 근거하여 소비재와 산업재로 분류된다. 소비재란 최종소비자가 개인적 소비를 목적으로 구매하는 제품으로서, 편의품, 선매품, 전문품 및 비탐색품으로 구분된다. 산업재는 개인과 조직이 추가적인 가공처리를 하거나, 기업 활동에 이용하기 위해 구입하는 제품으로서 자재와 부품, 자본재 및 소모품과 서비스로 나누어진다.

(2) 개별제품의 속성결정

제품은 그 제품이 제공해야 하는 이점을 가지고 있어야 하는데, 이점은 제품 품질, 특성 및 디자인과 같은 제품 속성에 의해 소비자에게 커뮤니케이트하고 전달된다.

첫째, 제품 품질은 기업이 사용하는 중요한 위치화 도구 중의 하나로서, 품질 수준과 일관성의 특징을 가지고 있다.

둘째, 제품 특성은 기업이 자사의 제품을 경쟁사의 제품과 구별하고 차별화하기 위한 경쟁적 도구로서, 원초적인 모델에 다양한 특성(option 등)을 추가하는 것이다.

셋째, 제품 디자인은 고객 가치를 추가할 수 있는 또 다른 방법으로서, 그 제품의 외관을 단순히 나타내거나, 이목을 끌거나, 감동하게 하는 스타일 그 이상인 것으로서, 그 제품의 유용성을 높이는 것이다.

(3) 상표화(branding)

상표란 특정 판매업자나 판매자 집단들의 제품이나 서비스를 확인하고 또한 다른 경쟁자들의 제품이나 서비스들로부터 식별하고 차별화시킬 목적으로 사용하는 명칭, 말, 기호, 상징, 디자인 또는 이들의 결합을 말한다. 따라서 상표는 어떤 제품의 제조업자나 판매업자를 확인·규명해 준다.

상표는 구매자에게 특별한 일체의 특성, 이점 및 서비스를 항상 전담하겠다는 판매업자의 약속이므로, 상표는 네 가지 수준의 속성, 이점, 가치 및 개성을 전달할 수 있어야 한다.

상표 결정에는 다섯 가지의 의사결정이 포함된다.

① 상표화 결정에는 상표부착 또는 상표 미부착
② 상표명 결정에는 상표의 선정과 보호
③ 상표주 결정에는 제조업자 상표(MB), 사적상표(PB), 라이센스 상표, 혼합상표
④ 상표 전략에는 신상표, 계열확대, 상표확장, 복수상표
⑤ 상표재위치화에는 상표 재위치화와 기존 위치화 고수

(4) 포장화(packaging)

포장화란 특정 제품의 용기나 포장재를 디자인하고 생산하는 제반활동으로 정의되므로, 혁신적인 포장화는 하나의 경쟁우위 수단으로 작용한다.

포장이 종래에는 제품용기나 보호하는 기능으로만 강조되어 왔으나, 소비자들이 좋은 포장의 제품을 선호하고, 또한 셀프서비스로 구입하며, 기업 이미지와 상표 이미지를 높여주었다. 따라서 포장은 마케팅 활동에 도움을 주는

중요한 판매촉진 도구로 그 중요성이 높아지게 되었다. 포장은 이처럼 제품보호기능, 의사전달기능 및 가격기능 등을 수행한다.

포장은 ① 그 제품을 직접 담는 용기로서의 기초용기, ② 제품사용시 분리되는 포장재로서의 2차 포장, ③ 보관, 식별, 수송 등을 필요한 포장으로서의 운송 포장으로 구분된다.

(5) 표찰(label)

제품에 부착되어 있는 것으로서, 꼬리표에 불과할 수도 있고, 복잡한 도안이나 내용으로 포장의 일부로 구성될 수도 있다. 표찰은 식별, 등급, 설명 및 촉진 등 여러 가지 기능을 수행한다. 그리고 표찰은 상기와 같은 기능을 수행하므로 요즘에는 단위가격, 보존가능기간, 영향 표시 등을 표찰에 포함시키고 있다.

(6) 제품보조 서비스

실제 유형제품들을 확장할 수 있는 서비스로서, 기업들이 경쟁적 우위를 획득하기 위한 주요 수단으로 사용되는 것이다. 기업이 새로운 고객을 유인하거나 잃어버린 고객을 다시 오도록 설득하는 것보다는 기존 고객을 유지하는 데 비용이 적게 소요된다. 따라서 많은 기업들은 불만의 해결 및 조정, 신용서비스, 유지서비스, 기술서비스, 그리고 고객 정보를 운영하기 위해 고객서비스 담당 부서를 설치·운용하고 있다.

(7) 제품 믹스 전략

제품 믹스(product mix, 제품 구색)란 특정 판매업자가 구매자에게 판매하기 위해 제공하는 제품 계열(product line)과 품목들의 집합을 의미한다. 그리고 제품 믹스는 네 가지 차원, 즉 폭(넓이), 길이, 깊이 및 일관성의 차원으로 되어 있다.

제품 계열이란 유사한 판매 방식을 수행하거나, 동일한 고객 집단에게 판매하거나, 유사한 유형의 판매점을 통해서 판매하거나, 가격 범위가 유사하다는 면에서 밀접하게 관련되어 있는 제품들의 집단을 말한다. 일반적으로 기업은 제품 계열의 길이를 길게 함으로써 계열 기업이 되고자 하는데, 이 전략에는 하향확장, 상향확장, 양면확장 등이 있다.

(8) 신제품 개발계획

소비자의 취향, 기술 및 경쟁 등의 급속한 변화를 감안할 때, 기업은 지속적으로 신제품과 서비스를 개발해야 한다. 기업은 두 가지 방법, 즉 외부에서 취득하는 방안으로서 신제품을 보유한 기업자체를 흡수하거나, 특허권을 구입하거나, 타 제조업체로부터 라이센스를 취득하는 방법 등이 있다. 두 번째는 자사의 연구개발 부서를 통해서 자체적으로 신제품을 개발하는 방안이 있다.

신제품은 실패율이 너무나 높아지고 있으므로, 신제품을 성공하기 위해서는 전체적인 기업의 노력이 필요하다. 성공적인 혁신을 이룩한 기업들은 신제품 개발에 대해 지속적으로 재원을 투입하고 있으므로 공식적으로 정교한 조직구조를 조성하고 있다.

신제품 개발조직 유형에는 제품관리자, 신제품관리자, 신제품위원회, 신제품개발부 및 신제품 모험사업팀 등이 있다. 그리고 신제품을 발견하고 성공시키기 위한 신제품 개발고정은 8개의 단계, 즉 아이디어 창출→아이디어 심사→제품 개념의 개발과 시험→마케팅 전략 개발→사업성 분석→제품개발→시험마케팅→상품화 시장도입으로 구성된다.

(9) 제품수명주기 전략

제품수명주기(Product Life Cycle: PLC)란 시간이 지남에 따라 판매와 이익이 발생하는 과정으로서, 특정제품이 시장에 처음 출시되는 도입기, 시장 수용 및 이익이 급증하는 성장기, 경쟁이 치열해짐으로써 판매성장이 둔화되는 성숙기, 판매와 이익이 급속하게 하락하는 쇠퇴기로 구분된다. 제품수명주기는 보통 S자형 곡선의 형태를 띠는데, 각 단계 주기별로 기업은 상이한 목표에 따라 각 단계에 맞는 마케팅 전략을 구사한다.

2. 가격관리

(1) 가격의 의의 및 중요성

가격(price)이란 제공되는 제품 및 서비스에 대한 대가로 요구하는 금액으로, 소비자가 소유하거나 또는 사용하게 된 제품이나 서비스가 제공하는 이점과 혜택을 교환하는 대가로 소비자가 지불하는 가격이다.

가격은 마케팅 믹스요소 중 유일한 수익창출 요인이며, 소비자가 제품구매 시 가장 민감하게 고려하는 요인으로서 시장수요와 밀접한 관계가 있다. 또한 가장 변화성과 신축성이 많은 요소로서 가장 강력한 경쟁수단이며, 시장점유율을 확보하기 위한 도구이다. 그러므로 가격은 기업에게는 이익을, 고객에게는 구매결정을, 그리고 정부에게는 경제정책의 지침을 제공해 주는 중요한 역할을 담당한다.

(2) 가격결정의 영향 요인

기업의 가격결정은 기업의 내부 요인과 외부 환경 요인에 의해 영향을 받는다. 첫째, 내부 요인으로는 기업의 마케팅 목표, 마케팅 믹스전략 및 원가구조 등이 있다. 둘째, 외부환경 요인으로는 제품시장과 수요 특성, 경쟁사의 원가와 가격 및 제공, 그리고 기타 법적 요인 등이 있다.

(3) 가격결정 접근방법

기업이 설정하는 가격은 이익을 창출하지 못할 정도로 낮아서도 안 되고, 수요가 없을 정도로 높아서도 안 되는 것 사이에 있어야 한다. 가격결정 시 고려해야 할 것은 3Cs, 즉 제품의 원가, 그리고 소비자의 제품에 대한 지각, 경쟁사의 가격 그리고 기타 내적 및 외적 요인 등이 있다. 여기에서 제품원가는 가격의 하한선이고, 소비자의 가치 지각은 상한선이 되므로, 가격은 양극단 사이에서 결정된다.

기업들은 일반적인 가격결정 접근방법을 선택하여 가격을 설정하는데, 첫째, 원가중심(cost)적 방법에는 원가가산법, 목표이익에 의한 가격결정, 둘째, 가치중심적 접근방법에는 소비자(consumer)가 지각한 가치에 의한 가격결정, 마지막으로 경쟁자(competition)중심적 접근방법에는 경쟁자 모방에 의한 가격결정, 공개입찰에 의한 가격결정 등이 있다.

(4) 신제품 가격결정

가격전략은 제품수명 주기의 각 단계에 따라 적절하게 변화되는데, 그중에서도 도입기의 가격전략이 중요하다.

① 초기고가격(skimming pricing) 전략: 시장도입기에 그 시장의 고소득층으로부터 많은 이익을 획득하기 위해 설정하는 것으로서, 제품의 품질과 이미지가 높은 가격을 뒷받침할 수 있으며, 경쟁자의 제품이 쉽게 시장에 진입할 수 없을 정도로 품질 수준이 높을 때 가능하다.

② 초기침투가격(penetration pricing) 전략: 도입기에 낮은 가격으로 신속하게 시장에 깊숙이 침투하기 위한 가격전략이다. 이 전략은 많은 구매자를 확보하여, 시장점유율을 확대할 수 있다. 이 전략은 또한 시장이 가격에 민감할 경우에 판매량이 증가함에 따라 원가를 절감할 수 있으며, 경쟁사가 시장에 쉽게 진입할 가능성이 있는 경우에도 적용된다.

(5) 가격조정 전략

기업들은 기본 가격을 고객들의 상이한 특성과 상황의 변화 등에 따라 조절한다.

- 할인가격과 공제는 고객들로 하여금 대금을 지불케 하거나, 대량구매, 비수기에 구입 및 고객들에 대한 호의에 따라 가격을 조정하는 것으로서, 현금할인, 수량할인, 기능할인, 계절할인, 공제 등이 있다.
- 세분화된 차별가격이란 고객별, 제품별, 장소별에 따라 기본가격을 조정하는 것으로서, 고객세분시장별 차별가격, 제품형태별 차별가격, 장소별 차별가격, 시간대별 차별가격이 있다.
- 심리적 가격이란 단순히 경제성을 고려하는 것이 아니라 가격의 심리적 측면을 고려하는 것으로서, 심리가격, 준거가격 및 단수가격 등이 있다.
- 촉진적 가격결정은 일시적으로 자사의 가격을 정가 이하로 또는 원가이하로 판매하는 것으로서, 유도용 손실품(loss leader), 특별행사가격, 현금반환(rebate), 거래조정자(traffic builder) 등이 있다.
- 가치가격결정은 정당한 가격으로 품질과 양질의 서비스를 적절하게 결

합하여 제공하도록 하는 것으로서, 특별가격에 더 좋은 제품을, 또는 염가에 동일한 품질을 제공하기 위해 기존상표를 재디자인하는 것과도 연관된다. 가치가격(value pricing)은 표적소비자들이 추구하고 있는 가치를 그들에게 제공하는 품질과 가치 간의 세심한 균형을 찾는 것을 의미한다. 또한 가격인하와 더불어 품질은 그 상태로 유지하거나, 오히려 개선되는, 그러면서도 기업에 이익을 남기는 것을 의미한다.

- 지리적 가격결정은 수송비가 지출되는 원거리의 고객의 가격을 결정하는 것으로서, 공장인도가격, 균일운송가격, 구역가격, 기점가격 및 운송비 흡수가격 등이 있다.

3. 경로관리

(1) 유통경로의 의의 및 중요성

유통경로(place, distribution channel)란 특정제품이나 서비스가 생산자로부터 소비자나 산업재 사용자에게로 옮겨가 그들이 사용하거나 소비하도록 하는 과정에 관여하여 상호 의존하는 조직들의 집합을 의미한다. 일반적으로 유통경로에는 상업중간상, 대리중간상 및 촉진상이 포함된다.

유통경로의 중요성으로는 첫째, 총 거래수를 최소화 하고, 거래를 촉진함으로써 교환과정을 촉진시킨다. 둘째, 가격, 제품 및 지불조건 등을 표준화하여 거래를 용이하게 한다. 셋째, 생산자와 소비자 간의 구색차이를 연결시킨다. 넷째, 판매자에게 고객정보 및 잠재 고객과의 도달가능성을 높이고, 소비자에게는 탐색비용을 절감시켜 줌으로써 생산자와 소비자를 연결시킨다. 다섯째, 다른 믹스요소에 비해 비탄력적이며, 유통경로의 국가별 특수성으로 인해 중요한 전략적 위치를 차지한다.

(2) 유통경로의 기능과 경로수준의 수

유통경로는 생산자로부터 소비자에게로 제품을 전달하는 일을 수행함으로써 생산자와 소비자 사이의 시간과 공간, 그리고 소유의 불균형을 극복한다. 즉, 마케팅 유통경로의 구성원들은 거래를 완성하도록 도움을 주기 위해 정보제공, 촉진, 접촉, 조절, 협상기능 그리고 완전하게 거래가 이루어지도록 도움을 주기 위해서 물적유통, 위험부담의 기능을 수행한다.

이러한 기능을 수행하는 각자의 마케팅 중간상을 경로수준이라고 하는데, 중간상 수준의 수를 이용하여 유통경로의 길이를 나타낼 수 있다.

(3) 수직적 및 수평적 마케팅 시스템

유통경로는 경로 전체의 성과에는 거의 관심이 없는 독립적인 기업들 간에 이루어진 느슨한 결합체로서 강력한 지도력을 갖지 못하므로 치명적인 갈등과 낮은 성과로 곤혹을 치르고 있다. 최근 전통적인 마케팅 경로에 대한 도전으로 수직적 마케팅 시스템이 등장하게 되었다.

수직적 마케팅 시스템(vertical marketing system)은 생산자, 도매상 및 소매상들이 하나의 통일된 시스템을 이룬 유통경로 전체로서, 경로활동을 통제하고, 경로 갈등을 관리하며 또한 규모의 경제, 교섭력 등 중복되는 서비스의 제거 등을 성취할 수 있다. 수직적 마케팅 시스템은 회사형, 프랜차이즈 계약형 및 관리형의 세 유형이 있다. 정유, 철강 회사의 경우를 볼 수 있다.

한편, 수평적 마케팅 시스템은 새로운 시장 기회를 발견하기 위해 경로 단계에 있는 두 개 이상의 개별조직들이 결합하는 것으로서, 이들 기업들은 함께 일함으로써 혼자서 사업을 할 때보다 더 많이 성취하기 위하여 자본, 생산능력 및 마케팅 재원을 결합할 수도 있다. 공생적 마케팅이라고도 한다.

(4) 유통범위 정도에 따른 유통경로 전략

기업이 고려하는 범위가 어느 정도인가에 따라 소매점의 수를 결정하는 세 가지 유형이 있다.

① 집중적(개방적) 경로: 높은 시장범위 도달을 목적으로 이용 가능한 경로 구성원을 모두 이용하는 전략으로서, 구매의 편의성 및 이용가능성은 높으나 유통비용이 증가하고 통제력이 약한 점이 있으며, 주로 편의점 에서 이용된다.

② 독점적 경로: 일정한 상권 내에 자사 제품만을 독점적으로 취급하는 제
한된 수의 소매점을 확보하는 전략으로 거래 비용감소와 제품이미지
제고가 가능하다. 주로 전문품에 적용되는데, 높은 폭을 제공하고, 판
매상의 가격, 촉진, 신용 및 서비스에 대해서 통제할 수 있다.

③ 선택적 경로: 개방적(집중적) 경로와 전속적 경로의 중간 형태로 일정지역
에 몇 개의 소매점을 선정하여 자사제품을 취급할 수 있도록 한다. 이것
은 주로 가전제품, 의류 등과 같은 선매품에 이용되는데, 생산자로 하여
금 더 많은 통제력과 적은 비용으로 적절한 시장 확보를 가능하게 한다.

(5) 유통기구

유통경로를 구성하는 중간상은 도매상, 소매상 및 물적유통 조직체 등이
있는데, 각각은 효율적으로 유통관리를 하기 위해서 고유의 전략을 실행한다.

1) 소매상

소매상은 재화 및 서비스를 최종 소비자에게 직접 판매하는 기구로서, 소매
전략믹스에 의해 분류될 수 있다. 소매전략믹스란 입지, 구색, 서비스, 가격 및
영업시간 등의 통합된 조합을 의미하는데, 이에 따라 소매상의 유형이 분류된다.

소매상은 점포 소매상과 무점포 소매상으로 분류되는데, 무점포 소매상은
카탈로그, 직접우편판매, 전화, 가정TV 홈쇼핑, 온라인 컴퓨터 쇼핑서비스, 가
정 및 사무실 파티 등이며, 무점포 소매업에는 직접마케팅, 직접판매(방문판매)
및 자동판매기를 통한 판매가 포함된다.

〈표 7-3〉은 소매업체를 분류하여 요약한 것이다.

표 7-3 **소매업체의 분류방법**

서비스의 양	판매하는 제품계열	상대적인 가격	판매점의 통제
• 셀프서비스 • 한정서비스 • 최대서비스	• 전문점 • 백화점 • 슈퍼마켓 • 편의점 • 콤비네이션 스토어 • 슈퍼스토어 • 하이퍼마켓 • 슈퍼센터 • 서비스사업	• 할인점 • 저가격소매점 • 카탈로그 전시장	• 회사형 연쇄점 • 임의 연쇄점과 소매상 조합 • 프랜차이즈 조직 주택지구 • 머천다이징 • 복합기업

2) 도매상

도매상은 재판매나 사업목적으로 구입하는 고객에게 제품이나 서비스를 판매하는 데 관련되는 모든 활동을 하는 기업으로서, 도매상들은 생산자로부터 제품을 구입하여 대개 소매상, 산업재 소비자, 그리고 다른 도매상들에게 판매한다.

도매상은 판매와 촉진, 구매와 구색 맞춤, 대량구매-소량판매, 보관, 운송, 금융, 위험부담, 시장정보, 경영서비스와 지도 등의 기능을 수행한다.

도매상의 유형은 상인 도매상으로서 완전기능 도매상과 한정기능 도매상, 중개상과 대리상 및 제조업자의 판매지점 등으로 분류된다.

(6) 물적유통관리

물적유통(physical distribution) 또는 마케팅 로지스틱스(marketing logistics)란 적절한 이윤을 보장하면서 고객의 욕구를 충족시키기 위하여 원산지로부터 소비지점까지 자재, 최종제품 및 관련정보의 물적흐름을 계획하고 통제하는 일이다.

오늘날에는 고객서비스와 고객만족이 기업의 마케팅 전략을 수립하는 기초가 되고 있으며, 또한 물적유통이 기업의 중요한 원가 요소가 되고, 제품의 다양화가 증가됨으로써 보다 개선되고 향상된 물적유통관리가 필요하다.

마케팅 물적유통 시스템의 목표는 최소의 비용으로 목표로 정한 수준의 고객서비스를 제공하도록 하는 것이므로, 이러한 목표를 달성하는 데 소요되는 비용을 최소화할 수 있도록 물적유통의 기능인 주문처리, 창고, 재고 및 수송 등을 관리해야 한다.

이에 따라 오늘날 기업들은 통합적 물적유통 관리개념을 도입하고 있다. 이것은 더욱 양호한 고객서비스를 제공하면서 유통비용을 절감하기 위해서는 기업내부는 물론 모든 마케팅 경로구성원들 간에 팀워크를 필요로 한다는 것이다. 즉, 기업내부의 여러 기능 부서들은 해당 기업의 물적유통의 성과를 극대화하기 위해서 밀접하게 협력해야 한다. 또한 해당 기업의 전체적인 경로시스템의 성과를 극대화하기 위해서 원료 공급업자와 고객들의 물적유통 시스템을 해당 기업의 물적유통 시스템과 통합하여 결속해야 한다.

4. 촉진관리

(1) 촉진 및 촉진믹스의 본질

촉진(promotion)이란 그 제품의 유익함을 소통하고 또한 표적고객들이 그것을 구입하도록 설득하는 활동이다. 이러한 활동은 촉진믹스에 의해 수행된다.

촉진믹스(promotion mix)란 기업의 제품과 서비스를 소비자들이 구매하도록 유도할 목적으로 해당 제품 및 서비스의 효능을 현재 및 잠재고객을 대상으로 정보를 제공하거나 설득하는 기업의 전체적인 마케팅 커뮤니케이션 시스템으로서 광고, 인적판매, 판매촉진 및 대중관계가 조화롭게 구성된 것이다.

(2) 촉진믹스의 구성요소

촉진믹스는 〈표 7-4〉와 같이 네 가지로 구성되며, 각각은 상이한 특징을 가지고 있으므로, 이들 촉진도구는 광고목표와 마케팅 목표를 달성하기 위해 어떤 통합적 촉진믹스로 결합되어야 한다.

● 표 7-4 촉진믹스의 특징

수단	범위	비용	장점	단점
광고	대중	보통	신속, 메시지 통제가능	효과측정 곤란
인적판매	개별	고가	정보의 질과 양	정보량 제한
판매촉진	대중	고가	주의집중, 즉각적 효과	비용과다, 속도완만
대중관계	대중	무료	신뢰성 높음	모방용이, 통계곤란

(3) 촉진믹스 결정요인

기업은 특정 제품의 효과를 최대화하기 위해 사용가능한 촉진 수단을 결합하여 사용하기 위한 촉진믹스를 설계할 때 고려해야 할 요인으로는 제품/시장의 유형, 푸시(push) 및 풀(pull) 전략, 구매자 준비상태 및 제품수명주기 등이 있다.

① 제품과 시장 유형: 소비재인 경우에는 광고 및 판매촉진이 인적판매 및 공중관계보다 필요하며, 산업재는 기타 수단보다 인적판매가 중요하다.

② 푸시 및 풀 전략: 푸시(push) 전략은 유통경로를 통해서 최종소비자에게 그 제품을 밀어 내는 것이므로, 인적판매와 거래점 촉진(중간상 촉진)이 주로 이용된다. 한편, 풀(pull) 전략은 제조업자가 최종소비자에 대해서 TV 광고나 소비자 촉진의 마케팅 활동에 주력하여 최종소비자로 하여금 그 제품을 구입하도록 하는 전략이다.

③ 구매자 준비상태: 인식과 숙지 단계에서는 대중관계와 더불어 광고가 주된 역할을 수행하며, 고객의 호의, 선호 및 확신에는 인적판매가 보다 효과적이며, 그 다음으로 광고가 중요한 역할을 한다. 마지막으로 판매를 종결하는 단계는 인적판매와 판매촉진이 지배적 역할을 한다.

④ 제품수명주기 단계: 도입기에는 제품인식도를 높이는데 광고와 대중관계가 효과적이고, 조기사용 촉진시키는 데는 판매촉진이 좋으며, 인적판매는 거래점의 제품 취급을 유도하는 데 이용된다. 성장기에는 광고와 대중관계가 가장 강력하며, 판매촉진은 감소한다. 성숙기에는 광고에 비해 판매촉진이 상대적으로 중요하다. 광고는 상표인지도가 높은 때이므로 그 제품을 상기시켜 주는 수준만 유지시킨다. 쇠퇴기에는 광고는 상기 수준으로 지속하고, 대중관계는 줄이고, 인적판매는 주의를 요하는 수준으로 이용된다. 그렇지만 판매촉진은 강력하게 지속된다.

(4) 촉진관리 과정

마케팅 관리자는 기본적인 커뮤니케이션 과정을 이해하고 기업의 의사를 효과적으로 소비자에게 전달하기 위해서 촉진관리 과정에 대한 의사결정을 해야 한다. 다음과 같이 여섯 단계를 거친다.

① 표적청중 확인: 마케팅 커뮤니케이션 담당자는 누가, 무엇을, 언제, 어떻게, 어디서 전달할 것인가에 대한 의사결정을 할 때, 가장 결정적으로 영향을 미치는 사람인 표적청중을 확인해야 한다.

② 희구반응결정: 표적청중들은 여섯 단계로 구성된 구매자 준비상태(인식→숙지→호의→선호→확신→구매)를 거치게 되므로, 표적청중이 어느 단계에 있는지, 또는 어떤 위치의 단계로 진전시킬 필요가 있는지를 관리자는 알아야 한다.

③ 메시지 선정: 메시지를 개발하기 위해서 커뮤니케이션 담당자는 전달할 것(메시지의 내용: 합리적 소구, 감정적 소구, 도덕적 소구), 메시지 구성(결론제시 방법, 주장방법, 강조점의 위치), 메시지 양식(표제어, 문안, 도안, 색상 등)을 결정해야 한다.

④ 매체선정: 인적 커뮤니케이션 경로와 비인적 커뮤니케이션 경로의 장·단점을 고려하여 자사의 촉진 목표에 맞는 경로를 선택한다.

⑤ 메시지 원천의 선정: 메시지가 청중에게 미치는 영향은 그 메시지 송신자를 어떻게 인식하느냐에 따라 그 효과가 상이하므로, 그 원천은 전문성, 신뢰성, 호감 등의 요인을 갖추어 신뢰성을 높게 해야 한다.

⑥ 피드백 수집: 촉진효과를 측정하는 방법에는 표적청중에 대한 커뮤니케이션 효과와 판매효과가 있다.

(5) 촉진믹스의 설계

촉진믹스를 구성하는 네 가지 수단에 대한 구체적인 세부진술이 설계되어야 한다.

① 광고: 광고(advertising)란 어떤 광고주가 아이디어, 재화, 또는 서비스를 유료형식을 통해 비인적으로 제시하고 촉진하는 활동으로 정의한다. 광고에 관한 의사결정은 목표설정, 예산결정, 메시지결정, 매체결정 및 캠페인 평가로 구성된다.

② 판매촉진: 판매촉진(sales promotion)이란 어떤 제품이나 서비스의 구매나 판매를 촉진하기 위해 사용하는 단기적인 수단으로서, 소비자 촉진(견본, 쿠폰, 환불, 소액할인, 경품, 경연회, 기타), 중간상 촉진(구매공제, 무료제품, 상품공제, 협동광고, 후원금, 판매경연회), 판매원 촉진(상여금, 경연회, 판매원 모임) 등으로 구성된다.

③ 인적판매: 인적판매(personal selling)란 판매원을 매개로 직접 고객과 대면하여 구매를 설득하는 커뮤니케이션 수단으로, 소비자에게 많은 정보를 제공하며, 쌍방적 커뮤니케이션이므로 즉각적인 피드백이 가능하므로, 정보탐색 및 광고에 노출된 소비자에게 효과적이다. 반면에 접근가능성이 낮고 고객 일인당 비용이 과다하다.

④ 대중관계: 대중관계(public relation)란 기업이 다양한 대중과의 건전한 관계를 형성하기 위하여 호의적인 대중성을 획득하거나, 우호적인 기업 이미지를 구축하거나, 비우호적인 소문, 이야기 거리, 사건 등을 처리하거나 방지하는 활동이다. 대중관계는 홍보와 기타 활동을 모두 포함하는 보다 포괄적인 개념으로서, 그 수단으로는 기자회견 또는 대변인, 제품홍보, 공공의 관심사, 로비활동, 투자자 관계 및 개발 등이 있다.

5. 최신 촉진기법

PPL(Product Placement) 광고

TV 광고는 TV 프로그램 중간에 제품 광고를 하던 종래 방식에만 국한되지 않고 때때로 제품 그 자체가 프로그램에 등장하기도 한다. PPL 광고는 TV 쇼 프로그램이나 영화 속에서 제품이 나오도록 협찬하거나 비용을 지불하는 간접 광고이다. 제임스 본드(James Bond)가 나오는 영화 속의 자동차처럼 TV 쇼 프로그램이나 영화 속에서 중요한 역할을 하는 제품들을 본 적이 있는가? 청소년음악경연대회 심판들의 테이블 위에 놓여 있는 코카콜라(Coca-Cola) 컵들을 본 적이 있는가?

최근의 PPL은 가상제품(virtual products)을 비디오 게임에 배치한다. 예를 들어, 캐딜락은 V-시리즈 콜렉션의 럭셔리 차량을 고속주행(high-speed- driving) 비디오 게임인 프로젝트 고담 레이싱 3(Project Gotham Racing 3)에 등장시켰다.

08

글로벌
e-비즈니스의
이해

김종훈 컬리 리더 "데이터 활용해 '새벽배송' 1위 이어갈 것"

'컬리' 재무 총괄 김종훈 파이낸스 어카운팅 리더 인터뷰
데이터 기반 고객 경험 개선 인터넷대상 대통령상
기업가치 6,000억 원 예비 유니콘 … 내실보다 성장에 방점

'회원수 300만 명, 하루 평균 배송 물량 4만건, 기업가치 6,000억 원'

신선식품을 밤 11시 이전에 주문하면 다음날 아침 7시까지 문 앞에 배송해주는 '마켓컬리(법인명 컬리)'가 올해 달성한 숫자들이다. 컬리는 남해안에서 딴 자연산 굴, 냉동하지 않은 제주 은갈치 등 신선식품을 빠르게 배송하는 '샛별배송'으로 소비자들의 장보기 습관을 바꿨다. 설립 5년 만에 유력한 차기 유니콘(기업 가치 10억 달러 이상의 비상장 스타트업)으로 떠올랐다.

2015년 '새벽배송'으로 불리는 서비스를 처음 선보인 후 매출은 55배(2018년 기준, 1,571억 원)나 늘었다. 컬리는 쿠팡·신세계 SSG닷컴·우아한형제들 'B마트' 등 경쟁자들이 신선식품 배송에 뛰어들고 있지만 시장점유율 40%대를 기록하며 업계 1위를 지키고 있다.

직원 40명의 스타트업으로 시작한 컬리가 경쟁력을 유지하며 빠르게 성장해온 비결은 뭘까. 투자은행 모건스탠리를 거쳐 현재 컬리의 재무를 총괄하고 있는 김종훈 파이낸스 어카운팅 리더(CFO, 이하 리더)는 '데이터 기반 고객 경험'을 해답으로 제시했다. 데이터를 통해 고객이 원하는 게 무엇인지 끊임없이 분석하고 이를 반영한 서비스를 선보여 소비자의 마음을 사로잡았다는 것이다.

"김슬아 대표는 요즘 거의 물류센터에 있습니다. 연말이라 상품 주문이 많은데, MD(상품 기획자)·CS(고객 경험) 총책임자로서 현장에서 상품을 챙기고 있는 거죠."

마켓컬리 재구매율은 60%에 이른다. 자체 개발한 데이터 수집 및 분석 시스템인 '데이터 물어다 주는 멍멍이(이하 데멍이)'를 바탕으로 신선식품 폐기율을 일반 대형마트(2~3%)의 절반 이하인 1% 미만으로 낮췄다. 최근엔 과학기술정보통신부가 주관한 제14회 대한민국 인터넷대상 시상식에서 대상을 받기도 했다. 지난 11일 컬리 본사에서 김 리더를 만나 컬리의 향후 계획과 전략에 관해 들어봤다.

◇ 데이터 기반으로 고객 경험 개선 … 1위 노하우 이어갈 것

－이커머스 업체인데, 인터넷 대상을 받았다.
"서비스의 바탕이 기술이기 때문이다. 상품 발주, 재고 관리, 라우팅(최적 배송 경로 설정), 배송, 예측 등 모든 부분에 데이터 기반 기술이 들어간다. 데멍이라는 자체 시스템을 활용해 모든 의사결정 단계에서 데이터를 활용하고 있다. 거의 실시간으로 트래킹(추적)하고 있어서 시간 단위는 물론 분 단위로도 상품의 흐름을 체크할 수 있다."

- 유력한 차세대 유니콘으로 평가되는데.

"중소벤처기업부와 기술보증기금에서 그렇게 선정해 줬다. 다만 유니콘 자체가 목표는 아니다. 어떻게 서비스를 개선할지 어떻게 소비자의 문제를 해결할지에 집중하고 있다. 컬리가 새벽배송이라는 단일 시장에 집중하고 있고, 이 시장이 빠르게 성장한 건 사실이다. 창업 생태계의 분위기도 좋다."

- 우아한형제들이 B마트를 선보이는 등 신선식품 배송 시장경쟁이 치열해지고 있다. 컬리의 전략은.

"40% 수준의 시장점유율을 유지하고 있다. 시장이 계속 커지고 있기 때문에 점유율만 지켜도 계속 성장할 수 있다. 우리가 잘하는 부분을 더 뾰족하게 다듬고 사용자 환경, 콘텐츠, 메시지 전달 등 모든 면에서 더 노력할 계획이다. 우리만 가진 경쟁력이라고 하면 데이터를 기반으로 고객 경험을 만들어 왔다. 이 경험을 유지해서 충성도 높은 고객군을 확보하는 게 중요하다고 생각한다. 오프라인 마트를 생각해보면 항상 가던 곳에서 장을 보게 된다. 고객 경험이 좋았기 때문이다. 온라인에서도 마찬가지라고 생각한다. '고객의 목소리(VOC)'라고 부르는 고객 요구 사항을 김 대표가 직접 챙기는 것도 같은 맥락이다."

- 지난해 적자가 337억 원이다. 지속 가능성에 관한 우려도 있는데.

"당연히 지속 가능해야 한다. 농산물 산지, 납품업체 등 컬리 생태계에 속한 분들이 1만 명에 달하기 때문에 회사를 잘 운영해야 한다는 책임감을 가지고 있다. 현재 적자는 감내할 수 있는 수준이다. 성장 모드에서 내실을 다지는 모드로 전환해야할 때가 오겠지만 지금은 아니다. 새벽배송 시장은 1년에 3배씩 크고 있다."

◇ 목표는 전환율 100%…"신선식품 배송 서비스 2~3개로 재편될 것"

- 재무구조 개선이나 성장과 관련한 구체적인 목표가 있나.

"통계청에 따르면 국내 소매 시장에서 오프라인-온라인 전환율은 30~40%에 달한다. 그러나 신선식품은 전환율이 낮다. 콜드체인(냉장 유통)이 필요하고 인프라 투자 비용이 많이 들기 때문이다. 컬리는 이 작업을 꾸준히 해왔다. 상추, 전복을 산지에서 식탁까지 24시간 이내에 콜드체인으로 배송할 수 있게 됐다. 궁극적으로는 신선식품 분야에서도 오프라인-온라인 전환율이 100%에 도달하는 게 목표다. 거래 규모가 커질수록 집적도가 높아지기 때문에 적자폭도 개선될 것으로 본다. 배송 물량이 많아지면 한 명의 배송 기사가 좁은 지역만 돌아도 더 많은 양을 배송할 수 있게 된다."

- 추가 투자 유치나 기업공개(IPO) 계획은.

"올해 상반기에 시리즈 D 투자로 1,350억 원을 유치했다. 주주들이 성장 가능성을 인정해 주고 있다. 주주들과의 관계도 좋다. 세마트랜스링크인베스트먼트를 비롯한 초기 투자자들 역시 추가 투자를 집행하며 꾸준히 지원해주고 있다. IPO는 언젠가는 준비할 수 있겠지만, 현재는 전혀 진행되고 있지 않다. 인수합병(M&A)도 아직 계획이 없다."

- 향후 국내 전자상거래시장을 어떻게 전망하나.

"오프라인 시장을 보면 훨씬 많은 업체가 경쟁하다가 지금은 롯데, 신세계 등 2~3개로 재편됐다. 온라인도 비슷한 상황을 맞을 것으로 예상한다. 이미 진입장벽이 많이 높아졌기 때문에 단순히 자금이 많다고 신규 사업자가 쉽게 들어올 수 있는 분야가 아니다."

* 도입사례에 대한 자세한 내용은 QR코드를 참고하세요.

CHAPTER
08

글로벌 e-비즈니스의 이해

학습목표

1. e-비즈니스의 정의는 무엇이며, 이는 어떻게 사업을 성공하게 하는가?
2. e-비즈니스의 각 포지셔닝의 장점을 설명할 수 있는가?
3. 웹사이트 효율성과 디자인의 중요성을 설명할 수 있는가?
4. 모바일시장의 위치기반 서비스에 대해 설명할 수 있는가?
5. 기업의 웹사이트 광고와 상품 판매의 도움에 대해 설명할 수 있는가?
6. 온라인 광고의 종류를 비교할 수 있는가?
7. 소비자의 정보를 이용한 새로운 서비스방법에 대해 설명할 수 있는가?
8. 소비자의 개인 정보 보호 방법에 대해 설명할 수 있는가?

|1절 e-비즈니스의 세계적 환경

1. e-비즈니스란?

e-비즈니스란 인터넷을 이용하여 다양한 형태의 상품과 서비스를 제공하고 그와 관련된 모든 거래행위와 가치를 창출할 수 있는 비즈니스 활동이다. 1997년 IBM이 주창한 개념으로 온라인 상에서 경제 주체들이 정보통신 기술과 인터넷을 이용하여 전자적으로 이루어지는 상거래와 그 상거래를 지원하는 경제 주체들의 활동이라 정의할 수 있다. e-비즈니스는 온라인 상의 구매와 판매를 가리키는 e-커머스 개념은 물론 기업 내부 및 기업 간 거래인 협업

도 포함한다.

인터넷 혁명과 정보통신기술의 급속한 발전은 경제 기반에 걸쳐 많은 변화를 야기하고 있다. 오랜 시간 동안 많은 소비자는 오프라인 공간에서 직접 물건을 주고받으며 물품을 구입하였다. 이러한 구매 방식은 시공간의 제약을 받고 구매 물품에 대해 지불할 재화를 들고 다녀야 한다는 불편함이 있다. 이러한 불편함은 현재 세상에 인터넷이 보급, 발전하게 되면서 다양한 방법으로 쇼핑의 불편함이 해소되고 있다. 소비자는 물품을 구입하기 위해 오프라인에서 현금을 가지고 다녀야 했던 반면 지금은 카드와 모바일뱅킹의 활발한 이용으로 현금의 필요성이 줄어들고 있으며 온라인 또한 다양한 상품을 판매하는 기업이 늘어나면서 오프라인뿐만이 아니라 집에서 간단히 물품을 구입할 수 있게 되었다. 인터넷 이용자는 전 세계적으로 꾸준히 증가하고 있으며 이는 기업이 상품을 전 세계 소비자들에게 노출시킬 수 있다는 것을 의미한다. 또한 거래에 사용할 재화를 미리 인터넷에 일정한 금액의 가치를 저장해 현금과 동일하게 사용할 수 있는 전자지갑(electronic wallet)이 등장하면서 인터넷을 이용한 상품 구입이 더욱 활발해지고 있다. 이는 인터넷과 전자상거래가 향후 더욱 인터넷의 발전함에 따라 경제적인 성장을 주도할 수 있음을 보여준다.

e-business는 현대에 들어서 인터넷의 발전으로 나타나게 된 비즈니스 모델이다. 기업은 자신의 경영활동 영역을 인터넷을 이용하여 넓힐 수 있다. 인터넷은 전 세계적으로 구축되어 있어 다양한 나라에 기업의 물품을 소비자에게 홍보, 접근할 수 있는 기회를 가지게 된다. 만약 자신이 만든 게임을 steam에 등록하게 된다면 그 게임은 세계적으로 판매가 되기 시작할 것이며 게임 추천 텝을 이용하여 다양한 소비자에게 노출되어 홍보, 접근할 수 있게 된다.

e-business를 기업에 적용하기로 결정하였다면 기업은 자신의 상품을 어떤 방식의 상품을 판매할 것인지에 대한 포지션을 다음으로 정해야 한다. 만약 당신이 하나의 게임을 만들었다고 가정한다면 당신은 그것을 판매하기 위한 방법을 고민하게 될 것이다. 자신에 게임에 대한 독자적인 웹사이트를 만들어 게임을 판매, 홍보할 수도 있고 STEAM과 같은 대형 게임 판매 중개 회사에 당신의 게임을 등록하여 판매할 수도 있을 것이다.

2. e-비즈니스 모델의 유형

전자상거래 참여자는 기업이 될 수 있고, 개인이 될 수도 있고, 정부가 될 수도 있다. 크게 기업과 개인으로 나누고, 이에 따라 전자상거래 비즈니스 모델을 B2C, B2B, C2C로 구분할 수 있다.

(1) B2C(기업 대 소비자 전자사업)

B2C는 business-to-consumer의 약자로 기업과 개인 간의 전자상거래를 의미한다. 기업이 소비자에게 직접적으로 제품을 제공하며 중간단계인 유통 업체를 거치지 않고 판매하는 형태이다. 이는 당신의 게임을 그 웹사이트에 올릴 것이며 상품에 대한 자세한 설명을 올릴 수 있다. 또한 소비자와의 거래에서 중간 유통과정을 거치지 않아 가격이 타 게임에 비해 낮게 책정되어 가격 경쟁에서 우위를 잡을 수 있다. 아마존, 이베이, 야후, 네이버, 옥션 등은 대표적인 B2C 기업들이다. 최근 스마트폰과 같은 모바일 기술의 발달로 인해 모바일 전자상거래가 급성장하고 있다.

(2) B2B(기업 대 기업 전자사업)

B2B는 business-to-business의 약자로 기업과 기업 간의 전자상거래를 말한다. 만약 게임을 팔기 위해 STEAM에 게임을 등록하였다면 STEAM은 당신의 게임을 소비자가 접근할 수 있도록 도와주는 대신 그 게임에 대한 일정 판매 금액을 당신과의 거래를 통해 받아갈 수 있다. 이렇게 B2B는 주로 대량판매나 유통업체와 같은 역할을 하는 기업이 취하고 있는 형태이다.

(3) C2C(개인 대 개인 전자사업)

C2C는 Consumer-to-Consumer의 약자로 개인과 개인 간의 전자상거래를 말한다. 주로 경매사이트에서 중고품을 처리하는 형태로 C2C가 많이 일어난다. 개인과 개인 간의 금융 거래도 전자상거래로 일어나고 있다. 기업은 다양한 방식의 포지션을 잡을 수 있다. 자신의 상품에 맞는 포지셔닝을 찾았다면 그에 맞게 웹사이트를 설계해야 한다. 특히 기업이 목표로 하는 표적 시장에 용

이할 수 있도록 디자인해야 할 필요성이 있다.

현재 기업은 다양한 디스플레이에 맞는 웹사이트 디자인을 만들어 제품을 판매하는 데 사용하고 있다. 이때 사용되는 웹사이트는 소비자와 기업의 커뮤니케이션 공간이며 소비자는 이 웹사이트를 이용하여 기업이 제공하는 상품에 대한 정보와 서비스를 받을 수 있다. 기업은 상품의 정보를 가시성 있도록 기재하고 지속적으로 정보를 유지, 업데이트하여 상품에 대해 소비자에게 정보제공자로서의 역할을 해야 한다. 소비자의 환불, 건의사항과 같은 요구에 대한 대응을 용이하게 처리할 수 있도록 이메일과 메신저 등의 기타 웹 지원 커뮤니케이션 도구 서비스를 소비자에게 제공해야 한다.

인터넷 사용자는 전 세계적으로 지속적으로 증가하고 있으며, 인터넷으로 상품을 구입하는 비율도 계속해서 상승하고 있다. 〈그림 8-1〉은 인터넷 사용자 수 상위 10개국을 나타내고 있다.

그림 8-1 인터넷 사용자 수 상위 10개국

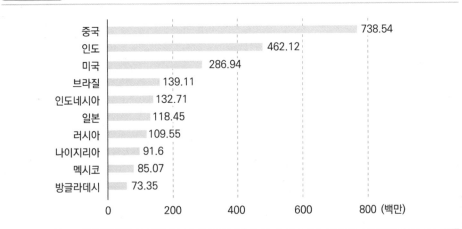

● 그림 8-2 쇼핑 정보 획득 채널 vs. 쇼핑 구매 채널

[쇼핑 정보 획득 채널]   [쇼핑 구매 채널]

		모바일	
84.3			79.6
72.8	PC		65.9
67.3	오프라인 매장		55.3
44.1	TV홈쇼핑		29.8

		사례수	[쇼핑 정보 획득 채널]				[쇼핑 구매 채널]			
			모바일	PC	오프라인 매장	TV 홈쇼핑	모바일 인터넷 홈쇼핑	PC 인터넷 쇼핑몰	오프라인 매장	TV 홈쇼핑
전체		(1000)	84.3	72.8	67.3	44.1	79.6	65.9	55.3	29.8
성별	여성	(511)	83.8	75.3	65.4	37.8	76.1	71.4	53.6	25.2
	남성	(489)	84.9	70.1	69.3	50.7	83.2	60.1	57.1	34.6
연령대	20대	(250)	90.0	79.2	66.8	32.4	84.8	71.6	55.2	22.8
	30대	(240)	88.3	72.9	71.7	38.8	80.8	62.9	55.0	25.0
	40대	(270)	85.6	68.5	62.6	47.8	81.9	62.2	53.0	31.1
	50대	(240)	72.9	70.8	68.8	57.5	70.4	67.1	58.3	40.4

Note: 기타 소수응답 비제시
Base: 최근 6개월 이내 쇼핑 경험자 전체(n=1000)

그렇기에 현재 다양한 기업에서 반응형 웹 디자인을 채택, 사용 중에 있으며 이는 하나의 웹사이트에서 pc, 스마트폰, 태블릿 pc 등 접속하는 디스플레이의 종류에 따라 화면의 크기가 자동으로 바뀌는 공용 웹사이트이다. 이는 다양한 디바이스에 대응할 수 있도록 디자인되며 pc용 URL과 모바일용 URL이 동일하기에 검색 포털 등 광고를 통한 사용자 접속을 효율적으로 관리할 수 있다.

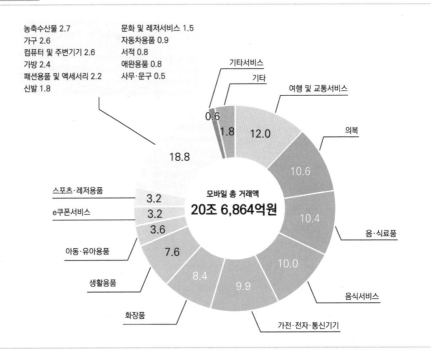

그림 8-3 모바일 거래 유형

〈그림 8-3〉을 보면 현재 모바일 시장은 온라인 시장에서 많은 비중을 차지하고 있음을 알 수 있다. 휴대전화는 이제 더 이상 음성통신의 도구로서의 의미만을 가지지 않으며 무선인터넷 비즈니스는 기존의 PC에 의한 전자상거래의 한계를 넘어서고 있다. 모바일 시장은 계속해서 성장하고 있으며 다양한 가능성을 보여주고 있다.

(4) 위치기반 서비스

핸드폰은 그 이동성과 편리성으로 소비자의 위치정보를 이용하여 다양한 서비스를 제공할 수 있게 되었다. 구글 지도가 그 대표적 예시로 소비자는 자신의 위치 정보를 제공함으로써 실시간으로 길 안내를 제공받을 수 있다. 이와 같은 위치기반 서비스로 모바일 시장은 여행과 음식 관련 분야에서 큰 축은 차지하고 있음을 위의 그림을 통해 알 수 있다.

모바일 시장이 계속해서 성장함에 따라 새로운 상품들이 출시되고 있다. 이는 M2M 방식을 이용하는 상품으로 유선 접속 기술을 이용하여 이동통신 네트워크를 통하지 않고 핸드폰을 신용카드화하는 기능과 같은 것을 말한다. 우리가 평소에 자주 사용하는 삼성페이가 이러한 경우이다.

3. 웹사이트 관리

기업이 웹사이트를 상품에 알맞게 디자인하여 상품을 판매하더라도 그 웹사이트에 소비자의 방문율이 낮을 수 있다. 이럴 경우 기업은 자신의 웹사이트를 다양한 방법으로 홍보할 수 있다.

● 그림 8-4 웹사이트 관리

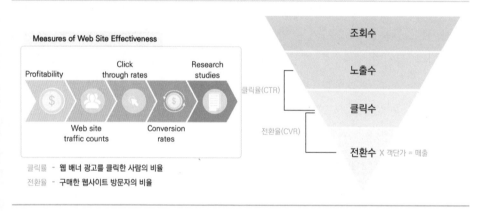

기업이 다양한 중간 유통 사이트를 통하여 홍보 광고를 올리게 되면 그 광고의 노출수와 그 노출된 광고를 클릭하는 비율을 클릭율이라 말하며, 전환율은 기업의 웹사이트에 방문한 소비자가 상품을 구매하는 비율이다. 기업은 그 과정에서 재고가 부족한 상품에 대한 생산량 증가를 계획할 수 있으며 클릭율은 좋지만 전환율이 낮은 제품들에 대하여 할인을 진행하여 전환율을 높일 수도 있다.

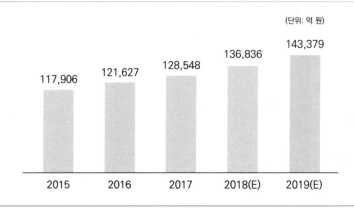

그림 8-5 국내 전체 광고비 시장 규모

(단위: 억 원)

- 2015: 117,906
- 2016: 121,627
- 2017: 128,548
- 2018(E): 136,836
- 2019(E): 143,379

기업은 자신의 상품에 맞는 광고로 기업의 웹사이트, 제품을 소비자에게 홍보해야 한다. 최근 온라인 방송 시장이 커짐에 따라 인터넷 방송에 기업의 웹사이트, 상품을 노출시키는 방식이 성행하고 있다. 인터넷 방송인이 자신의 영상이나 실시간 방송 중 기업의 상품을 소비자에게 소개하고 상품 링크를 띄워 클릭할 것을 권유하는 방식이다. 이처럼 온라인에서는 다양한 형태의 광고가 형성되고 있다.

4. 웹 커뮤니케이션

팝업 광고는 소비자가 웹사이트에 접속하였을 때 브라우저에 불쑥 튀어나오는 팝업창을 이용한 광고이다. 주로 접할 수 있는 팝업 광고는 E-BOOK 앱을 이용할 시 새로 나온 책을 홍보할 때 사용되는 팝업 광고이다. 이러한 형태는 화면의 상단부분을 덮어 버리기 때문에 소비자의 반발을 살 수 있으므로 오늘 하루 또는 일정 기간 나타나지 않도록 하는 선택지를 소비자에게 제공한다.

프리롤 광고는 영상이 재생되기 전에 나오는 영상 광고이다. 소비자가 유튜브에서 영상을 보기 위해 영상을 클릭했을 때 나오는 광고를 일컫는 용어다. 프리롤 광고 또한 스킵 버튼을 이용해 소비자에게 광고 영상을 넘길 수 있도록 하는 선택지를 제공한다. 그렇기에 약 5초 정도 되는 광고 시청 시간 동안 소비자가 상품에 흥미를 유발할 수 있도록 하는 것이 중요하다.

배너광고는 인터넷 홈페이지에 티 형태로 기업의 웹사이트의 이름이나 내용을 부착해 홍보하는 것을 의미한다. 처음에는 단순히 이미지를 띄운 형식이었으나 최근에는 영상을 띠 형태로 재생할 수 있게 되었다.

키워드 마케팅은 포털사이트 검색창에 검색한 검색어와 관련된 광고를 노출시키는 방식이다. 소비자의 특정 검색어와 관련된 결과만을 노출함으로써 명확하게 타깃이 설정되는 광고 형태이다. 이는 불특정 다수에게 무작위로 제공되는 형태보다 효율적이다. 네이버의 경우 '신발'이라는 키워드를 치면 파워 상품, 파워링크 등의 방식으로 소비자에게 상품을 노출시키고 있다.

하지만 많은 소비자들이 웹사이트에 접속하더라도 꼭 상품을 구입하지는 않는다. 이러한 소비자에게 기업은 웹사이트에서 다양한 서비스를 제공하여 상품 구매를 촉진할 수 있다.

5. EDI 전자데이터교환

일반적으로 소비자는 기업과 온라인으로 거래하기 위해 개인 정보 데이터를 표준화된 정보 교환 형태인 EDI 형태로 기업에 제공하며 기업은 이를 저장해 다양한 서비스를 제공하는 데 활용하고 있다. 소비자의 생일날에 할인쿠폰을 제공하는 등의 서비스 또한 이것에 포함된다. 그 외 소비자의 정보를 저장하여 기업은 따로 저장할 수 있으며 이는 소비자에게 더 나은 서비스를 제공할 수 있도록 도와준다. 주로 소비자는 사이트들이 제공하는 장바구니 서비스를 이용하고 있으며 이를 통해 다양한 상품을 비교하여 구매를 결정한다. 기업은 그 과정에서 결제 취소 이유와 같은 정보를 수집할 수 있다.

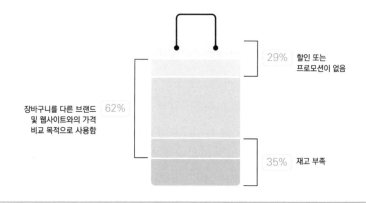

기업은 보다 소비자가 구매를 빠르고 쉽게 할 수 있도록 소비자의 정보를 수집, 사용할 수 있다. 아마존은 소비자가 전에 검색한 상품 내용을 저장하였다가 나중에 다시 아마존에 소비자가 접속하였을 때 최근 검색 상품의 관련 상품을 화면에 띄워주는 쿠키 기능을 가지고 있다.

이처럼 웹사이트를 이용하게 된다면 각 소비자에게 개인화된 일대일 판매 전략을 이용할 수 있다. 또한 인터넷 쿠키를 이용한 개인화된 판매는 홍보, 인건비 등의 고정비, 간접비를 줄일 수 있어 기업이 가격경쟁에서 우위를 차지할 수 있게 한다.

6. 인터넷 쇼핑이유

아래 그림은 소비자가 인터넷 쇼핑을 이용하는 대표적 이유이다. 웹사이트를 이용한 판매는 이는 판매자에게 시공간의 제약 없이 많은 소비자에게 상품을 판매할 수 있게 한다. 소비자는 웹 쇼핑을 이용하게 되면 24시간 언제 어디서든 구입하여 택배의 형태로 상품을 받을 수 있다.

그림 8-7 인터넷 쇼핑이유

		Gap (vs. 18년 하반기)	남성 (474)	여성 (485)	20대 (325)	30대 (316)	40대 (318)
편리해서 (언제 어디서나 구매 등)	56.4	▲ +1.9	56.3	56.5	59.7	54.4	55.0
가격/가치가 좋아서	55.7	▲ +4.5	53.4	57.9	51.1	61.1	55.0
배송이 빨라서/편리해서	24.9	▲ +1.3	24.7	25.2	22.5	23.4	28.9
결제가 편리해서	19.5	▼ -5.4	21.9	17.1	22.5	20.3	15.7
멤버십 혜택이 좋아서	13.2	▼ -1.9	12.7	13.8	10.8	13.3	15.7
쇼핑경험이 좋아서	11.9	▲ +0.3	12.7	11.1	12.6	10.1	12.9
상품구성이 좋아서	8.1	▲ +0.2	7.2	9.1	8.3	7.9	8.2
고객서비스가 좋아서	2.2	▼ -0.1	2.3	2.1	1.5	2.2	2.8
안전성에 대해 신뢰할 수 있어서	1.0	▼ -0.4	1.7	0.4	1.2	1.3	0.6

이렇게 소비자의 개인 정보를 이용하여 기업은 소비자에게 서비스를 제공하고 있지만 이 정보가 해킹당할 수 있다는 위험성을 알고 대비해야 할 의무가 있다. 이는 법령과 고시에 규정되어 있으며 만약 기업이 소비자의 개인 정보를 보호하지 못할 경우 기업에 대한 소비자의 신뢰가 떨어지거나 법적 책임을 가질 수 있다. 그렇기에 기업은 개인 정보 보호를 위해 최대 접속 시간제한이나 비밀번호, 전자서명을 통해 신원을 입증받는 등의 암호화를 이용해 데이터 도난에 대비하고 있다. 주로 개인 정보 보안에 이용되는 암호화 시스템으로는 SSL과 TLS가 있다.

SSL은 판매자와 소비자 간의 신원인증 데이터를 다른 곳으로 보내기 전 암호화하여 개인 정보가 전송 중간 도청되는 것을 막는 시스템이며 TLS는 연결 중인 서버를 인증하고 전송 중인 데이터 내용이 변조되는 것을 막아주는 역할을 한다. 특히 TTL은 기업의 웹사이트가 인증을 제대로 받지 못한다면 소비자에게 경고 팝업을 띄워 소비자의 유입을 막을 수 있다.

개인 정보 문제뿐만이 아니라 소비자는 온라인상품 구매에 대한 위험성으로 인하여 상품구매를 망설이는 경우가 생기고 있다. 그렇기에 기업은 이러한 문제점을 해결할 방안을 고민해 보아야 한다.

　　최근 온라인에서 물건을 구입할 때 주로 해외 직거래 형태의 구입이 많아졌다. 이런 경우 기업에게 직접 찾아가 반품하기도 어려우며 구입할 경우 반품을 위해 사용하는 택배비가 상품보다 비싼 경우가 발생하기도 한다. 또한 온라인 거래의 경우 직접 물품을 보지 않고 거래를 진행하기 때문에 거래 사기를 당할 수도 있으며 택배로 전달되는 과정에서 물품의 파손이 일어날 수 있다.

　　온라인 구매의 단점 중 가장 많은 사람들이 경험했을 부분은 당연히 충동구매를 뽑을 수 있다. 소비자는 인터넷을 통해 다양한 상품을 자주 접하게 되면서 충동구매가 증가하는 추세이다.

• 그림 8-8 충동구매 영향요소

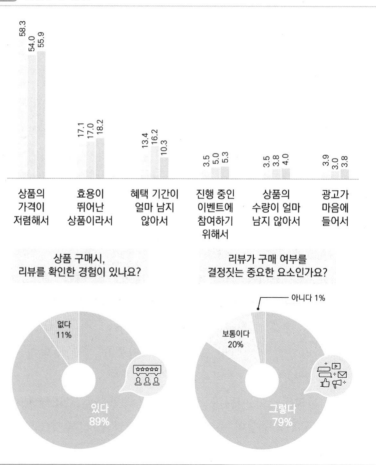

위와 같은 소비자가 온라인 시장을 이용할 시 고려되는 문제점들을 해결할 수 있는 서비스를 제공한다면 기업의 온라인 시장은 더욱더 성장할 수 있을 것이다. 예로 인터넷 상품 리뷰가 작성되어 있는 상품의 경우 소비자가 더욱더 신뢰성 있는 기업을 선정, 비교하는 것에 도움을 줄 수 있다. 이는 소비자의 거래 사기에 대한 불안감을 낮춰 구매를 촉진할 수 있다.

기업은 다양한 문제점에 대한 대안을 제시함으로써 기업의 서비스 질을 높이고 다른 상품과의 차별성을 둘 수 있다. 기업은 다양한 온라인 시장에 대한 문제점에 관심을 가지고 파악할 필요성이 있다.

7. 웹사이트 개발

표 8-1 웹사이트 개발에 고려해야 할 질문

웹사이트의 목적은 무엇인가?
재방문객을 어떻게 이끌 수 있는가?
외부의 링크로 고객을 어떻게 이끌도록 해야 하는가?
데이터베이스 및 다른 기업 자원에 내부의 링크는 어떻게 필요한가?
어떻게 작동해야 하는가?
회사 또는 웹에 누구를 주인이라 넣어야 하는가?
도메인 이름을 무엇으로 해야 하는가?
사이트 내용은 어떻게 해야 하는가?
사이트를 세우고 유지하는 데 비용이 얼마나 드는가?
사이트에 필요한 정보는 어떻게 하는가?

2절 온라인광고

마케터들이 야후(Yahoo)나 구글(Google) 같은 대규모 온라인 창에 광고를 할 경우, 그들이 가장 마음을 움직이기를 원하는 고객들(휴가를 준비하는 고객이나 자동차 시장을 탐색하는 고객, 주식을 조사하는 고객 등)에게 도달할 수 있다. 궁극적인 목표는 고객을 확보하여, 잠재 고객들이 기업과 기업의 제품에 대해서 더 많이 알 수 있는 자사의 웹사이트에 방문하게 만드는 것이다. 만약 온라인 사용자들이 광고를 클릭하고 웹사이트에 방문할 경우 기업은 자사 제품에 대한 정보를 제공할 뿐만 아니라 고객과 상호작용을 할 수 있게 된다(예를 들어 이름, 주소, 의견, 선호하는 것 등에 대한 정보를 수집하는 것). 따라서 인터넷 광고는 기업과 고객의 상호작용 수단이 된다. 온라인 광고의 또 다른 장점은 최근의 발달된 기술로 얼마나 많은 사람들이 광고를 클릭했고 그중 얼마나 많은 잠재 고객들이 웹사이트를 방문하고 정보를 읽거나 보았는지 확인할 수 있다는 것이다. 온라인 광고에 대한 지출은 향후 급속히 증가할 것으로 보인다.

기술의 발전은 인터넷에서의 대화의 속도와 인터넷의 잠재력을 급속히 향상시켰다. 많은 기업들이 온라인 동영상과 채팅방, 인터넷 숍에서 다른 고객들이나 영업사원들과 대화할 수 있고, 제품과 서비스를 검증하고 구매할 수 있는 서비스를 제공하고 있다. 인터넷은 고객들과 협력하는 전반적인 방식을 변화시키고 있는 중이다. '촉진(promoting to)'이 아니라 '협력(working with)'으로 언급했음을 주목하자. 최근의 동향은 시간과 비례해 고객들과 관계를 구축하는 것(build relationship)이다. 이것은 고객들이 원하는 것을 주의 깊게 듣고 구매 내역을 조회하고 훌륭한 서비스를 제공하며 모든 종류의 정보를 제공하는 것을 말한다.

1. 국제 광고(global advertising)

국제 광고는 마스터카드(MasterCard)의 'Priceless(값을 매길 수 없는, 대단히 재미있는)' 캠페인과 같이 전 세계적으로 효과가 있는 제품과 통합된 촉진 전략을 개발하는 것을 수반한다. 국제 광고는 확실히 기업의 리서치와 디자인 비용을 절감해준다. 하지만 다른 전문가들은 각 지역마다 서로 다른 문화, 언어, 구매 습관 등을 지니고 있기 때문에 특정 국가나 지역을 목표로 한 촉진이 국제 광고보다 더 성공적일 수도 있다고 말한다.

한 가지 캠페인이 모든 국가에서 사용되었을 때 야기되는 문제점들이 있다. 예를 들어, 한 일본 기업은 인기 있는 음료 제품에 포카리 스웨트(Pocari Sweat)라는 영어 이름을 붙였는데 대부분의 영어 사용권 사람들에게 음료제품으로서 좋은 이미지를 주지는 못하였다. 영어에서는 포드 프로우브(Ford Probe)가 호응을 얻지 못했는데, 그 이유는 프로우브가 영국인들에게 의사의 진료 대기실이나 의료 검진을 생각나게 했기 때문이다.

클레어롤(Clairol)은 'Mist Stick(안개 스틱)'이라는 헤어 아이론(curling iron)을 독일 시장에 출시하였다. 하지만 독일에서는 미스트(mist)가 미뉴어(manure: 거름, 분뇨)를 의미할 수도 있다는 것을 미처 알지 못했다.

오늘날의 광고는 국제주의(전 세계를 대상으로 광고하는 것)에서 지역주의(개별 국가나 국가 내 특정 집단을 타깃으로 구체적인 광고를 하는 것)로 옮겨가고 있다. 미래에는 마케터들이 더 작은 규모의 청중(한 사람으로까지 구체화되는)에게 도달하기 위해 고객맞춤식(custom-designed) 촉진을 준비할 것이다.

2. 바이러스성 마케팅(viral marketing)

많은 기업들이 자사의 제품을 다른 사람들에게 촉진하는 사람들에게 돈을 지불함으로써 입소문을 만들어내기 시작했다. 그와 같은 전략은 사람들이 인터넷 채팅방(internet chat room)에 들어가 밴드, 영화, 비디오 게임, 스포츠 팀 등을 선전하는 것(또는 열정적이고 우호적으로 말하는 것)을 부추긴다. 이런 식으로 제품을 선전하는 데 협력한 사람들은 업계에서 말하는 협찬(swag)(무료 티켓, 무대 뒤 통행증, T셔츠, 기타 상품 등)을 받을 수 있을 지도 모른다. 기업이 제품과 서비스를 촉진하는 보통 사람들에게 돈을 지불하는 것에 대하여 윤리적으로 어떻게 생각하는가?

바이러스성 마케팅이란 제품에 대해 다단계 판매체계(multilevel selling scheme)

를 조성하기 위하여, 인터넷상(예를 들어 트위터 등)에서 제품에 대하여 긍정적인 말을 하는 고객들에게 돈을 지불하는 것을 포함한 모든 것을 말한다.

긍정적 입소문을 퍼뜨리는 데 가장 효과적인 전략은 현재의 고객들에게 추천장(testimonial, 소비자들이 제품에 대하여 칭찬하는 편지나 문구)을 보내는 것이다. 대부분의 기업들은 추천 문구를 새로운 고객들에게 촉진할 때 사용하지만 추천장은 고객들이 제대로 된 기업을 선택했다는 믿음에 확신을 주는 데에도 효과적이다. 다른 사용자들로부터 들은 긍정적인 입소문은 고객의 선택에 더욱더 큰 확신을 준다. 따라서 어떤 기업들은 고객에게 추천을 받는 것을 습관화하고 있다.

한편 부정적인 입소문은 기업에 심각한 타격을 줄 수도 있음을 유념해야 한다. 기업이나 제품에 대한 부정적 입소문은 이전 그 어느 때보다도 더 빠르게 퍼질 수 있다. 온라인 포럼(online forum), 채팅방(chat room), 게시판(bulletin board) 등이 제품이나 기업에 대한 불만을 터뜨리는 도구로 사용될 수 있다. 고객의 불만을 빠르고 효과적으로 처리하는 것은 부정적 입소문을 줄이는 최선의 방법이다.

3. 블로깅(blogging)

블로그(blog, 웹 로그(Web log)의 약어)는 웹페이지처럼 보이지만 훨씬 더 만들기 쉽고 글, 사진이나 다른 사이트로 링크를 업데이트하기 용이한 온라인 다이어리(online diary)이다. 현재 인터넷상에서 운영되고 있는 블로그 수는 수백만 개이며, 매일 수천여 개의 새로운 블로그가 생겨나고 있다. 블로그는 마케팅에 얼마나 효과적일까? 신간 「프리코노믹스(Freakonomic)」라는 책이 출간되었을 때, 출판업자인 하퍼콜린스(HarperCollins)는 교정본을 100명의 블로거(blogger)에게 보냈다. 이 블로거들은 리뷰를 다른 블로거들에게 보냈고(입소문을 냈다), 곧 「프리코노믹스」는 아마존닷컴(Amazon.com)의 최다 주문 도서 리스트 3위에 올랐다. 이를 통해 블로깅이 미래에 영화, TV 쇼 등 더욱더 많은 매체에 어떤 영향을 미칠지 상상할 수 있을 것이다.

4. 팟캐스팅(podcasting)

팟캐스팅은 인터넷을 통하여 시청하려는 사용자들이 오디오나 비디오 프로그램을 유통시키는 수단이다. 구독자들은 팟캐스트를 통해 피드(feeds)라고 알려진 여러 개의 파일을 구독한 후 선택한 자료들을 보거나 들을 수 있다. 팟캐스팅을 통해서 독립제작자들은 자신만의 라디오 프로그램을 만들고 뉴스캐스터가 되어 이를 제공할 수 있게 되었다. 팟캐스팅은 라디오나 텔레비전 프로그램을 전송하는 새로운 방법이다. 또한 많은 기업들이 유튜브(YouTube)에 비디오를 올리면서 성공적인 촉진 활동을 하고 있다.

5. 모바일 미디어

마케터들은 휴대폰과 같은 모바일 미디어를 활용하여 경쟁을 촉진하거나, 고객들에게 뉴스나 스포츠 경기 알림 메일을 보내거나, 기업의 정보를 주는 등의 문자메시지를 보낸다. 최근에는 기업들이 소비자의 위치를 파악하여 인근의 레스토랑이나 기타 서비스 업체에 관한 메시지를 보낸다. 이제는 모바일 마케팅이 대세를 이루고 있다.

여러분은 전통적인 촉진 기법이 확실하게 신기술로 대체되고 있다고 생각되는가? 만약 그렇게 생각한다면 그 생각은 옳다. 최신 동향을 꾸준히 업데이트하고 있다면 전통주의자들이 무슨 일이 생기는지 의아해하는 동안, 여러분은 촉진 분야에서 좋은 성공을 가져올 수 있을 것이다.

CHAPTER

09

회계의 이해

Leverage 이용 성공사례

한샘 리모델링 시장 성장기 진입하면 레버리지 효과 기대

삼성증권이 28일 한샘에 대해 리하우스 대리점 확대로 B2C(소비자대상) 리모델링 시장이 성장기에 진입할 경우 레버리지 효과를 기대할 수 있을 것이라고 평가했다.

한샘은 연결기준 3·4분기 영업이익이 전년 대비 30.3% 감소한 71억 원으로 잠정 집계됐다고 지난 25일 공시했다. 시장 추정치보다 43% 적은 수준이다. 매출액은 4,104억 원으로 8% 감소했다.

백재승 연구원은 "부동산 거래량 위축으로 전년 대비 매출 감소세가 지속되고 있으며 리하우스 대리점 프로모션 비용이 증가하고 중국법인 점포 구조조정으로 일회성 비용 30억 원이 반영되면서 실적이 감소했다"고 진단했다.

한샘의 리하우스 대리점은 3·4분기 기준 391개다. 백 연구원은 "회사는 매출 감소가 당분간 불가피하다고 보고 현재 리하우스 대리점을 제외한 사업부 전반에서 비용 통제 전략을 펼치고 있다"며 "4분기부터는 프로모션 결과로 이익 개선 효과가 나타날 것"이라고 전망했다.

CJ대한통운, 하반기 레버리지 효과 본격화

4분기부터 영업익 증가 … 2020년 차입금 감소 기대

하이투자증권은 28일 CJ대한통운에 대해 하반기 레버리지 효과가 본격화될 것이라며 투자의견은 매수, 목표주가는 18만 원을 각각 유지했다.

하준영 하이투자증권 연구원은 "하반기 택배 물동량이 증가하면서 택배사업부문에서 레버리지 효과가 본격화 될 것"이라며 "우체국 택배의 공격적 영업전략 포기도 동사의 하반기 택배 물동량 증가에 긍정적인 역할을 할 것"이라고 내다봤다.

2020년부터는 차입금도 감소할 것으로 예상했다. 내년부터 설비투자(CAPEX)가 감소하면서 영업현금흐름으로 차입금을 갚아나갈 수 있기 때문이다.

하 연구원은 "대규모 택배 터미널에 대한 CAPEX가 끝나고 해외 물류업체 인수합병이 마무리되면서 지난해 5,200억 원 수준까지 증가했던 CAPEX가 대폭 감소할 것"이라며 "반면 영업이익은 택배사업부문 단가인상효과가 나타나면서 3,600억 원 수준으로 증가해 2020년 상각전 영업이익(EBITDA)는 6,000억 원을 상회할 것"이라고 분석했다.

다만, 그는 "계절성 때문에 택배사업부문 마진율은 2분기와 비슷하거나 소폭 하락할 것"이라며 "4분기에는 택배 단가 인상효과에 물동량 증가효과가 더해지면서 영업이익도 분기 사상 최대치를 시현할 것"이라고 전망했다.

하이트진로 '깜짝 실적' 임박 … 테라 '맥주 흑자' 신호탄

하이트진로(28,950 + 3.76%)가 3분기 어닝서프라이즈를 예고했다. 일본 불매운동 반사이익에 힘입어 올해 3분기 맥주 부문 매출액이 급성장했을 것으로 예상돼서 이다. 판매가 급증한 신제품 '테라' 덕에 내년 맥주사업이 흑자를 거둘 것이라는 기대감도 커지고 있다.

30일 한국거래소에 따르면 하이트진로의 주가는 전날 종가 기준으로 지난달 말과 비교해 20.68%나 상승했다.

3분기 어닝서프라이즈(깜짝 실적)을 거둘 것이라는 기대감에 주가가 오르고 있는 것으로 풀이된다. 삼성증권은 하이트진로의 3분기 연결 기준 매출액과 영업이익은 각각 5,495억 원, 484억 원을 기록할 것으로 전망했다. 해당 영업이익 예상치는 전년 대비 65.2%나 대폭 증가한 수준이다.

조상훈 삼성증권 연구원은 "소주는 신제품 진로이즈백 판매 호조와 일본 제품 불매운동에 따른 반사 수혜로 점유율이 60%를 상회할 것으로 추정된다"며 "가격 인상 효과에 따라 매출 14.3%가 증가할 것으로 추정되며, 맥주는 수입 맥주와 필라이트 판매 부진을 테라 판매 호조가 상쇄하면서 매출 5.7% 증가할 것으로 추정한다"고 내다봤다.

박애란 KB증권 연구원도 "신제품 판매호조와 비용 절감이 주 요인이지만, 한일관계 악화에 대한 반사수혜도 존재한다"며 "맥주부문은 신제품 테라 판매 호조와 가동률 상승에 따라 개선될 것"이라고 전망했다. KB증권은 테라 매출액이 2분기 377억 원에서 3분기 676억 원으로 2배 가까이 늘었을 것으로 추정했다.

7월부터 일본 불매운동이 본격화하면서 반사 이익을 봤다는 분석이다. 실제로 7월 이후 일본 맥주 수입은 감소하고 있다.

관세청 수출입무역통계에 따르면 지난달 일본 맥주 수입액은 22만 3000달러(약 2억 6000만 원)로 전년 동월 대비 97%나 급감했다. 불매운동이 시작된 7월엔 일본 맥주 수입액은 434만 2,000달러(약 52억 2,300만 원)였던 것과 비교하면 대폭 감소했다. 일본 맥주는 국내에서 2009년 1월 수입 맥주 1위에 오른 뒤 올해 6월까지 1위 자리를 지켜왔다.

이처럼 우호적인 영업환경으로, 내년 맥주 사업이 흑자전환할 수 있다는 관측도 나온다. 하이트진로의 맥주 사업은 2013년 영업이익 478억 원을 기록한 후 5년 연속 적자를 냈다. 올해도 신제품 테라 판매촉진비와 판매장려금 등 비용 투입이 많아 적자를 기록하겠지만, 내년엔 올해 만큼의 비용 투입 없이 매출 증가를 기대할 수 있다는 관측이 나온다.

올해 맥주 사업도 긍정적이다. 3분기 맥주 가동률은 60%에 육박하면서 고정비 부담이 해소되는 국면이라는 점에서다. 4분기엔 맥주 가격 인상 모멘텀(동력)도 작용할 전망이다.

이에 증권가는 하이트진로의 주가가 더 오를 것으로 보고 있다. 삼성증권은 목표주가를 2만 7000원에서 3만 3000원으로 상향 조정했다. 업종 내 톱픽(최선호주) 의견도 유지했다.

조상훈 연구원은 "맥주 사업 특성상 고정비 비중이 높아 영업 레버리지 효과가 크기 때문에 가동률이 상승하고 있다는 점에 초점을 맞출 필요가 있다"며 "4분기 맥주 가격 인상 모멘텀 등을 고려하면 장기 주가 상승의 초입"이라고 판단했다.

＊ 도입사례에 대한 자세한 내용은 QR코드를 참고하세요.

CHAPTER

09

회계의 이해

 학습목표

1. 회계가 사회에서 필요한 이유를 설명할 수 있는가?
2. 회계정보가 어느 분야에서 활용되는지 설명할 수 있는가?
3. 회계정보는 어떻게 계산되는지를 설명할 수 있는가?
4. 시산표란 무엇인지를 설명할 수 있는가?
5. 기업 재무상태 정보의 필요성은 무엇인지 설명할 수 있는가?
6. 대차대조표에 대해서 설명할 수 있는가?
7. 기업의 손익계산서에 대해서 설명할 수 있는가?

1절 회계란 무엇인가

1. 회계의 기초적 이해

기업이 존재하기 위해서는 재산이 필요한데, 이는 화폐로 표시하고 있다. 기업이 '많은 돈을 벌었다'라는 것도 기업이 제품의 생산을 위해 돈을 지출하는 것도 돈의 계산을 필요로 한다. 이처럼 기업에게 맡겨진 돈의 흐름에 대하여 정확히 알려주는 책임을 '수탁책임'이라고도 하며 이러한 수탁책임을 성실히 하기 위하여 회계기록이 수행되고 있다. 그러므로 기업의 재산변동을 돈의 흐름으로 측정하여 이를 보고하는 시스템을 회계(accounting)라고 한다.

미국 공인회계사회(AICPA)에서는 회계를 다음과 같이 정의하고 있다. "회계는 서비스활동이다. 그 기능은 여러가지 대체적인 방안 중에서 합리적인 선택을 하여야 할 경우, 경제적 의사결정에 유용하도록 재무적 성격의 양적 정보를 경제적 실체에 제공하는 것"이라고 한다. 이를 정리하면 회계(accounting)는 재무 활동을 수집하고, 기록하고, 분류하고, 요약하고, 보고하며, 또한 분석하는 과정이라고 할 수 있다. 모든 형태의 조직, 예를 들면 기업, 병원, 학교, 정부기관 및 민간단체 등은 회계절차를 사용한다. 회계는 과거의 성과, 현재의 재무 건전상태 그리고 가능한 미래성과를 살필 수 있는 틀을 제공한다. 재무보고서를 준비하고 해석하는 법을 이해하면 두 경쟁회사를 비교해서 더 좋은 투자가 될 수 있는 기업을 선택하는데 있어서도 도움이 된다.

회계 시스템은 재무거래(판매, 지급, 구매 등)의 세부적인 내용을 기업이 평가하고 의사결정을 내리는 데 사용할 수 있는 형태로 전환하여 준다. 자료는 정보로 바뀌고, 정보는 또한 보고서로 바뀐다. 이러한 보고서는 기업의 어떤 일정 시점의 재무상태와 어떤 기간 동안의 재무성과를 나타낸다. 재무보고서에는 대차대조표와 손익계산서와 같은 재무제표(financial statements)를 비롯하여 제품별 판매와 비용 명세서와 같은 특수보고서도 포함된다.

(1) 회계보고서의 종류

관리회계(managerial accounting)는 조직 내의 관리자들이 현재 및 미래 회사운영에 대해 평가하고 결정을 내리는 데 사용할 수 있는 재무정보를 제공한다. 예를 들어, 관리회계사에 의해 준비된 매출보고서는 부서들이 비용을 추적하고 통제하는 데 도움을 준다. 관리자들은 그들 자신의 사용목적에 따라 매우 세세한 재무보고서를 만들 수 있으며 최고경영층에게는 요약보고서를 제공한다.

재무회계(financial accounting)는 외부인 즉, 그 기업에 관심은 있지만 실제 경영에는 관여하지 않는 사람들을 위한 외부 재무보고서를 작성하는데 초점을 둔다. 이러한 보고서도 내부관리자들에게 유용한 정보를 제공하기는 하지만, 그들은 대출기관, 공급업자, 투자자 및 정부기관이 해당 사업의 재무상태를 파악하는 데 주로 사용된다.

(2) 회계사의 역할

수수료를 받고 조직이나 개인을 위해 봉사하는 독립적인 회계사들을 외부
회계사(public accountants)라 한다. 외부회계사는 재무제표와 세금환급의 준비,
재무기록과 회계방법에 대한 독립감사 및 경영컨설팅을 포함한 다양한 서비
스를 제공한다. 재무제표를 준비하는데 사용된 기록들을 검토하는 프로세스
를 감사(auditing)라 하는데, 이는 외부회계사의 중요한 책임이다. 그들은 재무
제표가 인정된 회계규칙에 따라 작성되었는지를 지적하는 공식적인 감사의견
(auditor's opinion)을 제시한다. 이러한 외부회계사의 서명의견은 연차보고서
의 중요 부분을 구성한다.

(3) 내부회계사

특정 조직을 위해 고용된 회계사는 내부회계사(private accountants)라고 불린
다. 그들의 활동에는 재무제표를 준비하고, 직원들이 회계원칙과 절차를 확실
히 따르도록 감사하고, 회계 시스템을 개발하고, 세금환급을 준비하고, 경영층
의 의사결정을 위한 재무정보를 제공하는 일 등이 포함된다. 관리회계사들 또
한 전문자격증 프로그램을 가지고 있다. 공인관리회계사(Certified Management
Accountant; CMA)가 되기 위해서는 시험에 합격해야만 한다.

(4) 회계환경의 재조명

미국 공인회계사협회(AICPA) 보고서에 의하면 기업들이 그들의 재무보고
서를 조작하기 위해 창조적이거나 공격적으로 또는 부적절하게 사용하는 기
본 방법에 세 가지를 뽑고 있다.

- 거짓 재무보고서의 작성
- 재무보고서를 좋게 보이기 위해 회계규정을 부적절하게 남용
- 적절한 회계규정을 따르기는 하되, 재무결과를 조작하기 위해 규정상 허
  점을 이용

(5) 향후 개선

2002년 이후 회계, 감사 및 재무보고를 위한 더 나은 기준을 세우기 위해 많은 회계 개혁이 이루어졌다. 각종 회계사기의 가능성에 대해서 이제 잘 알게 된 투자자들은 복잡한 재무구조와 부외자금조달(off-the-books financing)을 사용하는 기업들을 피하고 있다. 2002년 7월 30일부터 살베인즈-옥슬리법(Sarbanes-Oxley Act)이 시행되기 시작하였다. 지금까지 의회에서 통과된 기업 법률 중 가장 광범위한 내용을 다루고 있는 이 법률은 경제를 회복시키고 주식회사 미국에 대한 투자대중의 상실된 신뢰감을 높이기 위해 제정되었다. 이 법은 공개기업과 감사인과의 관계를 재정립하고 감사인들이 고객들에게 제공할 수 있는 서비스 유형을 제한한다. 이 법은 감사인 독립 이슈에 대한 명확화, 기업의 중역과 경영층에 대한 보다 더 큰 책임의 부여, 일반인들이 모르는 정보를 이용한 내부직원의 주식 매도와 같은 내부자거래(insider transactions)의 공개강화, 아울러 중역에 대한 대출금지 등을 주요 내용으로 하고 있다.

독립적으로 새로이 구성된 5명의 공개기업회계감시위원회(Public Company Accounting Oversight Board: PCAOB)는 처음으로 감사보고서에 대한 감사, 품질통제, 윤리, 독립성 등에 관한 기준들을 설정하고 개정하는 권한을 보유하게 되었다. 이 위원회의 위원들은 모두 재무적인 학식이 있는 사람들이어야 한다고 규정하고 있는데, 2명은 공인회계사 지정이고 나머지 3명은 공인회계사이었거나 현재 활동하고 있는 공인회계사는 될 수 없도록 되어 있다. 증권관리위원회에 의해 임명되고 감시되는 이 위원회는 아울러 회계법인들을 감시할 수 있고, 증권법률, 기준, 준행해야 할 사항들의 위반행위를 조사하고 그에 따른 징계조치를 내린다. 동 위원회는 동 법률이 현재 규정하는 바와 같이 공개회계법인들을 등록시킨다. 주요 감사 문서를 변경하거나 파괴하는 행위는 이제 중범죄에 해당하는 형과 벌금을 부과하고 있다.

2절 회계정보는 어떻게 산출되는가

1. 회계의 순환과정

회계의 순환과정(accounting cycle)이란 회계거래가 발생하면 이를 회계장부에 기록하고, 분류 및 요약하여 최종적으로 회계보고서인 재무제표(financial statements)를 작성하기까지의 일련의 절차를 매 회계기간마다 반복해서 하는 것을 말한다. 회계의 순환과정은 크게 6단계로 구분된다.

그림 9-1 회계의 순환과정

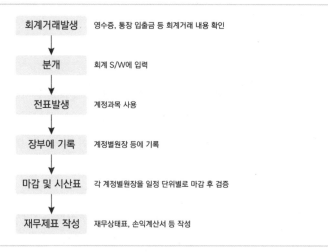

(1) 제1단계 회계거래 발생 〈기록-분개장〉

경영활동이나 경제적 사건이 발생하였을 때 회계담당자가 회계기록의 대상이 되는 사건만을 골라 분개장에 날짜별로 기록하는 단계이다. CEO의 '일거수일투족'을 모두 기록한다는 의미는 아니다. 회사 내 각 부서의 움직임을 빠뜨리지 않고 기록해야 하는 것이 아닌 무엇보다 그 활동이 장부에 기록할 일인가를 꼼꼼히 따져야 한다.

(2) 제2단계 분개 〈원장〉

분개장에 기록된 거래를 같은 종류의 자산이나 부채 및 자본으로 서로 모아 계정별(예를 들면 현금, 외상매출금, 상품)로 분류하여 원장에 기입하는 단계이다. 예를 들어 상품계정에는 당 회계기간의 상품의 구입 및 판매와 관련하여 발생한 모든 거래가 함께 모아진다. 이때 상품의 구입총액에서 상품의 출고 총액을 빼면 상품잔액이 계산된다. 이때 전표의 내용을 소속 계정의 원장에 그대로 옮겨 쓰는 작업이 필요하다. 원장은 시간순인 전표와 달리 계정별로 분류되어 있는 장부다. 원장에 옮겨 쓰는 일은 이름이 붙여진 봉지에 작물을 분류하여 담는 것과 같다. 원장이란 글자 그대로 으뜸 되는 장부이니 기업에서 이것만은 반드시 구비해야 한다. '총계정원장'이지만 '원장'이라 줄여 부른다.

(3) 제3단계 요약 〈시산표〉 전표 발생

이처럼 기록된 모든 계정에 대하여 기말시점의 잔액을 계산하여 그 값을 계정과목별로 한 곳에 모아서 표로 만드는 작업이다. 이렇게 작성된 표를 시산표라고 한다. 따라서 시산표에는 각 계정별 잔액이 요약되어 표시된다.

(4) 제4단계 보고 〈재무제표〉 장부에 기록

시산표의 계정과목 중 회계기준 등에서 정하는 방법에 따라 자산, 부채 및 자본을 구분하여 대차대조표를 작성하고, 또한 수익과 비용의 계정과목을 배열하여 손익계산서를 완성하는 단계이다.

(5) 제5단계 〈결산정리〉 마감 및 시산표

재고조사에서 원장과 실물이 차이가 나거나 평소에 세금계산서와 같은 증빙서류가 없기 때문에 기록되지 못한 비용을 결산할 때는 적절하게 반영해야 한다. 대표적인 것이 '감가상각비'다. 뒤에 설명할 감가상각비는 고정자산을 영업에 이용하여 수익을 올린만큼 그에 해당하는 비용을 기록하는 절차다. 기록, 계정 이 모든 절차를 결산정리라 부르는 것이다. 결산정리는 확인만 하는 것이 아니고 그에 알맞은 전표를 끊어야 완성된다.

(6) 제6단계 재무제표 작성/결산 공고

넣어야 할 것을 빠짐없이 반영해 다시 시산표를 작성했을 때 '차변 = 대변'이라면 제대로 기록된 것이다. 이제 남은 일은 재무제표를 작성하는 일이다.

앞의 재무상태표를 "결산 결과는 보시는 바와 같습니다."라고 만천하에 알리면 기나긴 회계과정은 끝난다. 이 과정은 돌고 돌아 계속 반복되므로 회계순환과정이라 한다. 이는 기업이 도산하지 않는 한, 계속될 회계의 숙명이다.

2. 회계거래의 첫 기록인 분개란 무엇인가?

차변		대변	
임대보증금	2천만 원	예금	2천만 원

회계거래는 이미 설명한 대로 복식부기의 방식으로 계정을 이용하여 기록한다. 그러나 회계거래가 발생하면 이를 바로 해당되는 계정에 기입하기 전에 거래가 일어난 순서대로 일기를 쓰듯이 적는다. 이때 각 거래에 대해 어느 계정의 어느 편에 기록할 것인지를 먼저 판단하고 기록하게 되는데 이러한 기록을 분개(journal entry)라고 한다.

위의 분개는 임대보증금이 증가하였기 때문에 이 계정의 왼쪽에 2천만 원을 기록하고 예금이 감소하였기 때문에 이 계정의 오른쪽에 2천만 원을 기록해야 한다는 것을 기록한 것이다.

회계에서는 왼쪽을 차변이라 하고 오른쪽을 대변이라고 한다. 분개는 분개장이라고 하는 회계장부를 이용하였지만 지금은 분개장이라는 장부 대신에 전표라는 쪽지에 기록하는 것이 일반적이다.

3. 회계거래의 원장기록은 어떻게 하는가?

회계거래가 발생하면 1단계로 분개를 하고 2단계는 분개한 회계거래의 내용을 해당되는 각각의 계정에 옮겨 적는다. 이것을 전기라고 한다. 또한 계정을 모두 모아놓은 장부를 원장이라 부른다. 회계거래를 해당되는 계정에 기록함으로써 각각의 계정을 통해서 증가와 감소가 기록되며 자산, 부채 및 자본의 변동이 어떻게 일어났고 잔액이 얼마인지를 알 수 있는 것이다. 따라서 회계거래를 원장에 기록하는 것이 회계기록의 중심이 된다.

4. 시산표란 무엇인가?

모든 회계거래가 원장의 해당되는 계정에 전기되면 각 계정의 잔액을 계산한 후 이를 이용하여 곧바로 회계보고서인 재무제표를 작성할 수 있다. 그러나 일반적으로는 재무제표를 작성하기 전에 각 계정의 잔액을 한 곳에 모아 요약한 표를 작성한다. 이후 이를 활용해서 재무제표를 작성한다. 이때 각 계정의 잔액을 모은 요약표를 시산표라고 한다. 시산표를 재무제표보다 먼저 작성하는 이유는 다음과 같다.

① 시산표상의 차변합계와 대변합계가 일치하는 지를 확인한다. 모든 거래는 차변과 대변에 같은 금액이 기록되므로 각 계정에서 바로 작성하는 데 비해서 오류를 줄일 수 있다.

② 재무제표의 작성을 쉽게 한다. 시산표에는 모든 계정의 잔액이 한 곳에 집합되므로 재무제표를 계정에서 바로 작성하는 데 비해서 오류를 줄일 수 있다.

그림 9-2 시산표 예시

시산표

합계시산표

차변	계정과목	대변
322,750,000	현금	52,000,000
4,320,000	외상매출금	
30,000,000	비품	
6,000,000	외상매입금	7,000,000
	자본금	300,000,000
	매출	27,070,000
18,000,000	매입	
3,000,000	급여	
2,000,000	임차료	
386,070,000		386,070,000

잔액시산표

차변	계정과목	대변
270,750,000	현금	
4,320,000	외상매출금	
30,000,000	비품	
	외상매입금	1,000,000
	자본금	300,000,000
	매출	27,070,000
18,000,000	매입	
3,000,000	급여	
2,000,000	임차료	
328,070,000		328,070,000

합계잔액시산표

차변		계정과목	대변	
잔액	합계		합계	잔액
270,750,000	322,750,000	현금	52,000,000	
4,320,000	4,320,000	외상매출금		
30,000,000	30,000,000	비품		
	6,000,000	외상매입금	7,000,000	1,000,000
		자본금	300,000,000	300,000,000
		매출	27,070,000	27,070,000
18,000,000	18,000,000	매입		
3,000,000	3,000,000	급여		
2,000,000	2,000,000	임차료		
328,070,000	386,070,000		386,070,000	328,070,000

5. 재무정보를 보고하는 재무제표의 작성은 어떻게 하는가?

회계순환과정의 마지막 단계는 시산표의 자료를 이용하여 자산, 부채 및 자본 계정을 대차대조표의 양식에 따라서 정리하여 대차대조표를 작성하고, 수익 및 비용계정을 손익계산서의 양식에 따라서 정리하여 손익계산서를 작성하는 단계이다.

그림 9-3 대차대조표 예시

1 쪽

대 차 대 조 표

2019년09월26일현재

(주)활빈당 모든자료

자 산		금 액	부채 및 자본		금 액
유동자산	현금	3,138,000	유동부채	외상매입	10,226,000
	보통예금	27,655,000		신용카드	910,000
	외상매출	4,483,000		지급어음	2,000,000
	받을어음	-200,000		미지급금	100,000
	가지급금			예수금	40,000
	부가세대급금	3,936,000		부가세예수금	2,881,000
	상품	10,000,000		선수금	
	원재료	2,000,000		소 계	16,157,000
	소 계	51,012,000	자본금	자본금	50,000,000
고정자산	차량운반구	8,000,000		소 계	50,000,000
	비품	6,400,000			
	소 계	14,400,000			
				당기순손실	-745,000
	합 계	65,412,000		합 계	65,412,000

손익계산서의 예시

- 매출액(Sales)
  일정 기간 동안 제품과 서비스를 판매하여 얻은 재화(금액)
- 매출원가(Cost of Goods Sold)
  회사에서 제품이나 서비스의 판매를 창출하는
  비용기초재고액 + 당기순매입액 − 기말재고액 = 매출원가
- 영업비율(Operating Expenses)
  회사의 생산율의 취득, 생산, 판매에 직접 연관되지 않은
  급여나 기타 영업비용을 의미함
- 감가상각(Depreciation)
  회사의 공장, 시설, 건물이나 장비와 같은 시간이 지나면
  노후화되는 장비들을 시스템적인 가치의 감소로서 인식하여
  비용처리하는 방법(직접적인 현금흐름은 아님)
- 당기순이익(Net income)
  총 매출액(Sales) − 총 비용(Total expenses) = 이윤(Profit)의 세후 수익을 나타냄
  즉, 순이익

6. 회계순환과정의 사례

지금까지 배운 회계의 순환과정을 가상회사인 서울클리닝(주)를 설립할 때의 회계기록부터 시작하여 재무제표를 작성하기까지의 절차를 알아보기로 한다.

(1) 가상회사인 서울클리닝(주) 사례

① 12월 1일: 20x4년 12월 1일에 서울클리닝이 설립되었다.
  이 회사는 주당 액면 5,000원의 주식 600주를 발행하였으며, 주주들은 이 주식을 전부 인수하고 서울클리닝에 현금 300만 원을 납입하였다.
② 12월 9일: 소모품을 100,000원에 구입하였다. 구입시 현금 50,000원을 지급하고, 잔액 50,000원은 1개월 후에 지급하기로 하였다.
③ 12월 10일: 은하은행에서 회사명의로 현금 2,000,000원을 차입하였다.
④ 12월 18일: 성지제조회사 종업원의 작업복 500벌에 대한 세탁을 완료하고, 세탁용역대금으로 현금 750,000원을 받았다.
⑤ 12월 19일: 세탁물 운반비용 100,000원을 현금으로 지급하였다.
⑥ 12월 20일: 세탁기술자의 1개월분 급여 1,000,000원을 현금으로 지급하

였다.

⑦ 12월 25일: 12월 9일에 외상으로 구입한 소모품의 구입대금 중 30,000원을 현금으로 지급하였다.

⑧ 12월 28일: 성지제조회사 종업원작업복 700벌의 세탁을 완료하였다. 세탁 대금 1,200,000원 중 400,000원은 현금, 800,000원은 다음 달에 받기로 했다.

⑨ 12월 30일: 세탁소 건물 및 세탁기계에 대한 1개월분 임차료 400,000원을 현금으로 지급하였다.

(2) 거래의 분석과 분개

{거래 ① 자본금의 증가}

분석: 현금이 3,000,000원 증가 → 현금계정 차변기입

(차변) 현금	3,000,000	(대변) 자본금	3,000,000

자본금이 3,000,000원 증가 → 자본금계정 대변기입

{거래 ② 소모품의 구입}

분석: 소모품이 100,000원 증가 → 소모품계정 차변기입

(차변) 소모품	100,000	(대변) 현금	50,000
		미지급금	50,000

현금이 50,000원 감소 → 현금계정 대변기입

미지급금이 5,0000원 증가 → 미지급금계정 대변기입

{거래 ③} 자금의 차입

분석: 현금이 2,000,000원 증가 → 현금계정 차변기입

(차변) 현금	2,000,000	(대변) 차입금	2,000,000

차입금이 2,000,000원 증가 → 차입금계정 대변기입

{거래 ④} 용역의 매출

분석: 현금이 750,000원 증가 → 현금계정 차변기입

| (차변) 현금 | 750,000 | (대변) 용역매출 | 750,000 |

용역매출이 750,000원 증가 → 용역매출계정 대변기입

{거래 ⑤} 운반비의 지급

분석: 세탁물 운반비가 100,000원 증가 → 운반비계정 차변기입

| (차변) 운반비 | 100,000 | (대변) 현금 | 100,000 |

현금이 100,000원 감소 → 현금계정 대변기입

{거래 ⑥} 급여의 지급

분석: 급여가 1,000,000원 증가 → 급여계정 차변기입

| (차변) 급여 | 1,000,000 | (대변)현금 | 1,000,000 |

현금이 1,000,000원 감소 → 현금계정 대변기입

{거래 ⑦} 미지급금의 지급

분석: 미지급금이 30,000원 감소 → 미지급금계정 차변기입

| (차변) 미지급금 | 30,000 | (대변) 현금 | 30,000 |

현금이 30,000원 감소 → 현금계정 대변기입

{거래 ⑧} 용역의 매출

분석: 현금이 400,000원 증가 → 현금계정 차변기입
      매출채권이 800,000원 증가 → 매출채권계정 차변기입

| (차변) 현금 | 400,000 | (대변) 용역매출 | 1,200,000 |
| 매출채권 | 800,000 | | |

용역매출이 1,200,000원 증가 → 용역매출계정 대변기입

{거래 ⑨} 임차료의 지급

분석: 임차료가 400,000원 증가 → 임차료계정 차변기입

| (차변) 임차료 | 400,000 | (대변) 현금 | 400,000 |

현금이 400,000원 감소 → 현급계정 대변기입

(3) 원장기록

분개에 의해서 원장에 있는 각 계정에 분개에서 명령한 회계거래를 기록하게 된다. 원장은 계정과목의 번호순에 의해서 계정과목을 배열한다.

(4) 시산표의 작성

원장의 각 계정 기록을 끝마치면 각 계정의 차변 금액과 대변의 합계가 일치하는지를 확인하고 동시에 재무제표작성을 쉽게 하기 위하여 시산표를 작성하게 된다. 시산표는 각 계정의 잔액을 그대로 하나의 표에 모으는 방식으로 작성한다.

: 그림 9-5   시산표

	시산표	
서울크리닝(주)	20×4년 12월 31일	(단위: 원)
	차 변	대 변
현　　금	4,570,000	
매출채권	800,000	
소 모 품	100,000	
미지급금		20,000
차 입 금		2,000,000
자 본 금		3,000,000
용역매출		1,950,000
임 차 료	400,000	
급　　여	1,000,000	
운 반 비	100,000	
	6,970,000	6,970,000

(5) 수정분개

발생주의회계에서는 수익이나 비용 중 둘 이상의 회계기간에 영향을 미치는 거래에 대해서 각 회계기간에 귀속되는 수익과 비용을 나누어 주는 수정분개를 하여야 한다.

⑩ 30,000원의 소모품이 재고로 남고 70,000원의 소모품은 12월중에 사용하였다.

⑪ 12월중에 발생한 은행차입금 이자 30,000원을 아직 지급하지 않았다.

{거래 ⑩} 소모품계정의 수정분개

분석: 소모품비 70,000원이 발생하였으므로 비용의 증가 → 소모품비계정 차변기입

(차변) 소모품비	70,000	(대변) 소모품	70,000

소모품 70,000을 사용하였으므로 자산의 감소 → 소모품계정 대변기입

이 거래를 원장에 기록하게 되면 소모품계정의 잔액은 100,000원에서 30,000원으로 감소되고 소모품비계정도 70,000원의 잔액이 남게 됨을 알 수 있다.

{거래 ⑪} 미지급이자의 분개

분석: 차입금이자 30,000원이 증가 → 이자비용계정 차변기입

(차변) 이자비용	30,000	(대변) 미지급이자	30,000

미지급이자 30,000원이 증가 → 미지급이자계정 대변기입

이 거래로 이자비용계정의 잔액은 30,000원이 되고 미지급이자 계정의 잔액도 30,000원이 됨을 알 수 있다.

(6) 수정후 시산표 작성

수정분개 후의 계정잔액을 모으면 수정후 시산표를 작성하게 된다.

손익계산서를 작성하고 나면 대차대조표를 작성한다. 이때 손익계산서 상의 순이익은 대차대조표의 이익잉여금에 포함시켜야 하는데 이익잉여금계정은 당기순이익만큼 증가하고 배당금을 지급하면 감소한다.

그림 9-6 수정후 시산표

시산표

서울크리닝(주)   20×4년 12월 31일 현재   (단위: 원)

	차 변	대 변
현 금	4,570,000	
매 출 채 권	800,000	
소 모 품	30,000	
미 지 급 금		20,000
미지급이자		30,000
차 입 금		2,00,000
자 본 금		3,000,000
용 역 매 출		1,950,000
임 차 료	400,000	
급 여	1,000,000	
운 반 비	100,000	
소 모 품 비	70,000	
이 자 비 용	30,000	
	7,000,000	7,000,000

대차대조표 항목: 현금~자본금. 손익계산서 항목: 용역매출~이자비용.

(7) 재무제표의 작성

수정후 시산표를 이용하여 손익계산서와 대차대조표를 작성하는데 손익계산서는 수익과 비용항목을 모으고 대차대조표는 자산, 부채, 자본, 항목을 모아서 작성한다.

그림 9-7 손익계산서

손익계산서

서울크리닝(주)	20×4.12.1~12.31	(단위: 원)
	차 변	대 변

	차변	대변
수 익:		
용역매출		1,950,000
비 용:		
임 차 료	400,000	
급 여	1,000,000	
운 반 비	100,000	
소모품비	70,000	

그림 9-8 대차대조표

대차대조표

서울크리닝(주)	20×4년 12월 31일 현재	(단위: 원)

자 산:		부 채:	
현 금	4,570,000	미 지 급 금	20,000
매출채권	800,000	미지급이자	30,000
소 모 품	30,000	차 입 금	2,000,000
		부 채 총 계	2,050,000
		자 본:	
		자 본 금	3,000,000
		이익잉여금	350,000
		자 본 총 계	3,350,000
자산총계	5,400,000	부채와자본총계	5,400,000

(8) 마감분개와 장부의 마감

모든 거래에 대한 기록이 완료되고 재무제표의 작성이 끝나면 장부를 마감하는 분개를 해야 한다. 계정 중에서 수익과 비용계정은 그 잔액을 이익잉여금계정으로 옮기는 마감분개를 하고 자산, 부채, 자본은 잔액이 있는 반대편에 차기이월이라고 써서 마감을 한다.

예를 들어 먼저 자산, 부채, 자본, 계정 중 소모품을 마감하는 것을 보여준다면 수익과 비용계정은 각 계정의 잔액을 집합손익계정으로 옮기는 마감분개를 하여 각 계정의 잔액이 0이 되도록 한다.

 표 9-1   **수익계정의 마감**

차변		대변	
용역매출	1,950,000	집합손익	1,950,000

 표 9-2   **비용계정의 마감**

차변		대변	
집합손익	1,600,000	임차료	400,000
		급여	1,000,000
		운반비	100,000
		소모품비	70,000
		이자비용	30,000

위 마감분개를 보면 용역매출잔액 1,950,000원이 대변에 있으므로 이를 집합손익계정의 대변으로 옮기고 용역매출계정에는 차변에 기록함으로써 마감분개 후 용역매출계정의 잔액은 0이 되는 것을 알 수 있다. 마찬가지로 비용계정의 잔액은 차변에 있으므로 이를 집합손익계정의 차변으로 옮기고 각 비용계정에는 대변에 기록함으로써 마감 후 잔액은 0이 되는 것이다.

3절 기업의 회계정보와 재무보고서

1. 기본재무제표

기업이 모든 회계거래를 일일히 제공하는 것은 불가능하다는 문제가 있다. 이러한 문제를 해결하기 위하여 핵심적인 재무정보를 일정한 기준에 따라 요약하여 보고한다. 이때 작성되는 것을 '재무제표(financial statement)'라고 한다.

회계원칙(GAAP)을 사용해서 회계사들은 모든 기업에 대해 비슷한 방식으로 재무자료를 기록하고 보고한다. 그들은 일정기간 동안 이루어진 해당 기업의 비즈니스거래를 요약하는 재무제표 상에 있어서 발견한 사항들을 보고한다. 전에 언급하였듯이 세 가지 주요 재무제표는 대차대조표, 손익계산서 및 현금흐름표이다.

사람들은 때때로 회계를 부기(bookkeeping)와 혼동하는 경향이 있다. 회계는 부기보다 훨씬 더 넓은 개념이다. 기업의 재무적 거래행위를 기록하기 위해 사용되는 시스템인 부기는 판에 박힌 단순한 프로세스이다. 회계사들은 장부정리들에 의해 기록된 거래들을 가지고 재무정보를 분류하고 요약하는 작업을 하며, 또한 재무보고서를 준비하고 분석하는 작업을 한다. 회계사들은 또한 재무 시스템을 개발·운영하며 기업이 재무전략을 수립할 수 있도록 돕는다.

(1) 회계등식(the accounting equation)

오늘날 사용되는 회계절차는 15세기 말 이탈리아의 승려였던 루카 파치올리(Brother Luca Pacioli)에 의해 개발된 것에 기초하고 있다. 그는 자산, 부채 및 소유자자본을 세 가지 주요 회계요소로 정의하였다. 자산(assets)은 기업에 의해 소유된, 가치를 보유한 것들을 말한다. 그들은 현금, 장비 및 건물 같은 유형자산(tangible assets)일 수도 있고, 특허나 등록상표와 같은 무형자산(intangible assets)일 수도 있다. 부채(liabilties)(또한 채무(debts)라고도 한다)는 기업이 채권자들에게 갚아야 하는 채무를 의미한다. 소유자자본(owners'equity)은 전체 투자액수에서 부채액수를 차감한 금액으로서 순자산(net worth)이라고도 한다.

이들 세 요소들 간의 관계식은 다음과 같이 표현된다.

$$자산 - 부채 = 소유자자본$$

회계등식은 언제나 균형을 이루어야 한다. 다시 말해 위의 방정식에서 왼쪽 부분은 언제나 오른쪽 값과 같아야만 한다.

서점을 시작하기 위해 현금 $10,000을 사업에 투자한다고 해보자. 이 상태에서 이 사업은 $10,000의 자산을 보유하며 부채는 없다. 이를 식으로 표시하면 다음과 같다.

$$자산 = 부채 + 소유자자본$$
$$\$10,000 = \$0 + \$10,000$$

부채는 0이고 소유자자본은 $10,000이며, 식의 좌변과 우변은 일치한다. 회계등식이 균형을 이루도록 만들기 위해 모든 거래는 양쪽에 기록되어야만 하며, 이를 복식부기(double-entry bookkeeping)라 한다. 앞의 예에서 현금 $10,000로 서점을 시작한 다음 은행으로부터 $10,000을 추가로 빌렸다고 하자. 회계등식은 다음과 같이 변화된다.

$$자산 = 부채 + 소유자자본$$
$$\$10,000 = \$0 + \$10,000 \quad 최초\ 등식$$
$$\$10,000 = \$10,000 + \$0 \quad 차입거래$$
$$\$20,000 = \$10,000 + \$10,000 \quad 차입\ 후\ 등식$$

이제 당신은 현금 $10,000 그리고 은행으로부터 차입한 돈 $10,000 도합 $20,000을 자산으로 가지고 있다. 은행차입금은 당신이 갚아야 하는 부채이기 때문에 부채 $10,000로 또한 기록된다. 복식부기는 등식을 언제나 균형되게 만든다.

(2) 대차대조표

회계 시스템에 의해 만들어지는 세 가지 재무제표중의 하나인 대차대조표 (balance sheet)는 특정 시점의 기업 재무상태를 나타낸다. 이는 기업이 가지고 있는 자원(자산), 기업이 지고 있는 채무(부채) 그리고 자산과 부채의 차이(소유자자본)를 나타낸다.

자산은 현금화할 수 있는 속도를 의미하는 유동성(liquidity)의 서열에 따라 표기된다. 가장 유동성이 높은 자산이 먼저 표기되고 가장 유동성이 낮은 자산이 맨 마지막에 표기된다. 현금이 가장 유동성이 높기 때문에 당연히 제일 먼저 표기된다. 그러나 건물은 현금화하기 위해서 매각하여야 하기 때문에 현금 다음에 오게 된다. 부채도 비슷하게 표기되는데, 단기부채가 먼저 표기되고 장기부채가 다음으로 오게 된다.

(3) 자산

자산(assets)은 유동자산, 고정자산 및 무형자산으로 대별된다. 유동자산(current assets)은 12개월 이내에 현금화할 수 있는 자산을 말하는데, 이는 기업의 유동부채를 갚는 데 사용되는 자금을 제공하기 때문에 중요하다. 유동자산에는 다음과 같은 항목들이 포함된다.

① 현금(cash): 회사 내 금고에 있는 자금이나 은행에 있는 자금
② 시장성 유가증권(marketable securities): 과잉현금을 투자한 것으로서 즉각 현금화할 수 있는 유가증권
③ 외상매출금(accounts receivable): 신용으로 재화와 서비스를 구매한 고객들이 기업에 갚아야 할 금액
④ 받을어음(notes receivable): 기업이 고객이나 다른 사람들에게 단기적으로 꾸어준 돈
⑤ 재고(inventory): 생산이나 판매를 위해 보유하고 있는 재화

고정자산(fixed assets)은 기업이 1년 이상 사용하는 장기자산을 말하는 것으로서 건물, 땅, 기계, 장비 등과 같이 생산을 위해 사용되는 자산들을 말한다. 땅을 제외한 다른 고정자산들은 시간이 지남에 따라 마모되고 진부화되기 때문에 매년 가치가 줄어든다. 이러한 자산가치의 하락은 감가상각을 통해 회계처리된다. 감가상각(depreciation)은 해당 자산이 매출을 일으키는 데 사용될 것으로 예상되는 전체 기간(경제연수)에 대해 그 자산의 최초 원가를 배분하는 과정으로 이해하면 된다. 예를 들어, 건물이나 장비가 있을 때 그들의 취득원가를

그들이 이익을 창출하는 동안 각 연도별로 배분함으로써, 해당 자산의 원가 (cost)와 그 자산이 제공하는 매출(revenue)을 대응시키려는 것이다(역자 주: 이를 회계원칙상에서는 대응원칙(matching principle)이라 부른다). 각 자산이 정확히 얼마동 안 사용될지 알 수 없기 때문에 보통 추정치가 사용되는데, 과거 경험에 의존 하거나 정부가 정한 자산 유형별 경제연수 기준에 따라 정해진다. 무형자산 (intangible assets)은 특허권, 저작권, 상표권 및 영업권과 같이 실물이 없는 장기 자산을 말한다. 특허권(patents)과 저작권(copyrights)은 기업을 직접적인 경쟁으로 부터 보호하기 때문에 이들이 만드는 이익은 생산적인 개념이라기보다는 보호 적인 개념에 가깝다. 예를 들어 저작권을 보면, 저작권자의 허락 없이는 해당 자료에 대해 일정량 이상을 아무도 사용할 수 없다. 상표권(trademarks)은 다른 사람들에게 판매하거나 사용허가(license)할 수 있는 등록된 이름을 말한다.

(4) 부채

부채(liabilities)는 채권자들에게 기업이 갚아야 하는 채무금액을 말한다. 단 기간에 갚아야 하는 유동부채를 먼저 표기하고 장기부채를 다음에 표기한다. 유동부채(current liabilities)는 대차대조표의 작성 시점에서 볼 때 1년 이내에 갚아 야 하는 부채를 말하는데, 이들은 가까운 장래에 지불되어야 하기 때문에 기 업이 보유하고 있는 유동자산에 압박을 가할 수 있다.

장기부채(long-term liabilities)는 대차대조표의 작성 시점에서 볼 때 1년이 지 나서 상환해야 하는 부채액수를 말한다. 은행대출금, 건물저당 대출 및 발행 회사채 등이 이에 해당된다.

손익계산서(income statement)는 일정 기간 동안(during a period of time)의 기업 의 수입과 비용을 나타내는 것으로서 해당 기간의 총이익이나 총손실을 알려 준다. 대부분의 기업들은 내부 경영목적상 월별 손익계산서를 작성하지만 투 자자나 채권자 등 외부인들을 위해서는 분기별 또는 연별 손익계산서를 작성 한다. 손익계산서의 주요 항목들은 수입, 비용 및 순이익(또는 순손실)이다.

(5) 수입

수입(revenues)은 판매금액은 물론 이자, 배당 및 임대료와 같이 다른 원천으로부터 생긴 수입을 더한 금액이다. 수입은 해당 기업의 판매 총금액인 총매출액(gross sales)으로부터 시작된다. 순매출액(net sales)은 총매출액에서 위의 매출할인과 반품 및 충당금을 차감한 이후의 금액을 말한다.

(6) 비용

비용(expenses)은 수입을 창출하는 데 들어간 원가인데, 매출원가와 영업비용이 이에 속한다. 매출원가(cost of goods sold)는 해당 기업의 재화나 용역을 사거나 생산하는 데 들어가는 총비용이다. 제조업의 경우 매출원가는 원재료 및 부품구입비, 노무비 그리고 공장경비(전력비, 유지수선비 등)와 같이 제품생산과 직접적으로 관련되는 모든 비용을 포함한다. 도매업이나 소매업의 경우 매출원가는 재판매(resale)를 위해 구입한 상품의 구입원가를 말한다. 모든 판매업의 경우 매출원가는 배송 및 포장과 같이 판매할 상품을 준비하는 데 들어가는 모든 비용까지 포함한다.

매출원가는 회계기간 초에 보유한 재고가치로부터 시작하는데, 이에 해당기간 동안 제과제품 생산에 들어간 제조 원가를 더한 다음, 기말 재고가치를 차감하여 구한다.

제품을 제조하거나 구입하는 비용을 지불한 다음 기업이 벌어들이는 수입으로서 아직 영업비용을 차감하지 않은 총이익(gross profit)이라 한다. 다시 말해 총이익은 순매출액에서 매출원가를 차감한 금액을 말한다. 서비스를 제공하는 기업들은 제품을 생산하지 않기 때문에 순매출액이 곧 총이익이다. 총이익은 기업에 있어서 매우 중요한 숫자인데, 총이익이 기업의 모든 다른 비용을 충당할 수 있어야 하기 때문이다.

또 다른 중요한 비용항목은 영업비용(operating expenses)인데, 이는 제품의 생산이나 구매와 직접적으로 관련되지는 않지만 기업의 운영과 관련하여 발생하는 비용이다. 이에는 판매비와 일반관리비가 포함된다. 판매비(selling expenses)는 제품의 마케팅 및 배송과 관련된 비용으로서, 영업사원들에게 지급되는 월급과 성과급, 광고, 제품공급, 상품인도 등의 비용 그리고 보험, 전화 및 우편과 같이 판매활동과 직접적으로 연관되는 기타비용 등을 포함한다. 일반관리비(general and administrative expenses)는 제조 원가나 매출과 직접적으로 연관되지 않는 사업비용으로서, 경영층 및 지원부서 인력의 인건비, 전기료, 사무용품비, 이자비용, 회계, 자문, 법률서비스 비용, 보험료, 임차료 등이 이에 포함된다.

(7) 순이익 또는 손실

손익계산서의 맨 마지막 숫자는 순이익(net profit 또는 net income) 또는 순손실(net loss)인데, 이는 수입에서 모든 비용을 차감함으로써 구해진다. 만약 수입이 비용보다 크면 순이익이 발생하지만, 반대로 비용이 수입을 초과하면 순손실이 발생한다.

(8) 현금흐름표

순이익이나 손실은 기업의 재무성과를 측정하는 하나의 척도이다. 그러나 채권자들이나 투자자들은 기업이 얼마나 많은 현금을 창출하고 또 그것을 어떻게 사용하는지에 매우 관심이 높다. 현금흐름표(statement of cash flows)는 일정기간 동안(보통 1년) 현금의 원천과 사용을 평가하는 데 사용되는 표로서, 기업에 자금이 어떻게 흘러들어오고 또 어떻게 흘러나가는지를 나타낸다. 모든 공개기업들은 주주들에게 현금흐름표를 보고하도록 되어 있다. 현금흐름표는 기업의 현금수취와 현금지급을 추적할 수 있도록 한다. 이는 또한 재무관리자나 분석가들에게 현금흐름문제를 식별하고 그 기업의 재무적 생존능력을 평가할 수 있는 정보를 제공한다.

현금흐름표는 대차대조표와 손익계산서 자료로부터 구해지는데, 기업의 현금흐름을 세 그룹으로 구분한다:

① 영업활동으로 인한 현금흐름(cash flow from operating activities): 기업의 재화나 서비스의 생산과 관련된 현금흐름
② 투자활동으로 인한 현금흐름(cash flow from investment activities): 고정자산의

구입과 판매와 관련된 현금흐름

③ 재무활동으로 인한 현금흐름(cash flow from financing activities): 부채 및 자기자
본조달과 관련된 현금흐름

2. 재무제표 분석

대차대조표, 손익계산서 및 현금흐름표는 개별적으로 기업의 영업상황,
수익성 및 전체적인 재무상태에 대한 유용한 정보를 제공한다. 그러나 재무제
표 간의 상호관계를 연구함으로써 기업의 재무상태와 성과에 대한 훨씬 더 많
은 정보를 얻을 수 있다.

비율분석(ratio analysis)은 재무상태와 성과를 평가하기 위해 재무제표로부터
얻은 자료를 사용하여 재무비율을 계산하고 해석하는 작업을 의미한다. 재무
비율은 재무자료 간의 연관성을 비율로 표시한 것이다. 예를 들면, 유동자산
은 유동부채와 대비해서 보고, 매출액은 자산에 대비해서 보는 것이다. 비율
들은 보통 3년에서 5년 정도에 걸쳐 비교하며, 산업평균이나 같은 산업 내의
다른 회사의 비율들과 비교한다. 기간별 비율들과 산업비율들은 유용한 비교
기준이 되기 때문에, "우리 회사의 이 비율은 과연 좋은 것인가, 아닌가?"와
같은 질문에 대답할 수 있게 해준다.

그러나 재무비율은 과거자료에 근거하고 있기 때문에 미래 재무성과를 나
타내는 것은 아니라는 것을 명심해야만 한다. 비율분석은 단지 잠재적인 문제
들을 암시하는 것이지, 문제들이 실제 존재한다는 것을 증빙하는 것은 아니
다. 그러나 재무비율은 경영층이 기업의 성과를 시간의 흐름에 따라 모니터하
고, 영업을 더 잘 이해하며, 문제 영역을 분별할 수 있도록 도와준다.

(1) 유동성비율

유동성비율(liquidity ratios)은 단기부채의 상환능력을 측정하는 것으로서 채권
자들에게 특히 중요한 비율들이다. 유동성의 세 가지 주요 척도는 유동비율,
당좌비율 및 순운전자본이다.

유동비율(current ratio)은 총유동부채에 대한 총유동자산의 비율이다(역자 주:

총유동자산/총유동부채). 전통적으로 유동비율이 2이면 양호하다고 여겨진다. 그러나 이 정도가 충분한지의 여부는 기업이 활동하고 있는 산업의 특성에 의해 정해진다. 매우 안정적인 현금흐름을 갖고 있는 전력기업들은 2 이하의 유동비율 하에서도 전혀 문제없이 운영된다. 그러나 많은 재고와 매출채권을 갖고 영업하는 제조업자와 일반상인에게는 2 정도의 유동비율은 적합하지 않을 수 있다.

당좌비율(quick ratio 또는 acid-test ratio)은 가장 유동성이 떨어지는 유동자산인 재고자산을 유동자산에서 차감한 것만을 빼고는 유동비율과 동일하다. 당좌비율은 재고자산의 판매 없이 유동부채를 상환할 수 있는 능력을 측정하는 데 사용되며, 1 이상의 당좌비율이 선호된다. 그러나 이 경우에도 어떤 값이 받아들여질 만한 수준인지는 해당 기업이 속한 산업에 따라 달라진다. 당좌비율은 재고자산이 쉽게 현금화할 수 없는 특별한 자산인 경우 특히 유용한 유동성척도이다. 그러나 만약 재고자산의 유동성이 높은 편이면 오히려 유동비율이 당좌비율보다 더 낫다.

그림 9-9 유동성 비율(liquidity ratios)

• 유동비율(current ratio)란?
  유동자산과 유동부채를 비교하는 것

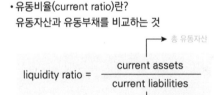

$$\text{liquidity ratio} = \frac{\text{current assets}}{\text{current liabilities}}$$

(총 유동자산 / 총 유동부채)

• 산성시험비율(acid-test ratio) 당좌비용(quick ratio)이란?
  짧은 기간 내에 회사에서 부채 상환 능력을 나타내는 것

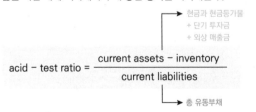

$$\text{acid} - \text{test ratio} = \frac{\text{current assets} - \text{inventory}}{\text{current liabilities}}$$

(현금과 현금등가물 + 단기 투자금 + 외상 매출금 / 총 유동부채)

(2) 수익성비율

수익성을 측정하기 위해 이익을 매출액, 자본 또는 주가와 연관해서 본다. 수익성비율(profitability ratios)은 기업이 이익을 창출하기 위해 얼마나 자원을 효율적으로 활용하고, 얼마나 경영을 잘 하고 있는지를 측정하는 것이다. 주요 수익성비율에는 순이익마진, 자본이익률 및 주당순이익 등이 있다.

순매출액 대비 순이익의 비율은 순이익마진(net profit margin) 또는 매출이익률 (return on sales)이라 하는데, 이는 매출액 $1 중에서 세금을 포함하여 모든 비용을 차감한 이후 남는 비중을 말한다. 당연히 순이익마진은 높을수록 좋다고 할 수 있다. 순이익마진은 보통 기업의 이익창출능력을 측정하는 데 사용된다. "좋은" 순이익마진은 산업별로 큰 차이를 보인다.

총 소유자자본 대비 순이익의 비중을 자본이익률(Return On Equity: ROE)이라 하며, 이는 주주들이 그 기업의 주식에 투자하는 주된 이유라고 할 수 있는 기업에 대한 투자수익률을 의미한다.

그림 9-10 수익성 비율(profitability ratios)

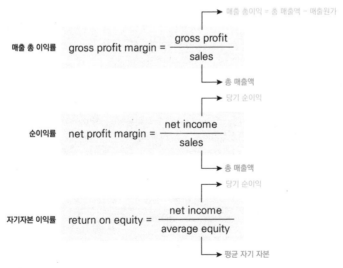

• 수익성 비율(profitability ratios)이란?
영업비용과 기타비용을 초과하는 수익을 창출하는 능력을 평가하여
기업의 전반적인 재무능력을 측정하는 방법임

매출 총 이익률　gross profit margin = $\dfrac{\text{gross profit}}{\text{sales}}$　　매출 총이익 = 총 매출액 − 매출원가　총 매출액

순이익률　net profit margin = $\dfrac{\text{net income}}{\text{sales}}$　　당기 순이익　총 매출액

자기자본 이익률　return on equity = $\dfrac{\text{net income}}{\text{average equity}}$　　당기 순이익　평균 자기 자본

주당순이익(Earnings Per Share: EPS)은 보통주 총 발행주수 대비 순이익의 비중을 말하는 것으로서 각 주당 얼마를 벌었는가를 측정하는 것이다. EPS는 투자자들이 높은 관심을 보이는 지표로서 성공의 중요한 표식으로 간주된다. EPS는 또한 배당금을 지급할 수 있는 기업의 능력을 의미하기도 한다. EPS는 각 주당 기업이 벌어들인 금액을 의미하는 것이지, 주주들에게 실제로 배당한 금액을 의미하지는 않는다. 이익 중 일부는 유보이익(retained earnings)의 형태로 기업에 재투자되기 때문이다.

(3) 활동성비율

활동성비율(activity ratio)은 기업이 그의 자산을 얼마나 잘 활용하고 있는가를 측정한다. 이는 자원이 현금이나 매출로 전환되는 속도를 의미한다. 가장 많이 사용되는 활동성비율은 재고회전율이다.

재고회전율(inventory turnover ratio)은 재고가 기업 내에서 얼마나 빨리 움직이고 또 매출로 얼마나 빨리 전환되는가를 측정하는데, 매출원가를 평균재고금액(역자 주: 평균재고금액은 기초재고금액과 기말재고금액을 합을 2로 나눈 것이다)으로 나눠서 구한다.

◦ 그림 9-11 활동성 비율(activity ratios)

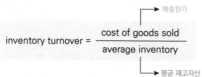

• 재고자산 회전율(inventory turnover ratio)이란?
  제품이 영업활동을 통해 이동하는 횟수를 가리키는 것

$$\text{inventory turnover} = \frac{\text{cost of goods sold} \quad \rightarrow \text{매출원가}}{\text{average inventory} \quad \rightarrow \text{평균 재고자산}}$$

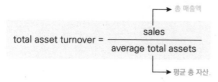

• 총 자산 회전율(total asset turnover)이란?
  얼마나 많은 매출액이 자산의 증감에 투자되었는지를 나타내주는 것

$$\text{total asset turnover} = \frac{\text{sales} \quad \rightarrow \text{총 매출액}}{\text{average total assets} \quad \rightarrow \text{평균 총 자산}}$$

(4) 부채비율

부채비율(debt ratio)은 사업자금을 조달하기 위해 기업이 부채를 사용한 정도를 나타낸다. 이 비율은 채권자들과 투자자들에게 특히 중요하다. 왜냐하면 그들은 기업이 부채와 자본의 건강한 혼합비율을 보유하기를 원하기 때문이다. 만약 기업이 부채에 너무 많이 의존한다면, 이자지급이나 부채상환에 있어서 어려움을 가질 수도 있다. 가장 중요한 부채비율은 부채 대 자본 비율이다.

부채 대 자본비율(debt-to-equity ratio)(역자 주: 경우에 따라서 이 비율을 부채비율로 부르기도 하므로 주의를 요한다. 실제 기업이나 일반인들이 주로 부채비율이라고 하는 것은 이 비율을 의미한다)은 부채 자금조달금액과 자본 자금조달금액 사이의 관계를 측정하는 것으로서, 총부채금액을 소유자자본액수로 나눠서 구한다. 일반적으로 이 비율은 낮을수록 좋다고 할 수 있다.

그림 9-12 부채성 비율(leverage ratios)

- 부채성 비율(leverage ratios)이란?
회사가 부채 조달에 의존하는 정도를 나타내주는 재무평가방법

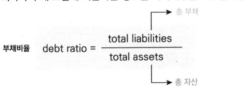

*총 자산 대 총 부채의 비율이 50% 이상인 회사는 빌린 돈에 더 의지하고 있음을 나타낸다.

3. 회계 분야의 최근 동향

과거 감사인들은 재무자료를 너무 지나치게 분석하고, 정작 그들이 검토하는 숫자들을 생산한 관리자나 종업원에게는 별로 도움이 되지 않는 "숫자쟁이(bean-counters)"로 주로 묘사되었다. 그러나 그들이 고객인 기업재무팀의 중요한 일원으로 평가되기 시작함에 따라, 그들은 재무 시스템 및 절차, 회계소프트웨어 그리고 회계규제상의 변화 등에 대해 고객들에게 자문을 해주는 적극적인 역할을 취하게 되었다. 그들은 계속해서 비감사서비스영역의 일을 확장시켜 나가며 높은 수수료를 창출할 수 있었으나 그와 동시에 이해상충의 가능성도 커지게 되었다. 그때 대형 사기사건들이 터지게 되었다. 분명히 기존의 회계/감사 시스템은 원래 의도대로 작동되지 않았다. 비록 감사인들이 적정하다는 의견을 제시했음에도 불구하고 투자자들은 재무보고서의 내용들을 신뢰할 수 없었다. 잘못된 것을 바로 잡고 투자자들의 신뢰를 회복하기 위해 중대한 변화가 요구되는 상황이었다.

살베인즈-옥슬리법하에서 회계법인들은 다시 한 번 그들의 핵심 감사업무로 돌아가야 했다. 이 법률이 산업의 자율적 규제를 종식시키고 감사절차에 대한 보다 높은 기준을 설정하였기 때문에 회계법인들은 새로운 규제환경에 다시 적응하여야만 한다. 이사회와 감사위원회의 역할이 더욱 강화되었으며, 일반적으로 인정된 회계원칙(GAAP)에 있어서도 주요 변화가 일어나게 되었다.

4. 회계사들 숫자에 전념하기

2000년대에 회계사들은 추가적인 서비스를 제공하기 위해 기업 재무정보를 감사하는 전통적인 일을 넘어서기 시작하였다. 첫 번째 감사업무의 자연적인 확장부분은 재무서비스 쪽이었다. 그들은 숫자 뒤에 잇는 것을 발견하기 위해 영업정보를 분석하였다. 그들은 기업 내의 리스크와 단점들을 분석함으로써 예상 문제 부문들을 미리 방지하기 위한 재무통제방법 및 절차를 경영층이 개발할 수 있도록 도왔다. 다른 관련된 분야로는 법률, 세금 및 투자자문서비스 등이 포함된다.

　　회계법인들은 1980년을 시작으로 다양한 정보기술, 사업전략, 인적자원 및 유사한 경영서비스를 제공하는 거대한 컨설팅 사업부문들을 발전시키기 시작하였다. 그 결과 대형 회계법인의 회계사들은 그들 고객 기업의 운영에 더욱 관여하기 시작하였는데, 이는 감사인들이 일반대중과 특정고객 양쪽 모두를 위해 봉사할 수 있는가라는 잠재적인 이해상충 문제를 야기시켰다. 감사인의 주된 목적은 재무제표를 공인하는 것이다. 그런데 그들은 상당한 컨설팅 수입을 제공하는 고객을 감사하면서 문제점들을 지적할 만큼 충분한 객관성을 유지할 수 있는가? 그들은 그들이 디자인하고 구축한 시스템과 방법론을 제대로 검토할 수 있는가?

5. 새로운 기업 지배구조에 대한 책무

　　대형 사기사건들이 가져온 또 다른 중요한 결과는 기업 지배구조와 내부통제에 대해 새로운 강조가 주어지고 있다는 것이다. 과거에 수동적인 역할을 수행하던 이사회는 이제 회사에서 일어나는 일에 대해 더 큰 책임을 져야만 한다. 마찬가지로 중역들도 높은 기준에 부합하는 기업보고와 강하고 효과적인 내부통제에 마음을 쏟아야 한다. AICPA 회장이자 대표이사인 배리 멜란콘(Barry Melancon)은 "조직상 최고위층의 헌신적 관심은 신뢰할만한 재무보고와 투자자 신뢰회복 창출에 결정적이다."라고 하였다.

　　감사위원회는 좋은 재무관리정책을 촉진하고 회계부정을 방지하는 데 있어서 중요한 역할을 수행하고 있다. 살베인즈-옥슬리법은 감사위원회의 위원 중 최저 1명 이상이 "재무전문가"이어야 한다고 못 박고 있다. 위원회는 기업의 독립감사 선임과 감사작업 검토에 직접적인 책임이 있다. 위원회는 내부회계통제를 승인하고, 기업의 회계정책 선택을 모니터하며, 회계상의 이슈와 회계규칙 해석상 논란 등을 다룬다. 증권관리위원회는 통제가 얼마나 효과적으로 이루어지고 있는지를 평가하는 내부통제 및 재무보고에 대한 보고서를 연간보고서에 포함시키는 방안을 제안한 바 있다.

　　기업 지배구조 관행에 대한 국제 거버넌스 매트릭스사(Governance Metrics International: GMI)의 최근 보고서에 따르면, 미국에서 가장 지배구조가 잘 되어 있는 기업들로서 3M, 인텔(Intel), 맥도널드(McDonald's), 화이자(Pfizer) 및 타겟(Target)을 들고 있는데, 이들 모두 10점 만점에 10점을 취득했다. 분석가들은 증권관리위원회의 자료, 기업 웹사이트 및 정부기관 등 공개적으로 이용가능한 정보원으로부터 자료를 수집하였다. 본 연구는 전 세계의 2,100개 기업체를 분석하여 중역 보상체계, 이사회 독립성, 리더십 역할의 분할 및 환경정책에 따라 그들의 점수를 매겼다. GMI 보고서 점수가 낮게 나온 기업들에는 브리스톨 마이어스 스퀴브(Bristol-Myers Squibb)와 핼리버튼(Halliburton)과 같은 기업들이 포함되어 있다.

10

재무 및
주식의 이해

카카오뱅크, 5천억 유상증자 주금 납입 완료 … '실탄 장전'

납입자본금 1.8조로 증가 … 여신 여력 확대

한국카카오은행(카카오뱅크)은 21일 5천억 원의 유상증자에 관한 주금 납입이 완료됐다고 밝혔다. 이에 따라 카카오뱅크의 납입 자본금은 1조 8천억 원으로 증가한다. 유상증자로 발행한 신규 주식의 효력 발생일은 22일이다.

주주별 유상증자 대금 납입 비율은 ▲한국투자금융지주 50% ▲카카오 18% ▲KB국민은행 10% ▲SGI서울보증 4%, ▲우정사업본부 4% ▲넷마블 4%, ▲이베이 4% ▲스카이블루(텐센트) 4% ▲예스24 2%이다.

카카오뱅크는 이번 증자로 여신 여력을 확대했으며 신규 상품과 서비스 출시에도 속도를 낼 예정이다.

올해 7월 계좌개설 고객 1천만 명을 돌파한 카카오뱅크는 올해 9월말 현재 계좌개설 고객수 1천 69만 명, 총 수신은 19조 9천억 원, 총 여신은 13조 6천억 원을 달성했다.

수익 면에서도 3분기 연속 흑자로 올해 1월부터 9월까지 누적 당기순이익은 154억 원을 기록했다.

'카뱅' 독주 인터넷은행 격변 예고

토스뱅크가 새로운 주자로 등장하면서 인터넷은행 시장에 격변이 예고되고 있다. 카카오뱅크 '독주 체제'가 굳어지는 가운데 '혁신 마인드'로 무장한 토스의 도전이 거셀 것으로 예상되기 때문이다. 금융감독원이 내년에 카카오뱅크, 케이뱅크 등 인터넷은행에 대한 검사를 진행할 것으로 알려지면서 인터넷은행에 제도권 수준의 '금융 스탠더드'가 적용될 가능성에도 관심이 높아지고 있다.

16일 금융당국과 금융권에 따르면 금감원은 내년 7월께 카카오뱅크·케이뱅크 등 인터넷은행에 대한 검사에 들어간다.

금융당국은 인터넷은행이 출범한 2017년 이후 3년간 검사 등을 유예해왔다. 금감원은 카카오뱅크와 케이뱅크 모두 검사한다는 방침이지만 금융권 안팎의 관심은 카카오뱅크에 쏠린다. 카카오뱅크가 출범 이후 급속한 성장을 거듭해왔고, 그에 따라 시중은행도 카카오뱅크가 일반 은행과 동일한 수준으로 규제를 받아야 한다고 주장해왔기 때문이다. 사실상 카카오뱅크가 경쟁력을 확고하게 다진 만큼 적정 수준으로 규제가 필요하다는 시각이다. 금융권 관계자는 "카카오뱅크는 더 이상 보호 대상이라기보다는 금융시장에서 강력한 플레이어로 자리 잡은 상황"이라며 "앞으로 금융당국도 인터넷은행에 주어졌던 혜택을 일반 은행과 동일한 수준으로 맞추는 방향으로 정책을 풀어갈 것으로 예상된다"고 말했다. 카카오뱅크는 2017년 7월 출범했다. 올 3분기 기준 누적 당기순이익은 153억 5,400만 원에 달한다. 올 1분기 66억 원, 2분기 96억 원에 이어 세 분기 연속 흑자 행진을 이어가고 있다. 지난달 말 기준 카카오뱅크 여신 잔액은 14조 4,376억 원, 수신 잔액은 20조 3,936억 원이며 카카오톡 플랫폼을 기반으로 끌어모은 고객만 1,106만 명에 이른다.

카카오뱅크 강점은 '편리함'과 '재미'를 동시에 잡는 금융 상품 그 자체다. 돈을 납입할 때마다 새로운 카카오프렌즈 캐릭터가 등장하는 '26주 적금'과 각종 모임 회비를 편리하게 관리하는 '모임통장' 등이 대표적인 예다. 전 국민이 이용하는 카카오톡을 무기로 금융시장을 뒤흔들고 있는 셈이다.

특히 최근 카카오가 카카오뱅크 최대주주에 오르면서 시중은행과 경쟁을 본격화할 것이라는 전망도 나온다. 카카오는 지난달 22일 카카오뱅크 지분을 34% 보유한 최대주주가 됐다. 5,000억 원 유상증자도 마무리돼 자본금이 1조 8,000억 원으로 늘어났다.

금융권 관계자는 "카카오뱅크는 정보통신기술(ICT) 기업 주도로 은행업을 혁신하는 인터넷전문은행 정책 취지에 부합하는 사례로 평가받는다"고 설명했다.

18일 전 은행권과 핀테크 기업을 대상으로 '오픈뱅킹'이 시작된다는 점도 인터넷은행들에 변수로 작용할 전망이다. 모바일 고객을 두고 일반 시중은행과 인터넷은행 간 직접경쟁이 펼쳐진다. 금융권 관계자는 "오픈뱅킹 시행, 금감원의 인터넷은행들에 대한 검사 등은 시중은행과 인터넷은행 간 직접경쟁을 알리는 신호탄"이라고 설명했다.

"자본 키워야 산다"… 중소 증권사 증자로 사업 강화 나서

중소 증권사들이 유상증자를 통한 경쟁력 강화에 열을 올리고 있다. 갈수록 대형 증권사의 수익이 극대화되면서 중소 증권사의 입지가 작아지고 있는 것에 대한 전략적 포석으로 해석된다.

25일 금융투자업계에 따르면 중소 증권사들이 대형 증권사와의 수익 양극화 확대를 돌파하는 방법으로 증자를 선택하는 것으로 나타났다. DGB금융그룹사로 편입된 하이투자증권은 지난 23일 이사회 의결을 거쳐 총 2,175억 원 규모의 첫 유상증자를 결정했다고 밝혔다. 이번 증자가 마무리되면 하이투자증권은 2020년 1분기 내에 자기자본 1조 원대로 도약하게 된다. 올해 3분기 말 기준 하이투자증권의 자기자본은 7,863억 원을 기록했다.

증권사의 자기자본은 부동산 프로젝트 파이낸싱(PF) 보증이나 채권 발행, 금융주선 등 여러 투자금융(IB) 사업의 기준이 된다. 이런 이유로 하이투자증권은 이번 자기자본 확충을 기반으로 부동산PF, 금융주선 등 IB 사업을 더 확대한다는 계획이다.

현대차증권·한화투자증권 등 유상증자 단행

올해 들어 다수 중소 증권사들은 유상증자를 통해 자기자본 확대에 나섰다. 자본 확충을 통해 안정적인 수익 증대를 이뤄내야 한다는 일종의 자구책이다.

하이투자증권에 앞서 지난 10월에는 현대차증권이 1,035억 9,997만 원 규모의 제3자 배정 유상증자를 결정했다고 공시했다. 3분기 말 현대차증권의 총 자본은 8,807억 원을 기록했다. 현대차증권은 이번 유상증자로 내년 상반기에 자기자본 1조 원 증권사가 될 전망이다. 현대차증권은 자본 확충으로 신용등급 상향과 영업력 강화를 기대하고 있다고 설명했다.

지난 7월 한화투자증권은 1,000억 원 규모 유상증자를 추진했다. 이에 올해 3분기에 자기자본 1조 원을 넘어서며 중형 증권사로 올라섰다. 당시 한화투자증권은 유상증자로 확충한 자본 일부를 IB와 자산관리(WM) 등 경쟁력을 확보하는 데 쓸 계획이라고 밝혔다.

이 외에도 이베스트투자증권도 5월 유상증자를 통해 자기자본을 확대했다. 이베스트투자증권은 778억 원 규모의 일반 공모 유상증자를 진행하며 한국거래소의 관리종목에서 해소됐다. 이베스트투자증권은 올해 4월 사업보고서상 소액주주 소유주식수가 유동주식수의 20%에 미달돼 관리종목에 지정된 바 있다.

중소 증권사 IB부문 경쟁력 갈수록 약화 돼

중소 증권사들이 자본 확대를 서두르는 이유는 최근 IB부문이 대형 증권사를 중심으로 업계 수익 성장의 핵심이 되면서 중소 증권사도 이 시장에서 성장 돌파구를 찾기 위한 것으로 풀이된다.

중소 증권사의 IB부문 수익 창출 능력은 대형 증권사에 비해 낮은 수준으로 판단된다. 한화투자증권의 올해 3분기 IB부문의 순영업이익은 754억 원으로 전년 같은 기간보다 5% 증가하는 데 그쳤다. 현대차증권의 IB부문의 영업이익은 357억 원으로 작년 동기 대비 19.1% 감소하며 IB 부문에서 경쟁력을 키워야 하는 과제를 남겼다. 하이투자증권의 IB부문 수수료 이익만 전년 동기 대비 30.6% 증가한 178억 원을 기록했다.

이들 증권사는 대형 증권사와 비교하면 IB부문 수익 규모나 증가율에서 경쟁력이 떨어지는 상황이다. 한국투자증권의 IB부문 수수료수익은 2,187억 원을 달성하며 전년 동기 대비 54.8% 증가했다. 미래에셋대우의 IB부문 영업이익은 전년 같은 기간보다 13.2% 증가한 2,497억 원으로 업계 선두를 지켰다.

증권업계 관계자는 "갈수록 대형 증권사의 IB 부문 수익이 커지고 중소 증권사는 겨우 수익을 내는 구조로 변해가고 있다"며 "규모가 작은 증권사일수록 자기자본 확대를 통해 사업 다각화에 나설 필요성을 느끼는 것"이라고 설명했다.

* 도입사례에 대한 자세한 내용은 QR코드를 참고하세요.

CHAPTER

10

재무 및 주식의 이해

 학습목표

1. 재무와 재무관리자는 기업의 전반적인 전략에 어떤 영향을 미치는가?
2. 자산의 효율적인 관리 방법을 설명할 수 있는가?
3. 부채와 자기자본의 주요 차이점은 무엇이며 레버리지 개념은 무엇인가?
4. 증권시장의 기능과 투자은행의 역할을 설명할 수 있는가?
5. 주식발행을 통한 자기자본 조달의 장점과 보통주와 우선주의 차이점을 설명할 수 있는가?
6. 채권의 종류와 특징 설명 타인자본 조달의 장점을 설명할 수 있는가?

1절 재무관리의 본질과 목표(Essentials of Financial Management)

1. 재무관리의 의의

재무관리(financial management)란 기업의 설립과 운영에 필요한 자본을 자본시장으로부터 합리적으로 조달(자본조달)하고 사용하여 특정한 자산을 유효하게 운영(자본운용)하는 기술과정을 말하는 것으로, 통제활동의 부분이라고 볼 수 있다.

자본조달의 원천이 합리적으로 선정되고 그 조달방법이 적정할 때 기업의 자본코스트는 극소화된다. 또한 조달된 자본의 운용에 있어서는 장단기의 자금운용계획과 설비투자계획, 그리고 예산통제에 의한 전체적인 자금흐름의 관리를 철저히 행함으로써 투자수익률을 극대화할 수 있다.

재무관리의 정의는 그 대상이 기업이므로 기업과 연관시켜 설명한다면 〈그림 10-1〉과 같다. 즉, 기업이 자산을 보유하기 위해서는 자금(자본)을 필요로 하게 된다. 기업은 이러한 자본을 이용하여 기업활동에 필요한 자산들을 구입하고 이러한 자산들을 활용하여 새로운 현금흐름(cash flow)을 창출하게 된다. 기업은 이와 같은 자산으로부터 창출된 현금흐름을 자본을 조달해준 투자가들에게 배분하게 된다. 상기의 과정은 기업이 존재하는 동안 순환적으로 발생하게 되는데, 재무관리는 바로 이와 같은 전체의 순환과정을 기업경영의 차원에서 관리하는 활동이라 할 수 있다.

그림 10-1 기업의 자본조달 및 현금흐름 창출과 배분

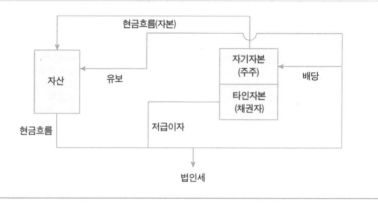

2. 재무관리의 목적

자본을 조달하고, 운용하는 재무관리의 목표는 기업이 자산운영에서 창출하는 현금흐름과 자본시장으로부터 조달한 현금흐름의 차이를 극대화함으로써 기업가치를 극대화하는 것이다.

경영의 목표가 이윤극대화 또는 여러 가지 사회적 동기에 의해 경영의 목표가 거론될 수 있지만, 최근의 가치 중시 경영의 입장에서 볼 때, 기업가치의 극대화가 그 목표가 된다. 자본시장에서 그 기업의 주식가치의 극대화라는 목표로 설명될 수 있다. 기업가치의 극대화 목표를 달성하기 위해서는 다음과

같은 구체적인 목표가 실행되어야 한다.

(1) 수익성 목표

수익성은 이윤성이라고도 하는데, 이는 투자자들의 자금을 유치하기 위한 기본적 동기요인이 된다. 이러한 목표를 달성하기 위해서 경영자는 이익계획 또는 이익관리를 한다. 위험과 수익 간 상반관계(risk-return trade-off)는 위험이 높을수록 수입이 높아야 한다는 것을 의미한다.

그림 10-2 위험과 수익 간 상반관계

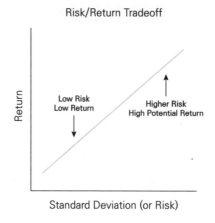

(2) 유동성 목표

유동성이란 재무유동성인데, 이것은 기업부채의 단기적인 채무지급능력을 의미한다. 기업은 적절한 수준의 유동자산을 확보해야만, 단기부채에 대한 지급능력을 가질 수 있는데, 그렇게 하기 위해서는 유동비율(유동자산/유동부채 ×100)이 적정선으로 유지되어야 한다. 그리고 유동비율을 유지하기 위해서는 자금계획의 합리화가 확보되어야 한다.

(3) 안정성 목표

안정성이란 기업의 건강상태를 나타내는 척도로서, 기업의 체력을 강화하기 위해서 필요한 재무관리의 목표이다. 안정성을 유지하기 위해서는 재무구조가 건실해야 한다. 재무구조의 건실은 자기자본과 타인자본의 구조가 적정선으로 유지되고 또한 유동자산과 고정자산의 비율도 합리적으로 유지되며, 기업의 대외적인 여건변화에 견딜 수 있어야 가능하다. 이것은 자본구조계획의 합리화와 자본배분의 합리화로서 달성될 수 있다. 상기의 세 가지 목표는 서로 보완적이며 또한 상쇄적인 상호작용을 하므로, 이들 목표를 적절히 조화시킴으로써 균형을 유지하도록 해야 한다.

█ 그림 10-3 금융투자시 고려대상 = 세금

금융상품에 가입할 때는 수익보다도 세금을 먼저 고려해야 한다.
1) 비과세상품을 최대한 활용한다.
특히 연금보험은 미래에 연금으로도 수령이 가능하므로 은퇴설계와 연계한 절세전략이 가능하다.

세금 줄이고 수익률 높이는 해외투자

2) 주식, 채권, 파생상품을 활용한다.
채권상품은 주식상품에 비해 위험이 크지 않은 상품이기 때문에 직접투자를 하는 방법을 선택한다면 매매차익에 대해서는 절세효과까지 볼 수 있다.
3) 분리과세 상품을 활용한다.

협동조합 및 새마을금고의 예탁금 및 출자금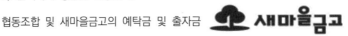

출처: 금융투자, 먼저 세금을 고려하라(미래형부자)

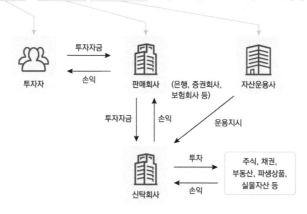

그림 10-4 뮤추얼 펀드 & 상장지수펀드

펀드란?

여러 사람이 돈을 모아서 전문가가 대신 주식, 채권 등에 투자·운용하는 금융상품

출처: 네이버 매거진캐스트
제공: 한국금융투자자보호재단(http://www.invedu.or.kr)

3. 재무관리의 기능

재무관리의 기능은 곧 재무관리담당자가 수행하는 기능으로서, 주로 기업의 자금을 조달하고, 그 자금의 투자에 따른 관리, 운용 및 통제를 담당하여 기업의 가치를 극대화하기 위한 역할을 담당한다.

(1) 투자결정 기능

이는 기업이 어느 자산에 투자할 것인가를 결정하는 것으로서, 조달된 자본을 효율적으로 배분하는 자본의 운용기능을 의미한다. 즉, 이것은 대차대조표상 차변인 자산에 대한 것으로서, 투자결정에 의해서 자산의 규모와 그 구성상태가 결정되는 것인데, 그중에서도 고정 자산들의 종류와 구성에 대한 결정이 매우 중요하다. 즉, 이 투자결정의 목표는 기업자산의 최적배합을 통해 투자수익을 극대화하는 것이다.

(2) 자본조달 기능

이는 투자에 소요되는 자본을 어떤 방법으로 효율적으로 조달할 것인가를 결정하는 기능이다. 즉, 이것은 대차대조표상 대변인 부채와 자본에 대한 것으로서, 자본조달경정에 의하여 자본규모와 자본구조가 결정된다. 이 경우 자본조달결정의 목표는 자기자본과 타인자본의 구성, 고정부채와 유동부채의 구성 등에 대한 의사결정을 함으로써, 기업자본의 최적배합을 통해 자본코스트를 극소화하는 것이다.

(3) 배당결정 기능

이것은 자산으로부터 발생하는 현금흐름의 배분에 관해 결정하는 기능이다. 자산으로부터 현금흐름이 발생하면 기업은 우선 채권자에게 지급이자를 지급하고, 나머지 현금흐름에 대하여 일정한 비율의 법인세를 납부한다. 즉, 납세 후 자의적으로 배분할 수 있는 현금흐름(순이익)은 얼마를 주주에게 배당하고, 얼마를 기업 내에 유보할 것인가를 결정하는 기능이 배당결정 기능인데, 배당결정에는 배당성향, 배당의 안정성, 배당의 형태가 결정된다.

상기의 세 가지 기본적 기능 이외에 자산·자본의 조화 기능이 있다. 이것은 운전자본관리와 관계되는 것으로서, 어떤 자산을 어떤 형태의 자본을 사용하여 보유할 것인가를 결정하는 것이다. 즉, 투자결정 기능의 보다 세부적인 결정으로 유동자산의 규모, 그 유동자산의 자금원천의 결정 등에 대한 기능이다.

4. 재무기능담당 조직

재무관리 기능을 담당하는 조직은 의사결정이 복잡화됨에 따라 라인기능과 스탭기능으로 세분화된다. 즉, 자본의 조달과 그 운용에 관한 집행기능을 담당하는 트레저러(treasurer) 부문과 계획 및 통제기능을 담당하는 컨트롤러(controller) 부문으로 구분된다.

트레저러는 자본의 조달과 운용에 관한 집행기능을 담당하는 라인부문으로서, 현금관리, 신용관리, 유가증권의 투자, 자본의 조달 등 주로 자금과 관련된 업무를 수행한다. 이 업무를 담당하는 사람을 자금부장, 재정부장 등으로 불리운다.

컨트롤러는 기업의 재무활동에 대한 계획과 통제기능을 담당하는 스탭부문으로서, 자금부장의 직능에 속한 업무 중에서 경영규모가 확대되고, 의사결정이 복잡하게 됨에 따라 이들 기능을 독립시켜 컨트롤러가 맡게 되었다. 오늘날 컨트롤러는 내부 통제기능을 보다 유효하게 실시하기 위해 존재하며, 그 주요 기능으로서는 통제를 위한 계획(예산수립), 회계, 감사, 통제 등이 있다.

 ## 2절 자본의 운영(Financial Plan)

기업의 가치는 그 기업이 소유하고 있으며 현금흐름을 창출하는 자산의 가치에 의해서 평가되므로, 기업가치를 극대화하기 위해서는 자산에 대한 투자결정을 합리적으로 행해야 한다. 그리고 투자결정은 투자대상 자산이 단기성자산(유동자산)이냐 장기성자산(고정자산)이냐에 따라 운전자본관리와 자본예산관리로 구분된다.

1. 자본예산

(1) 자본예산의 의의

자본예산(capital budgeting)이란 투자대상으로부터의 현금흐름, 즉 투자로 인해 발생되는 효과가 1년 이상 장기간에 걸쳐 실현될 가능성이 있는 투자결정과 관련된 계획수립을 말한다. 자본예산은 건물, 대지, 기계 등 고정자산투자, 즉 시설투자뿐만 아니라 거액의 투자가 필요한 연구개발투자나 광고, 시장조사 프로젝트 등 장기에 걸쳐 효과가 나타나 현금흐름을 창출해 낼 수 있는 모든 자산에 대한 투자결정이 포함된다.

자본예산이 오늘날 재무관리에서 중요시되는 주요한 이유는 다음과 같다.

첫째, 그 효과가 장기간에 걸쳐 영향을 미치기 때문에 미래의 투자환경에 대한 정확한 예측을 할 필요가 있다.

둘째, 자본예산에 소요되는 투자액이 상대적으로 크다.

셋째, 현대의 기업환경은 경쟁적이기 때문에 임기응변적인 투자결정만으로는 실패할 가능성이 크다.

넷째, 투자결정은 이에 수반된 자금조달결정과 조화되어야 하며, 무리한 기업 확장은 도산을 초래할 수 있다

(2) 투자안의 경제적 평가방법

자본예산은 우선 해당 프로젝트에 관련된 현금흐름을 추정하는 것이 중요하며, 그 다음으로 자본예산에 사용하기 위한 자본비용을 추정하여야 한다.

자본비용은 프로젝트의 경제성을 분석하기 위한 할인율로 사용되는데, 프로젝트의 경제성을 분석·평가하는 과정에서 투자안이 기업가치의 극대화에 어느 정도 공헌할 수 있는가를 평가한다. 경제성 평가방법을 자본예산기법이라고 하는데, 자금회수기간법, 순현재가치법, 내부수익률법 등이 있다.

1) 자금회수 기간법

최초의 투자액을 다시 현금유입으로 회수하는데 걸리는 예상시간을 말하는데, 각 투자안의 회수기간을 계산하여 회수기간이 가장 짧은 투자안을 최선으로 선택하는 방법이다. 이것이 투자안의 경제적 분석방법으로 널리 이용되고 있으나, 자금의 현재가치를 무시할 뿐만 아니라, 자본조달비용이 전혀 고려되지 않는 약점이 있다.

2) 순현재가치법

투자로 인하여 발생할 모든 현금흐름의 순현재가치(현금유입의 현재가치-현금유출의 현재가치)를 구하여 투자의 경제성을 분석하는 방법이다. 즉, 현금유입의 현재가치가 투자비용의 현재가치보다 클 때, 순현재가치가 양(+)으로 나타나기 때문이며, 이는 기업의 가치를 증대시킬 수 있는 바람직한 투자안이라는 뜻이다.

3) 내부수익률법

내부수익률이란 투자로 인한 예상현금유입의 현재가치와 투자비용의 현재가치를 동일하게 만드는 할인율을 말한다. 이 내부수익률을 자본비용과 비교하여 내부수익률이 자본비용보다 크면 투자안의 경제성이 있는 것으로 판단하는 방법을 말한다. 이 경우 투자할 가치가 있는 것으로서, 내부수익률이 자본비용보다 높을 때 기업의 가치를 증가시키기 때문이다.

(3) 위험하에서 투자안 평가

상기의 투자안 평가방법은 미래의 현금흐름을 정확하게 예측할 수 있다는 확실성을 전제로 한 수익성기준으로 평가하였으나, 미래의 현금흐름을 정확하게 예측할 수 없다. 따라서 투자안이 내포하고 있는 위험과 시간의 문제가 고려되어야 한다. 위험이란 투자로부터 예상되는 손실의 가능성 내지 미래현금흐름의 변동 가능성을 의미하는데, 투자안에 따라서 수익의 변동 폭이 클수록 위험도 커지게 된다.

투자안의 위험을 나타내는 자본예산기법으로서 위험조정할인율법 등이 있으나, 기본적인 절차를 준수하여야 한다. 즉, 첫째, 어떠한 자산이든지간에 보유시에 예상되는 미래의 현금유입은 현재가치로 환산되어야 하며, 둘째, 그 때의 기회비용은 시장에서 평가되는 적절한 위험도를 반영한 기회비용이어야 한다.

2. 운전자본관리

(1) 운전자본관리의 의의

운전자본(working capital)는 두 가지 의미로 사용된다. 첫째, 운전자본은 유동자산 전체인 총운전자본을 의미하기도 하고, 둘째, 유동자산에서 유동부채를 뺀 순운전자본을 의미하기도 한다. 본서에서는 운전자본을 유동자산으로 정의하고, 운전자본관리를 유동자산인 현금, 시장성 유가증권, 매출채권 및 재고자산의 관리로 한정하기로 한다. 운전자본관리는 다음에 제시된 이유로 그 중요성이 강조되고 있다.

첫째, 기업의 재무관리담당자는 대부분의 시간을 운전자본관리에 할애하고 있는 반면, 고정자산 등에 대한 투자결정은 간헐적으로 이루어진다.

둘째, 단기부채에 대한 지급수단이라 할 수 있는 유동성을 파악하는 데 있어서 운전자본관리가 대단히 중요하다.

셋째, 유동자산은 매출액 증가와 밀접한 관계를 갖고 있다.

(2) 운전자본관리의 목표

운전자본관리의 기본적 목표는 다음과 같다.

첫째, 기업의 유동자산을 적정수준으로 유지하는 데 있다. 유동자산에 대한 투자는 고장자산에 대한 투자에 비해 수익성이 떨어지므로 적게 보유할수록 좋다. 유동자산이 부족하면 매출액 변화에 대한 탄력적인 적응능력이 결여되고, 단기 채무에 대한 지급불능의 위험이 발생할 위험도 있다. 수익과 위험을 고려하여 적적한 유동자산을 유지해야 한다.

둘째, 유동자산을 조달하는 원천으로서 유동부채와 장기성자본(고정부채와 자본을 포함한 것)을 적절히 배합함으로써 위험을 줄이고 수익성을 높여야 한다.

운전자본에 필요한 자본은 유동부채와 장기성자본으로 조달될 수 있는데, 유동부채로 조달될 경우 장기성자본에 비해 자본비용이 낮아 기업에 유리하다. 유동부채에만 의존할 경우 기업은 차입과 상환을 자주 반복해야 하는 불편을 겪게 되고, 장기성자본처럼 항상 보유하고 있지 않기 때문에 필요한 자금을 적시에 조달하지 못하여 유동성을 악화시킬 위험이 있다.

최고경영자는 운전자본의 적정수준유지와 운전자본에 필요한 자본조달원천을 적절하게 배합할 수 있도록 의사결정을 해야 하는데, 수익과 위험의 상쇄관계를 고려하여 위험에 대한 과학적인 관리를 해야 한다.

(3) 운전자본관리의 대상

1) 현금관리(cash management)

현금관리는 청구서의 지불기한이 되었을 때 이를 지불하고 예상치 못한 비용을 충당할 수 있을 정도로 충분한 현금을 수중에 확보하는 과정이다. 현금은 통화화폐와 타인발행의 당좌수표, 자기앞수표 등 통화대용증권, 그리고 은행 등에 유치한 요구불예금이나 단기적으로 인출이 가능한 예금을 모두 포함한다.

현금은 기업보유자산 중 가장 유동성이 높으나, 수익성과 현금흐름 창출이 가장 낮은 특징을 가지고 있으므로 기업은 안정적 성장을 유지하는 최소한의 수준에서 현금을 보유해야 한다.

현금관리는 ① 현금유입의 촉진, ② 현금유출의 통제, ③ 현금보유의 적정액 결정 등이 포함된다. 그리고 현금관리는 현금흐름을 관리하는 것으로서, 현금흐름(cash flow)이란 일반적으로 매출로부터 창출된 현금에서 현금으로 지급되는 매출원가, 현금지급이자, 현금지급 제비용(세금 등)을 공제한 나머지를 의미하는데, 이를 기업의 자금흐름으로 본다.

2) 유가증권관리(securities management)

유가증권(securities)은 기업이 일시적인 유휴자본으로 투자할 수 있는 시장성 있는 유가증권을 의미하는데, 이에는 주식, 국공채, 회사채, 기업어음 및 수익증권, 예금증서 등이 포함된다.

유가증권의 특징은 수익성도 보장되면서 현금이 필요할 경우 곧바로 현금화가 가능한 환금성이 높다는 데 있다. 그러므로 유가증권을 보유할 때에는 지급불능위험, 시장성 및 만기 등이 선택기준을 고려해야 한다.

3) 매출채권관리(account receivable)

매출채권이란 기업이 신용판매를 하여 발생한 판매대금의 미회수액을 말하는데, 이에는 외상매출금, 받을 어음 등으로 매출채권의 크기는 기업의 총판매기간의 크기에 좌우된다.

기업은 신용판매를 통해 매출수익을 증가시킬 수 있으나, 신용판매로 인하여 매출채권의 회수가 지연된다거나, 대손이 발생할 경우, 이는 유동성의 악화를 초래시켜 파산을 자초할 위험도 있다. 따라서 매출채권관리를 위해서는 신용정책과 수금정책을 적절히 조화시켜야 한다. 신용정책에는 신용기준,

신용기간을 결정해야 하며, 수금을 촉진하는 방법으로 팩토링(factoring)을 이용할 수 있다. 팩토링이란 외상매출채권의 관리를 전담하는 전문기관인 팩터 (factor: 금융기관 등)가 기업의 매출채권을 할인 매입하여 만기일에 고객으로부터 대금을 직접 회수하는 것으로서, 기업은 매출채권에 투하된 자금을 회수하여 소요자금을 조달하는 방법이다.

신용판매기간을 길게 하면 평균회수기간이 길어지게 되므로 더 많은 매출채권을 보유하게 되고, 신용판매기간을 짧게 하면 평균회수기간이 짧아지게 되므로 더 적은 매출채권을 보유하게 되는 것이다.

4) 재고자산관리(inventory management)

재고자산(inventory)이란 생산활동이나 판매활동을 위하여 기업이 일시적으로 보유하고 있는 원재료, 반제품, 완제품 등으로서, 매출액이라는 현금흐름의 구성요소를 창출하는 수단이다.

재고자산은 미래의 제품수요에 맞추기 위해서 또는 원재료의 공급이 불규칙하게 변동하더라도 기업의 생산과 판매활동을 일정하게 유지하기 위해서 필요하다. 그러나 재고자산을 적정수준 이하 또는 이상으로 보유하면 이로 인해 손실이 발생한다. 즉, 재고자산의 부족은 정상적인 생산계획에 차질을 생기게 하거나, 제품 판매 기회를 상실케 한다. 한편, 재고자산의 과다는 그만큼 현금흐름 창출과정이 원활하지 못한 것을 의미하는 것으로서, 과다한 보유비용과 진부화 등에 의한 손실이 발생한다.

그러므로 적절한 재고수준을 결정하기 위해서는 ① 예상매출액, ② 생산공정의 소요시간, ③ 완제품의 내구성, ④ 재고공급의 계절적 변동과 공급 중에서도 재고관리비용이 중요한데, 재고유지비용, 주문비용, 부족재고비용, 그리고 초과재고비 등이 포함되며, 이들 비용을 최적으로 배합함으로써 소요비용이 최소가 되도록 재고자산을 관리해야 한다.

3절 자본의 조달(Sources of Funds)

1. 자본조달의 원칙

기업경영을 위해 필요한 자본을 조달하는 경우 다음 기본 원칙을 준수해야 한다.

(1) 자금용도에 따른 조달의 원칙

고정자산에의 투자를 목적으로 하는 자금은 장기성자본(자기자본 및 장기부채)에 의해서 충당되어야 한다. 이것은 고정장기적합률을 유지해야 한다는 원칙인데, 이는 시설자금의 조달은 단기자본인 유동부채를 활용해서는 안 된다는 원칙이다.

유동자산의 조달은 장기성자본에 의해서 충당되는 것이 이상적이지만, 그것이 여의치 않을 때 유동부채에 의존하게 된다. 지나치게 유동부채에 의존하게 될 때, 자본구성이 바람직스럽지 못하게 되어 안정성은 물론 유동성을 해치며, 또한 지나친 이자부담으로 수익성도 떨어뜨린다.

수익성을 유지하고 현금흐름을 창출하기 위하여 유동자산의 보유한도를 지나치게 낮추면(당좌자산의 보유를 낮춤), 수익성과 현금흐름은 높아질 수 있지만 자금이 급히 필요할 때 이의 충당이 불가능하게 되어, 부득이 단기부채에 의해서 필요자금을 조달해야 할 경우가 발생할 수 있다.

(2) 경영재무구조의 균형화원칙

이는 부채 지급능력으로서의 유동성, 자본구성과 그 배분상태에서의 안정성, 그리고 자본이익 상태인 수익성이 상호간의 균형을 이루면서 유지되어야 한다는 원칙이다. 즉, 기업이 유동(단기)부채를 많이 사용할 경우, 이는 유동성을 악화시키게 되고, 유지하기 위하여 현금 등 당좌자산(현금, 예금, 유가증권 등 현금화가 가능한 자산)을 많이 가지고 있으면 수익성이 떨어지는 상쇄관계가 있으므로 균형을 이루어야 한다.

(3) 경영지배권에 따른 조달원칙

투자자가 사업주주 또는 투자·주주에 따라 그 성격이 다르지만, 적어도 경영에 대한 지배권을 행사하기 위해서는 자본조달의 상당부분을 자기자본에서 충당해야 한다.

(4) 금융시장의 특성에 따른 자본조달원칙

자본을 조달하는 원천은 자기자본과 타인자본이다. 자기자본의 조달은 주식을 중심으로 한 자본조달이며, 타인자본의 조달은 가채 등 장기차입금과 기타 단기차입금에 의한 자본조달이 주가 된다.

투자자의 입장에서 주식과 채권의 양면으로서, 주식에 자금을 투자할 때에는 배당을 목적으로 한 것이며, 채권에 자금을 투여하는 것은 이자를 겨냥한 것이다. 이 경우 자금의 투자 방향은 이자율과 배당률 또는 자금의 한계효율의 고저에 의해서 결정된다. 기업에서는 자본시장과 금융시장의 특성과 그 변화를 고려해야 한다. 기업이 성장하기 위해 소요되는 자금을 계속 조달하는 데 있어, 어느 곳에서 자금을 조달할 것인가를 나타내는 자금조달원천과 각 조달원천으로부터 얼마만큼의 자금을 조달할 것인가를 보여주는 최적 자본배합을 결정해야 한다. 이는 곧 대차대조표의 대변의 구성비율을 어떻게 유지할 것인가와 관련이 있다. 자본의 조달원천은 매우 다양한데, 자본사용기간의 장·단에 따라 구분하여 보면 〈그림 10-5〉와 같다.

그림 10-5 기업의 자본조달방법

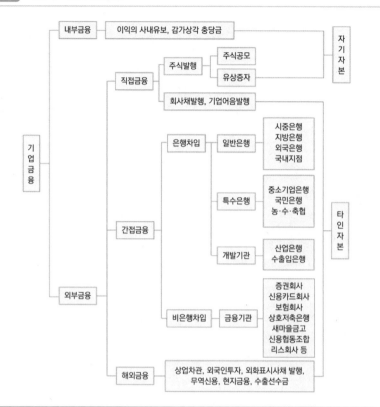

2. 장기자본의 조달

장기자본은 대차대조표상의 대변인 자본과 부채 중 고정부채에 해당되는 것으로서, 자본은 주식에 의해서, 그리고 고정부채의 원천은 사채와 은행 등의 장기차입금이 포함된다.

(1) 증권시장(securities market)

1) 증권시장의 의의

증권시장이란 유가증권의 거래를 통하여 장기자본을 공급할 목적으로 운영되는 자본시장을 말한다. 자본시장에는 증권시장과 보험시장이 포함된다. 그러나 보통 자본시장이라고 할 때는 좁은 의미로 보아 증권시장을 말하는데, 증권시장은 발행시장과 유통시장으로 분류된다.

표 10-1 증권의 종류(types of securities)

- 단기금융시장상품은 만기가 1년 이내인 금융상품이 거래되는 시장이다.
- KDB대우증권의 ELS 상품
  채권은 확정된 금액을 특정한 날짜(만기)에 갚기로 하고 돈을 빌리는 데 사용되는 광의의 증권을 지칭
- 지방채: 지방자치단체가 지방재정의 건전한 운영과 공공의 목적을 위해 재정상의 필요에 따라 발행하는 공채(公債)

표 10-2 발행시장(1차시장) & 유통시장(2차시장) primary versus secondary markets

발행시장(1차시장) primary market	새로운 보안 문제가 처음 투자자에게 판매되는 시장, 발행자는 매각대금을 받음
주식공개상장 ipo	기업이 최초로 외부투자자에게 주식을 공개 매도하는 것으로 보통 코스닥이나 나스닥 등 주식시장에 처음 상장하는 것을 말함
증권인수업자 investment bankers	대부분의 기업이나 지방채의 판매를 취급하는 금융 전문가
유가증권의 인수 underwriting	유가증권의 모집 또는 매출에 수반되는 발행위험을 부담하는 계약
유통시장(2차시장) secondary market	이미 발행된 증권이 투자수익을 목적으로 하는 개인투자자 또는 증권회사, 보험회사, 은행 등 기관투자가 사이에서 매매되는 시장 예) 나스닥, 뉴욕증권거래소

2) 발행시장(primary market)

발행시장이란 기업들이 신규자본(장기적인 자본)을 조달하기 위하여 유가증권(주식, 사채)을 발행하는 시장이다. 발행시장은 발행주체와 투자자, 그리고 이들을 상호 매개하는 발행기관의 세 집단으로 구성된다. 발행주체는 자금을 필

요로 하는 신규 증권의 발행자로서, 여기에는 주식, 사채를 발행하는 사기업, 국채나 공채를 발행하는 국가나 지방자치단체, 한국은행, 산업은행 등 특수법인이 있으나, 주로 기업이 주류를 이룬다. 발행기관은 증권의 발행자와 투자자 사이에 개입하여 증권발행에 대한 사무기능과 인수기능을 담당하는데, 증권회사, 종합금융회사, 단기금융회사가 이에 속한다.

투자자는 개인적으로 직접 투자하는 개인투자자와 기관투자자가 있는데, 기관투자자는 투자신탁회사, 금융기관, 보험회사, 연금, 기금 등 법인형태의 투자자를 말한다.

3) 유통시장(secondary market)

표 10-3 뉴욕증권거래소

1. 미국 및 세계 최대 규모의 증권거래소이다.
2. 회원제 법인으로 운영되며 법인이 이 증권시장에 상장되려면 세금공제 이전의 출수입이 250만 달러 이상, 발행주식 총수 100만주 이상이어야 하며, 일반 주주에게 투표권을 주고 정기적으로 재정보고서를 발간해야 한다.
3. 뉴욕시장에 상장된 회사 수는 현재 2,907개사이며, 상장주식의 시가총액은 약 12조 달러에 달하는데 그 거래액은 전 미국 증권 거래액의 반 이상을 차지한다.
   예 OCI국내기업 상장

유통시장이란 이미 발행된 증권이 투자자들 간에 거래되는 시장을 말하는데, 주식시장, 채권시장 등이 이에 속한다. 유통시장은 거래되는 유가증권의 공정한 가격형성에 기여하는데, 유통시장에는 많은 투자자가 존재하여 정보를 분석하고 자유경쟁을 하므로 적정가격이 형성된다. 그리고 유통시장이 활발해짐으로써 증권의 현금화 가능성이 높아져 발행시장에서 발행되는 증권에 투자자가 투자하게 되어, 유통시장은 발행시장과 상호보완적인 관계를 갖게 된다.

유통시장에는 일정한 요건을 구비한 상장증권만이 증권거래소를 통하여 매매가 이루어지는 거래소시장과 증권업자 및 투자자 간에 상장증권은 물론 비상장증권이 매매되는 장외시장이 있다. 여기에서 일반대중을 상대로 최초로 기업의 주식을 판매하는 것을 최초공모(Initial Public Offer: IPO)라 한다. 최초공모는 기존의 주주들, 즉 사적으로 해당 주식을 매입했던 가족, 친지, 직원 등에게 큰 수익을 가져다준다.

표 10-4 NASDAQ

1. 세계 각국의 장외 주식시장의 모델이 되고 있는 미국의 특별 주식시장이다.
2. 전 세계의 벤처기업들이 자금조달을 위한 활동기반을 여기에 두고 있다. 빌 게이츠의 마이크로소프트, 반도체의 인텔, 매킨토시컴퓨터의 애플 등이 여기에 등록되어 있다.
3. 나스닥이 인기를 끄는 이유는 회사설립 초기 적자를 기록하는 기업에도 문호를 개방하고 있어 기업들이 주식시장에 쉽게 참여할 수 있기 때문이다.
4. 마이크로소프트나 인텔 등이 회사를 뉴욕증권시장에 상장시킬 수 있는 충분한 여력이 있는데도 나스닥에 머물러 있는 것은, 하이테크기업으로서의 이미지가 강한 이점을 활용하기 위한 것으로 해석된다.

표 10-5 한국증권거래소

1. 유가증권시장·코스닥시장·코넥스시장 및 파생상품시장의 개설·운영에 관한 업무
2. 증권의 매매거래 및 장내파생상품거래에 따른 청산 및 결제에 관한 업무
3. 시장감시, 이상거래의 심리 및 회원에 대한 감리에 관한 업무
4. 유가증권시장·코스닥시장·코넥스시장 및 파생상품시장 등에서의 매매거래와 관련된 분쟁의 자율조정에 관한 업무
5. 외국거래소(그 지주회사를 포함한다) 및 증권·파생상품 관련 기관과의 제휴·연계·협력 등에 관한 업무 시스템 수출 또는 관련된 업무자문 등에 관한 업무

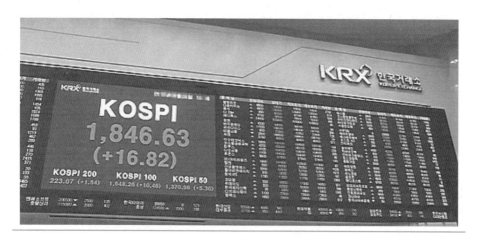

4) 현물시장과 선물시장

현물시장(spot market)이란 매매가 이루어진 증권이 즉시 인도되는 시장이며, 선물시장(futures market)이란 매매가 이루어진 증권이 3개월, 6개월, 1년과 같이 미래의 일정시점에 인도되는 시장이다.

선물시장에 대해서 알아야 할 사항은 선물계약인데, 선물계약이란 공식적인 선물거래소가 자산의 가격, 자산의 질, 인도일자 등의 거래조건을 표준화하고, 또한 거래가 이행되지 않는 일이 없도록 필요한 제도를 운영하는 계약이다. 즉, 거래소라는 선물시장을 통해 선도계약이 표준화되어 거래되는 것이 선물계약이다.

선물계약은 표준화된 계약조건에 따라 현재 약속한 가격으로 특정 자산을 아래의 약정일에 사고 팔 것을 현재시점에서 약속하는 계약이다. 선물과 유사한 것으로서, 옵션(option)이란 두 당사자간의 계약으로 특정기초자산을 미래의

일정시점(혹은 일정기간 내에)에서 미리 정해진 가격으로 사거나 또는 팔 수 있
는 권리이다. 옵션과 선물은 어떤 기간에 대해 현재시점에서 거래가격을 정해
놓고 실제거래는 미래시점에 하는 거래이다. 선물은 거래 당사자가 매매의무
를 갖지만, 옵션은 매매의 권리를 갖는다는 것이 큰 차이이다. 즉, 선물의 경
우 불리한 경우에도 매매의무를 이행해야 하지만, 옵션의 경우 유리한 경우에
만 매매권리를 행사하면 되므로, 선물보다 탄력적인 헤징수단이 된다.

　　기업에 의해 발행되는 주식이나 채권과 달리 옵션은 투자가들에 의해 발
행되고 매매되는 증권이다. 즉, 특정주식에 대한 옵션은 해당 주식을 발행한
기업과는 관계없이 투자가들에 의해 발행되고 매매되며, 기업은 이러한 옵션
에 대해서 아무런 권리나 의무를 갖지 않는다. 옵션은 사거나 파는 권리형태
에 따라 콜옵션과 풋옵션으로, 또 권리를 행사할 수 있는 기간에 따라 미국식
옵션과 유럽식 옵션으로 나눈다.

5) 통화시장과 자본시장

그림 10-6 알리바바 주식 실시간 거래표

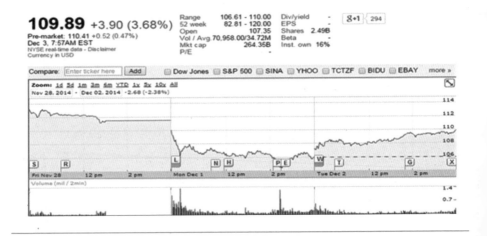

통화시장이란 단기금융시장을 일컫는 말로서, 보통 일년 이내의 만기를
갖는 채권들이 거래되는 시장을 의미한다. 우리나라의 경우, 양도성 정기예금
(CD)이나 환매조건부채권(RD), 기업어음 등이 주요 상품이며, 주로 기업의 단

기자금 조달시장의 역할을 한다. 자본시장은 일 년 이상의 만기를 가진 채권이나 만기가 없는 주식 등이 거래되는 장기금융시장을 일컫는 것으로, 증권시장을 의미한다.

(2) 보통주

1) 보통주의 의의

주식(stock, share)은 주식회사가 자기자본을 조달하기 위하여 발행하는 유가증권이다. 특정 종류의 주식이 이익의 배당, 잔여재산의 처분 또는 이양자 모두에 대해 다른 주식에 비해 우선적 지위가 인정되는 경우에, 그 표준이 되는 주식을 보통주라고 하며, 우선적 지위가 인정되는 주식들을 우선주라 한다. 보통주에 투자한 주주는 기업의 소유자로서 주식을 보유함으로써 투자에 대한 급부로 배당금과 함께 주식가치의 상승으로 인한 자본이득을 기대한다.

보통주(common stock)는 경영참가권(주주총회의 의결권)과 이익배당 청구권 및 잔여재산처분 청구권을 갖는 반면에, 기업의 위험에 대한 의무를 부담해야 한다. 즉, 회사의 잔여재산에 대하여 먼저 채권자에게 변제하고, 다음으로 우선주 주주에게 배분한 후에야 비로소 보통주 주주가 청구권을 행사한다.

2) 보통주 발행

첫째, 보통주는 회사 설립시에 발행되는데, 수권자본제도에 의해 수권자본금(발행할 자본금 총액) 중에서 1/4 이상의 자본금만 납입하면 회사가 설립될 수 있으므로, 나머지는 이사회의 의결에 의해 수시로 발행할 수 있다.

둘째, 회사설립 후, 증자에 의해서 보통주가 발행되는데, 이를 유상증자라고 한다. 이와는 반대로 무상증자가 있는데, 준비금의 자본전입, 주식배당, 전환증권(사채)의 전환, 흡수합병으로 인한 신주발행, 신주인수권부사채에 부여권 신주인수권의 행사 등으로 실질적인 자본의 증가 없이 회계장부상 자본계정 상호간의 자금이동만을 야기시키는 경우에 발행되는 것이다.

3) 보통주의 종류

첫째, 보통주에는 주주의 이름이 명기된 기명주와 그렇지 않은 무기명주가 있다.

둘째, 주권상에 액면금액이 표시되어 있는 액면주와 액면금액이 표시되지 않은 무액면주가 있다. 현 상법상 우리나라는 5,000원 이상의 균일한 금액으로 주권에 액면가를 표시하게 되어 있어 액면주만을 발행하도록 되어 있다.

4) 보통주의 장·단점

보통주는 〈표 10-6〉과 같은 장·단점이 있다.

표 10-6 보통주의 장·단점

장점	단점
① 사채에 비해 영구자본 조달원천으로 유리함 ② 사채나 우선주처럼 고정적인 배당금의 지급 의무 없음 ③ 채권자들에게 담보의 역할을 하므로 대외신용도를 높여줌 ④ 인플레이션이 심할 경우, 주식의 가치가 감소하지 않으므로 투자자의 선호대상이 됨	① 신주발행으로 기업지배권에 변동 초래 ② 사채에 비해 투자위험도가 높아, 보통주의 비용이 사채이자보다 높은 경우가 많음 ③ 타인자본의 이자처럼 법인세 절감효과가 없음

(3) 우선주(preferred stock)

우선주는 배당 및 잔여재산 처분 청구에 있어서 보통주에 우선하는 주식으로서, 주주총회의 의결권은 주지 않는다. 우선주는 법적인 측면에서는 보통주와 유사하나, 실질적으로 회사채와 유사하다. 즉, 우선주의 배당은 예정배당률이 미리 정해지므로, 회사채의 고정금융 비용인 이자비용과 동일하며, 때에 따라서는 상환의 가능성도 있다. 그러나 회사채에 비교해 볼 때, 법적으로 자본을 형성하고, 약속된 배당을 반드시 지급하지 않아도 채무불이행이 되지 않는 점이 다르다.

우선주의 종류로는 참가적 우선주와 비참가적 우선주, 누적적 우선주와 비누적적 우선주, 상환우선주 및 전환우선주 등이 있다.

(4) 자기금융

자기금융(self-financing) 혹은 내부금융이란 외부에서 기업에 필요한 자본을 조달하는 것이 아니라, 이익을 사외에 유출시키지 않고 내부에 유보시키는 것을 말하는데, 대차대조표상의 적립금과 충당금이 이에 해당된다.

자기금융을 위한 이익유보와 배당은 상호경합관계를 갖는데, 이익유보를 증대시키면 배당이 적게 되고, 반대로 배당액이 크면 이익유보가 적게 되므로, 배당정책을 신중하게 결정해야 한다.

(5) 채권(bonds)

표 10-7 채권

국채	지방채
기획재정부에 의해 발행되는 채권이다.	• 지방단체 혹은 (미국)주에 의해 발행되는 채권이다. • 대표적인 지방채로는 지역개발채권, 도시철도채권이 있다.

채권(bond)이란 회사가 일반대중으로부터 장기부채를 지고, 이에 대한 표시로서 발행하는 유가증권을 말한다. 주식과의 차이점은 다음과 같다.

첫째, 채권은 회사의 부채이나, 주식은 자기자본이다.

둘째, 채권업자는 경영참가권이 없으나, 주주는 주주총회에서 의결권을 갖는다.

셋째, 채권은 상환의무가 있으나, 주식은 일반적으로 없다.

넷째, 채권은 이익유무에 관계없이 일정한 이자를 지급받게 되나, 주식은 이익이 있는 경우에 한하여 배당을 받게 된다.

채권의 종류에는 무담보부사채와 담보부사채, 보증사채, 쿠폰부사채와 등록사채, 수시상환사채와 연속상환사채, 전환사채, 신주인수권부사채 등이 있다.

표 10-8 채권 등급심사

- 채권가격은 위험과 수익비율에 의해 결정된다.
- 신용 채권 평가 회사
  - Standard & Poor's(S&P)
  - Moody's

STANDARD &POOR'S   MOODY'S

채권의 장·단점은 〈표 10-9〉와 같다.

표 10-9 채권의 장·단점

장점	단점
① 주식에 비해 위험이 적으므로 자본비용이 낮고, 사채이자에 대해 법인세 절감효과가 있어 사채의 비용이 저렴함 ② 기존주주의 기업에 대한 지배권에 변동을 초래치 않음 ③ 영업실적이 양호한 경우, 주주에게 귀속되는 순이익이 확대됨	① 부채의 증가로 인해 자본구조가 악화되어 대외신용도가 저하됨 ② 경영실적에 관계없이 일정이자가 지급되므로, 경영실적의 부진시 기업의 유동성이 악화됨

그림 10-7 대한민국 채권의 종류

출처: ㈜ 더본드 컨설팅

그림 10-8 채권 신용등급

채권등급평정기관

	Standard & poor's ratings	Moody's rating	
높은 등급 - 낮은 등급	AAA	Aaa	투자등급채권
	AA	Aa	
	A	A	
	BBB	Bbb	
	BB	Bb	투기적 등급채권
	B	B	
	CCC	Ccc	
	CC	Ca	
	C	C	

투자등급채권: BBB 이상으로 평정되는 채권, 안정권 투자
투기적 등급채권(정크채권): BB 이하 채권, 수익률은 높지만 위험률도 큰 채권

(6) 은행의 장기차입금 및 차관

간접금융기관으로서의 은행을 통해 기업은 간접적으로 자금을 조달할 수 있다. 공급시장이 충분히 발전되지 못했거나, 경제성장이 미흡한 단계에 있는 국가에서, 기업들은 시설투자를 위한 장기자금의 상당부문을 은행을 통한 장기차입금, 즉 간접금융에 의해 조달받는다.

우리나라의 경우 산업은행, 기업은행, 한국수출입은행 등 특수은행에서, 그리고 일반상업은행과 종합금융회사가 장기금융을 취급하고 있으며, 이를 위한 자금원으로서 해외차관을 포함하고 있다.

3. 단기자금의 조달

단기자금이란 단기간 동안 기업이 활용할 수 있는 자금으로서, 그 원천은 거래신용에 의한 매입채무와 금융기관으로부터의 단기자금 조달방법 등이 있다.

(1) 매입채무(account payable)

매입채무는 구매자가 제품이나 원재료를 구입하고 그 매입대금을 아직 지

급하지 않음으로써 발생하는 채무로서, 대금지급까지 기업이 이용할 수 있는 단기성자금이다. 이 매입채무는 대차대조표상의 외상매입금, 지급이자 및 미지급금의 형태로 나타난다.

매입채무는 자생적으로 발생하므로 누구나 쉽게 이용할 수 있으나, 암묵적 비용을 고려한다면 높은 비용을 부담해야 한다. 즉, 판매자가 외상매출로 인한 비용을 제품가격에 반영시켜 가격을 인상시키기 때문에 구매자가 이 비용을 부담해야 한다.

(2) 은행단기차입금(back loan)

은행을 비롯한 금융시장은 기업에게 단기자금을 제공하는 기능을 수행한다. 우리나라에서는 단기금융과 장기금융의 역할을 수행한다. 은행차입의 대표적인 유형으로는 일반자금대출, 어음대출, 할인어음, 지급보증, 당좌대월, 수출지원금융 등이 있다.

(3) 기업어음(commercial paper)

기업어음은 기업이 필요한 자금을 조달하기 위하여 약속어음을 발행하여 이를 매출함으로써 단기자금을 조달하는 방법이다.

기업들은 단자회사, 종합금융회사 및 일반상업은행 등의 중개기관을 통하여 기업어음을 매출한다. 이때 사용하는 어음은 상거래상 발생되는 어음이 아니고, 순수한 자금융통을 목적으로 발행되는 어음이다.

(4) 리스금융

리스(lease)란 임차인(leasee: 설비를 이용하는 사람)이 필요로 하는 특정자산(기계, 설비)을 구입하지 않고, 이를 소유하고 있는 임대인(leaser: 리스회사)으로부터 일정기간 사용권을 얻고, 그 대가로 리스료(사용료)를 지급할 것을 약정하는 계약을 말한다. 리스금융의 특징은 첫째, 임차인은 일정한 리스료만 지급하고 자산을 이용할 수 있어 자금 부담이 적다. 둘째, 부채로 계상되지 않으므로, 재무구조에 악영향을 미치지 않는다. 셋째, 구입한 자산의 진부화 위험을 피할 수 있다. 넷째, 리스료는 세법상 비용이므로, 법인세 절감효과가 있다. 다섯째, 원칙적으로 신용거래이므로, 특별한 담보가 필요 없다. 여섯째, 임차료가 지급이자보다 비싸다.

4. 자본비용과 자본구조

(1) 자본비용

자본비용이란 자본을 사용한 대가로 기업이 자본제공자들에게 지급하는 비용으로서, 부채에 대한 이자와 주식에 대한 배당 등이 있다. 자본비용은 투자결정과 자본조달결정 및 배당결정이 있어 중요한 기능을 수행하므로 재무관리상 중요하다.

(2) 원천별 자본비용

1) 타인자본비용

타인자본비용이란 부채로서 필요한 자금을 조달한 경우 그에 대한 대가로 지급해야 할 이자비용을 말한다. 타인자본에 대한 이자는 비용으로 처리되어 과세대상 수익을 줄여 주므로 이자비용이 그만큼 비용을 적게 지급한 것과 같은 효과(법인세 절감효과)를 가져온다.

2) 보통주비용과 우선주비용

표 10-10　전환증권(주식)

- 전환주식이란 주주의 청구에 의하여 다른 종류의 주식으로의 전환이 인정되는 주식을 말한다. (예컨대 우선주를 보통주로, 또는 보통주를 우선주로 전환함과 같다)
- 우선주: 보통주보다 재산적 내용(이익·이자배당·잔여재산의 분배 등)에 있어서 우선적 지위가 인정된 주식
- 보통주: 이익배당상의 순위에 따라 상대적으로 분류된 주식

　예　메리츠종금증권: 하이 퍼포먼스 목표전환증권1호[채권혼합]판매

보통주비용은 보통주에 대한 자본조달의 대가로서, 보통주의 주주들이 요구하는 수익률이다. 주주들이 요구하는 수익률은 기업이 보통주로 조달된 자본에 대한 배당을 하기 위해서 필요로 하는 요구수익률을 의미한다. 우선주비용은 우선주의 주주에 대해 일정액의 배당이 지급되는 것으로서, 일정액의 배당이 선급되어야 하기 때문에 부채와 같은 특성을 지닌다.

3) 유보이익의 자본비용

유보이익에 의해 자본조달을 할 경우, 실제로 대가를 지급하지 않기 때문에 비용이 들지 않으리라고 생각된다. 실제 다른 투자에 사용하지 못한 비용인 기회비용이 발생한다. 이익을 배당하지 않고 유보할 경우, 이는 재투자를 위한 것이므로 보통주와 동일한 최저수익률이 요구된다. 따라서 유보이익의 자본비용은 보통주의 자본비용과 동일하게 된다.

(3) 자본구조와 재무위험

1) 자본구조의 의의

자본구조란 자산을 위하여 조달된 기업의 자금원천 중 자기자본과 타인자본(부채)의 구성비를 의미한다. 재무 관리자는 자금의 조달원천별로 자본조달비용에 차이가 있으므로, 적절한 방법으로 자금을 조달하여 자본구성을 이룩함으로써 가중평균자본비용을 최소화할 수 있도록 해야 한다. 즉, 타인자본과 자기자본의 구성비율은 바로 최적 자본구조를 찾는 것을 의미한다.

2) 타인자본과 재무위험

타인자본이 자기자본에 비하여 자본비용이 낮지만, 타인자본을 사용할 경우, 이에 따르는 부정적 영향도 크다. 이를 재무위험이라고 하는데, 그것은 기업의 자본구성에 있어서 타인자본 의존도가 증가함으로써 나타나는 위험을 의미한다. 재무위험은 ① 부채의 원금상환과 이자지급의무로 인한 유동성 상실위험과 ② 기업환경이 변화함에 따라 주주에게 귀속될 미래순이익의 불안정을 초래할 위험을 말한다.

3) 재무레버리지효과

재무레버리지는 타인자본(B)과 자기자본(S)의 비율, 즉 B/S 또는 B/S + B로 정의한다. 여기에서 레버리지(leverage)란 기업이 고정비부담을 하는 경우 매출액 증감이 기업의 손실에 미치는 영향으로 확대됨을 뜻하는 것이다. 일반적으로 고정비를 부담시키는 경우로는 시설운영에 고정적으로 지급하는 시설관리비, 리스비용, 고정이자를 지급하는 부채, 일정액의 배당을 우선적으로 지급하는 우선주 등이 있다.

재무레버리지효과(financial leverage effect)는 지급이자 및 우선주배당 등 재무고정비로 인해 영업이익이 변화할 때 주주에게 귀속되는 주당이익이 확대되는 정도를 나타내는 효과를 말한다. 즉, 타인자본 사용으로 인한 고정적인 이자비용으로 말미암아, 주주에게 돌아갈 순이익은 영업이익이 변할 때 영업이익의 변동률과 동일하게 변화하지 않고, 지렛대처럼 확대되어 변하게 되는데, 이를 재무레버리지(지렛대)효과라고 한다. 따라서 타인자본의 의존도가 높을수록 재무위험은 커지고, 재무레버리지효과 또한 커지게 된다.

(4) 재무구조의 결정요인

이론적으로 추가적 부채조달이 가져올 한계수입과 이의 실현을 위해서 발생할 재무적 위험에 대한 한계비용이 일치하는 점에서 기업의 가치는 극대화될 수 있고, 이점이 기업의 최적자본구조라고 한다.

현실적으로 기업의 최적자본구조를 정확히 산출하는 것이 불가능하므로, 기업은 자본구조를 결정할 때 ① 기업의 성장성, ② 경영자의 태도, ③ 매출량의 안정성, ④ 채권자의 태도, ⑤ 경쟁상태, ⑥ 자산의 구성 등의 요소를 분석하여 고려해야 한다. 기업의 수익성과 법인세도 최적자본구조결정에 영향을 미친다. 즉, 수익성이 큰 기업은 부채의존도가 낮고, 법인세율이 높은 기업일수록 법인세 효과가 크기 때문에 타인자본을 사용하는 것이 유리하다.

4절 배당정책(Dividend Policy)

1. 배당정책의 의의

기업은 법인세 및 지급이자를 지불한 후 현금흐름을 배당과 유보현금으로 배분할 수 있다. 배당이란 자본의 출자자에 대하여 그 출자된 자본의 보수로 지급되는 이익의 배분을 말하며, 유보현금흐름은 기업 내에 환원되어 재투자하는 현금흐름으로 결국 자기자본의 한 형태이다.

배당은 주식회사의 주주에게 지급하는 세후순이익의 배분뿐 아니라, 출자액에 비례하여 조합원에게 지급하는 조합의 이익배분, 보험회사가 보험가입자에게 지급하는 보험이익의 배분 등, 모든 출자금에 대한 보수를 의미한다. 본 서에서의 배당은 주식회사가 영업활동으로 실현한 영업이익 중에서 부채이자, 법인세 등을 지급하고 난 나머지 세후순이익에서 회사의 자율적 결정에 따라 주주들에게 배분하는 출자자금에 대한 보수를 의미한다.

배당정책은 기업의 세후순이익을 배당금과 기업 내의 유보이익으로 적절히 배분하는 의사결정을 말한다. 유보이익은 미래의 기업성장을 위해 필요한 자금의 원천으로서 중요성을 가지므로 배당이 증가하면 상대적으로 유보이익이 적어지므로, 배당금과 유보이익이 조화되도록 결정해야 한다.

2. 기업 배당정책의 중요성과 결정요인

배당수준을 결정하는 의미를 갖는 배당정책은 다음과 같은 중요성을 갖는다.

첫째, 배당정책은 투자가들이 기업에 대한 태도에 영향을 받는다. 즉, 배당이 특별한 이유 없이 줄거나 지급되지 않는 경우, 기업이 재정적으로 문제가 있는 것으로 생각하게 되어, 주식을 매각하며, 기업의 주식가격에 영향을 준다. 즉, 배당정책을 수립할 경우 주주 등 투자와 관련된 기업의 이해관계자의 입장을 고려해야 한다.

둘째, 배당정책은 기업의 자본구조에 영향을 미치게 된다. 즉, 배당이 많이 지급되면, 유보의 규모가 감소하게 되고, 이는 곧 기업의 부채비율을 변화시키는 결과를 초래한다.

셋째, 배당정책은 기업의 자본구조에 영향을 미치게 된다. 즉, 배당이 많이 지급되면, 유보의 규모가 감소하게 되고, 이는 곧 기업의 부채비율을 변화시키는 결과를 초래한다.

따라서 기업은 배당정책을 결정할 때 ① 배당의 안정화, ② 법률상의 제약, ③ 기업의 유동성, ④ 기업의 성장가능성, ⑤ 기업의 수익력, ⑥ 사채권자의 배당제약, ⑦ 기업의 지배권, ⑧ 차입능력 등의 요소를 고려해야 한다.

3. 배당의 종류

배당의 종류로는 현금배당과 주식배당이 있다. 현금배당이란 현금으로 배당하는 것이며, 주식배당은 기존주주에게 현금 대신 주식을 추가로 발행하여 이를 무상으로 교부함으로써 배당을 대신하는 것이다.

● 그림 10-9 다른 기업과의 비교

Show: Most Recent Annual ▼   Add or remove columns

	Company name	Price▼	Change	Chg %	d | m | y	Earnings per share	P/E ratio	Mkt Cap
					Valuation			
BABA	**Alibaba Group Hol...**	109.89	+3.90	3.68%				264.35B
SINA	SINA Corp	36.00	-0.26	-0.72%		0.78	46.08	2.40B
YHOO	Yahoo! Inc.	50.67	+0.57	1.14%		7.61	6.66	47.35B
TCTZF	Tencent Holdings Ltd	15.62	+0.08	0.54%				145.53B
BIDU	Baidu Inc (ADR)	234.74	-1.87	-0.79%		5.50	42.67	82.59B
EBAY	eBay Inc	55.02	+0.15	0.27%		-0.10		68.01B
YXOXF	YOOX SPA	23.45	0.00	0.00%				1.45B
YAHOY	YAHOO JAPAN CORP	7.44	+0.09	1.28%				20.93B
REDF	Rediff.com India ...	2.07	+0.07	3.50%		-0.25		55.45M
V	Visa Inc	260.01	+1.86	0.72%		8.65	30.05	160.12B
NTES	NetEase, Inc (ADR)	104.64	-0.20	-0.19%		5.74	18.23	13.72B

주식배당은 기업의 유보이익이 자본금계정으로 옮겨질 뿐, 실질적인 자기
자본액의 증가를 수반하지 않는다. 자기 금융적 역할이 수행될 뿐 실제의 현
금배당을 하지 않기 때문에 이익의 사내유보가 이루어진다. 주식배당은 첫째,
새로운 자본을 조달하는 데 따른 비용을 절감할 수 있다. 둘째, 자본구성의 안
정성을 도모하고 지배권도 확보된다는 특징이 있다.

11

화폐 및 금융시스템의 이해

도입사례

와타나베들의 성공사례

일본의 저금리 시대 극복을 위한 '와타나베 부인'의 등장

한국은행이 지난 13일 기준금리를 현 수준인 1.25%로 동결했다. 지난 6월 금융통화위원회에서 기준금리를 사상 최저 수준인 1.25%로 끌어내린 후 7개월 연속 동결을 결정한 것이다. 계속된 저금리 정책에 새로운 투자처를 찾기 위해 해외로 눈길을 돌리는 이들이 많아지고 있다.

이러한 저금리 시대를 미리 겪어 해외로 투자를 시도한 사람들이 있는데, 바로 일본의 '와타나베 부인'이라고 한다. 와타나베 부인이란 한 사람을 지칭하는 말이 아닌, 저금리 상태의 일본을 벗어나 고금리의 해외 금융상품에 투자하는 일본 주부들을 통틀어 일컫는 말이다.

주로 일본 가정주부들은 가정 내에서 전통적으로 가계 저축 및 투자를 전담해왔다. 1991년부터 2002년까지 일본의 장기불황과 은행의 저금리 현상이 10년 동안 이어지면서 은행에 돈을 맡겨도 이자가 많이 붙지 않아 오히려 은행에 돈을 맡기는 것이 손해였던 날들이 계속됐다. 여기에 초고령화 사회에 돌입했던 일본인들은 노후 자산 마련을 위해 저금리 시대에도 돈을 벌 수 있는 방법이 필요했고, 고금리 해외 금융 상품 투자를 눈을 돌린 것이다.

이러한 개인 투자자들이 점차 늘어나자 이를 지칭하는 말로 '와타나베 부인'이 붙여진 것이다. 와타나베는 우리나라의 김 씨, 이 씨처럼 흔한 성씨로, 이 주부들이 외환시장의 큰 손으로 떠오르면서 붙여지게 된 것이다. 지금은 이런 개인 외환투자자들을 통칭하는 용어로 확장되어 사용되고 있다.

그렇다면 와타나베 부인들은 어떤 방식으로 투자를 해 이익을 얻은 것일까?

이들이 투자한 방법은 '엔화 캐리 트레이드'이다. 엔화 캐리 트레이드란 상대적으로 금리가 싼 엔화를 차입해서, 금리가 높은 해외의 금융자산에 투자하는 것을 말한다. 쉽게 이해하기 위해서 '캐리 트레이드(Carry Trade)'를 직역하면 '가지고 가서 거래하다' 즉, 선진국(미국, 일본 등)의 통화를 신흥국(중국, 한국 등) 통화로 바꿔서 신흥국의 주식, 채권, 예금 등의 자산에 투자하는 것을 의미한다.

그래서 캐리 트레이드 앞에 조달 통화를 붙여 '엔화 캐리 트레이드', '프랑 캐리 트레이드', '달러 캐리 트레이드'라고 부른다. 이 말은 각 나라마다 캐리 트레이드를 통해 투자를 해 이익을 보는 사람들이 많다는 의미다. 즉, 와타나베 부인은 일본뿐만 아니라 한국, 미국, 유럽에서도 각각 김여사, 스미스 부인(Mrs. Smith), 소피아 부인(Mrs. Sophia) 등으로 캐리 트레이드의 대명사로 불리고 있다.

캐리 트레이드는 자본이 부족한 신흥국에게 자본이 많은 선진국의 투자가 이뤄지면서 생산요소의 효율적 배분을 가능하게 해 이는 세계 경제에 안정적 성장에 기여한다는 장점이 있다. 반면 환차익을 목적으로 하는 캐리 트레이드는 '핫 머니'의 성격을 지니고 있어 투자금이 갑자기 몰리거나 빠지면 대상국의 통화가치가 흔들리게 되고 이는 투자국의 경제에 큰 영향을 미칠 수 있어 자칫 경제 악순환의 고리가 만들어진다.

우리나라도 역시 지속되는 저금리 현상에 해외 투자로 눈을 돌리는 김여사가 늘고 있다. 그러나 일본 와타나베 부인이 투자하는 방식은 위험성이 따른다. 그만큼 철저한 준비와 대비가 필요하며 우리나라도 대비가 필요해 보인다. 눈앞에 보이는 이득 때문에 더 많은 것을 잃을 수 있다는 점을 명심해야 할 것이다.

* 도입사례에 대한 자세한 내용은 QR코드를 참고하세요.

CHAPTER

11

화폐 및 금융시스템의 이해

 학습목표

1. 화폐란 무엇이며, 화폐의 특징과 기능은 무엇인가?
2. 화폐공급을 구성하는 세 가지 주요 요소는 무엇인가?
3. 중앙은행은 화폐공급을 어떻게 관리하는가?
4. 금융기관에는 무엇이 있으며, 금융중개과정에서 어떤 역할을 하는가?
5. 예금보험공사는 예금자의 자금을 어떻게 보호하는가?
6. 국제금융시장에서 은행은 어떤 역할을 하는가?
7. 금융기관을 변화시키고 있는 새로운 추세에는 어떤 것이 있는가?

|절 화폐

1. 화폐란?

화폐는 여러 가지 방식으로 우리의 생활에 영향을 준다. 우리는 돈을 벌고 투자하고 저축한다. 그리고 돈을 더 많이 갖길 원한다. 경제의 3주체 중 기업과 정부도 돈을 벌고 투자하고 저축하며 사용한다. 유통되는 화폐량을 조절함으로써 정부는 경제성장과 안정성을 높일 수 있다. 이러한 이유로 인해 화폐는 경제 시스템이라는 기계의 윤활유라고 불려져 왔다. 화폐는 재화와 용역에 대한 지불수단으로서 받아들여질 수 있는 어떤 것들이라 할 수 있다. 즉 재화와 서비스에 대한 지불수단이다.

2. 화폐의 특징

화폐는 다음과 같은 주요한 특징을 지녀야 한다.

(1) 희소성

화폐는 일정한 가치를 가질 정도로 충분히 희소해야만 하지만 이용할 수 없을 정도로 희소해서는 안 된다. 예를 들어 돌은 너무 쉽게 획득할 수 있기 때문에 돈으로서 적절하지 않다. 너무나 많은 돈이 유통되면 인플레이션을 야기시킨다. 정부는 시중의 화폐 유통량을 제한함으로써 돈의 희소성을 통제한다. 희소성은 수요와 공급에 의해 결정되는 상대적 부족함을 의미한다. 반대로 희귀성은 절대적으로 그 양이 부족함을 의미한다.

(2) 지속성

화폐로서 사용되려면 지속 사용이 가능해야 한다. 바나나와 같이 부패할 수 있는 것은 돈으로서 사용할 수 없다. 오래전부터 오랜 기간 사용가능한 금속 동전이나 종이화폐가 사용되었다.

(3) 이동성

화폐는 쉽게 가지고 이동할 수 있어야 한다. 옥석이나 무거운 금괴와 같이 크거나 부피가 많이 나가는 품목들은 한 곳에서 다른 곳들은 쉽게 운반할 수가 없다.

(4) 분할성

화폐는 작은 부분으로 쪼개질 수 있어야 한다. 화폐의 분할된 형태는 모든 크기 및 양의 거래를 가능하게 만든다.

3. 화폐의 기능

여러 가지 유형의 재화를 화폐로 사용하는 것은 혼란을 일으키게 된다. 따라서 사회는 재화와 서비스의 가치를 측정하기 위해 균일한 화폐 시스템을

발전시킨다. 따라서 화폐는 거래수단과 가치기준, 저장수단으로써의 역할을
수행해야 한다.

(1) 거래수단

거래수단으로서 화폐는 거래를 보다 용이하게 만든다. 동일한 형태의 지
급수단을 각국이 갖는 것은 어떤 재화와 용역을 다른 재화와 용역으로 교환하
는 시스템을 갖는 것보다 훨씬 덜 복잡하다. 화폐는 제품의 교환을 쉽게 만들
기 때문이다.

(2) 가치기준

가치기준으로서 화폐는 적합하다. 모든 사람들에 의해 그 가치가 인정되
는 화폐의 형태를 이용하면 재화와 용역을 표준단위로 가격을 매길 수 있다.
화폐는 제품의 가치를 쉽게 측정할 수 있도록 할 뿐만 아니라 거래가 일관되
게 기록될 수 있도록 도와준다.

(3) 저장수단

저장수단으로서 화폐는 부를 저장하는데 사용된다. 화폐를 소유하고 있는 사람은 다른 형태의 자산의 구입대가로 화폐를 오늘 사용할 수도 있지만 미래에 사용하기 위해 보관할 수 있다.

4. 화폐공급

화폐공급은 현금통화(currency), 요구불예금(demand deposit), 정기예금(deposit)으로 구성된다.

(1) 현금통화

현금통화는 동전과 종이화폐의 형태로 보유되는 현금이다. 다른 형태의 현금통화로는 여행자수표, 자기앞수표 및 송금환 등이 있다.

(2) 요구불예금

요구불예금은 예금자가 요구하면 언제든지 인출할 수 있는 보통예금이나 자유저축예금계좌에 보관되고 있는 예금을 의미한다.

(3) 정기예금

정기예금은 이자를 지급하지만 정해진 기간 동안에는 인출할 수 없는 은행이나 금융기관에 예치되어 있는 예금을 의미한다.

(4) M1과 M2

경제학자들은 화폐 시스템의 흐름을 보고하거나 논의하기 위해 M1과 M2 라는 두 가지 용어를 사용한다. M1은 시스템 내에 바로 이용이 가능한 화폐 총량으로서 현금통화와 요구불예금을 더한 것이며 M2는 화폐공급량을 나타내 기 위해 경제학자들에 의해 사용되는 용어로서 M1에 정기예금을 더하고 이에 바로 현금화할 수 없는 기타 통화를 합친 개념이다.

그림 11-1 화폐공급 구성요소(money supply - components)

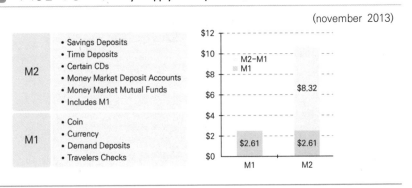

(5) 기타

신용카드는 현금과 수표를 대체하는 플라스틱 화폐를 의미한다. 신용카드 는 화폐가 아니라 돈을 차입하는 형태이다. 은행이 소비자에게 카드를 발급하 면 은행은 소비자의 구입에 대해 판매자에게 직접적으로 지불함으로써 소비 자에게 단기 융자를 해주는 것이다. 은행 시스템은 취급을 용이하게 하기 위 해 발전해 왔다. 이하에서는 화폐의 특징과 화폐를 원활하게 이용하기 위해 존재하는 금융기관에 대해 살펴보고자 한다.

5. 금융기관

금융시스템은 자금을 빌리려고 하는 사람들로 하여금 상대적으로 쉽게 빌리도록 만든다. 이는 또한 저축자들에게 그들의 저축에 대해서 이자를 벌 수 있는 여러 가지 방식을 제공한다. 가계(households)는 금융시스템의 중요한 참가자다. 비록 많은 가계는 상품구매를 위해 자금을 빌리지만, 상품구매와 저축을 통해서 금융시스템에 자금을 제공하는 역할을 한다. 반면에 대체적으로 정부와 기업은 자금의 사용자가 된다. 이들은 저축하는 것보다 더 많은 자금을 빌린다.

자금을 가지고 있는 사람들은 때때로 직접 자금을 원하는 사람들과 거래하기도 한다. 예를 들어, 자금이 풍부한 부동산업자는 집을 사려고 하는 고객에게 자금을 대출해줄 수도 있다. 그러나 대부분의 경우에는 금융기관이 자금공급자와 자금수요자 사이에 중개기관으로서 활동한다. 이 기관들은 저축자들의 예금을 받아서 수익을 창출할 수 있는 대출과 같은 금융상품에 투자하게 된다.

금융기관은 금융시스템의 심장이라 할 수 있으며 금융중개를 제공하는 기법이다. 금융기관은 수신을 받을 수 있는 수신기관(depository institutions)과 수신을 받을 수 없는 비수신기관(nondipository institutions)으로 나뉘진다.

표 11-1 **금융시스템**

• 금융시스템이란
- 사용자와 저축가 사이에서의 돈이 흐르는 과정을 말한다.
- 저축은 다양하고 많은 기능을 할 수 있게 한다.
- 자본은 저축자(투자자)와 이용자 간의 직간접적으로 전환될 수 있다.

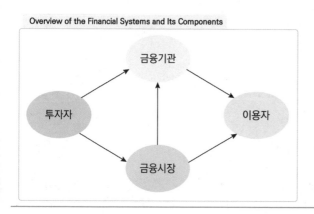

Overview of the Financial Systems and Its Components

(1) 수신금융기관

모든 수신금융기관이 다 똑같은 것은 아니다. 대부분의 사람들은 그들의 돈을 저축할 수 있는 곳을 '은행'이라 부르지만, 상호저축은행이나 신용조합 등도 수신금융기관에 속한다.

① 상업은행(commercial bank): 이익을 추구하는 수신기관으로서 기업대출과 소비자대출을 하고, 정부 및 기업증권에 투자하며, 기타 금융서비스를 제공한다. 우리나라의 은행은 설립근거법에 따라 상업은행과 특수은행으로 구분되고, 상업은행은 영업구역의 제한 여부에 따라 전국을 영업구역으로 하는 시중은행과 영업구역이 특정지역으로 제한된 지방은행 그리고 외국은행으로 구분된다. 2020년 현재 우리나라에는 6개의 시중은행과 3개의 지방은행, 4개의 특수은행이 영업중이다. 고

표 11-2 대한민국 은행들의 총 자본 & 자산

- 신한은행 자본(18조 214억) 69위: 총자산 253조
- 우리은행 자본(16조 6,552억) 75위: 총자산 250조
- 하나은행 자본(9조 9,572억) 84위: 총자산 170조
이들도 마찬가지로 국내의존도가 높으며 비이자 수익률이 낮다.

객예금은 상업은행의 주된 자금원이며, 그들은 이를 대출에 사용한
다. 대출에서 받는 금리와 예금에 대해 지불하는 금리간의 차이(예대마
진)와 다른 금융서비스로부터 받는 수수료는 은행의 비용을 커버하고
이익을 제공한다.

② 저축기관(thrift institution): 특히 가계저축을 장려하고 주택모기지대출을 늘
리기 위해 설립된 예금기관이다. 저축기관은 저축대부조합(savings and
loan associations: S&Ls)과 저축은행(savings banks)으로 구성된다. 저축대부조
합은 주택모기지(home mortgages)에 그들 자산의 대부분을 투자한다. 그
러나 저축은행은 모기지대출보다는 주식이나 채권투자에 많은 비중을
할애한다. 우리나라로 보면 정확히 일치하지는 않지만 상호저축은행이
이에 해당된다고 볼 수 있다. 상호저축은행은 사금융을 제도금융으로
흡수, 발전시키고자 1972년 공포된 '상호신용금고법'에 의해 설립된 서
민금융기관으로 2001년 '상호저축은행법'으로 개칭되면서 상호신용금
고에서 상호저축은행으로 바뀌었다.

③ 신용협동조합(credit union): 비영리의 조합원 소유의 금융 협동체이다. 신
용협동조합원은 보통 같은 고용주를 위해 일한다든지, 같은 조합이나
전문집단에 속한다든지, 같은 교회나 학교에 다닌다든지 등의 공통점
을 가지는 것이 일반적이다. 신용협동조합은 그들의 자산이나 저축을
집합해서(pool) 조합원들에게 대출을 하거나 다른 서비스를 제공한다.
신용협동조합의 비영리지위는 면세의 특권을 그들에게 부여하며, 따라
서 예금에 좋은 이율을 제공하고 괜찮은 이자율로 대출을 해줄 수 있
도록 한다. 은행과 마찬가지로 신용협동조합도 주나 연방 면허를 가질
수 있다.

우리나라에서 보면 신용협동조합, 새마을금고, 상호금융 등이 이에 속
한다고 볼 수 있다. 이들의 일차적인 목적은 구성원 간의 유대 및 상호
부조에 있으며 금융업무는 이와 같은 목적을 달성하기 위한 보조수단
이라 할 수 있다. 우리나라에는 2020년 현재 1,000개가 넘는 신용협동
조합이 있으며, 1,300여 개의 새마을금고와 1,500개가 넘는 상호금융이
있다.

(2) 비수신 금융기관

어떤 금융기관들은 예금을 받지는 못하지만 금융서비스를 제공하는 기관들도 있다. 이러한 비수신 금융기관에는 보험회사, 연금, 증권회사 및 파이낸스회사(역자 주: 우리나라의 경우 할부금융회사나 신용카드회사) 등이 이에 해당한다고 할 수 있다.

① 보험회사(insurance company): 자금의 주된 공급원이다. 보험가입자는 보험회사로부터 재무적 보호를 받기 위해 프리미엄(premium)이라 불리는 보험금을 매달 납부하여야 한다. 보험회사들은 이러한 프리미엄을 받아 주식, 채권, 부동산 등에 투자하고 기업대출, 대규모 프로젝트의 경우 부동산 담보대출 등을 시행한다.

② 연금: 기업이나, 조합 정부 등은 그들 직원이나 은퇴할 때 지급할 퇴직금을 위하여 많은 자금을 따로 관리한다. 이러한 연금(pension funds)은 회사내부 직원들에 의해 관리되기도 하지만 외부 관리자, 즉 생명보험회사, 상업은행, 사적운영회사에 의해 관리되기도 한다. 연금에 가입한 회원들은 일정한 나이에 도달하면 일정금액의 월급여를 수령한다. 가까운 장래에 지급할 퇴직급여를 위해 충분한 유동성을 확보하고 나머지 자금에 대해서는 기업대출, 주식, 채권 또는 부동산 등에 투자한다. 연금은 때때로 자사주에 많은 금액을 투자하기도 한다.

③ 증권회사(brokerage firm): 고객을 위하여 증권을 매매하고 관련된 자문을 제공한다. 많은 증권회사들은 일정한 은행서비스를 제공한다. 그들은 고객에게 높은 금리의 수표계좌와 및 저축계좌를 제공하고 증권을 담보로 여신을 제공하기도 한다(역자 주: 우리나라의 증권회사는 고객이 증권을 사기 위해 맡겨 놓은 수시입출이 가능한 고객예탁금에 대해 매우 낮은 금리를 제공한다).

④ 파이낸스회사(finance company): 차입자가 맡긴 유형자산(자동차, 재고, 기계 또는 동산)을 담보로 하여 단기간에 자금을 빌려주는 회사이다. 파이낸스회사는 다른 곳에서 신용을 받을 수 없는 개인이나 기업에게 주로 대출을 한다. 이러한 높은 위험에 대한 보상으로 그들은 은행보다 훨씬 높은 금리를 요구한다.

2절 연방준비제도(FRS: Federal Reserve System)

1. 연방준비제도란?

미국정부의 재정 대리인 역할을 하며, 상업은행의 지불준비금을 관리한다. 국가의 화폐 시스템과 신용 시스템을 감시하고 은행 시스템의 활동을 지원하고 인플레이션을 통제하고, 은행이 기업과 개인대출자에게 부여하는 금리에 영향을 주고, 궁극적으로 미국 금융시스템을 안정시키는 미국의 중앙은행을 말한다. 1913년 설립된 독립적인 정부기구로서 활동하고 12개의 지역은행들로 구성된다. 미국·연방준비제도의 기준금리 변동에 따라 국내 통화정책 운영에 큰 영향을 끼치기 때문에 기업은 연방준비 제도의 역할을 이해하여야 한다.

• 그림 11-2 연방준비제도 이사회 본부

2. 기능

(1) 통화정책의 수행

연방준비제도는 연방개방시장위원회를 구성해 일년에 여덟 차례 만나서 통화정책에 대한 의사결정을 내린다. 통화공급량을 변화시켜 인플레이션과

금리를 조절하고, 고용을 확대하며, 경제활동에 영향을 준다. 그 도구로 공개
시장조작, 지불준비금 요구 및 할인율이 있다.

1) 공개시장조작

공개시장조작은 경제를 촉진하거나 감속시키기 위해서 중앙은행이 국채
를 매입하거나 매도하는 행위를 의미한다. 연방준비제도가 채권을 매입하면
돈을 경제에 푸는 셈이 된다. 이 경우 은행들은 대출할 수 있는 여유자금이
생겨 금리를 내리게 되고 낮은 금리는 일반적으로 경제활동을 촉진하게 된다.
연방준비제도가 국채를 매각하면 반대의 현상이 발생한다.

2) 지불준비금요구

지불준비금요구는 중앙은행의 회원인 은행들로 하여금 그들 예금의 일부
를 그들의 금고나 중앙은행에 예치하도록 하는 것이다. 연방준비제도가 지준
율을 높이면 은행들은 보다 많은 현금을 보유해야 하기 때문에 대출할 수 있
는 돈이 줄어들게 된다. 따라서 금리는 올라가게 되고 경제활동은 위축하게
된다.

3) 할인율

할인율은 중앙은행이 회원은행에 부과하는 이자율이다. 연방준비제도는 은행
들의 은행이라 불리는데 돈을 필요로 하는 은행들에게 돈을 빌려주기 때문이다.

(2) 신용규칙의 제정

연방준비제도는 신용에 대한 규칙을 제정할 수 있다. 선택적 신용통제라
불리며 소비자신용규칙과 증거금요청의 제정과 관련된다. 소비자신용규칙은
소비자대출에 대해 최소한의 보증금과 최대한의 상환기간을 결정한다. 연방
은행은 소비자신용구매를 억제하거나 촉진하고자 할 때 신용규칙을 사용한다.
증거금요청은 투자자들이 기업이나 정부가 발행한 증권이나 투자증서를 매수
할 때 납부하여야 할 최소 현금액수를 말한다. 구입원가와 증거금의 차이는
은행이나 증권회사로부터 차입할 수 있다.

(3) 현금통화의 배분: 현금흐름의 유지

연방준비제도는 재무성에 의해 주조된 동전과 인쇄된 종이화폐를 은행에 배분한다. 대부분의 종이화폐는 연방지준어음의 형태로 발행된다. 달러 지표를 보면 맨 위에 연방준비제도화폐라는 문구를 볼 수 있다.

(4) 수표청산의 용이화

연방준비제도의 또 다른 중요 활동은 금융기관 간은 수표를 처리하고 청산하는 것이다. 수표가 발행된 계좌은행이 아닌 다른 금융기관에서 수표가 현금화 할 때 연방준비제도는 수표를 받은 금융기관이 수표가 발행된 계좌은행과 멀리 떨어져 있다 하더라도 그 수표를 즉각 현금으로 바꾸도록 한다.

(5) 은행예금의 보장

미국은 연방예금보험공사에서 계좌당 10만 달러의 한도 내에서 상업은행과 저축기관의 예금을 보장하는 독립적이고 준공개기업으로서 정부의 신뢰와 신용에 의해 지원되고 있다. 연방예금보험공사는 은행과 저축은행을 감시하고 예금자 보호를 위해 파산되는 은행과 저축은행을 관리한다. 금융기관 실패 시 실패금융기관의 예금과 대출을 다른 금융기관에 매도하여 실패금융기관의 고객은 중단 없이 계속해서 자동적으로 인수금융기관의 고객이 된다.

우리나라는 예금자보호법에 의해 5천만 원 한도 내에서 보호한다. 연방예금보험공사는 다음과 같은 예금보험기금을 두고 있다.

① 은행보험기금: 연방예금보험공사에 의해 관리되며 이 기금은 상업은행에 대한 예금보험을 제공한다.
② 저축조합보험기금: 연방예금보험공사에 의해 관리되며 저축기관에 대한 예금보험을 제공한다.
③ 전국신용조합주식보험기금: 전국신용조합기구에 의해 관리되며 신용조합에 대한 예금보험을 제공한다.

3. 국제은행업무

돈은 국가 간 경계를 자유롭게 넘나들고 있고, 금융시장은 전 세계를 대상으로 움직인다. 다국적기업은 통화교환, 해외투자를 위한 자금조달과 같은 분야에 많은 특수 은행서비스를 필요로 한다. 은행은 해외 정부 및 기업에 대해 대출을 제공함으로써 글로벌 사업에 있어서 중요한 역할을 수행한다. 그들은 무역과 관련된 서비스도 제공한다. 예를 들어 그들은 기업들의 현금흐름 관리를 돕고 대금지급 효율성을 향상시키며 운영위험에 대한 노출을 축소시키는 등 기업들에게 글로벌 현금관리서비스를 제공한다. 타국가의 소비자들도 그들 국가의 은행들이 제공하지 못하는 서비스를 필요로 한다. 따라서 대형은행들은 자국의 경계를 넘어서서 이익이 되는 기회를 자주 추구하게 된다. 많은 미국의 은행들은 유럽, 남미 및 아시아에 사무실을 개설함으로써 해외시장으로 확장해가고 있다.

• 표 11-3 우리나라 은행과 외국은행의 비교

- 은행의 자산 규모는 한국 경제 규모에 비해 큰 편이지만 수익성이나 해외산업 비중은 외국은행에 비해 떨어짐
- 국내 대형 은행의 총자산 비중은 국내총생산(GDP) 대비 1.38배. 세계 100대 은행 평균(1.41배)과 비슷

세계 100대 은행의 국가별 분포와 규모 및 수익성

(단위: 개, 십억달러, %)

	국가별 은행수	평균자산	GDP대비 자산총계 비중	ROA	부실대출비중
미국	16	746.71	0.74	1.33	2.5
중국	13	1,029.23	1.63	1.51	0.82
영국	6	1,586.98	3.84	0.25	4.68
일본	7	1251.88	1.47	0.51	-6.94
한국	6	260.21	1.38	0.68	1.46

출처: The banker(2013)

4. 금융기관의 최근 동향

① M&A를 통해 은행 수가 줄고 대형 은행들이 시장점유율 대부분을 차지
한다.
② 스마트폰 보급이 보편화 되어 은행, 보험, 증권 등 뿐만 아니라 타은행
간 서비스 통합이 이루어졌다.
③ 오프라인 은행, ATM의 필요성이 줄어들었다.

· 표 11-4   전자금융

- 은행의 금융서비스 전달 채널을 전자화한 것
- 전자정보의 교환만으로 금융거래를 할 수 있기 때문에 점포의 창구직원을 통하지 않고서도
  다양한 방법으로 고객들에게 금융서비스를 제공
- 전자금융 이용수수료 등을 통해 수입을 증대시킬 수도 있어 비용절감, 소매금융 강화 및 새로운
  수익원 창출 등의 과제를 동시에 해결할 수 있는 계기를 마련

찾아보기

저자약력

김재명

University of Wisconsin – Madison, Ph.D
(미) 위스콘신대학교 경영학박사
University of Wisconsin – Madison, MBA
(미) 위스콘신대학교 경영학석사

現 한경대학교 경영학과 교수

경력
충북대학교 경영대학 조교수 역임
성균관대학교 대학원 및 무역학과 강사 역임
한국외국어대학교 대학원 및 경영학과 강사 역임
러시아 국립태평양대학교 교환교수
극동학회장, 경영연구소장, 경기도청 전문위원, 충북도청 자문교수 등

주요 저서 및 논문
Analysis of Export/Import Freight Rate Disparities(IMDA)
Cost Structure of Regulated Ocean Shipping Industry
Freight Rate Disparities in TSR(Trans – Siberian Railroad)
수출입 무역운송 가격차별화에 관한 연구
물류관리, 마케팅재무 외 저서와 논문 다수

현대경영의 이해

초판발행	2020년 2월 27일
지은이	김재명
펴낸이	안종만·안상준
편 집	조보나
기획/마케팅	김한유
표지디자인	조아라
제 작	우인도·고철민
펴낸곳	(주) **박영사**
	서울특별시 종로구 새문안로3길 36, 1601
	등록 1959. 3. 11. 제300-1959-1호(倫)
전 화	02)733-6771
f a x	02)736-4818
e-mail	pys@pybook.co.kr
homepage	www.pybook.co.kr
ISBN	979-11-303-0972-9 93320

정 가   26,000원